高职高专土建类专业教材编审委员会

主 任 委 员　陈安生　毛桂平

副主任委员　汪　绯　蒋红焰　陈东佐　李　达　金　文

委　　　员　(按姓名汉语拼音排序)

蔡红新　常保光　陈安生　陈东佐　窦嘉纲
冯　斌　冯秀军　龚小兰　顾期斌　何慧荣
洪军明　胡建琴　黄利涛　黄敏敏　蒋红焰
金　文　李春燕　李　达　李椋京　李　伟
李小敏　李自林　林德钦　刘昌云　刘冬梅
刘国华　刘玉清　刘志红　毛桂平　孟胜国
潘炳玉　乔艳丽　全福泉　邵英秀　石云志
史　华　宋小壮　汤玉文　唐　新　汪　绯
汪　葵　汪　洋　王　波　王崇革　王　刚
王庆春　王锁荣　吴继锋　夏占国　肖凯成
谢延友　徐广舒　徐秀香　杨国立　杨建华
余　斌　于永修　曾学礼　张苏俊　张宪江
张小平　张宜松　张轶群　赵建军　赵　磊
赵中极　郑惠虹　郑建华　钟汉华

高职高专规划教材

物业管理理论与实务

全福泉　主编

本书以物业服务项目的运作程序为主线，以项目活动各主要环节操作规程为基础，全面、系统阐述了物业服务项目的运作程序、环节和主要工作。具体内容包括物业管理服务概论，物业专项服务，前期物业管理服务，居住物业服务方案策划及其执行，商业物业服务方案策划及其执行，物业招投标方案策划及其执行，物业服务创新，物业服务品质。

本书理论内容贯彻"必需、够用为度"的原则，实践内容以"职业"岗位为点，以管理与市场规律为线，以企业系统为面，将理论与实践有机的结合。

本书可供高职高专房地产类物业管理专业师生作为教材，也可供物业公司管理人员及相关行业人员参考使用。

图书在版编目（CIP）数据

物业管理理论与实务/全福泉主编．—北京：化学工业出版社，2010.7
高职高专规划教材
ISBN 978-7-122-08620-4

Ⅰ．物… Ⅱ．全… Ⅲ．物业管理-高等学校：技术学院-教材　Ⅳ．F293.33

中国版本图书馆 CIP 数据核字（2010）第 108785 号

责任编辑：李仙华　卓　丽　王文峡		文字编辑：谢蓉蓉
责任校对：陈　静		装帧设计：尹琳琳

出版发行：化学工业出版社（北京市东城区青年湖南街13号　邮政编码100011）
印　　装：大厂聚鑫印刷有限责任公司
787mm×1092mm　1/16　印张20½　字数595千字　2010年8月北京第1版第1次印刷

购书咨询：010-64518888（传真：010-64519686）　售后服务：010-64518899
网　　址：http://www.cip.com.cn
凡购买本书，如有缺损质量问题，本社销售中心负责调换。

定　　价：34.50元　　　　　　　　　　　　　　　　　　　　版权所有　违者必究

前言

根据国家高职教育《关于全面提高高等职业教育教学质量的若干意见》（教高[2006] 16 号）精神，高职教育人才培养模式要以工学结合为切入点进行改革。广东科学技术职业学院物业管理专业从 2005 年就开始与珠三角十几家物业管理服务企业合作，跟踪市场的需求，适时调整人才培养方案和进行相应的课程和教学研究及改革。

本教材是广东科学技术职业学院物业管理专业《物业管理理论与实务》课程四年工学结合实践、课程和教学研究及改革的成果。四年前，该课程的教材是本科的压缩型，其教学方法基本照搬本科院校的教学方法（或者说是本科院校的简化版），以知识为教学核心的理念。学生在实践中感觉理论脱离实践，感受不到其价值，很难做到"上岗"即"顶岗"的程度。企业感到学生学习的实际效果远低于预期。基于此，我们构建了"1+3 达 N"高职人才培养模式和"工学交替，教学做一体"教学模式，并进行了实践。我们以物业服务项目的运作程序为主线，以项目活动各主要环节操作规程为基础，在有限的课时内，学生为主、教师为辅，让学生在校内仿真实训室、校内外生产性实训基地中，通过实实在在的训练，全面、系统地熟悉并掌握物业服务项目的运作程序、环节和主要工作，使学生熟练掌握物业服务过程中主要工作技能，使学生进入企业后，快速"入职"。

本教材在编写上紧扣高职教育培养目标，力求具有高职特色，具体表现如下特点。

1. 理论内容贯彻"必需、够用为度"的原则，以实践为"中心"来把握理论内容的"度"。理论内容的选取与序化完全基于高职物业管理专业学生对应的工作岗位的工作过程来进行，理论随技能的提高而逐渐增长，力求贯彻教育部《关于全面提高高等职业教育教学质量的若干意见》（教高[2006] 16 号）文件精神。

2. 实践内容以"职业"岗位为点，以管理与市场规律为线，以企业系统为面，点、线、面构成立体实践体系。

3. 理论与实践内容采取"职业人品（技能＋形象＋态度＋道德）——→技术＋技巧＋情感——→知识"反向推理原则进行采编。最终力求达到教师运用起来"轻松、愉快、实用、创新"，学生运用起来"好学、好懂、好上、能、会"，企业一线员工运用起来"好用、实用"的目标。

本教材由广东科学技术职业学院全福泉任主编，负责全书的统稿工作，并负责编写第一、八章；于永修负责编写第二、九章；乔艳丽负责编写第三、五章；林德钦负责编写第四、六、七章。珠海市信诚物业管理服务有限公司总经理钟海燕、副总经理赵振华和珠海市葆力物业管理服务有限公司总经理林邦强、经理许荣灿通审了全稿，提出了许多宝贵的改进意见，谨致谢忱。潘楚婷、陈斯奇、陈学权、邱红岭阅读了本教材初稿，提出许多可贵的意见，在此一并致谢。本书提供有 PPT 电子课件、课程教案和课程标准，可发信到 cipedu@163.com 邮箱免费获取。

教材编写中，尽管我们力求尽善尽美，但由于能力和实践经验的不足，欠妥之处难免，还望读者不吝赐教，可发电子邮件至 benjamin1301@163.com 交流。

编者
2010 年 2 月

目录

第一篇　基础服务

第一章　物业管理服务概论 …… 2

第一节　物业 …… 2
基础部分 …… 2
一、物业的概念及内涵 …… 3
二、物业的分类 …… 4
三、物业的特点 …… 4
四、物业的价值及价格 …… 5
提高部分 …… 6
一、物业的效用及其与价值的关系 …… 6
二、物业价格的影响因素分析 …… 7
三、物业增值空间分析 …… 11

第二节　物业管理服务 …… 11
基础部分 …… 11
一、物业管理的概念 …… 12
二、物业管理服务的特点、营销问题与策略 …… 13
三、物业管理服务内容 …… 14
四、物业管理服务标准 …… 15
提高部分 …… 15
一、产品和服务整体组合概念 …… 16
二、物业管理服务的产品与服务整体组合概念 …… 16
三、物业管理服务的产品和服务整体组合设计 …… 17
四、物业管理服务的产品和服务整体组合质量管理工作指导原则 …… 18

第三节　物业管理服务体系 …… 19
一、物业管理服务体系概念 …… 20
二、物业管理服务体系设计应关注的内容 …… 21
三、物业服务体系的设计方法 …… 22

第四节　物业服务企业 …… 24
基础部分 …… 24
一、物业服务企业的概念 …… 24
二、物业服务企业的分类 …… 25
三、物业服务企业的设立 …… 26
提高部分 …… 31
一、物业服务企业的创业定位含义 …… 31
二、物业服务企业的创业定位分析 …… 31

第二章　前期物业管理服务 ……………………………………… 34

第一节　物业接管验收服务方案策划及其执行 …………………… 34
一、物业接管与验收工作目标 ………………………………………… 36
二、物业接管与验收的知识准备 ……………………………………… 37
三、物业接管与验收服务工作流程 …………………………………… 38
四、原有物业接管验收的主要内容 …………………………………… 38
五、物业接管验收中质量问题的处理 ………………………………… 39
六、物业的接管验收与竣工验收的区别 ……………………………… 39
七、物业接管与验收管理工作模板 …………………………………… 40

第二节　物业入住服务方案策划及其执行 ………………………… 46
一、入住服务的含义 …………………………………………………… 47
二、入住的准备 ………………………………………………………… 48
三、入住服务管理 ……………………………………………………… 51

第三节　物业装饰装修服务方案策划及其执行 …………………… 51
一、装修服务与工作目标 ……………………………………………… 53
二、物业装修服务的工作知识准备 …………………………………… 53
三、业主装修服务工作流程 …………………………………………… 57
四、物业装修管理工作模板 …………………………………………… 58

第四节　物业服务档案管理方案策划及其执行 …………………… 65
一、档案的概念 ………………………………………………………… 66
二、物业管理服务档案的内容 ………………………………………… 66
三、物业管理服务档案管理概念 ……………………………………… 67
四、物业管理服务档案管理流程及其内容 …………………………… 67

第五节　业主投诉服务方案策划及其执行 ………………………… 76
基础部分 ……………………………………………………………… 76
一、业主投诉的内容及途径 …………………………………………… 77
二、正确处理投诉的意义 ……………………………………………… 77
三、物业管理服务投诉服务的程序 …………………………………… 78
四、处理业主投诉的方法与技巧 ……………………………………… 79
五、案例评析——业主的愤怒 ………………………………………… 80
提高部分 ……………………………………………………………… 84
一、投诉服务方案内容 ………………………………………………… 84
二、投诉服务方案策划程序 …………………………………………… 85
三、相关的投诉服务管理模板 ………………………………………… 85

第六节　物业服务费用管理方案及其执行 ………………………… 90
基础部分 ……………………………………………………………… 90
一、物业服务费概念 …………………………………………………… 91
二、物业服务费的收费原则 …………………………………………… 91
三、物业服务的定价形式 ……………………………………………… 92
四、物业服务收费形式 ………………………………………………… 93

- 五、物业服务成本构成 …… 93
- 六、物业服务费的收费程序 …… 94
- 提高部分 …… 94
  - 一、物业服务费的测算编制影响因素 …… 95
  - 二、物业服务费的测算编制依据 …… 95
  - 三、物业服务费测算编制方法 …… 95
  - 四、物业服务费测算编制程序 …… 97
  - 五、物业服务费用的使用与管理 …… 97
  - 六、物业项目的服务费作业程序模板 …… 98

第三章 物业专项服务 …… 101

第一节 建筑物管理服务方案策划及其执行 …… 101

- 基础部分 …… 101
  - 一、概述 …… 102
  - 二、建筑物管理服务的内容 …… 103
  - 三、建筑物服务的工作实施 …… 107
  - 四、建筑物服务的实施要点 …… 109
- 提高部分 …… 109
  - 一、确定管理档次 …… 110
  - 二、确定服务标准 …… 111
  - 三、建筑物维护服务工作实施 …… 113

第二节 物业设备设施服务方案策划及其执行 …… 115

- 基础部分 …… 115
  - 一、物业设备设施服务的含义 …… 115
  - 二、物业设备设施服务的内容 …… 116
  - 三、物业设备设施服务的总体目标 …… 118
  - 四、物业设备设施服务的工作实施 …… 119
  - 五、物业设备设施服务的实施要点 …… 122
- 提高部分 …… 123
  - 一、项目概述 …… 124
  - 二、项目方案策划实施 …… 124

第三节 安保服务方案策划及其执行 …… 129

- 基础部分 …… 129
  - 一、安保服务的含义 …… 129
  - 二、安保服务的人员组织 …… 132
  - 三、安保服务工作的开展 …… 135
- 提高部分 …… 139
  - 一、物业安保项目描述及环境分析 …… 140
  - 二、管理思路的确立 …… 141
  - 三、安保服务的实施要点 …… 141

第四节 绿化服务方案策划及其执行 …… 143

基础部分 …………………………………………………………………… 143
　　　一、绿化服务的含义 ……………………………………………………… 143
　　　二、绿化服务的内容 ……………………………………………………… 144
　　　三、绿化服务的总体目标 ………………………………………………… 145
　　　四、绿化服务的工作实施 ………………………………………………… 145
　　提高部分 …………………………………………………………………… 150
　　　一、项目概述 ……………………………………………………………… 151
　　　二、项目方案策划 ………………………………………………………… 151
　第五节　保洁服务方案策划及其执行 ……………………………………… 156
　　基础部分 …………………………………………………………………… 156
　　　一、保洁服务的含义 ……………………………………………………… 157
　　　二、保洁服务的组织与实施 ……………………………………………… 157
　　　三、保洁服务的实施 ……………………………………………………… 159
　　提高部分 …………………………………………………………………… 165
　　　一、项目概述 ……………………………………………………………… 166
　　　二、项目方案策划 ………………………………………………………… 167

第四章　物业经营服务 …………………………………………………………… 171
　第一节　物业中介服务方案策划及其执行 ………………………………… 171
　　基础部分 …………………………………………………………………… 171
　　　一、物业租赁服务的概念 ………………………………………………… 172
　　　二、物业租赁服务的主要内容 …………………………………………… 172
　　提高部分 …………………………………………………………………… 173
　　　一、如何捕捉潜在的客户 ………………………………………………… 174
　　　二、物业租赁服务的程序 ………………………………………………… 175
　第二节　委托性的特约服务方案策划及其执行 …………………………… 176
　　基础部分 …………………………………………………………………… 176
　　　一、特约性服务概述 ……………………………………………………… 177
　　　二、委托性特约服务的项目 ……………………………………………… 178
　　　三、委托性特约服务开展的注意事项 …………………………………… 178
　　提高部分 …………………………………………………………………… 179
　　　一、如何进行有关委托性特约服务需求方面的调查 …………………… 179
　　　二、委托性特约服务项目的策划 ………………………………………… 180

第二篇　应用服务

第五章　居住物业服务方案策划及其执行 …………………………………… 183
　第一节　普通住宅物业项目服务方案策划及其执行 ……………………… 183
　　基础部分 …………………………………………………………………… 183
　　　一、住宅物业的含义 ……………………………………………………… 184

二、住宅小区管理的内容 ……………………………………………………… 186
　　三、住宅小区物业管理人员组织 ……………………………………………… 187
　　四、住宅小区的费用收取 ……………………………………………………… 188
　提高部分 …………………………………………………………………………… 193
　　一、物业项目服务方案概述 …………………………………………………… 201
　　二、物业项目服务方案的编制与评审 ………………………………………… 204
　　三、物业项目服务方案的实施 ………………………………………………… 205
　第二节　公寓物业项目服务方案策划及其执行 ………………………………… 205
　基础部分 …………………………………………………………………………… 205
　　一、公寓物业概述 ……………………………………………………………… 206
　　二、公寓物业服务 ……………………………………………………………… 207
　　三、公寓物业服务内容 ………………………………………………………… 209
　　四、公寓物业的人员组织 ……………………………………………………… 210
　提高部分 …………………………………………………………………………… 210
　　一、公寓物业项目的市场分析 ………………………………………………… 211
　　二、公寓物业项目的客户群定位分析 ………………………………………… 211
　　三、公寓物业项目的服务策划案例 …………………………………………… 212
　第三节　别墅物业项目服务方案策划及其执行 ………………………………… 215
　基础部分 …………………………………………………………………………… 215
　　一、别墅物业的含义 …………………………………………………………… 215
　　二、别墅物业管理的要求 ……………………………………………………… 217
　　三、别墅物业服务内容 ………………………………………………………… 219
　　四、别墅物业的人员组织 ……………………………………………………… 219
　提高部分 …………………………………………………………………………… 220
　　一、别墅物业服务方案制作要求 ……………………………………………… 220
　　二、别墅物业服务方案策划案例 ……………………………………………… 221

第六章　商业物业服务方案策划及其执行 ………………………………………… 224
　第一节　写字楼物业项目服务方案策划及其执行 ……………………………… 224
　基础部分 …………………………………………………………………………… 224
　　一、写字楼的含义与分类 ……………………………………………………… 224
　　二、写字楼的特点 ……………………………………………………………… 226
　提高部分 …………………………………………………………………………… 226
　　一、写字楼物业管理的内容 …………………………………………………… 227
　　二、写字楼物业管理的要求 …………………………………………………… 227
　　三、写字楼物业管理的目标 …………………………………………………… 228
　　四、写字楼物业管理的组织实施 ……………………………………………… 229
　第二节　工业物业服务方案策划及其执行 ……………………………………… 231
　基础部分 …………………………………………………………………………… 231
　　一、工业物业的含义 …………………………………………………………… 232
　　二、工业物业的特点 …………………………………………………………… 232

三、工业物业的分类 ································· 233
　　提高部分 ··· 233
　　一、工业物业服务的要求 ····························· 234
　　二、工业物业服务的组织与实施 ······················· 234
第七章　物业招投标方案策划与执行 ························· 237
　第一节　前期物业招投标方案策划及其执行 ················· 237
　　基础部分 ··· 237
　　一、前期物业管理招标 ······························· 238
　　二、前期物业管理投标 ······························· 241
　　提高部分 ··· 241
　　一、投标前期工作 ··································· 242
　　二、投标实施步骤 ··································· 243
　　三、定标后的工作 ··································· 245
　第二节　物业招投标方案策划及其执行 ····················· 246
　　基础部分 ··· 246
　　提高部分 ··· 247
　　一、制定物业服务投标方案的原则 ····················· 248
　　二、物业服务投标方案的内容 ························· 248
　　三、制定物业服务投标方案的程序 ····················· 249

第三篇　创新服务

第八章　物业服务创新 ····································· 252
　第一节　物业服务创新概述 ······························· 252
　　一、物业服务创新概念 ······························· 252
　　二、物业服务创新的类型 ····························· 253
　　三、物业服务创新的必要性 ··························· 254
　第二节　物业服务创新模式 ······························· 255
　　一、物业服务创新的驱动模式 ························· 256
　　二、物业服务创新的四维度模式 ······················· 256
　　三、物业服务创新的参与者模式 ······················· 258
　第三节　物业创新型服务开发 ····························· 258
　　一、新物业服务开发的概念 ··························· 259
　　二、物业服务设计 ··································· 260
第九章　物业服务品质管理 ································· 264
　第一节　质量管理体系建立实施 ··························· 264
　　一、质量管理体系（QMS）简介 ······················· 264
　　二、物业服务企业导入ISO 9000族标准质量管理体系的作业规程 ···· 265
　　三、物业服务企业导入ISO 9000质量管理体系的实施要点 ········ 267

四、物业服务企业质量管理体系文件编写 ································· 270
　第二节　整合型管理体系建立与实施 ································· 303
　　基础部分 ································· 303
　　　一、环境管理体系和职业安全健康管理体系简介 ································· 304
　　　二、整合型管理体系简介 ································· 305
　　　三、整合型管理体系的子过程 ································· 306
　　　四、建立整合一体化文件——实现体系共享 ································· 306
　　　五、整合型管理体系的建立实施 ································· 308
　　提高部分 ································· 308
　　　一、管理体系认证申请流程及其相关内容 ································· 309
　　　二、管理体系认证审核流程及其相关内容 ································· 311
　　　三、管理体系管理评审实施过程和实施内容 ································· 312

附录　相关网站 ································· 314

　一、物业管理协会网 ································· 314
　二、政府相关网 ································· 314
　三、相关培训网 ································· 314
　四、五大国际物业顾问网 ································· 314

参考文献 ································· 315

第一篇 基础服务

依照物业管理服务行业的运作规律，基础服务包括物业管理服务概论、前期物业管理服务、专项服务和经营服务四部分。它是应用服务和创新服务的基础。

第一章 物业管理服务概论

如何界定"物业"空间边界，提供和开发什么样的服务产品，设计怎样的服务体系，才能提高业主满意度、归属感，从而增强业主的忠诚度，成为物业服务企业运作物业服务项目的核心问题。本章主要结合物业服务行业的实际情况，阐述相关问题。

第一节 物 业

知识目标

掌握物业的内涵与外延；理解物业服务中的"物业"概念。

技能目标

理解并能够从服务角度辨认物业的构成及其边界；理解并能够识别物业的价值及价格影响因素。

 走进实训——"做"

项目一 调查与访问——单元主体物业和多元主体物业

【实训目标】

1. 结合实际，加深对物业内涵与外延的感性认识与理解。
2. 初步培养认知与自觉养成物业服务中的"物业"责任界定能力。

【实训内容与要求】

1. 由学生自愿组成小组，每组 9～12 人，一个班大约 5 组。利用业余时间，选择 1～2 个物业项目（其中一个是单元主体物业，一个是多元主体物业）进行调查与访问。
2. 在调查与访问之前，每组需通过对物业相关知识的预习，经过讨论制定调查访问的提纲，包括调研主要问题及具体安排，具体可参考下列问题：

（1）该物业是单元主体还是多元主体？

（2）该物业的构成？

（3）该物业的物业服务边界（空间边界）界定？

【成果与检测】

1. 每组写出一份简要的调查访问报告。
2. 调查访问结束后，组织一次课堂交流与讨论。
3. 以小组为单位，分别由组长和每个成员根据各成员在调研与讨论中的表现进行评估打分。
4. 由教师根据各成员的调研报告与在讨论中的表现分别评估打分。
5. 将上述诸项评估得分综合为本次实训成绩。

走进理论与方法——"学与导"

特别提醒 物业服务中"物业"边界（空间边界）的重要性

物业服务中的许多纠纷都来自对"物业"边界（空间边界）的理解。如，某单位职员王某，购买了某小区多层住宅二栋203房，按自己的想法买了一张水床，并请安装公司人员为其进行安装，在未经物业公司装修部同意的情况下施工完毕。结果因水床的安装改变了上下水管道的结构，且由于水床水流量大增，使五层、六层住户供水问题严重不足。管理处对此事很不满，向王某协调处理，王某坚持房子是自己的，产权归自己所有，室内安装属私人权力，至于供水不足问题，要求管理处作二次加压或管道改造。管理处对此事再三协调，他均不听劝告，于是，物业公司向法院上诉。法院经审理认为：王某擅自改变房屋结构、破坏房屋公用设施设备，危及他人生活用水，违反物业公司的有关规定，属于违法民事行为。法院判决：（1）王某在裁决生效之日起2天内拆除水床，将室内管道恢复原状。（2）物业公司在调解此事时中做出的一切有效行为费用由王某承担。（3）王某对物业公司写出书面检查。该案例中的王某就是由于对"物业"边界的理解有误造成有关各方的损失。类似这样的现象司空见惯，因此，和谐物业服务必须加强"物业"边界的理解及其宣传教育。

一、物业的概念及内涵

尽管目前国内的学术界、理论界及物业服务的实际工作者对"物业"没有形成统一的定义，但根据《物业管理条例》中物业管理服务的定义，通常认为所谓物业，是指已建成并投入使用的各类建筑物及与之相配套的设施、设备和相关场地。

对于物业概念的理解，要注意把握以下几个方面要素。

1. 建筑物

指已建成、进入消费领域的，具有使用功能的各类房屋及相关建筑，包括房屋建筑物、构筑物、道路及码头等。

2. 配套设施

指与建筑物配套的公用上下水管、消防设施、供变电、通信网络、公用路灯、幼儿园、医院等。

3. 配套设备

指与建筑物配套的专用机械、电气等设备，如中央空调、电梯等。

4. 相关场地

指与建筑物、构筑物相邻的场地、庭院、停车场、小区内非主干交通道路等。

我国《物权法》第70条规定"业主对建筑物内的住宅、经营性用房等专有部分享有所有权，对专有部分以外的共有部分享有共有和共同管理的权利"，即业主享有专有权、持份权（共有所有权）和成员权，但是在所有权与经营权相分离的物业服务中，业主将其"成员权的执行"部分委托给物业服务经营者，因此，物业服务中的"物业"，是指物业的公用部位、共用设施设备，物业规划红线内的市政设施和附属建筑及附属配套服务设施。

在一个住宅小区中，物业管理的对象——物业，包括建筑物的共用部位，如屋顶、梁、柱、内外墙体、承重结构、外墙面、楼梯、走廊、各种通道等；共用设施设备，如共用的上下水管、垃圾管、烟囱、供电干线、中央空调、暖气干线、锅炉房、水泵房、消防设施设备、电梯等；规划红线内的市政设施和附属建筑，如道路、化粪池、绿化、停车场、体育设施、商业网点等。在这个住宅小区中，业主购买自用的建筑物和设备即专有部分，除非经过委托交由物业服务公司管理，否则不在物业服务的范围。

特别提醒

物业服务中"物业"边界（空间边界）

在现实操作中，不但要根据物业服务合同，确定物业服务"量与质"的边界，而且还要根据相关的法律法规确定"空间"边界，即"物业"边界。通常情况，以一个物业管理区域的规划红线为外边界，以业主专有部分的外边界为内边界，确定物业服务的"物业"边界。

二、物业的分类

物业可以从不同的角度进行分类。按其权属关系来分，物业可分为公共产权物业（如提供公共产品和公共服务的机场、学校、医院、图书馆等）和私人产权物业。按其产权人数量分，物业可分为单元主体物业和多元主体物业。按其使用功能分，物业可分为居住物业、商业物业、工业物业和其他用途物业［如体育场（馆）等体育类物业，剧场、音乐厅等娱乐类物业，医院、疗养院等卫生保健类物业，公路等交通类物业，名胜古迹等旅游类物业，宗教类物业］。按地段分，一般是以市政道路或明显标志物为界，如深圳的莲花北村和益田村。按照划分有利于统一管理，提高工作效率，但是这样划分后物业功能较多，给管理带来许多麻烦，所以在选择这种划分（按地段）时要考虑各方面条件是否成熟。按主辅划分，物业分为主体物业和辅助物业，主体物业体现物业的功能，如居住物业的主体是住宅建筑，辅助物业是发挥主体物业功能的物业，如相关设备、设施等。按空间高度分，物业可分为单层、多层、中高层、高层、超高层。随着土地的不断减少，物业空间发展成为趋势，但从管理工作上来看，建筑物越高，设备越多，技术性越强，管理难度就越大。

温馨提示

分类是一种分析方法。运用该方法首先要根据分析目的确定分类标准，分类标准确定正确与否直接影响结果的可利用价值；其次，分类标准要明确具体，否则结果毫无意义；最后，分类标准要能够将分类对象整体区分得开，且结果有意义。

物业的分类，有利于凸显各类型物业的不同特点、管理上的差异，同时也有利于物业管理行业的管理对象分析，从而利于竞争分析。

三、物业的特点

不同类型的物业具有不同的特点，但作为产品的物业与其他工业品或消费品相比，有着本质的区别，具有自身特点，具体主要体现在如下几个方面。

1. 空间位置的固定性

因土地的不可移动性，形成物业空间位置的固定性。这种固定性是指空间方位、位置的确定性。物业位置的固定性，使得房地产的开发、买卖、租赁及售后服务和日后的物业服务等一系列经济活动必须因地制宜、就地进行；物业位置的固定性，也使得与之相配套的管道、道路、电缆等不能移动，否则影响物业的功能。

2. 使用寿命的长期性

物业使用寿命的长期性有两重含义：一是物业基础的土地，相对于房地产开发而言，具有永续利用的特点；二是所开发的物业使用期限一般可达到几十年乃至上百年。

特别提醒

物业使用寿命的长期性，对于某特定使用者而言，具有相对的有限性。根据《中华人民共和国城镇国有土地使用权出让和转让暂行条例》第12条的规定，土地使用权出让最高年限如下：居住用地为70年，工业用地为50年，教育、科技、文化、卫生、体育用地为50年，商业、旅游、娱乐用地为40年，综合或者其他用地为50年。按照《中华人民共和国物权法》第149条的规定，住宅建设用地使用权期间届满，自动续期，非住宅建设用地使用权期间届满后的续期，依照法律规定办理。到目前为止，法律、法规尚未对宅基地使用权的存续期间做出明确规定，实践中，宅基地使用权一般无期限。宅基地使用权以户为单位，家庭存续期间即宅基地使用权的存续期间。

3. 建设时间的长期性与投资资金的高额性

物业开发建设周期比一般的商品周期要长得多，从土地征用到"七通一平"，到施工、安装，再到竣工验收和交付使用，一般需要1~2年或更长时间。物业的开发建设同时需要大量的投资，一般一栋几千至上万平方米的楼房，仅建筑安装工程造价就高达几千万元。

4. 物业的保值性和增值性

因土地的稀缺性和人民生活质量的提高导致需求的提高，物业表现出明显的保值性和增值性。当然，这是指一种长期的趋势，而不是直线式的运动。

温馨提示

1."七通一平"即七通和一平。"七通"指通路、通水、通电、通话（电话、网络等通信设施）、通有线电视、通地下排水管、通管道煤气，"一平"指土地平整。2. 我国实施城市建设综合开发、配套建设方针，物业开发建设的投资数额增大，该特点表现更加突出。

5. 形式的多样性

因功能、位置、环境条件的不同，形成物业形式上的多样性。如上海的东方明珠电视塔、北京的国家大剧院、法国的卢浮宫等因其追求的理念和艺术视觉效果不同而不同。即使是同一式样的楼宇，也会因地点、环境、气候条件的不同，在结构、质量、材料方面表现出不同。

6. 政府的宏观调控性

物业是稀缺的，关系到国计民生、社会稳定等重大问题。对物业的使用、支配，任何国家多少都有一些限制。一般通过相关的法律和政策限制某些物业的开发、使用、转让等，如城市规划对土地用途和建筑高度、容积率、覆盖率等都有明确的规定，或者通过行政征用权，对物业实施强制征用等。

特别提醒

我国与物业有关的法律、法规主要包括《中华人民共和国土地管理法》、《中华人民共和国城市房地产管理法》、《中华人民共和国城市规划法》、《中华人民共和国城镇国有土地使用权出让和转让暂行条例》、《城市新建住宅小区管理办法》、《中华人民共和国物权法》、《物业管理条例》及其《中华人民共和国民法通则》等，正是这些法律法规，才维持了整个市场的秩序。

四、物业的价值及价格

按马克思劳动价值论，物业具有价值和使用价值，其价值是凝结在其中的无差别人类劳动，体现在交换和使用过程中并通过其实现，在交换过程中通过交换价格实现。

物业价格，根据不同的经营内容可分为三种价格形式：一是房屋销售价格；二是房屋租赁价格；三是根据房屋的互换、抵押、典当、拍卖、保险、纳税等需要所形成的房产评估价格。

特别提醒

虽然物业价格由其价值决定，但是受供求状况、自身条件、环境因素、人口因素、经济因素、社会因素、行政因素、心理因素、国际因素、其他因素等影响，其中自身条件、环境因素等是和物业服务紧密相关的，物业服务通过改变这些因素而影响物业价格，从而自身也成为物业价格影响的一个主要因素且在物业消费者心目中的分量越来越重。

提高部分

知识目标
掌握物业效用的内涵与外延；理解物业效用与价值的关系；掌握物业价格的影响因素。

技能目标
理解并能够识别物业的效用；理解并能够识别物业的价值及其增值空间。

走进实训——"做"

项目二　调研——学校周边某一新建物业项目的增值空间

【实训目标】
1. 结合实际，进一步加深对物业内涵与外延的感性认识与理解。
2. 结合实际，加深对物业效用和物业价值的认识与理解。
3. 初步培养物业增值空间的分析能力。

【实训内容与要求】
1. 由学生自愿组成小组，每组 9~12 人，一个班大约 5 组。利用业余时间，选择 1~2 个物业项目进行调查与访问。
2. 在调查与访问之前，每组需通过对物业的相关知识的预习，经过讨论制定调查访问的提纲，包括调研主要问题及具体安排，具体问题可参考下列问题。
    （1）该物业的效用是什么？
    （2）该物业的效用基础是什么？
    （3）该物业的价格基础是什么？
    （4）该物业的增值空间在哪里？

【成果与检测】
1. 每组写出一份简要的调研报告。
2. 调研结束后，组织一次课堂交流与讨论。
3. 以小组为单位，分别由组长和每个成员根据各成员在调研与讨论中的表现进行评估打分。
4. 由教师根据各成员的调研报告与在讨论中的表现分别评估打分。
5. 将上述诸项评估得分综合为本次实训成绩。

走进理论与方法——"学与导"

一、物业的效用及其与价值的关系

物业的效用，是指物业对人类社会的使用价值，可以满足人们生产、生活或消费的需求。物业若无效用，人们就不会有需求的欲望。物业的效用具体体现在以下几个方面。

（1）物业作为物质资料既可以为生活服务，充当生活消费资料，又可以为生产服务，充当生产资料，如住宅就是生活消费资料，厂房、商店就是生产消费资料。

（2）物业可以作为资本参与经营活动。物业可以作价入股，构成企业生产经营过程中投入的固定资产，收取投资利润，也可以按期出租等。

（3）物业可以用来抵押，作为不动产，物业可谓永恒资本，被视为最可靠的债务抵押物或担保物。

（4）物业可以被用来赠送和继承。

物业的效用以价值为基础，而价值又通过物业的效用得以体现，反映在效用上。

二、物业价格的影响因素分析

效用和通过效用体现的价值最终是通过其价格来显化。价格的高低既反映价值的高低，又反映效用的大小。而价格又不完全由价值唯一决定，受许多因素的影响，如供求状况、自身条件、环境因素、人口因素、经济因素、社会因素、行政因素、心理因素、国际因素、其他因素等影响。

1. 供求状况

供给与需求是影响价格的两个最终因素，其他一切因素都是通过影响这两个因素而影响价格。供给与需求影响价格的规律由供给规律与需求规律决定。

> **特别提醒**
>
> 1. 通常情况下，供给与价格成负相关，需求与价格成正相关；2. 物业供求状况通常可分为如下四种类型：①全国物业总的供求状况；②本地区物业总的供求状况；③全国本类物业总的供求状况；④本地区本类物业总的供求状况。由于物业的不可移动性及变更使用功能的困难性，决定某一物业价格水平高低的，主要是本地区本类物业的供求状况。至于其他类物业的供求状况对该物业的价格水平有无影响及其影响的程度，要看这些供求状况的波及性如何而定。

2. 自身条件

自身条件的好坏，直接关系到其价格高低。所谓自身条件，是指那些反映物业本身的自然物理性状态的因素。这些因素分别如下。

（1）位置。各种经济活动和生活活动对房地产位置都有所要求。物业位置的优劣直接影响其所有者或使用者的经济收益、生活满足程度或社会影响，因此，物业坐落的位置不同，价格有较大的差异。物业价格与位置优劣成正相关。商业物业的位置优劣，主要是看繁华程度、临街状态。居住物业的位置优劣，主要是看周围环境状况、安宁程度、交通是否方便，以及与市中心的远近。其中别墅的要求是接近大自然，环境质量优良，居于其内可保证一定的生活私密性。"一步差千金"对于商业来讲永远是个真理，但对于营造别墅则是个误区。工业物业的位置优劣，通常需视其产业的性质而定。一般来说，如果其位置有利于原料与产品的运输，便于废料处理及动力的取得，其价格必然趋高。

> **特别提醒**
>
> 物业的位置从表面上看是个几何概念，但实际上并不是一个简单的几何概念，而是与特定的区位相联系的自然因素与人文因素的总和。故物业的位置有自然地理位置与社会经济位置之别。物业的自然地理位置虽然固定不变，但其社会经济位置却会发生变动，这种变动可能是因城市规划的制定或修改，交通建设或改道，也可能是其他建设引起的。但物业的位置由劣变优时，则价格会上升；相反，则价格会下跌。

（2）地质。不同类型的建筑物对地基承载力有不同的要求，不同的土地有不同的承载力。地质条件决定着土地的承载力。地质坚实、承载力较大，有利于建筑使用。在城市土地中，尤其是在现代城市建设向高层化发展的情况下，地质条件对地价的影响较大。地价与地质条件成正相关；地质条件好，地价就高；反之，地质条件差，地价则低。此外，地质也会影响物业管理服务成本。

（3）地形地势。地形是指同一块土地内的地面起伏状况。地势是指本块土地与相邻土地的高低关系，特别是与相邻道路的高低关系，如是高于或低于路面。一般来说，土地平坦，地价较高；土地高低不平，地价较低；在其他条件相同时，地势高的物业的价格要高于地势低的物业的价格。

(4) 土地面积。同等位置的两块土地，由于面积大小不等，价格会有高低差异。一般来说，凡面积过于狭小而不利于经济使用的土地，价格较低。地价与土地面积大小的关系是可变的。一般来说，在城市繁华地段对面积大小的敏感度较高，而在市郊或农村则相应较低。土地面积大小的合适度还因不同地区、不同消费习惯而有所不同。例如，某地方市场若普遍接受高层楼房，则该地方较大面积土地的利用价值要高于较小面积土地的利用价值，因而较大面积土地的价格会大大高于较小面积土地的价格。相反，如果地方市场仅能接受小型建筑型态，则较大面积土地的价格与较小面积土地的价格，差异不会很大。

(5) 土地形状。土地形状是否规则，对地价也有一定的影响。土地形状有正方形、长方形、三角形、菱形、梯形等。形状不规则的土地由于不能有效利用，价格一般较低。土地经过调整或重划之后，利用价值提高，地价立即随之上涨。地价与土地形状成正相关：土地形状规则，地价就高；土地形状不规则，地价就低。

(6) 日照。日照有自然状态下的日照和受到人为因素影响下的日照两种。物业价格与日照的关系具有下列特征：一方面与日照成正相关；另一方面与日照成负相关。一般来说，受到周围巨大建筑物或其他东西遮挡的物业的价格（尤其是住宅），必低于无遮挡情况下的同等物业的价格。日照对物业价格的影响还可以从住宅的朝向对其价格的影响中看到。

(7) 通风、风向、风力。一般情况下，风力大或时常出现风灾的地方，物业价格较低。物业价格与风向的关系在城市中比较明显，在上风地区物业价格一般较高，在下风地区物业价格一般较低。

(8) 气温、湿度、降水量。这三者极端过剩或极端贫乏，均不利于生产和生活，因此会降低物业价格。把降水量与地势结合起来看，其对物业价格的影响更明显。地势虽然低洼，但若降水量不大，则不易积水，从而地势对物业价格的影响不大，但在地下水位高的地区例外；反之，降水量大，地势对物业价格的影响力就大。

(9) 天然周期性灾害。凡是天然周期性灾害的地带，土地利用价值必然很低，甚至不能利用如江边、河边等。但这类土地一旦建设了可靠的防洪工程，不再受周期性灾害的影响，其价格会逐渐上涨。甚至由于靠近江、河、湖、海的缘故，可以获得特别的条件，如风景、水路交通，从而使这类土地的价格要高于其他土地。

(10) 建筑物外观。建筑物外观包括建筑式样、风格和色调，对物业价格有很大影响。凡建筑物外观新颖、优美，可以给人们舒适的感觉，则价格就高；反之，单调、呆板，很难引起人们强烈的享受欲望，甚至令人压抑、厌恶，则价格就低。

此外，建筑物朝向、建筑结构、内部格局、设备配置状况、施工质量等自身条件都对物业价格有影响。

3. 环境因素

影响物业价格的环境因素，是指那些对物业价格有影响的物业周围的物理性因素。这方面的因素有如下几种。

(1) 声觉环境。噪声大的地方，物业价格必然较低。噪声小，安静的地方，物业价格通常较高。

(2) 大气环境。物业所处的地区有无难闻的气味、有害物质和粉尘等，对物业价格影响也很大。凡接近化工厂、屠宰厂、酒厂、厕所等地方的物业价格较低。

(3) 水文环境。地下水、沟渠、河流江湖、海洋等污染程度如何，对其附近的物业价格也有较大的影响。

(4) 视觉环境。物业周围是否杂乱，建筑物之间是否协调，公园、绿化等形成的景观是否赏心悦目，这些对物业价格都有影响。

(5) 卫生环境。清洁卫生情况如何，对物业价格也有影响。

4. 人口因素

物业的需求主体是人，人的数量、素质如何，对物业价格有着很大的影响。人口因素对物业价格的影响，具体可分为人口数量、人口素质、家庭规模三个方面。

(1) 人口数量。物业价格与人口数量的关系非常密切。就一国而言如此，一地区或一城市的情况也如此。特别是在城市，随着外来人口或流动人口的增加对物业的需求必然加大，从而促进物业价格的上涨。人口高密度地区，一般而言，物业求多于供，供给相对匮乏，因而价格趋高。

(2) 人口素质。人们的文化教育水平、生活质量和文明程度，可以引起物业价格高低的变化。人类社会随着文明的发展、文化的进步，公共设施必然日益完善和普遍，对居住环境也必然力求宽敞舒适，凡此种种都足以增加物业的需求，从而导致物业价格趋高。如果一个地区中的居民素质低，组成复杂，秩序欠佳，人们多不愿在此居住，物业价格必然低落。

(3) 家庭规模。是指全社会或某一地区的家庭平均人口数。家庭规模发生变化，即使总数不变，也会引起居住单位数的变动，从而引起需用住宅数量的变动，随之导致物业需求的变化而影响物业价格。一般而言，随着家庭规模小型化，即家庭平均人口数的下降，物业价格有上涨的趋势。

5. 经济因素

影响物业价格的经济因素主要有：经济发展状况，储蓄，消费，投资水平，财政收支以及金融状况，物价（特别是建筑材料价格），建筑人工费，利息率，居民收入，物业投资。

(1) 经济发展。经济发展预示着投资、生产活动活跃，对厂房、办公室、商场、住宅和各种文娱设施等的需求增加，引起物业价格上涨，尤其是引起地价上涨。

(2) 物价。物业价格与物价的关系非常复杂。通常物价普遍波动，物业价格也将随之变动；如果其他条件不变，则物价变动的百分比相当于物业价格变动的百分比，而两者的动向也应一致。就单独一宗物业而言，物价的变动可以引起物业价格的变动，如建筑材料价格上涨，引起建筑物建造成本增加，从而推动物业价格上涨。从一段较长时期来看，物业价格的上涨率要高于一般物价的上涨率和国民收入的增长率。

(3) 居民收入。通常居民收入的增加显示人们的生活水平将随之提高，从而促使对物业的需求增多，导致物业价格上涨。如果居民收入的增加，是中、低等收入水平者的收入增加，则对物业地产的需求增加，促使居住物业的价格上涨。如果居民收入的增加，是高收入水平者的收入增加，对物业价格的影响不大，不过，如果利用剩余的收入从事物业投资（尤其是投机），则必然会引起物业价格变动。

6. 社会因素

社会因素主要是指政治安定状况、社会治安程度、物业投机及城市化等。

(1) 政治安定状况。政治安定状况，是指现有政权的稳固程度，不同政治观点的党派和团体的冲突情况等。一般来说，政治不安定，意味着社会动荡，影响人们投资、置业的信心，造成物业价格低落。

(2) 社会治安程度。社会治安程度，是指偷盗、抢劫、强奸、杀人等方面的犯罪情况。物业所处的地区，如若经常发生此类犯罪案件，则意味着人们的生命财产缺乏保障，因此造成物业价格低落。

(3) 物业投机。物业投机，简言之就是投准时机，利用物业价格的涨落变化，通过在不同时期买卖物业，从价差中获取利润的行为。

一般来说，物业投机对物业价格的影响有下列三种情况：

① 引起物业价格上涨；
② 引起物业价格下跌；
③ 起着稳定物业价格的作用。

当物业价格节节上升时，那些预计物业价格还会进一步上涨的投机者会纷纷抢购，造成一种虚假需求，无疑会促使物业价格进一步上涨。而当情况相反时，那些预计物业价格还会进一步下跌的投机者纷纷抛售物业,则会促使物业价格进一步下跌。当物业价格低落时,怀有日后物业价格会上涨心理的投机者购置物业,以待日后物业价格上涨时抛出,这样,就会出现当物业需求小的时候,投机者购置物业,造成物业需求增加;而在物业价格上涨时投机者抛出物业,增加物业供给,从而平抑物业价格。

(4) 城市化。一般来说,城市化意味着人口向城市地区集中,造成城市物业需求不断增加,带动城市物业价格上涨。

7. 行政因素

影响物业价格的行政因素,是指影响物业价格的制度、政策、法规、行政措施等方面的因素,主要有土地制度、住房制度、物业价格政策、行政隶属变更、特殊政策、城市发展战略、城市规划、土地利用规划、税收政策、交通管制等。

(1) 土地制度。土地制度对土地价格的影响也许是最大的。例如,在中国传统的土地制度下,严禁买卖、出租或者以其他形式非法转让土地,可能使地租、地价根本不存在。

(2) 住房制度。住房制度与土地制度一样,对物业价格的影响也是最大的。实行低租金、福利制,必然造成物业价格低落。

(3) 物业价格政策。物业价格政策,有两类:一类是高价格政策;一类是低价格政策。所谓高价格政策,一般是指政府对物业价格放任不管,或有意通过某些措施抬高物业的价格;低价格政策,一般是指政府采取种种措施抑制物业价格上涨。因此,高价格政策促进物业价格上涨,低价格政策造成物业价格下落。

(4) 特殊政策。在一些地方建立经济特区,实行特殊的政策、特殊的体制、特殊的对外开放措施,往往会提高该地区的房地产价格。

(5) 城市发展战略、城市规划、土地利用规划。这些对物业价格都有很大的影响,特别是城市规划中的规定用途、容积率、覆盖率、建筑高度等指标。具体表现为下列两个方面:①就某一块土地而言,它会降低地价。②从总体上看,由于有利于土地的健康协调利用,因此有提高地价的作用。

(6) 税收政策。直接或间接地对物业课税,实际上是减少了利用物业的收益,因而造成物业价格低落。

(7) 交通管制。某些物业所处的位置看起来交通便利,但实际上并不便利,这就是受到了交通管制的限制。实行某种交通管制也许会降低该物业的价格,但对另一些物业来讲,实行这种交通管制则可能会提高物业的价格。如果住宅区内的道路上禁止货车通行,可以减少噪声和行人行走的不安全感,因此会提高物业的价格。

8. 心理因素

心理因素对物业价格的影响有时是一个不可忽视的因素。影响物业价格的因素主要有下列七个:①购买或出售心态;②欣赏趣味(个人偏好);③时尚风气;④接近名家住宅心理;⑤讲究门牌号码,楼层数字或地段号数;⑥讲究风水;⑦价值观的变化。

9. 国际因素

国际经济、军事、政治等环境对物业价格也有很大影响。影响物业价格的主要国际因素有下列四个:

(1) 国际经济状况发展良好,一般有利于物业价格上涨。

(2) 军事冲突情况。一旦发生战争,则战争地区的物业价格会陡然下落,而那些受到战争威胁或影响的地区,其物业价格也有所下降。

(3) 政治对立状况。如若国与国之间发生政治对立,则不免会出现实行经济封锁、冻结贷款、终止往来等,这些一般会导致物业价格下跌。

(4) 国际竞争状况。这主要是国与国之间为吸引外资而进行的竞争,竞争激烈时,物业价格一般较低落。

10. 其他因素

影响物业价格除了上述列举的九大因素之外，还有一些，如有时物业购买者出于自身的急迫需要，使得他只求得到物业，从而抬高价格等。

三、物业增值空间分析

由于土地的稀缺性，物业具有保值和增值功能。物业增值空间，就是指物业的未来增值大小。价格是价值的反映，价格变动的趋势反映价值变动趋势，因此，增值空间分析实质就是从宏观和微观进行价格变动分析，主要是通过价格影响因素分析，从而获得增值空间大小。

第二节 物业管理服务

知识目标

掌握狭义和广义物业管理概念；理解广义和狭义物业管理概念下的物业服务内容区别；理解物业管理服务的特点、营销问题及营销策略；理解物业服务标准。

技能目标

理解并能够辨认物业管理服务边界；能够识别物业管理服务的内容及其特点；能够判断物业管理服务的等级。

 走进实训——"做"

项目一 调研——某一物业项目（入住已经五年）的物业服务

【实训目标】

1. 结合实际，加深对物业管理和物业服务的概念理解。
2. 初步培养物业服务的认知能力。

【实训内容与要求】

1. 由学生自愿组成小组，每组 9~12 人，一个班若干组。利用业余时间，选择 1~2 个物业项目进行调查与访问。

2. 在调查与访问之前，每组需通过对物业服务的相关知识的预习，经过讨论制定调查访问的提纲，包括调研主要问题及具体安排，具体可参考下列问题展开设计：

（1）该物业项目的物业服务企业提供了哪些物业服务？哪些属于狭义物业管理范围，哪些属于广义物业管理范围？

（2）该物业项目的物业服务有哪些特点？

（3）该物业项目的物业服务等级属于哪个等级？

（4）该物业项目有没有增加物业服务产品的空间？

【成果与检测】

1. 每组写出一份简要的调查访问报告。
2. 调查访问结束后，组织一次课堂交流与讨论。
3. 以小组为单位，分别由组长和每个成员根据各成员在调研与讨论中的表现进行评估打分。
4. 由教师根据各成员的调研报告与在讨论中的表现分别评估打分。
5. 将上述诸项评估得分综合为本次实训成绩。

走进理论与方法——"学与导"

特别提醒

注意狭义与广义物业管理概念所导致的物业服务内容的差异。

在当前物业服务市场中，许多纠纷源于对物业服务内容范围及其服务质量的理解与评价不一，因此，必须要注意把握狭义与广义物业管理概念所导致的物业服务内容的差异以及物业服务标准。

一、物业管理的概念

所谓物业管理，简单地说，就是人们对一个特定的物业进行的经营管理服务的活动。从物业效用的角度而言，任何能够增加物业效用，使物业保值和增值的活动，都是物业管理。这是广义的物业管理。狭义的物业管理是《物业管理条例》（以下简称《条例》）中所界定的概念。《条例》第二条明确规定，物业管理是指业主通过选聘物业服务企业，由业主和物业服务企业按照物业服务合同约定，对房屋、配套的设施设备和相关场地进行维修、养护、管理，维护相关区域内的环境卫生和秩序的活动。

对狭义物业管理概念的理解，要注意以下三个方面。

1. 物业管理是由业主通过选聘物业服务企业的方式来实现的活动

物业的所有权人——业主，由于物业状态的变化，已经从独立的产权主体向多个产权人区分所有转化。其中的每个产权人仅享有部分产权并承担专有部分的管理修缮义务，全体业主对物业共同共有部分共同享有权利并共同承担义务，因此单个业主对全体业主共同享有的权利无权单方面作出决定，同时单个业主也没有义务全额承担应由全体业主共同履行的义务。这样，任何业主的任何一项关系全体业主权益的决定，都必须取得多数业主的同意，否则就会构成对其他业主权利的侵害，因此，在共有产权状态下，业主必须通过一定的形式，如业主大会，表达各自意愿，按照民主集中制原则，共同决定对共有财产的管理和共同利益的平衡，然后以一定的方式（如招投标方式）委托物业服务企业，为业主提供管理与服务。

特别提醒　　**实际的操作模式**

（1）对物业的管理，业主可以根据不同情况采用不同的方式。实际情况看，主要有三种方式：一是业主自己进行管理；二是业主将不同的服务内容委托给不同的专业公司；其三是业主选聘物业服务企业进行管理。（2）第一种方式，是业主行使权利的体现，但对于多元主体物业，很难公正维护全体业主的权益，其规范由《中华人民共和国民法通则》等法律、法规确定；第二种方式，业主和专业公司之间是委托合同关系，应按照《中华人民共和国合同法》等相关法律、法规的规定执行；第三种方式，实质是业主将自己的物业管理职能从物业管理权限中分离出去（业主享有物业管理的决策权）交由物业服务企业实施，其规范由《物业管理条例》等相关法律法规进行。

2. 物业管理活动的基础是物业服务合同

物业管理活动的实质是业主与物业服务企业就物业服务为标的所进行的一项交易。业主通过市场选聘物业服务企业，并和物业服务企业在平等、自愿、等价有偿、诚实信用的基础上，签订物业服务合同，然后各自享有并履行合同约定的权利和义务。

特别提醒

(1) 业主通过市场选聘物业服务企业，按照物业服务合同执行，实质是遵循市场原则，其主要有两个目的：一是强调业主在市场活动中的自主权，业主作为物业的主人，具有充分的自主选择权，而这种选择权必须依法得到保护；其二是强调物业管理活动必须纳入市场秩序，物业服务企业为业主提供哪些服务，服务标准是什么，业主如何承担服务费用，以及业主与物业服务企业相互之间所承担的违约责任，都必须在物业服务合同中明确约定。(2) 现阶段，无论业主或物业服务企业，市场意识与合同观念都很薄弱，纠纷不断，处理困难。解决这一问题的关键就是通过立法，按照市场原则将物业服务活动推向市场，纳入合同秩序中。

3. 物业管理的内容是对物业进行维修、养护、管理，对相关区域内的环境卫生和秩序进行维护

物业管理的内容由业主和物业服务企业在物业服务合同中约定，主要有两个方面的内容：一是对房屋及其配套的设施设备和相关场地进行维修、养护、管理；二是维护相关区域内的环境卫生和秩序，包括物业服务企业提供的清洁卫生、安全防范、装饰装修等服务。除此之外，物业服务企业可以接受业主和使用人的特别委托，为其提供物业服务合同约定以外的服务项目；也可以接受供水、气、热等公共事业单位的委托，有偿为其向业主代收有关费用。

二、物业管理服务的特点、营销问题与策略

按照社会产业部门划分的标准，物业管理属于第三产业，本质是服务。作为第三产业中的服务型的行业——物业管理，寓管理、经营于服务之中，管理的对象是物业，服务的对象是业主或物业使用人。物业管理服务，是物业管理的内容及其本质的体现。它不但具有服务的无形性、不可储存性、差异性、生产和消费的同时性等特点，而且还具有自身独特的特点，即公共性、持续性和长期性。这些特点给物业管理服务经营者带来"营销问题"，需要相应的营销策略予以实施，具体见表1-1。

表1-1 物业管理服务特点、营销问题和营销策略

特点	含义	营销问题	营销策略
无形性	消费者在消费或购买之前，无法看见、听见、品尝、触摸、嗅闻服务	1. 无法储存； 2. 无法利用专利； 3. 不易展示或介绍服务情况； 4. 不易制定服务项目价格； 5. 不易将本企业的服务与竞争对手的服务区别开来	1. 强调有形证据； 2. 与非人员信息渠道相比，更常使用人员信息渠道； 3. 模拟业主或物业使用人口头宣传或促使业主或物业使用人为本企业做有利的口头宣传； 4. 塑造鲜明的企业形象； 5. 使用成本会计系统，辅助定价工作； 6. 做好市场沟通工作
生产与消费的同时性	服务过程和消费过程同时发生。服务结束后，业主或物业使用人继续享受服务的效果，但他们却不拥有服务的所有权	1. 业主或物业使用人参与服务过程； 2. 其他物业服务相关者参与服务过程； 3. 很难在某一个服务场所提供大规模服务	1. 强调接待人员选聘和培训工作； 2. 管理业主或物业使用人消费行为； 3. 使用销售网络（如中海的1托N管理服务模式）； 4. 强调内部促销
差异性	提供的服务质量不可能完全相同。不同的服务员提供的服务质量不同，即使同一服务员也难保证统一	很难实现标准化，不易做好质量控制工作	1. 服务工业化措施； 2. 根据业主和物业使用人的具体要求，提供个性化服务

续表

特点	含义	营销问题	营销策略
不可储存性	容易消失，不可储存，消费劣质服务的业主或物业使用人无法退货或退款	无法储存	1. 采用应付需求量波动的一系列策略； 2. 同时调整接待能力和需求量，使供需比较一致
公共性	为全体业主或部分业主的共有部分提供服务，具有服务产品的公共性。同时协助社区的文化建设等，具有公益性	1. 决策的协调难； 2. 寻租行为； 3. 搭便车行为； 4. 社会责任感强且及时	1. 业主大会、业主委员会； 2. 管理规约； 3. 公共关系； 4. 法律法规
持续性	物业管理服务提供的是一个持续不断的过程	1. 瑕疵后遗症深； 2. 补偿性服务要求高	1. 细节服务； 2. 周到服务
长期性	合同期限长，通常为3年	1. 转换成本高； 2. 沉默成本高	1. 关系营销； 2. 公共关系

三、物业管理服务内容

物业管理服务，是物业管理的内容及其本质体现。其内容主要包括物业服务合同约定的内容和物业服务合同约定之外的内容。

1. 物业服务合同约定的内容

概括而言，物业服务合同约定有两方面的内容：一是房屋及其配套设施设备和相关场地的维修、养护、管理；二是相关区域内的环境卫生和秩序的维护。具体而言，主要包括（1）房屋公共部位的维修、养护与管理服务；（2）房屋公共设施设备的维修、养护与管理服务；（3）物业管理区域内共用设施设备的维修、养护与管理服务；（4）物业管理区域内的环境卫生与绿化管理服务；（5）物业管理区域内公共秩序、消防、交通等协管事项服务；（6）物业装饰装修管理服务；（7）物业档案资料管理服务；（8）专项维修资金的代管服务。合同约定的服务实质就是常规性的公共服务。

2. 物业服务合同约定外的内容

为了增强业主的亲和力和认同感及自身创收增效，物业服务企业通常会提供合同外的服务，主要包括延伸性的专项服务、随机性的特约服务、委托性的代办服务和创收性的经营服务。

（1）延伸性的专项服务。物业服务企业在履行常规性服务时建立了相应单项服务组织机构，如工程维修部（承担房屋及设备设施共同共有部分和共用部分的相关维修、养护、管理服务）。为了更好地满足一些特定群体的需要，物业服务企业利用这些单项服务组织机构提供延伸性的特定服务，如为高层住户提供24小时的电梯服务、为高层住户提供高层供水水泵、专有部分的土建维修、装饰工程、家电维修、车辆保管、室内清洁等。延伸性专项服务必须符合相关的法律法规执行。有些项目按照相关的法律法规的规定实行政府指导价收费，有些项目则由业主和物业服务企业协商执行市场调节价。

（2）特约服务。物业服务企业为了满足住户特别需要而受住户的委托提供的随机性个别服务，这类服务范围非常广泛，如房屋代管、代聘保姆、代送病人、家庭护理和接送小孩、代收与分送报纸、杂志及信件、代换煤气、代办保险和税收等。特约服务项目是有偿服务，其收费必须公开明码标价且执行市场调节价。

（3）委托性代办服务。物业服务企业受公用事业等单位的委托而提供的有偿服务，如代收水电煤气及供热费用、代收各种公用事业费等。物业服务企业提供这类服务，不得向业主收取手续费。

（4）创收性经营服务。物业管理行业属于微利行业。在我国由于居民总体收入水平还不高，仅靠向业主和物业使用人收取的物业管理服务费还难以支撑物业服务企业的健康发展，因此，在物业管理服务活动中，必须贯彻"一业为主、以业养业"的原则，利用开展多种经营获取的收入来弥补物业管理服务经费的不足。多种经营的内容主要有：开展房屋的租赁经营，如参与办公楼、酒店、商场及工业楼宇的租赁经营、通过与业主或业主委员会协商参与固定停车场的租赁经营活动等；物业服务企业可以经营物业管理区域内的商场、餐饮、游泳池、电影院等各种生活文化娱乐设施等；利用物业管理区域的"小区媒体"开展媒体经营服务；开展中介咨询服务，如不动产投资咨询、住房置换、中价交易、法律咨询等服务活动。创收性经营服务的收入，有部分是属于物业管理区域内的业主，如小区媒体的经营，因小区媒体的所有权是全体业主，因而其收入中应部分属于业主，至于如何界定其中的界限由物业管理区域业主和物业服务企业协商签订的协议决定。

此外，物业服务企业为了树立形象、创造品牌价值而开展一些提升物业项目价值、创建物业项目品牌的服务：结合社区文化建设而开展的创建物业项目品牌的文化活动；物业管理区域的品牌配套服务活动，如建立商业网点（超级市场、小型商场、副食品市场、饮食店、公用电信服务、储蓄所、家电维修、洗衣房、美容美发店等）、开办教育卫生机构（幼儿园、中小学、社区诊所、保健站等）、开设文体娱乐项目（俱乐部、文娱活动室、小型健身房、阅览室、青少年游戏室、舞厅等）、设立交通网点、举办社会福利项目（老人活动室等）等。物业服务企业开展这些服务，主要表现在与相关主管部门的联系公关上，提议和协助物业管理区域的业主开展上述服务。

> **特别提醒**
>
> 物业服务合同约定的物业服务内容就是《条例》界定的狭义物业管理范围内的服务内容，广义物业管理范围内的物业管理服务内容包括物业管理服务合同内外的服务内容。

四、物业管理服务标准

目前，在物业管理市场中，经常会因业主或物业使用人对物业服务企业服务质量评价不一、等价有偿消费的依据不一，而出现与物业服务企业在收费问题上的纠纷和对物业服务企业服务质量评价的分歧。为了促进物业服务规范发展，中国物业管理协会在制定全面、系统的物业管理服务标准方面作了尝试，于2004年1月6日公布了《普通住宅小区物业管理服务等级标准（试行）》（以下简称《标准》）。该标准根据普通住宅小区物业服务的不同情况，从基本要求、房屋管理、公用设施设备维修养护、公共秩序、保洁服务、绿化养护等六大方面界定了物业管理服务的内容，制定了由高到低的三个等级的服务标准。该标准可以作为物业服务企业与建设单位或业主大会签订物业服务合同，确定物业服务等级，约定物业服务项目、内容、标准以及测算物业服务价格的参考依据。

> **特别提醒**
>
> 物业服务合同内的物业服务标准具体内容见《普通住宅小区物业管理服务等级标准（试行）》，物业服务合同外的物业服务标准由具体业主与物业服务企业协商签订的协议界定。

提高部分

知识目标

理解产品和服务整体组合概念；掌握物业管理服务的产品和服务整体组合概念。

技能目标

理解并能够运用物业管理服务的产品和服务整体组合质量管理指导原则。

走进实训——"做"

项目二 调研——某一物业项目（入住已经五年）的物业管理服务

【实训目标】

1. 结合实际，加深对物业管理服务的产品和服务整体组合概念理解。
2. 初步培养物业管理服务的产品和服务整体组合质量管理原则的运用能力。

【实训内容与要求】

1. 由学生自愿组成小组，每组 9~12 人，一个班若干组。利用业余时间，选择 1~2 个物业项目进行调查与访问。
2. 在调查与访问之前，每组需通过对物业管理服务的相关知识的预习，经过讨论制定调查访问的提纲，包括调研主要问题及具体安排，具体可参考下列问题展开设计：

（1）该物业项目的物业服务企业提供了哪些物业管理服务？

（2）该物业项目的物业管理服务提供给了业主和物业使用人哪些消费利益？

（3）该物业项目的某一物业管理服务项目的服务体系是什么？

【成果与检测】

1. 每组写出一份简要的调查访问报告。
2. 调查访问结束后，组织一次课堂交流与讨论。
3. 以小组为单位，分别由组长和每个成员根据各成员在调研与讨论中的表现进行评估打分。
4. 由教师根据各成员的调研报告与在讨论中的表现分别评估打分。
5. 将上述诸项评估得分综合为本次实训成绩。

 ## 走进理论与方法——"学与导"

一、产品和服务整体组合概念

在现实生活中，几乎没有纯粹的产品或纯粹的服务。消费者购买产品时，会同时购买某些服务。消费者到商店购买食盐这样一种简单的产品，也会同时购买商店的服务。消费者在购买服务时，也几乎总是同时购买某些产品，例如，业主购买物业管理服务中的公用设备维修服务就会购买更换部件，即使没有更换部件下的小维修服务，物业服务企业的维修工人也需要购买维修工具，因此也间接购买了产品。

可见，消费者总是在购买一系列产品成分和服务成分组成的整体。尽管如此，消费者无论是购买产品还是服务，都不是产品和服务本身，而是产品和服务所能提供给他们的利益。每位消费者只购买那些能特别满足其需要、愿望、要求、希望、抱负和梦想的利益。这就是产品和服务整体组合概念。由于消费者的利益是动态的（不但随时间而变，而且随消费过程而变），因此产品和服务整体组合概念是动态的，为此，企业管理人员必须深入了解顾客的整个消费过程。在整个消费过程中，企业都必须尽力从整体上提高顾客感觉中的服务质量。

二、物业管理服务的产品与服务整体组合概念

物业管理服务是物业服务企业生产出来的产品。物业服务企业可以用产品和服务整体组合的概念加以诠释，对于其开展坚持以业主或物业使用人为中心的物业服务活动有所帮助。

物业管理服务包括常规性公共服务、延伸性专项服务、随机性特约服务、委托性代办服务、创收性经营服务及提升物业项目价值创建物业项目品牌的服务。按照产品和服务整体组合概念，每项服务产品所对应的消费者利益点如下所述。

1. 物业管理服务的常规性公共服务

确保物业的正常使用,保障业主或物业使用人的生活和生产健康有序进行——基本的利益价值。

2. 物业管理服务的延伸性专项服务、随机性的特约服务、委托性的代办服务、创收性经营服务

确保业主或物业使用人的生活便利、体验、享受等需要得以满足——情感利益价值。

3. 物业管理服务的提升物业项目价值、创建物业项目品牌的服务

满足业主和物业使用人的身份、地位和成就的需要——自我实现的利益价值。

当然,这些利益点因不同的业主(包括物业使用人)、不同的时间、不同的场合会发展变化。即使是同一个业主或物业使用人在消费同一物业管理服务,其消费利益也会因时间推移地点、场景的不同而不同。简单地说,物业服务消费者的消费是一种"经历",其利益会因"经历"而发展变化。因此,物业服务企业不但要关注服务产品、关注服务产品的服务体系及服务营销体系,而且要关注消费者的消费"经历"过程。这方面的详细论述见本章第三节。

三、物业管理服务的产品和服务整体组合设计

物业服务企业通常提供许多类型的服务产品,如公共服务、特约服务、代办服务等。每一类服务通常包含系列服务品种。每一种服务产品的设计都要按照服务性企业的产品和服务整体组合概念进行设计。

服务性企业的产品和服务整体组合包括基本组合、服务过程和市场形象和市场沟通三个成分,具体如下。

1. 基本组合

基本组合由核心服务、助消服务和助消产品、辅助服务和辅助产品组成。

(1) 核心服务是服务性企业为顾客提供的主要服务。

(2) 助消服务和助消产品。助消服务是服务性企业提供的额外服务,主要目的是方便顾客消费核心服务。如物业管理服务中的入伙服务的预约服务。有时,服务性企业还需为顾客提供助消产品,目的也是方便顾客消费核心服务。如物业管理服务中的停车场服务的智能卡。

(3) 辅助服务和辅助产品。辅助服务同样是服务性企业为顾客提供的额外服务。辅助服务的作用是提高基本组合的消费价值,使本企业与竞争对手的服务区别开来,提高本企业的竞争力。有时服务性企业还可使用辅助产品,提高顾客的消费价值。如物业管理服务中的入伙服务的赠送礼品。

从管理工作的要求来看,管理人员必须区分助消服务和辅助服务。服务性企业必须提供助消服务,否则,顾客就无法消费核心服务。没有辅助服务,顾客仍然可以消费核心服务,但基本组合对顾客的吸引力会减弱,竞争力会降低。

2. 服务过程

服务过程设计工作和管理工作的重点是:

① 方便顾客购买和消费;

② 确定买卖双方相互交往方式,加强服务关键时刻质量管理工作;

③ 帮助顾客参与服务过程。

产品和服务整体组合是由这些服务过程成分和基本组合成分共同组成的。

(1) 方便顾客购买和消费。服务性企业应在方便的时间、方便的地点,采用方便的服务方式为顾客提供方便的服务。

特别提醒

顾客是否容易接受服务,会受许多因素的影响,包括:①员工人数和员工服务技能;②营业时间;③完成各项服务工作所需时间;④服务地点;⑤服务场所内外设计,服务设备、服务工具和书面资料;⑥同时接受服务的顾客人数及顾客的知识和经验;⑦服务程序。顾客会根据这些因素判断服务是否方便。

(2) 确定买卖双方相互交往方式，加强服务关键时刻质量管理工作。顾客与服务企业接触的一段时间是决定顾客感觉整体服务质量的关键时刻。服务关键时刻发生差错，管理人员采取任何补救措施都为时已晚，因为顾客已经消费了劣质服务。当然，服务企业可以在事后向顾客道歉，改正错误。但是，这类事后补救措施既费力又费时，有时还无法使顾客谅解。

> **特别提醒**
>
> 顾客与服务企业相互接触可划分为以下几种类型：①顾客与服务人员相互交往；②顾客接触服务性企业的各种生产资料，包括服务实施设备、服务工具、各种书面资料；③顾客接触服务企业的各种规章制度，如排队制度、等待制度、付款制度、交付制度、维修制度、预约制度、索赔制度等；④顾客与同时接受服务的其他顾客相互交往。

(3) 帮助顾客参与服务过程。

> **特别提醒**
>
> 服务企业，要充分发挥顾客在服务过程中的作用，必须：①鼓励顾客参与服务工作（例如，治安防范服务中通过文明小区的文化活动鼓励业主和物业使用人的"群防，为自己服务"）；②帮助顾客充分理解他们在服务工作中扮演的角色；③提供必要的信息，使顾客理解他们应完成的服务工作；④指导顾客正确地做好兼职服务工作；⑤帮助业主掌握必要的知识和服务技能。

3. 市场形象和市场沟通

服务性企业的市场形象和市场沟通也会影响顾客感觉中的整体服务质量。良好的市场形象可以提高顾客感觉中的服务质量，不利的市场形象则会降低顾客感觉中的服务质量。因此，企业要做好形象塑造和市场沟通工作。这是产品与服务整体组合设计工作的重要任务。

四、物业管理服务的产品和服务整体组合质量管理工作指导原则

为了满足业主和物业使用人的需要，提高产品和服务的消费价值，越来越多的物业服务企业都向市场推出产品和服务组成的整体。要做好产品和服务整体设计和质量管理工作，物业服务企业管理可以采用以下基本指导原则。

1. 根据业主和物业使用人的需要和愿望，确定产品和服务整体的组成成分

管理人员应深入理解业主和物业使用人的需要和愿望，深入了解他们需要解决各类与物业及其生活相关服务问题，深入研究他们的物业服务消费习惯和消费目的，才能正确确定本企业产品和服务整体组成的组成成分。

某物业服务有限公司为了提前了解业主和物业使用人的需要，推出创新物业服务——"前置性服务"。前置性服务是采用入户调查、征询意见的方式进行的。首先制定出前置性服务表格，内容涵盖如业主的房屋情况、维修情况、收费情况及意见建议等项目。然后，由管理处人员入户进行调查工作，要求从项目经理到班组长，管理处班长以上人员都承担一定的走访户数责任区，当面沟通了解业主和物业使用人的需要，对业主和物业使用人所提问题进行解决和协调，比如业主家中和物业使用人家中有没有什么需要维修的，有没有什么疑问，对物业服务人员的工作有什么意见，提醒业主和物业使用人一些应注意的事项等，从而避免因信息不畅或问题解决不及时造成不良后果。通过前置性服务，管理处收集到了业主和物业使用人的意见建议，从而推出了许多改进性的服务产品和服务方法，进一步提高了业主和物业使用人对物业服务的满意度。

2. 根据业主和物业使用人整个消费过程，确定服务体系

产品和服务整体组合概念强调物业服务企业管理人员必须对业主和物业使用人的整个消费过程有深入的了解。管理人员应深入了解业主消费过程中的各种消费活动。例如，业主和物业使用人的装修消费活动包括装修信息的搜寻、装修设计定位、装修方式确定、装修公司的选择、装修设计、装修申请、装修审批、装修公司的装修人员出入等相关手续办理、装修材料采购、装修施工、装修施工过程的跟踪（包括装修施工工艺的规范、装修的违规及装修噪声、装修垃圾、装修废气等形成的装修污染的管理等）、装修单项工程的验收、装修竣工验收、装修完成的手续办理等。物业服务企业管理人员应绘制业主或物业使用人装修消费活动流程图，并根据业主或物业使用人消费过程中各类活动，设计服务程序，加强服务体系质量管理工作，从而让业主或物业使用人在整个消费过程中都感觉到消费价值最大化，实现其消费目的。

3. 加强合作，为业主提供优质的产品和服务

要加强物业服务企业与业主之间的关系，物业服务企业各个职能部门必须密切合作。例如，物业项目管理处可根据业主和物业使用人的需要，由工程维修、安保、保洁、绿化、财务、经营服务、前台客服等职能部门的员工组成客户服务小组，为业主或物业使用人的整个消费过程或消费经历提供全方位的服务。在业主或物业使用人服务工作的各个阶段，这些职能部门的作用和职责会有所不同。然而，各个职能部门必须密切配合，而不能单纯依靠前台客服发展本企业与业主和物业使用人之间的关系。

某物业服务有限公司为了加强合作，为业主提供优质的产品和服务，推出创新性服务——"一站式"服务。"一站式"服务是要求业主或物业使用人来到管理处，只需要接触一个部门，就可以使问题快速解决或得到满意的答复。为此，某物业公司的物业服务特别设立了管理处客服中心来负责对外和对内的协调和传递工作，对外与业主和物业使用人联系了解业主和物业使用人的需求，集中汇总之后对内与管理处管理中心进行沟通，由管理中心进行协调解决并将结果反馈到客服中心，再由客服中心反馈给业主或物业使用人，形成一个双环回路，不断地进行收集—沟通—解决—反馈，并结合物业管理信息系统的优势，全面优化服务流程，使客服中心接待厅非常方便地报修、咨询问题、交费和办理事宜。

"您好，某物业管理，您请坐，请问您来办理什么事？"客服人员起身微笑问候，热情地接待业主或物业使用人，熟练操作软件，把业主的问题快速传递给相关部门，并尽快让业主或物业使用人收到来自客服中心的问题反馈，业主不用再接触管理处的其他部门就可以解决问题，避免了因多头管理而出现的相互推诿现象。

第三节　物业管理服务体系

● 知识目标

理解物业管理服务体系概念；掌握物业管理服务体系设计应关注的内容。

● 技能目标

初步掌握并学会物业管理服务体系设计方法。

　走进实训——"做"

项目一　为所在学校设计新生接待服务体系

【实训目标】

1. 结合实际，加深对服务体系的认识与理解。

2. 初步培养服务体系设计能力。

【实训内容与要求】

1. 由学生自愿组成小组，每组 3~5 人，并根据总体任务进行小组分工，全班为一个大组共同设计一份新生接待服务体系。
2. 根据学校接待新生服务概念，确定产品与服务整体组合。
3. 根据新生接待产品和服务整体组合，设计其服务体系。

【成果与检测】

1. 每组写出一份本小组负责的内容的简要设计报告，全班写出一份总的设计报告。
2. 设计完毕，组织一次课堂交流与讨论。
3. 以小组为单位，分别由组长和每个成员根据各成员在设计过程中的表现进行评估打分。
4. 由教师根据总的设计报告和各小组的设计报告及在讨论中的表现分别评估打分。
5. 将上述诸项评估得分综合为本次实训成绩。

 走进理论与方法——"学与导"

一、物业管理服务体系概念

物业管理服务是服务的一种类型，其服务体系必然遵从一般的服务体系，为此首先介绍一般的服务体系。

1. 一般的服务体系

服务体系是企业提供顾客"消费经历"及其消费结果的系统，由顾客看得见的前台服务操作体系和顾客无法看见的后台服务辅助体系组成，如图 1-1 所示。前台服务操作体系由服务人员和服务设施两个成分组成。后台辅助服务体系为前台服务操作体系提供支持，主要有三类：一类是管理人员的支持，加强文化建设，鼓励全体员工以服务导向的工作态度为顾客提供优质服务；二类是后台职能部门的支持，如物业管理服务中的工程维修部的设备设施的养护，就是物业管理处前台客服的支持；三类是经营管理系统的支持，即经营管理制度、服务操作程序、服务工作中使用的技术和物质资源等支持。

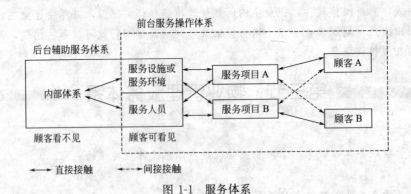

图 1-1　服务体系

2. 物业管理服务体系

物业管理服务体系同样包括两大部分，即前台服务操作体系和后台辅助服务体系，是业主和物业使用人消费经历的系统，是业主和物业使用人消费常规性公共服务、延伸性专项服务、随机性特约服务、委托型代办服务等服务产品的平台。

当然，具体每种物业管理服务产品的服务体系会随服务概念等的不同而不同，具体内容，后面相关章节会详细阐述。

二、物业管理服务体系设计应关注的内容

为了既能满足物业和物业使用人的消费利益最大化的需要，也能让自身价值最大化，物业服务企业在设计物业管理服务体系时，应处理好如下几个方面内容：

（1）前台服务操作体系设计时，物业服务企业管理人员要明确服务概念、经营管理系统、员工与业主和物业使用人之间的关系。

① 服务概念与业主和物业使用人。物业服务企业管理人员必须通过市场调研，深入了解顾客的需要，确定服务概念。同时，管理人员必须根据业主和物业使用人要求的服务方式，在服务概念中明确规定业主和物业使用人应完成的服务工作。

服务人员的服务过程与业主或物业使用人的消费过程不可分离。同时，在物业管理服务中，即使是所有权与经营权相分离的物业管理方式，物业管理的决策权仍由业主行使，物业管理服务的职能权由物业服务企业行使，二者相配合。在业主和物业使用人的消费过程中，他们必须为服务人员提供必要的信息，配合服务人员的工作，才能获得优质的服务。有时，他们还必须亲自动手，为自己服务。因此，业主和物业使用人是物业服务企业的"兼职服务人员"。

可见，业主和物业使用人是前台服务操作体系重要的人力资源。

> **特别提醒**
>
> 物业管理服务企业，要充分发挥业主和物业使用人在服务过程中的作用，必须：①鼓励业主和物业使用人参与物业服务工作（例如，治安防范服务中通过文明小区的文化活动鼓励业主和物业使用人的"群防"，为自己服务）；②帮助业主和物业使用人充分理解他们在服务工作中需扮演的角色；③提供必要的信息，使业主和物业使用人理解他们应完成的服务工作；④指导业主和物业使用人正确地做好兼职服务工作；⑤帮助业主掌握必要的知识和服务技能。

② 服务概念和员工。员工配备是物业服务企业的一项重要管理工作。管理人员应根据优质服务的要求，配备足够的前台服务人员和后台服务人员。员工人数不足，配备不当，缺乏培训，都必然无法为顾客提供优质服务。

前台服务人员直接为业主服务。他们最能了解业主的需要和愿望，最能直接控制服务质量，最能及时发现服务过程中存在的问题，最能尽快采取补救措施，纠正服务差错。服务人员与业主和物业使用人的每次接触，都是服务关键时刻。业主感觉整体服务质量，是由服务人员和顾客之间相互交往的结果决定的。管理人员应根据物业服务企业的服务概念，加强企业文化建设工作，激励全体员工自觉地为业主提供优质服务。

③ 服务概念与经营管理系统。经营管理系统包括经营管理制度、服务操作程序、服务工作中需要使用的技术和物质资源。管理人员应根据服务概念，确定经营管理制度，设计服务操作程序，采用适当的技术，使用必要的物质资源，以便前台服务人员做好服务工作。此外，物业服务企业的内部管理制度应能调动员工的工作积极性，激励员工努力实现企业预定目标。例如，考核和奖励制度应激励员工为业主提供优质服务，使业主满意。

④ 员工与经营管理系统。物业服务企业的经营管理制度、服务操作程序、技术系统和服务设备应有助于员工为业主提供优质服务。如果这些因素有利于员工为业主提供优质服务，员工就更可能保持服务导向的工作态度。

⑤ 业主和物业使用人与员工。员工的服务态度对业主感觉服务质量有极大影响，业主的消费行为也同样会影响员工的服务态度。与不文明的业主和物业使用人相比，懂礼貌、讲文明的业主和物业使用人往往更能得到更优质的服务。面对面的物业管理服务过程是服务人员与业主相互接触、相互交往、相互影响的过程。因此，管理人员不仅应高度重视员工服务行为管理工作，而且应高度重视业主消费行为管理工作。

特别提醒

不同的服务员工的专业技能和服务态度会有所不同。因此，每位服务人员都会有自己的服务风格。然而，要为业主提供优质服务，员工的服务风格必须适应业主的消费风格。此外，物业服务企业同时为许多业主服务。业主的消费风格也必须一致，否则，一部分业主就会不满。例如，在小区内养宠物，到处乱遛，会引起其他业主的不满。

⑥业主与经营管理系统。物业服务企业的经营管理系统必须方便业主消费基本服务。如果管理人员只根据内部效率，设计经营管理系统，而不考虑外部效率，就必然会引起业主不满。

物业服务企业的各种物质资源，例如服务设施、服务设备、服务工具、书面资料等，也必须适应业主的消费风格。如果业主须填写复杂的表格，他们就必然会认为服务质量较差。

总之，管理人员应合理地处理上述关系，确定各种人力资源和物资资源的适当组合，才能做好前后台体系设计。

(2) 后台服务辅助体系设计时，物业服务企业管理人员必须明确后台服务辅助体系对前台服务操作体系的三大支持功能。

①管理人员的支持。管理人员的支持是最重要的支持。管理人员应加强文化建设，鼓励全体员工以服务导向的工作态度，为顾客提供优质服务。

管理人员不仅应不断地提高领导能力，鼓励、支持、指导服务人员为业主着想，提高业主满意度，奖励优秀的服务人员，而且应为全体员工树立优质服务的榜样。

②后台职能部门的支持。前台服务人员经常需要后台职能部门员工的支持，才能为业主提供优质的服务。后台职能部门的员工必须把前台服务人员和其他职能部门的员工当作"内部业主"，并为其提供优质服务。

③经营管理系统的支持。物业服务企业的经营管理制度必须以服务为导向。管理人员应尽可能地删除不必要的规章制度和操作程序，将服务工作决策权转移到前台服务第一线，授予员工必要的服务工作决策权，以便员工创造性地、主动地、灵活地为业主提供服务。

物业服务企业管理人员还要处理好前后台操作体系间的比例动态关系。由于后台服务辅助体系是业主看不到的，也很少会接触到，往往不了解后台工作的情况。这至少会引起两个问题：第一个问题是如果业主对前台服务不满，即使后台辅助体系能为业主提供优质的服务，业主也会认为物业服务企业的整体服务质量不尽如人意；第二个问题是业主并不了解后台辅助服务体系的成本费用。如果业主认为前台服务过程相当简单，就往往会认为物业服务企业收费过高。因此，物业服务企业要在内部效率和外部效果之间不断替换，在部分时间段，以外部效果为中心，增大前台服务体系的比重，而在另外时间段，则以内部效率为中心，减少前台服务体系的比重。

(3) 由于有些物业服务企业将部分专项服务外包给专业公司执行，因此，在整体物业服务中，就形成了服务体系网。这时，管理人员就要做好整个服务体系网的质量管理工作，做好服务体系网中各个服务体系的匹配。

三、物业服务体系的设计方法

物业服务体系的设计方法很多，下面介绍一种比较常用的通过绘制物业服务体系设计图的方法设计物业服务体系。

1. 物业服务设计图的概念

物业服务设计图包括物业管理服务概念设计图和物业管理服务细节设计图两个成分。物业管理服务概念设计图显示物业服务体系概况，表明各个职位或各个部门在整个服务体系中的作用和地位，表达本企业的服务概念。通常，物业管理服务概念设计图不能单独应用。物业管理服务细节设

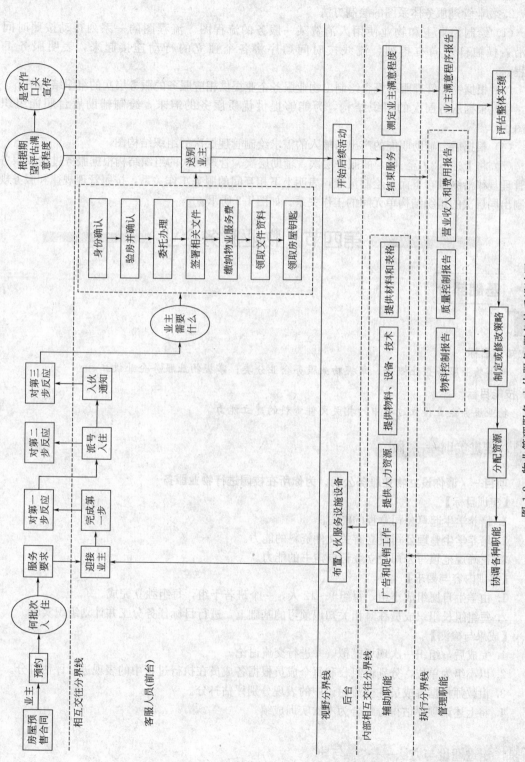

图1-2 物业管理服务-入伙服务-服务体系设计图

计图显示物业管理服务概念设计图中未画出的服务工作步骤和具体工作任务。

2. 物业管理服务体系图的绘制方法

（1）绘制出业主和物业使用人消费某一服务的流程图。流程图的一系列行动按照时间顺序沿着横轴自左向右排列，流线按时间顺序将各个独立的行动连接起来，表明服务工作流程。

（2）根据物业管理服务概念绘制出物业服务企业提供相应服务的服务层次的组织结构图。

（3）根据服务层次的组织结构，为能够提供优质服务的需求，绘制辅助后台职能组织结构图。

（4）根据后台辅助职能的产出与输入的需求绘制管理层次的组织结构图。

（5）将上述（2）至（4）的服务层次、辅助层次、管理层次的组织结构根据服务过程及服务质量管理规律沿纵轴自下而上绘制流线，表明上下相互间的服务工作关系，按照管理规律和服务规律绘制出同层次的组织结构单元间的工作关系。如图 1-2 所示。

第四节　物业服务企业

 知识目标

理解物业服务企业概念；掌握物业服务企业分类；掌握物业服务企业设立。

 技能目标

物业服务企业设立过程中的相关文件资料的建立能力。

 走进实训——"做"

项目一　请你设立物业服务公司，为你所在校园进行物业服务

【实训目标】

1. 培养学生起草公司章程的能力。
2. 培养学生整理公司设立有关文件资料的能力。
3. 正确规范填写公司设立登记申请书的能力。

【实训内容与要求】

1. 由学生自愿组成小组，每组 9~12 人，一个班若干组，每组独立完成。
2. 每组组长组织成员在对相关知识预习的基础上，进行目标任务分工并计划组织实施。

【成果与检测】

1. 完成后，组织一次现场模拟，并进行交流讨论。
2. 以小组为单位，分别由组长和每个成员根据各成员在执行过程中的表现进行评估打分。
3. 由教师根据各成员在交流讨论中的表现分别评估打分。
4. 将上述诸项评估得分综合为本次实训成绩。

 走进理论与方法——"学与导"

一、物业服务企业的概念

物业服务企业是指依法成立，具有独立企业法人资格，依据物业服务合同从事物业管理服务活动的具备专门资质的经济实体。其内涵包括以下几个方面。

1. 独立的企业法人

物业服务企业严格遵循法定程序建立，拥有一定的资金、设备、人员和经营场所；拥有明确的经营宗旨和管理章程，具备相应的物业管理资质；独立核算，自负盈亏，以自己的名义享有民事权利和承担民事责任；所提供的服务是有偿和盈利性的。

> **特别提醒**
>
> 在实践中，从事物业管理服务活动的企业，有的具有独立法人资格，如按照公司法组建的物业服务公司；有的不具备法人资格，如房地产开发企业内设物业管理部门、物业管理分支机构；有的名义上具备法人资格，实质上不能独立的行使权利和承担责任，如一些房地产开发商设立的子公司。

2. 属于服务性企业

物业服务企业是对物业的管理，为业主服务，确保物业正常使用，提供给业主和物业使用人一个舒适、方便、安全、整洁有序的工作和居住环境。它主要是通过常规性服务、延伸性专项服务、随机性特约服务、委托性代办服务及创收性经营服务等确保物业保值和增值，实现自身价值。

> **特别提醒**
>
> 目前，在实践中，大多数物业服务企业的主营业务是常规性服务，而物业经营性的服务较少。在国外则相反，主营业务是物业的经营。国外一些发达国家的物业管理企业有的称为财产管理公司。我国的物业服务企业正朝这个方向发展。

3. 具有一定的公共管理性质的职能

物业服务企业承担了物业区域内公共秩序的维护、市政设施的配合管理、物业的装修管理等，其内容带有公共管理的性质。

二、物业服务企业的分类

物业服务企业的分类方法有很多，这里只介绍具有代表性的几种分类方法。

1. 按照投资主体的经济成分来划分

按照投资主体的经济成分可将物业服务企业划分为全民所有制、集体所有制、民营、外资和其他的物业服务企业。

（1）全民所有制物业服务企业。全民所有制物业服务企业是由国家投资，委派人员经营管理的企业，企业收益主要以利润形式按照国家确定的比例上缴国库，亏损也由国家承担。

> **特别提醒**
>
> 现实中，这类物业服务企业是从已有的全民所有制企业或行政事业单位中分离出来，以原有企业或行政事业单位的房屋管理和维修部门为基础，由原有单位负责组建。这类企业依附性强、市场化程度不高、具有自管自建色彩，不过，现已逐步走向市场化发展轨道。

（2）集体所有制物业服务企业。集体投资的物业服务企业，资金由参与企业筹建的各方共同筹集，通过选举产生管理机构，税后利润由企业支配使用，亏损由集体负担。

> **特别提醒**
>
> 现实中，这类企业一般是以街道原有的房地产管理机构为基础，由街道或其他机构负责组建，管理街道区域内的物业或其他物业。此外，还有集体所有制的房地产开发公司负责组建的，只是管理自己的物业。这类物业同样市场化程度不高，具有自建自管特色。

（3）民营物业服务企业。民营物业服务企业是民营性质的物业服务企业。

（4）外资物业服务企业。外资物业服务企业是以外商独资经营、中外合资经营或合作经营等形式进行运作的物业服务企业。

（5）其他物业服务企业。其他物业服务企业是指其资产属于多种所有制经济成分的投资主体所有的物业服务企业。

2. 按资本组合方式及出资人承担的责任划分

物业服务企业，按资本组合方式及出资人承担的责任划分，有公司企业、合伙企业、独资企业。

（1）公司制企业。公司是拥有资产独立存在的工商业经营实体。按股东出资形式，物业服务公司可分为有限公司、股份合作公司、股份有限公司。

① 物业服务有限公司。物业服务有限公司的股东以其出资额为限，对公司承担有限责任，公司以其全部资产对公司的债务承担责任。

② 物业服务股份合作公司。物业服务股份合作公司的股东通过订立合作经营章程，按其股份享有权利和承担义务，公司以其资产对其债务承担责任。

③ 物业服务股份有限公司。物业服务股份有限公司的全部资产被分为等额股份，股东以其持有股份为限对公司承担责任，公司以其全部资产对公司的债务承担责任。

> **温馨提示**
>
> 除公司制企业负有限责任外，其他形式的企业都负有无限责任。
>
> 组建企业时，采用哪种所有制形式是应考虑的一个重要问题。

（2）合伙企业。合伙企业是由两个或两个以上的企业共同出资，以协议方式共同经营的企业。从责任角度而言，合伙可分为有限合伙和无限合伙。有限合伙由一个无限合伙人和一个或多个有限合伙人组成，无限合伙人承担有限合伙人投资外的全部债务与责任，有限合伙人仅以其出资额对公司债务承担责任。无限合伙的全部合伙人对公司的债务均负有无限清偿责任。

（3）独资企业。由个人独立投资设立的企业。

三、物业服务企业的设立

根据《中华人民共和国公司法》（以下简称《公司法》）和《物业管理企业资质管理办法》的规定，物业服务企业的设立程序分为工商注册登记和资质审批两个阶段。

1. 物业服务企业的工商注册登记

根据《公司法》规定，企业设立须向工商行政管理部门进行注册登记，在领取营业执照后，方可开业。因此物业服务公司在营业前必须到工商行政管理部门注册登记。

> **特别提醒** ——注册登记时的材料——
>
> 有限责任公司：由全体股东指定的代表或者共同委托代理人向公司登记机关申请设立登记，申请时须提交的材料有公司登记申请书、公司章程、验资证明文件，法律法规规定须经有关部门审批的，应同时提交批准文件。

> 股份有限公司：采取发起人设立方式的，由董事会向公司登记机关申请设立登记，申请时须提交的材料有：经董事长签署的设立登记申请书、设立公司的批准文件、公司章程、验资证明、企业名称预先核准书、公司注册地址证明等文件。采用募集设立方式的，董事会应于创立大会结束后30日内，向公司登记机关申请设立登记，申请时须提交的材料有经有关主管部门批准的文件、创立大会的会议记录、公司章程、筹办公司的财务审计报告、验资证明、董事会和监事会成员姓名及住所、法定代表人的姓名及住所等有关文件。
>
> 公司登记机关在接到公司设立登记申请之日起30日内作出是否予以登记的决定。符合规定条件的，发给营业执照。营业执照签发日，为公司成立日。

工商行政部门要审核公司设立的条件如下。

（1）企业名称的预先审核。企业名称应包括企业地名、商号、经营业务及行业，作为识别标志，区别于其他企业对其登记注册的名称，在规定的范围内享有专有权，受法律保护。《公司法》规定：有限责任公司的名称必须标明"有限责任公司"字样，股份有限公司的名称必须标明"股份有限公司"字样，物业服务企业应当由全体股东或发起人指定的代表或委托的代理人申请企业名称的预先核准，经工商行政管理部门批准后，获得《企业名称预先核准通知书》。

> **特别提醒**
>
> 物业服务企业可结合行业特点，根据所管物业的名称、地域、企业发起人等取名。取名时要符合上述要求及《公司法》的规定和《企业名称登记管理规定》。

（2）公司地址。物业服务企业应以其主要的办事机构所在地作为公司的地址。生产经营场所包括公司进行生产经营的地点、建筑、设施等综合情况。有固定的生产经营场所是有限责任公司开展生产经营的必要条件，也是确定公司司法管辖、公司登记管理机关、税收管辖和债务履行等的依据。

（3）注册资本。注册资本是企业从事经营活动、享受债权、承担债务的物质基础。按《公司法》规定，物业服务企业为有限责任公司的，注册资本不得低于10万元，注册资本的出资形式可以是货币，也可以用实物、工业产权、非专利技术、土地使用权等经评估后作价出资，但作价出资的金额不得超过总注册资本的20%。如物业服务企业为股份有限公司的，注册资本不得低于1000万元，如其股票申请上市，则股本总额不得低于5000万元，采用募集设立方式设立股份公司的，发起人认购的股份不得少于公司股份总额的35%，发起人出资形式同有限责任公司。同时，考虑到注册后即应办理物业管理企业资质证书，注册资本还应符合各资质等级的注册资本的规定要求。

> **特别提醒**
>
> 《物业管理企业资质管理办法》规定：一级资质物业管理企业注册资本为人民币500万元，二级资质的为300万元，三级资质的为50万元；新建的物业服务企业，其资质等级按照最低等级核定，并设一年的暂定期。因此，新建物业服务企业第一年注册资金最低限额可以为10万元，但第二年必须达到三级资质的50万元。

（4）股东人数和法定代表人。《公司法》规定：有限责任公司须由2人以上50人以下股东共同出资设立，只有国家授权投资的机构或国家授权的部门单独投资设立国有独资有限责任公司的情况下，才允许1人股东的存在；股份有限公司须由5人以上发起人，其中须有半数以上的发起人在中国境内有住所。董事长为公司的法定代表人。

(5) 公司人员。根据《物业管理企业资质管理办法》的规定，相应等级的物业服务企业的相关从业人员必须要具有相应的要求。

特别提醒

一级资质的物业管理企业的物业管理专业人员以及工程、管理、经济等相关专业类的专职管理和技术人员不少于30人，其中具有中级以上职称的人员不少于20人，工程、财务等业务负责人应具有相应专业中级以上职称。二级资质的物业管理企业的物业管理专业人员以及工程、管理、经济等相关专业类的专职管理和技术人员不少于20人，其中具有中级以上职称的人员不少于10人，工程、财务等业务负责人应具有相应专业中级以上职称。三级资质的物业管理企业的物业管理专业人员以及工程、管理、经济等相关专业类的专职管理和技术人员不少于10人，其中具有中级以上职称的人员不少于5人，工程、财务等业务负责人应具有相应专业中级以上职称。物业管理专业人员应按照国家有关规定取得职业资格证书。

(6) 组织机构。根据《公司法》的规定，有限责任公司应设立股东会、董事会和监事会。股东会是公司的权利机构，选举和撤换董事，选举和撤换由股东代表担任的监事，决定公司的经营方针和投资决策等重大事项；监事会由股东会选出的监事和由公司职工民主选举产生的监事组成，是公司的监督机构，由董事会聘任或解聘。如图1-3所示。

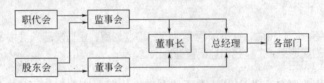

图1-3 物业服务有限责任公司的组织框架图

股份有限公司应设立股东代表大会、董事会和监事会。创立公司时，由发起人、认股人（或代表）举行创立大会，制定和通过公司章程，选举董事会和监事会成员，组成董事会和监事会，然后由董事会聘任总经理。

(7) 公司章程。物业服务企业章程是明确企业宗旨、性质、资金、业务、经营规模、组织机构以及利益分配、债权债务、内部管理等内容的书面文件，是设立企业的最重要的基础条件之一。公司章程作为公司组织、活动的准则，对全体股东均有约束力，是公司必备的法律文件。

《公司法》规定，有限责任公司章程应明确如下事项：①公司名称和住所；②公司经营范围；③公司注册资本及股东出资方式和出资额及转让出资条件；④股东的姓名和名称；⑤公司机构和公司法定代表及其产生办法、职权、议事规则；⑥公司的解散事由与清算办法；⑦股东认为需要规定的其他事项；⑧财务管理制度及利益分配办法；⑨劳动用工制度。设立有限责任公司必须制定公司章程，而且必须由股东共同制定。

股份有限公司的公司章程应明确如下事项：①公司名称和住所；②公司经营范围；③设立方式；④公司注册资本（即股份总额，每股金额）发起人姓名或名称及各自认购股份数额和出资形式；⑤股东的权利与义务；⑥公司机构和公司法定代表及其产生办法、职权、议事规则；⑦利润分配方式；⑧公司的通知与公告办法；⑨公司的撤销与清算办法；⑩股东大会认为需要规定的事项。股份有限公司的章程是由发起人根据《公司法》及相关法规的要求起草制订章程草案提交创立大会表决通过才能成立，且必须在工商行政管理部门登记备案。

物业服务企业在办理企业注册登记时，应提交由具有法定资质的验资机构出具的验资证明，以及必要的审批文件。

2. 资质审批及管理

物业服务企业资质等级分为一、二、三级，实行分级审批制度，动态管理。

（1）分级审批制度。新设立的物业服务企业在领取营业执照之日起 30 天内，必须到当地的房地产主管部门申请资质。

> **特别提醒** ——**资质等级审核材料**
>
> 新设立物业服务企业到当地房地产行政主管部门进行资质审批时，须提交如下材料：①经营资质审批的申请报告；②公司可行性分析报告；③公司章程；④验资证明；⑤营业执照；⑥企业法定代表人的身份证明；⑦注册及经营地点证明；⑧物业管理专业人员的职业资格证书和劳动合同，管理和技术人员的职称证书和劳动合同。资质审批部门在接到申请和申报材料之日起 20 个工作日内，给予回复。
>
> 申请核定资质等级的物业服务企业，应提交如下材料：①企业资质等级申请表；②营业执照；③企业资质证书正、副本；④物业管理专业人员的职业资格证书和劳动合同，管理和技术人员的职称证书和劳动合同，工程、财务负责人的职称证书和劳动合同；⑤物业服务合同复印件；⑥物业管理业绩材料。资质审批部门在接到申请和申报材料之日起 20 个工作日内，给予回复。

一级资质由省、自治区建设主管部门、直辖市房地产行政主管部门初审，初审合格后报国务院建设主管部门审批，合格的由国务院建设主管部门颁发证书；二、三级由省、自治区建设主管部门、直辖市房地产行政主管部门审批，合格的颁发证书，同时，接受国务院建设主管部门的指导和监督；三级经省、自治区建设主管部门同意，可由设区的市级人民政府房地产主管部门审批，合格的颁发证书，同时，接受省、自治区建设主管部门的指导和监督。

（2）动态管理。物业服务企业资质等级实行动态管理，每年年检一次。各资质等级物业服务企业的年检由相应资质审批部门负责。对符合原定资质等级条件的，年检结论为合格，不合格的，则由原资质审批部门注销其资质证书，由相应资质审批部门重新核定其资质，并向社会公布。申请升级的物业服务企业将所需材料报初审部门，初审部门将审核意见报审批部门。资质等级升级应依次逐级上升，不得越级升级。

3. 公司设立程序

新设立的物业服务企业通常有有限责任公司和股份有限公司两种。两种公司设立的程序具体如表 1-2、表 1-3 所示。

表 1-2 有限责任公司设立程序及内容要点

序号	程序	内容要点
1	发起人发起	有限责任公司只能由发起人发起设立。发起人作为公司首批股东，首先要对公司设立的可行性进行分析，并就公司设立的相关事项进行协商，经协商，应签订发起人协议，在协议中明确发起人各自在公司设立过程中的权力义务
2	订立章程	公司章程是记载公司组织规范及其行动准则的书面文件，起草公司章程必须严格按照法律、法规的规定进行，章程须经全体股东同意并签名盖章，报登记主管机关批准后，才能正式生效
3	股东交纳出资	出资可以是现金，也可以是现金以外的其它财产。股东应在设立之前足额交纳，不得分期交纳。发起人以货币出资的，应将出资货币存入准备设立的公司在银行开设的临时账户
4	验资	发起人全部交纳出资后，必须经法定的验资机构验资并出具证明
5	确立公司组织机构	按照《公司法》要求成立股东会、董事会、监事会等组织机构，并确定董事长、董事、监事、经理名单
6	申请设立登记	申请登记须提交的材料：公司登记申请书、公司章程、验资证明文件，法律法规规定须经有关部门审批的，应同时提交批准文件
7	登记发照	公司登记机关在接到公司设立登记申请之日起 30 日内作出是否予以登记的决定。符合规定条件的，发给营业执照。营业执照签发日，为公司成立日

续表

序号	程序	内容要点
8	申请税务登记	根据《中华人民共和国税收征收管理法》规定,公司及分支机构应自领取营业执照之日起30日内,持营业执照到当地税务机关申报办理税务登记。公司在办理税务登记时,应向主管税务机关提供营业执照及复印件、有关批准文件及复印件、法人代表的身份证复印件、生产经营场所房屋证明复印件、技术监督部门颁发的组织机构代码证及复印件、公司章程或入股协议书、验资证明及复印件等,向税务机关申办《税务登记证》

表1-3 股份有限公司设立程序及内容要点

序号	程序	内容要点
1	发起人发起协议	股份有限公司设立必须有发起人,为了确认发起人相互之间的权利与义务关系,需要签订发起人协议,然后组织工作班子,进行具体的公司筹建工作
2	制定公司章程	发起人起草章程必须按照法律、法规进行,章程必须经创立大会决议通过后,才可以作为公司的正式章程
3	申请	股份有限公司的申请工作比较复杂,主要有以下几个方面:①拟定总体方案;②向公司登记机关申请名称预先核准;③成立股份有限公司筹备工作组;④聘请中介机构;⑤发行股票和设立申请。在完成上述工作后,申请人应向原隶属关系的国务院授权部门或省级人民政府提出发行股票和设立股份有限公司的申请
4	认购股份	股份有限公司设立申请获得批准后,应进行认股缴股工作。①发起人设立:各发起人应以公司章程的规定为依据以书面形式认购股份,然后按认购股份数额缴纳全部股款。②以募集方式设立:发起人订立章程以后,以书面形式认购公司章程规定发行的股份,全体发起人认购的股份不得少于公司股份总数的35%。发起人认购股份以后,其余股份应向社会公开募集
5	创立	以发起方式设立的公司,应当召开全体发起人大会,选举公司董事会和监事会;以募集方式设立的股份有限公司,发起人应于股份缴足之后30日内召开创立大会,创立大会应有代表股份总数二分之一以上的认股人出席
6	建立公司组织机构	在募集设立的情况下,通过召开创立大会选任董事、监事,建立公司的董事会、监事会;在发起人设立的情况下,由全体发起人会议选举董事、监事,组成董事会、监事会
7	注册登记	创立大会后30日内,董事会应向公司登记机关办理公司登记。公司登记机关在接到公司设立登记申请之日起30日内作出是否予以登记的决定。符合规定条件的,发给营业执照。营业执照签发日,为公司成立日
8	申请税务登记	根据《中华人民共和国税收征收管理法》规定,公司及分支机构应自领取营业执照之日起30日内,持营业执照到当地税务机关申报办理税务登记。公司在办理税务登记时,应向主管税务机关提供营业执照及复印件、有关批准文件及复印件、法人代表的身份证复印件、生产经营场所房屋证明复印机、技术监督部门颁发的组织机构代码证及复印件、公司章程或入股协议书、验资证明及复印件等,向税务机关申办《税务登记证》

4. 公司设立的办理流程

公司设立的整个办理流程如图1-4所示。

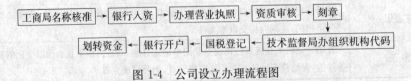

图1-4 公司设立办理流程图

提高部分

知识目标

理解物业服务企业的创业定位概念；理解物业服务企业的创业定位分析。

技能目标

物业服务企业的创业定位分析能力。

 走进实训——"做"

项目二　请你为本节项目一设立的物业服务公司进行定位分析

【实训目标】
1. 培养学生创业意识。
2. 培养学生创业定位分析能力。

【实训内容与要求】
1. 由学生自愿组成小组，每组 9～12 人，一个班若干组，每组独立完成。
2. 每组组长组织成员在对相关知识预习的基础上，进行目标任务分工并计划组织实施。

【成果与检测】
1. 完成后，组织一次课堂交流讨论。
2. 以小组为单位，分别由组长和每个成员根据各成员在执行过程中的表现进行评估打分。
3. 由教师根据各成员在交流讨论中的表现分别评估打分。
4. 将上述诸项评估得分综合为本次实训成绩。

 走进理论与方法——"学与导"

特别提醒

基础篇介绍了物业服务企业设立的基本程序及其相关的文件资料建立的知识、方法、技巧。但更为重要的是分析创立一个什么样的物业服务企业，即创业定位分析。

一、物业服务企业的创业定位含义

物业服务企业的创业定位是指设立一个什么样的物业服务企业，即所创立的物业服务企业的发展战略的确立。具体而言，就是对所面临的内部条件、外部环境进行分析，为所创立的企业的生存和长期稳定发展，对未来的发展目标以及达到目标的途径和手段进行的总体谋划。

二、物业服务企业的创业定位分析

物业服务企业进行创业定位，必须要进行创业定位分析。通常情况下要从技术、市场和相关因素等方面予以分析，下面分别予以介绍。

1. 技术分析

在创业定位过程中必须考虑技术因素所带来的机会和威胁。技术的进步可以极大地影响到企业的产品、服务、市场、供应商、竞争者、用户、营销方法及竞争地位。如随着科技的进步，高层建筑技术、智能化技术、节能环保新型材料在物业中的应用越来越多，必然对日后的物业服务管理带来挑战。又如，技术的创新导致物业服务方法的革新，改变创业企业在产业中的相对成本及竞争位置,使现有产品及服务过时。技术的变革可以减少或消除企业间的成本壁垒,缩短产品的生产周期,并改变雇员、管理者和用户的价值观与预期,技术的进步可以带来比现有竞争优势更为强大的新的竞争优势。对于创业者来说,识别和评价关键的技术机会与威胁是外部战略环境分析中最为重要的部分。

2. 市场分析

市场分析的主要内容包括市场需求分析和行业竞争要素分析。

(1) 市场需求分析。物业服务市场的需求主要是指业主的需求。业主的需求可概括为:业主为了使用物业的基本生活功能,体验物业区域的特殊功能,从而获得自身生理与心理上的满足而对物业服务和产品的欲望与要求,且具有一定的支付能力使之满足。物业服务的市场需求,受所在区域的总人口量、人口结构、家庭结构、人均收入及消费结构、购买动机、方式和消费心理等因素的影响。如家庭结构的小型化,引发老人的照顾、小孩的照看及上学的接送等物业服务需求。又如,一些时尚的年轻人先买车后购房的消费观念变化,导致物业服务中的停车场服务需求的增加。因此,物业服务企业的创立者必须要分析市场的需求变化,抢先创新服务,通过服务的创新,满足需要,取得市场地位。

(2) 行业竞争要素分析。行业竞争要素分析采取波特竞争分析法,如图1-5所示。

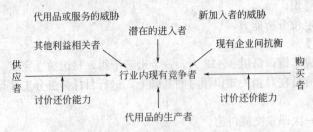

图1-5 行业竞争分析

① 新进入者的威胁。新进入者是行业的重要竞争力量,它会对本行业带来很大威胁,称之为进入威胁。进入威胁的大小取决于进入障碍和原有企业的反击程度。如果进入障碍高,原有企业激烈反击,进入者难以进入本行业,进入威胁就会小,反之,进入威胁就会增大。

决定进入障碍大小的主要因素有以下几个方面。

a. 规模经济。规模经济迫使新进入者必须以大的规模进入;或者以小的规模进入,但要长期忍受成本高的劣势。物业服务行业利用规模经济主要表现在服务耗材的采购上和人工成本上。采购规模大可以享受更多折扣。在人工成本上,如中海的"1拖N"模式就可以使服务成本降低。

b. 产品差别优势。产品差别优势是指原有企业所具有的商标信誉和用户的信任程度等。它是通过以往的广告、用户服务、产品特色、行业悠久历史等形成的差异优势。新对手要打入市场,需在产品开发、广告和用户服务等方面大量投资才能获得用户。物业服务行业主要表现在原有企业通过向业主提供良好有差别的"消费经历"而形成良好口碑,塑就的差异优势。而这方面往往新进入的企业很难形成,因为口碑的形成需要一个过程和时间。

c. 资金需求。物业服务行业因《物业管理企业资质管理办法》和《公司法》的规定,进入必须要有一定的资金。如资金不够,会影响企业资质等级的升级,也就影响其市场的开拓。

d. 转换成本。转换成本是顾客变换供应商所支付的一次性成本。这会造成顾客对变换供应商的抵制。进入者要进入,就必须用相当长的时间和特殊的服务等来消除这种抵制。物业服务行业在这方面表现得非常突出。首先是物业服务合同都有一定的服务时期,通常情况为3年;其次,原有物业服务企业所养成业主的物业服务消费习惯比较难改变;还有原物业服务企业与业主间的关系资本的存在。

e. 销售渠道。正常销售渠道已为在位者控制,对新进入者形成了进入障碍。这方面,物业服务行业主要表现在相关利益方的关系资本,如原物业服务企业与当地房地产开发商间的关系资本。

f. 其他因素。比如优惠货源、政府补贴、服务经验、政府的某些限制政策等。

② 现有竞争者的抗衡。行业内企业之间存在着竞争,其竞争程度是由一些结构性因素制约的。每个行业的进入和退出障碍是不同的,这便形成不同的组合,如图1-6所示。

图 1-6　进出结构分析

波特从企业长期利润的角度认为，理想的情况是进入屏障高而退出屏障低。这样，则新进入者扩张会受到阻挡，而不成功的竞争者将退出该产业部门，企业就会获得稳定收益。物业管理行业恰恰如此，表面看进入屏障似乎低但实质屏障高，而退出只要服务期限到期就可退出。

③ 替代品的竞争压力。所谓替代品就是满足同一市场需求的不同性质的产品。科学技术的发展和社会分工细化将导致替代品的不断增多。创业企业在制定战略时，必须识别替代品（服务）的威胁及程度。对顺应时代潮流，采用最新技术、最新材料的产品，或者从能获高额利润的部门生产出来的替代品尤应注意。物业服务中的除常规性公共服务的特约服务、代办服务和专项服务，都存在这方面的竞争压力。

④ 购买者和供应者的讨价还价能力。任何行业的购买者和供应者，都会在各种交易条件（价格、质量、服务等）上尽力迫使对方让步，使自己获得更多的收益。在这个过程中，讨价还价的能力起着重要作用。无论作为供应者还是作为购买者，其讨价还价能力均由以下因素决定：a. 行业的集中程度；b. 交易量的大小；c. 产品差异化情况；d. 转换供货单位费用的大小；e. 纵向一体化程度；f. 信息掌握程度；g. 其他因素。

⑤ 其他利益相关者。这些利益相关者是股东、员工、政府、社区、借贷人、特殊利益集团，它们各自对各个企业的影响大小不同。创业者从创业初始就应该适当考虑与利益相关者的价值均衡问题及他们对创业的影响。

3. 相关因素分析

一般而言，影响创业的因素很多，除了前面的技术和市场因素外，还有一些非常重要的相关因素，如政治—法律因素、经济因素、社会文化因素和自然物质环境等。

(1) 政治—法律因素。政治—法律因素是指对创业活动具有现存的和潜在影响的政治力量，同时也包括对创业和企业经营活动加以限制和要求的法律和法规等。一些政治因素对创业的行为有直接的影响，但一般来讲，政府主要是通过制定一些法律和法规来间接影响创业的活动。作为创业者，需要有政治头脑与法律意识，因此，对于创业者需要考虑政治与法律的因素。

(2) 经济因素。创业者要善于分析周围环境的各种因素，非常重要的是经济因素。因为，一个企业经营成败与否，在很大程度上取决于整个经济运行情况。企业经营有关的经济因素主要包括：①整个国民经济的发展状况，如国民经济的迅速增长或调整甚至紧缩等；②产业结构的构成与发展，消费和积累基金的构成及其变化，原材料工业和加工工业的构成及变化等；③价格的升降和货币升值或贬值；④银行利率的升降和信贷资金的松紧程度；⑤国际经济状况，如初级产品价格、石油价格的升降、汇率的变化等。

此外，国家的经济性质、经济体制等因素与企业经营也有着极为密切的关系，如企业的所有制形式，会对企业的经营方式产生影响。当然，这类经济因素，有时候也可以把它们归为政治因素。

(3) 社会因素。社会因素包括社会文化、社会习俗、社会道德观念、社会公众的价值观念、职工的工作态度以及人口统计特征等。变化中的社会因素影响社会对企业产品或劳务的需要，也能改变创业定位选择。因此，创业者需要在创业前对有关的社会因素加以考虑。

(4) 自然环境因素。创业企业的自然环境，主要指企业所在地的全部自然资源。对于创业者，应该基于资源从事创业。因此，创业前，对于选定的创业项目，需要认真地分析一下是否有足够的资源来支持创业企业的生存与发展。

第二章　前期物业管理服务

前期物业服务主要包括接管验收、入住、装饰装修服务。档案管理、投诉服务、服务费用管理等在前期物业服务中涉及，并且这些服务的好坏影响后续的物业服务，因此，将这些服务放在本章阐述。前期物业服务的卓越品质会成为日后物业服务顺利开展、塑造品牌的保障。

第一节　物业接管验收服务方案策划及其执行

🔘 知识目标

掌握物业接管验收类型，并理解其操作性概念；掌握物业接管验收的主要内容并熟悉主要检查要点。

🔘 技能目标

掌握接管验收方案的策划、物业接管验收管理规范及物业接管验收资料管理规定的制定；掌握物业接管与验收管理工具表单的编制；了解接管验收的注意事项，能够进行接管验收。

 走进实训——"做"

项目一　针对校园某一物业项目进行接管验收服务

【实训目标】

1. 学会组建物业接管验收小组，能够根据物业接管验收方案进行现场接管验收并处理遗留问题，同时收集、比较、整理资料并建档。

2. 能够根据物业设计施工要求制定物业接管验收标准、物业接管验收方案及具体的实施方案并予以落实。

【实训内容与要求】

1. 验收项目

对学校某一物业预交竣工工程分批分项进行接管验收，具体验收项目如下：

(1) 交接验收房屋本体，按整体交接，整幢楼体内各专业项目全部竣工。

(2) 交接验收公共设备设施，按系统整体交接，包括供水系统、电话系统、电视接收系统、宽带系统、排水系统、公共照明、道路、水景等项目。

(3) 交接验收园林绿化、天然气设施、安防监控系统、消防系统、锅炉房及热管道系统等项目。

(4) 交接验收车库、其他附属设施、总体规划等项目，同时交接验收政府和公共设备、设施供方提供的相关资料。

2. 验收范围及内容

各项目、各系统验收交接范围和内容如表2-1所示。

表 2-1　校园××物业接管验收范围及内容说明

验收项目	验收的具体范围及内容
各类资料	移交工程项目验收的资料（《竣工资料清单》）
给水设备的验收	电源控制箱、直饮水泵、水泵、给水管网以及相关设备、图纸

续表

验收项目	验收的具体范围及内容
排水设备的验收	包括室外排水管道、沟、渠、池、井、排污系统、交接设备的相关图纸等
卫生设备的验收	包括冷热水龙头、马桶、面盆、水龙头及其他附属性卫生设备
供电设备的验收	包括电表、各类开关、灯座、各类配电箱、供电线路、插座、照明器具、灯杆、高压柜、电力变压器、主电力电缆、发电机组、设备说明书、图纸、合格证等相关设备或资料
弱电设备的验收	包括卫星地面站、电视天线系统、监控系统、安防系统及其设备说明书
空调系统的验收	包括空调机组、风机盘管、循环泵、自控系统
供热设备的验收	包括管线、燃气表、气截门、设备说明书、图纸、合格证等相关设备或资料
电话系统的验收	包括交换机线路、插座、设备说明书、图纸、合格证等相关设备或资料
土建工程的验收	包括种类材料构成的墙面、地面、门窗、厨卫设施及其他各种室内外建筑配套设施
消防设施的验收	包括烟感、温感、喷淋头、消火栓、应急灯、警钟玻璃按钮、防火门、消防管道、控制主机、联动柜、煤气管道、切断阀以及接合器、水龙带等相关设备的说明书、图纸、合格证
隐蔽工程的验收	包括防水、预埋管线以及其图纸等各项目各专业的隐蔽工程
电梯的验收	包括电梯轿箱、曳引机、钢丝绳、道轨、扳手和设备说明书、图纸、合格证等相关设备或资料
其他	交接车库、会所、商业街、小区内等各种标识、公共设备设施供方资料及市政供方资料,并对供方的保养维护期限、费用、保养服务范围、负责人、联系电话等做交接记录,已产生的费用应经物业确认

3. 成立接管验收小组

学生自主组建,接管验收小组拟由下列人员组成。
(1) 校园物业公司工作人员一名(负责与后勤集团、基建办等部门的协调工作);
(2) 组长一名(可兼任),由专业能力较为全面的学生担任;
(3) 负责水暖工程的同学一名;
(4) 负责电气工程的同学一名;
(5) 负责土建工程的同学一名;
(6) 负责文秘工作的同学一名(负责房屋钥匙、记录及资料的汇总整理)。

4. 验收前的准备工作

在验收之前,每组做好以下接管验收准备工作。
(1) 正式接管验收前,组长对整个验收工作进行统筹安排,并适时实地模拟演练;
(2) 通过网络等工具收集房屋普遍存在的问题,并作为正式验收时的重点核查项目;
(3) 准备正式接管验收,具体包括如下内容:
① 编制《接管验收方案》;
② 熟悉《房屋交接验收标准》、《公共设备设施验收标准》;
③ 制作《竣工资料清单》、《供方资料交接清单》;
④ 明确《工程质量问题处理程序》;
⑤ 制作接管验收流程。

【成果与检测】

1. 组长组织组内成员完成验收报告,每人根据自己负责的内容写出一份简要的验收报告。
2. 验收结束后,组织一次课堂交流与讨论。
3. 由教师根据各成员的验收报告及在讨论中的表现分别评估打分。

走进理论与方法——"学与导"

特别提醒 ｜ 接管验收的价值

物业的接管验收，是物业服务企业在接管物业不可缺少的重要环节。验收前应认真掌握主体建筑、附属设备、配套设施、道路、场地和环境绿化等验收标准，制定简单可行的流程、实施方案和工作表格，实事求是、细致入微做好验收工作，是日后管理服务工作的基础。

一、物业接管与验收工作目标

物业服务公司应组建专业的接管验收小组对物业进行全面接管、验收，保障物业的房屋质量及各项功能、指标符合规定的要求和标准，确保物业入驻工作顺利进行，为日后的物业管理工作质量打下良好的基础，具体的工作目标与相关工作事项如图 2-1 所示。

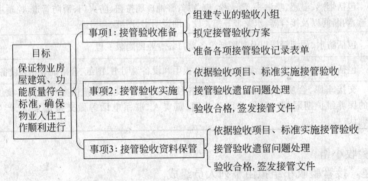

图 2-1 接管验收目标与相关工作事项

接管验收是物业服务公司在接受委托物业管理时，对新建物业或原有物业按行业接管验收标准进行综合检验的过程，主要验收内容是物业主体结构安全和满足使用功能，以确保所接管物业基本合格、满足业主质量要求目标，具体包括以下三个事项。

1. 物业接管验收准备

物业服务公司接收建设单位书面提出的验收请求后，从各相关部门抽调业务骨干组建接管验收小组，并做好物业接管验收的准备工作，具体如下。

(1) 与开发商联系好交接事项、交接日期、进度、验收标准等；

(2) 派出技术人员前往工地现场摸底，制订好接管验收计划及具体实施方案；

(3) 提前参与发展商申请的竣工验收和机电设备最终安装、调试工作，做到心里有数；

(4) 准备好《房屋主体接管验收表》、《公共配套设施接管验收表》、《机电设备接管验收表》、《接管验收问题整改表》等接管验收记录表格备用。

接管验收小组一般由物业公司以下部门人员组成：工程部专业技术人员、行政部档案管理人员、公共事务部工作人员等。

2. 物业接管验收实施

对物业的接管验收主要是指对该物业的房屋主体、公共设施和机电设备进行验收移交及接管物业的产权、工程、设备资料和业主资料等。在此过程中，验收小组若发现遗留问题，如物业的硬件设备、设施存在质量问题、相关资料不全等，应及时记录并要求开发商在一定期限内整改，以保证物业质量，对业主负责。

3. 物业接管验收资料保管

在物业接管验收时还要进行物业产权资料、综合竣工验收资料、施工设计资料、机电设备资料、业主资料等的接管验收。接管验收小组的工作主要包括：深入物业现场进行资料收集、与开发商进行资料对比并移交、整理与存档保管资料以便日后管理物业之用。

二、物业接管与验收的知识准备

1. 物业接管验收类型

物业的接管验收可分为分期验收、单项工程验收和全部工程验收三种，具体如表2-2所示。

表2-2　物业接管验收类型说明

类型	操作说明
分期验收	指分期进行的工程项经过竣工验收并达到使用条件，且需在投入使用前进行验收，如住宅区，每当一批房屋建成并通过竣工验收后，开发商为了加快资金周转，急于交付业主使用，即可提前进行接管验收，以使完成的建筑产品及时投入使用，发挥其投资效益
单项工程验收	指工程项目的某个单项工程已按设计要求施工完毕，具备使用条件，能满足投产要求，经过竣工验收，开发商可向业主发出交房通知。开发商应先自行检查工程质量、隐蔽工程有关资料、工程关键部位施工记录以及有无遗漏情况、公共设施设备等，然后会同物业公司组织验收小组共同进行接管验收
全部工程验收	指物业公司根据国家有关法律、法规和标准规范以及有关部门批准的规划、设计和建设方案，对居住小区的各项建设指标进行统一的整体验收

2. 物业接管验收内容

物业接管验收的主要内容及主要检查要点如表2-3所示。

表2-3　物业接管验收的主要内容一览表

接管验收项目	主要检查要点
主体结构	1. 地基沉降不得超过要求允许的变形值，不得引起上部结构开裂或毗邻房的损坏 2. 钢筋混凝土构件产生变形、裂变不得超过规定值 3. 砖石结构必须有足够的强度和刚度，不允许有明显裂缝 4. 木结构应结点牢固，支持系统可靠，无蚁害，其构件选材必须符合国家标准 5. 外墙不得渗水
屋面与楼地面	1. 各类屋面必须符合国家建筑设计标准，排水畅通，无积水，不渗漏 2. 地面的面层与基层必须黏结牢固，不空鼓，整体平整，没有裂缝、脱皮、起壳等现象 3. 卫生间、阳台、厨房的地面相对标高应符合设计要求，不允许水倒流和渗漏
装修	1. 门插安装平正牢固，无翘曲变形，开头灵活，配件齐全，位置准确，缝隙符合要求 2. 进户门不得使用胶合板制作，门锁安装牢固 3. 木装修工程应表面光洁，线条顺畅，地缝严密 4. 墙、地砖应表面光洁、齐整、粘贴牢固 5. 涂料应色泽一致，不脱皮，无漏刷
电气	1. 电气线路安装应平整、牢固、顺直，排放暗线应有导管 2. 导线连接必须紧密，铝导线连接不得采用铰接或绑接 3. 每一回路导线间及对地绝缘电阻值不得小于规定要求 4. 照明器具等支架必须牢固，部件齐全，接触良好 5. 避雷装置必须符合国家标准 6. 电梯应能准确、正常运行，噪声振动不得超过规定，各项记录、图纸资料齐全
水、电、消防、采暖	1. 管道应安装牢固，控件启闭灵活，无滴、漏、跑、冒现象 2. 卫生间、厨房排水管应分设，出户管长不宜超过8m，且不可使用陶管、塑料管 3. 地漏、排水管接口、检查口不渗漏，管道排水流畅 4. 消防设施应符合消防安全标准规定，并有消防部门的检验合格证 5. 采暖的锅炉、箱罐等压力容器应安装平正，配件齐全，无缺陷，并有专门检验合格证 6. 各种仪表、仪器、辅机应齐全、安全、灵敏、灵活、精密，安装符合规定，运转准确正常
附属工程及其他	1. 室外排水系统的标高、窨井的设置、管道坡度、管位、化粪池等都必须符合规定要求 2. 明沟、散水、落水沟头不得有断裂、积水现象 3. 房屋入口处必须建室外道路，并与主干道相通 4. 路面不应有积水、空鼓和断裂现象 5. 房屋应按单元设置信报箱，其规格、位置应符合有关规定 6. 挂物钩、晒衣架应安装牢固 7. 场地清理、临时设施与过渡房应拆除、清除完毕，相应市政、公建配套工程和服务设施也应达到质量要求

3. 物业接管验收应注意事项

在物业验收交接时，物业公司应注意以下事项。

（1）应选派素质好、业务精，对工作认真负责的管理人员及技术人员参加验收工作；

（2）验收过程中既应从今后物业维护保养管理的角度进行验收，也应站在业主的立场上对物业进行严格验收，以维护业主的合法权益；

（3）验收中若发现问题需明确记录在案，并督促施工单位整修直至完全合格；

（4）落实物业的保修事宜；

（5）应与建设单位做好整套图纸的移交工作；

（6）接管验收符合要求后，应签署验收合格凭证，签发接管文件。

三、物业接管与验收服务工作流程

物业管理团队根据项目的实际情况及其定位设计接管与验收，服务工作流程具体如表 2-4 所示。

表 2-4 物业接管与验收服务流程

接管验收准备工作	实施接管验收	验收遗留问题处理
开始 → 开发商工程竣工验收后通知物业公司进行接管验收 → 物业公司领导接到通知后下达接管验收指令 → 各相关部门抽调骨干人员组建接管验收小组，开展验收工作 → 接管验收小组做好各项验收准备工作，包括与开发商联络、制定验收方案、培训验收小组人员及进行验收模拟演练等	各项资料验收移交，包括物业产权资料、综合竣工验收资料、施工设计资料、机电设备资料、业主资料等 → 合格？否→（转验收遗留问题处理）；是→进行硬件设施、设备等的验收，包括楼梯主体结构、公共配套设施、机电设备等 → 合格？否→（转验收遗留问题处理）；是→认真做好各项记录，建档管理	做好记录，并要求开发商及时补齐资料 → 将存在的问题记录于《接管验收设备设施问题登记表》中，交由开发商确认后限期整改 → 对物业项目进行再验收，并对长期解决不了、影响物业管理的问题以备忘录的形式登记后交给开发商 → 办理接管验收手续，签发接管文件 → 结束

四、原有物业接管验收的主要内容

1. 质量与使用功能的检验

（1）以危险房屋鉴定标准和国家有关规定作为检验依据；

（2）从外观检查建筑物整体的变异状态；

（3）检查房屋结构、装修和设备的完好与损坏程度；

（4）查检房屋使用情况（包括建筑年代、用途变迁、拆改添建、装修和设备等情况），评估房屋现有价值、建立资料档案。

2. 危险和损坏问题的处理

（1）属有危险的房屋，应由移交人负责排险解危，才能接管；

（2）属有损坏的房屋，由移交人和接管单位协商解决，既可约定期限由移交人负责维修，也可采用其他补偿形式；

（3）属法院判决没收并通知接管的房屋，按法院判决办理。

五、物业接管验收中质量问题的处理

1. 处理质量问题的方法

（1）发现影响房屋结构安全和设备使用安全的质量问题，必须约定期限由建设单位负责进行加固补强返修，直至合格，并按双方商定的时间组织复验；

（2）发现影响相邻房屋的安全问题，如因施工原因造成的质量问题，应由施工单位负责，按照约定期限进行加固补强返修，直至合格，并按双方商定的时间组织复验；

（3）对于不影响房屋结构安全和设备使用安全的质量问题，可约定期限由建设单位负责修缮，或可采取费用补偿的办法，由物业管理企业处理；

（4）房屋接管交付使用后，如发生隐蔽性重大质量事故，应由接管单位会同建设、设计、施工等单位，共同分析研究，查明原因。如属设计、施工、材料的原因由建设单位负责处理；如属使用不当、管理不善的原因，则应由接管单位负责处理。

2. 处理质量问题应把握的两条原则

（1）原则性与灵活性相结合。

原则性：就是实事求是、铁面无私、严格按照规章制度办事。物业管理企业应把在验收中查出的各种问题做非常详细的记录，该返工的要责成施工单位返工，属无法返工的问题就应索赔。返工没有达到要求，不予签字，直至达到要求。

灵活性：就是在不违背原则的前提下，具体问题具体分析。对于大规模的物业，难免会出现不尽人意之处，接管验收人员不能把接管验收的双方置于对立状态，而应共同协商，力争合理、圆满地解决接管验收中存在的问题。

（2）细致入微与整体把握相结合。工程质量问题对物业产生的影响相当久远，给管理带来的困难与障碍也是巨大的。所以，物业管理企业在进行工程验收时必须细致入微，任何一点疏忽都有可能给日后的管理带来无尽的麻烦，也会严重损害业主的利益。大的方面，如给排水管是否通畅、供电线路的正确与否、各种设备的运行是否正常。细微之处，如所用材料的性能优劣、供电线线材的参数是否恰当等。电梯、空调、发电机组等大型设备的检测和验收必须在其负载运行一段时间以后进行。

整体把握是指从更高层次，从整体的角度去验收，无论是什么类型的物业，都不是孤立的和一成不变的。物业土地使用情况、市政公用设施、公共配套设施等综合项目能标示出该物业的档次和发展潜力。对于住宅小区而言，因为与人们日常生活紧密相关，一个舒适、优美、安静的环境是小区建设和管理的重要目标，这是更高层次的把握；而写字楼则重视商务、办公的快捷、方便，并重视体现使用者的地位和身份，因此，内外装修和设备应是接管验收的重点。

六、物业的接管验收与竣工验收的区别

1. 验收目的不同

竣工验收是为了检验房屋工程是否达到设计文件所规定的要求，接管验收是为了主体结构安全与满足使用功能的再验收。

2. 验收性质不同

竣工验收是政府行为，房地产开发项目和任何建设工程的竣工验收由政府建设行政主管部门负责，组成综合验收小组，对施工质量和设计质量进行全面检验和质量评定。接管验收是企业行为，是物业管理企业代表全体业主（包括现有业主和未来业主）根据物业管理委托合同，从确保物业日后的正常使用与维修的角度出发，对物业委托方委托的物业进行的质量验收。

3. 验收条件不同

竣工验收的首要条件是全部施工完毕，设备已落位；接管验收的首要条件是竣工验收合格，并且附属设备已完全正常使用，房屋编号已得到认可。

4. 移交对象不同

竣工验收是施工单位向建设单位移交物业的过程；接管验收是建设单位向物业管理企业移交物业的过程。

5. 验收阶段不同

竣工验收合格后由施工单位向开发企业或建设单位办理物业的交付手续，标志着物业可以交付使用；接管验收是在竣工验收之后进行的再验收，接管验收一旦完成，即由开发企业或建设单位向物业管理企业办理物业的交付手续，标志着物业正式进入使用阶段。

七、物业接管与验收管理工作模板

（一）×××物业公司物业验收管理规范

一、目的

规范公司物业验收程序，确保物业验收工作得到有效控制，以便对物业进行全面接管，保证物业入住工作顺利进行。

二、适用范围

适用于公司所承接的物业的验收，与房地产开发商的交接。

三、职责

1. 物业公司接到开发商竣工验收的通知报告后，物业总经理负责指定主管人员，各职能部门负责人及专业的技术人员组成验收小组。

2. 验收小组负责对物业原设计图纸、设计变更、竣工图和设备出厂合格证书及设备试运行记录等技术检验资料的验收。

3. 验收小组按移交设备清单的要求对清单上的设备，按规格型号、容量及设计要求进行验收，同时对设备的安装数量、安装位置及竣工图进行验收。

4. 验收小组对物业按运行系统验收，主要验收供电系统、给排水系统、土建工程装饰工程、消防系统、防盗对讲系统及电梯系统。

5. 由物业总经理跟开发商办理接管手续。

四、工作程序

1. 验收的准备

验收小组根据开发商提供的竣工图纸，按设计及施工要求编制验收计划和验收标准。

2. 验收的实施

（1）验收小组依据验收计划、标准，按专业分工进行预验收。

（2）在预验收过程中，检查出未达到验收标准的楼宇、设施、设备，提出书面整改报告返回开发商，由开发商督促施工单位进行整改。

（3）对在验收中未达到验收要求的楼宇、设施、设备，整改实施后，验收小组进行检查、验证，整改合格后进行正式验收。

（4）楼宇的实物验收，应注意：对每套单元房的水、电、土建、门窗、电器设备进行全面检查，并将检查结果记录在楼宇接管验收清单中。

（5）设备的实物验收，要做到符合以下几点：

① 图纸设计与设备的规格、型号、数量符合；

② 主要设备、设施的安装位置与安装质量符合；

③ 设备与连接整个系统的技术性能，应与设计要求符合，检查结果对应不同类设备记录在设施、设备接管验收清单中。

（6）对物业的其他配套系统、设施进行验收，验收结果记录在设施、设备接管验收清单相应的表格内。

（7）移交档案、资料验收：根据验收记收提交档案、资料进行对照检查，并将检查结果填写在楼宇资料交接清单中。

（二）物业资料移交清单

物业名称： 物业位置：

资料类别	资料名称	移交数量	备注
物业产权资料	项目开发批准报告		
	规划许可证		
	投资许可证		
	土地使用合同		
	建筑开工许可证		
	用地红线图		
综合竣工验收	竣工图（包括总平面布置图、建筑、结构、水暖、电、气、设备、附属工程各专业竣工图及地下管线综合布置竣工图）		
	建设工程竣工验收证书		
	公共配套设施综合验收合格书		
	供水合同		
	供电协议书、许可证		
	供气协议书、许可证		
	有线电视合格证		
	通信设施合格证		
	电梯准用证		
施工设计资料	全套设计图纸		
	图纸会审通知单、设计变更通知单		
	重要的施工会议纪要		
	隐蔽工程验收记录		
	……		
机电设备资料	机电设备出厂合格证		
	机电设备使用说明书		
	机电设备安装、调试报告		
	设备保修卡、保修协议		
业主资料	已购房的业主姓名、位置、面积、联系电话		
	已购房的业主的付款情况或付款方式		
移交单位		接收单位	
移交人		接收人	
日期		日期	

（三）物业工程移交项目表

	项 目	评价	存在问题	整改建议
电气系统	高、低压配电室			
	主要机电配电箱			
	楼宇及公共区域照明、开关、插座及配电箱			
	防雷接地系统			
	其他			
空调系统	中央空调机组			
	冷冻机组			
	水泵、换热器等设备			
	地热系统			
	暖通管路系统			
	公共区域暖通用管井			
	燃气设施管井			
	公共区域燃气设施管井			
	楼宇排气设施			
	其他			

续表

项　　目		评价	存在问题	整改建议
给排水系统	公共区域生活用水管井			
	蓄水箱(池)、管路			
	草坪等浇灌设施			
	卫生洁具等设施			
	排水管路等设施			
	公共区域排水管井			
	化粪池及排污设施			
	公共区域排污管井及管路			
	其他			
电梯系统	电梯轿厢及设备			
	井道与底坑附属设备			
	曳引及其他设备			
	井道照明等			
	井道门等			
	电气控制设备系统			
	其他			
消防系统	车库各种指示标志灯			
	喷淋头/烟、温感探头			
	消火栓管路及设备			
	灭火器等设备			
	消防水池(箱)			
	消防电气控制设备			
	监控中心设备			
	其他			
通信网络系统	电话系统设备			
	楼宇电话插座等			
	有线电视设备			
	楼宇有线电视插座等			
	公共广播/应急广播设备			
	音响设备			
楼宇监控系统	楼宇监控设备系统			
	楼宇监控用的各种传感器等			
办公自动化系统	办工自动化系统设备			
	物业管理营运信息系统			
	办公和服务系统			
	信息服务系统			
	智能卡管理体制系统工程			
	计算机网络管理系统			
安全防范系统	入侵报警系统			
	电视监控系统			
	出入口控制系统			
	电子巡更系统			
	车库管理系统			
综合布线系统	建筑群主干线			
	建筑物主干线			
	水平布线			
	屋宇工作区布线			
其他	各类编程手册、相关软件及ID地址码手册			

续表

项目		评价	存在问题	整改建议
楼宇土建工程	1. 主体结构			
	地基			
	钢筋混凝土结构			
	砖石结构			
	抗震性能			
	2. 外墙			
	防水			
	墙及墙面			
	3. 屋面			
	保温隔热性能			
	防水性能			
	排水设施			
	面层			
	4. 楼宇地面			
	5. 公共楼梯			
	6. 门窗玻璃			
	7. 卫生间防水			
	8. 其他			

（四）消防设施验收表

施工单位		验收区域	抽查（ ）处,占（ ）%	
序号	验收项目	质量验收标准 GBJ 303—88,GBJ 232—82	检验情况	处理意见
1	资料	1. 图纸及资料齐全 2. 有产品合格证,铭牌清晰		
2	烟感与温度	1. 图纸规定安装烟感__只,温感__只 2. 工作情况	正常工作____只 不正常工作____只	
3	消火栓	1. 设计数量____只 2. 安装位置合乎设计要求 3. 阀门安装及漏水情况 4. 消防皮带、喷咀安放齐全 5. 自动按钮安装情况 6. 灭火器配备情况 7. 立管、油漆、消火栓外观,安装质量情况	实际安装____只	
4	喷淋系统	1. 喷淋头设计数量共____只 2. 安装位置,间隔距离合乎要求 3. 楼层防火分区总阀,流量开关安装情况 4. 末端放水阀门安装情况 5. 管道安装、支架安装,漏水情况	实际安装____只	
5	分区卷帘门	1. 分区卷帘门安装位置合乎图纸要求设计 2. 设计安装卷帘门____只 3. 楼层防火分区总阀,流量开关安装情况 4. 末端放水阀门安装情况 5. 管道安装、支架安装,漏水情况	实际安装____只	
6	手动报警钮	1. 设计规定数量____只 2. 安装情况	实际安装____只	
7	广播喇叭	1. 设计安装数量____只 2. 安装及工作情况	实际安装____只	

续表

施工单位			验收区域		抽查（　）处，占（　）%	
序号	验收项目	质量验收标准 GBJ 303—88，GBJ 232—82		检验情况		处理意见
8	防火阀排风口	1. 设计排风口＿＿只 2. 风管安装情况 3. 设计防火阀＿＿只 4. 防火阀动作情况 5. 正压风口及风压测试情况		实际安装风口＿＿只 实际防火阀＿＿只		
9	防火门	1. 设计安装＿＿只 2. 安装质量情况		实际安装＿＿只		
检查结果及意见：						
签字样	设计单位		施工单位		物业公司	
	工程监理		地产公司		验收日期	

（五）商铺单元验收交接表　　验收交接表编号：

楼层		单元		验收日期	
验收移交内容	数　量	状　况	遗漏及整改内容	备　注
地台				
天花吊顶				
楼梯台阶及扶手				
墙面				
窗框	扇			
玻璃	块			
各种门	扇			
锁匙及把手	把			
各种五金配件				
公共配电箱	个			
单元内配电箱	个			
灯盘	个			
照明灯具	个			
照明开关	只			
风机盘管	台			
空调送风口	个			
空调回风口	个			
空调新风口	个			
风机盘管控制器	只			
电源插座	只			
电视插座	只			
电话插座	只			

续表

楼层		单 元		验收日期	
验收移交内容	数 量	状 况		遗漏及整改内容	备 注
喷淋头	只				
烟感	只				
广播喇叭	只				
消火栓箱	只				
灭火器及灭火箱	只				
碎玻璃报警按钮	只				
应急指示灯	只				
门牌及标牌	块				
移交钥匙		把		移交其他物品	
单元内电表读数		度		单元内水表读数	字
验收交接单位				代表签署	日期

（六）物业设备、设施交接书

序号	交接项目	型号规格	数量	接收意见	处理结果	确认
1						
2						
3						
4						
5						
6						
7						
8						
9						
10						
11						
12						
13						
14						
15						
16						
17						
管理公司	经办人签名： 管理公司盖章：			开发商	经办人签名： 开发商盖章：	

第二节 物业入住服务方案策划及其执行

知识目标

掌握入住服务的含义；理解入住服务中开发商与物业服务企业的角色职责；掌握入住服务的准备；理解入住服务的管理；掌握入住服务中物业管理专业人员的角色素质。

技能目标

理解并能解释说明入住服务的基本概念；理解并能进行入住服务的准备；理解并能进行简单的入住服务流程设计；认识并能有意识培养自己的入住服务者素质。

 走进实训——"做"

项目一　调查与访问——新建刚入住的物业项目

【实训目标】

1. 结合实际，加深对物业入住服务理论的感性认识与理解。
2. 初步培养认知与自觉养成入住服务者素质能力。

【实训内容与要求】

1. 由学生自愿组成小组，每组 14～17 人。利用业余时间，选择 1～2 个新建刚入住的物业项目进行调查与访问。
2. 在调查与访问之前，每组需通过对入住服务知识的预习，经过讨论制定调查访问的提纲，包括调研主要问题及具体安排，具体可参考下列问题：

（1）该小区入住服务流程情况。
（2）该小区入住服务准备了哪些资料？
（3）该小区入住服务组织架构及人员配置怎样？
（4）该小区入住服务管理系统的构成状况。

【成果与检测】

1. 每人写出一份简要的调查访问报告。
2. 调查访问结束后，组织一次课堂交流与讨论。
3. 以小组为单位，分别由组长和每个成员根据各成员在调研与讨论中的表现进行评估打分。
4. 由教师根据各成员的调研报告与在讨论中的表现分别评估打分。
5. 将上述诸项评估得分综合为本次实训成绩。

项目二　拟定某小区入住服务方案

【实训目标】

1. 培养初步运用入住服务理论拟定入住服务方案的能力。
2. 培养计划、组织、协调及沟通能力。
3. 培养入住服务人员素质。

【实训内容与要求】

根据物业入住服务的知识及对实际物业项目——住宅小区调查访问所获得的信息资料，拟定入住服务方案。

1. 以自愿为原则，14～17 人为一组，拟定"××小区入住服务方案"。
2. 进行方案汇报与模拟演练。

【成果与检测】

1. 班级组织一次讨论，比较各个方案的优缺点。

2. 由教师和学生对各个方案（包括模拟演练情况）进行评估打分。

 走进理论与方法——"学与导"

 特别提醒

> **入住服务的价值**
>
> 入住服务是物业服务前期服务中重要的基础工作，也是物业服务操作过程的难点和重点之一。由于入住服务政策性强、涉及面广、时间性强、管理难度大等特点，容易导致物业服务单位与业主（或物业使用人）之间发生矛盾和冲突。在这期间如果物业服务单位能以优秀的服务品质、高超的管理艺术、严谨的工作作风和良好的专业素养赢得业主和物业使用人的认同和拥戴，对引导业主正确认识物业服务、树立良好物业服务形象、化解物业服务操作中的种种矛盾和问题、实现积极的物业服务开局以及顺利地完成物业管理服务工作均有积极的重要作用。

一、入住服务的含义

入住是指建设单位将已具备使用条件的物业交付给业主并办理相关手续，同时物业服务单位为业主办理物业服务事务手续的过程。其内容包含如下几个方面。

1. 入住的条件

建设单位（通常为开发商）要将经过竣工验收合格和接管验收合格、具备使用条件的物业在购房合同约定的时期内，交付给业主进行入住。否则，开发商要负法律责任，进行相应的赔偿。

案例

> 周小姐2004年5月份在龙岗某小区买了一套房，2007年7月5日下午，周小姐接到了入住的电话通知。周小姐和其他业主到小区一看，发现部分配套设施还没竣工，同时，不少业主还反映现场没看到建设部门的工程竣工验收证明，于是业主们拒绝入住，提出等小区的配套设施完善后再入住。
>
> 随后，记者找到了开发商，他们表示，他们会尽快完善小区的配套设施，让业主尽快入住。同时也会按照法律规定赔偿。

由此可见，物业入住条件是政策性的，具有法律效应，其依据是购房合同、物业竣工验收标准及房地产商的事前承诺。

2. 入住的内容

对业主而言，入住的内容包括两个方面：一是物业验收及其相关手续的办理；二是物业服务有关业务的办理。

3. 入住服务的相关主体及其角色职责

对物业验收及相关手续的办理即房产移交而言，其主体是建设单位和业主，建设单位对其承担相关法律责任和义务；对物业服务有关业务的办理而言，其主体是物业服务单位和业主，物业服务单位对其负责。

4. 入住服务是一个过程

入住服务从业主接到《入住通知书》开始至上述两项内容的完成，接纳物业的钥匙，意味入住的完成。入住的完成意味着物业由开发建设转入使用，业主正式接受物业服务单位，物业服务活动全面展开。物业管理企业由此正式建立与业主的服务与被服务关系，此时应借机宣传物业管理法规、政策和业主临时公约等，让业主充分了解物业管理提供的各项服务，为物业管理工作顺利开展创造条件。

> **特别提醒**
>
> **现实中的操作模式**
>
> 在房地产开发和物业服务实践中，物业入住操作的模式有两种形式。第一种形式是以建设单位为主体，由物业服务单位相配合的作业模式。此模式的核心内容是，建设单位具体负责向业主移交物业并办理相关手续，如业主先到建设单位确认相关购房手续、业主身份，验收物业，提交办理房产证的资料，开具物业购买正式发票，逐项验收其名下物业的各个部分，领取钥匙等。在此基础上，物业服务单位再继续办理物业服务相关手续，如领取物业管理资料、缴纳相关费用等。
>
> 第二种形式是建设单位将入住工作委托给物业服务单位，由物业服务单位代为办理入住手续。这种情况多出现于物业服务早期和前期介入较深、物业建设单位楼盘较多、人力资源不足，或物业建设单位与物业服务单位系上下级单位，以及其他建设单位和物业服务单位协商认为必要的情况等。
>
> 无论采用何种入住操作模式，物业入住操作的准备、内容、程序等都是一致的，不影响建设单位和物业服务单位各自的职责。即使是第二种形式建设单位也应承担相关法律责任和义务，物业管理企业只是具体办理相关手续。

二、入住的准备

入住服务是物业管理单位首次直接面对业主提供相关服务，直接关系到业主对物业管理服务的第一印象。因此，物业管理单位要从各方面做好充分细致的准备，全面有效地保障业主快速、方便、愉快、喜庆地入住。

（一）资料准备

根据相关的政策法规和物业入住服务流程，入住前需要准备的资料文件有如下几类。

第一类资料：入住通知书、入住须知、入住手续书；

第二类资料：前期物业管理服务协议、业主公约、消防安全责任书、装修协议、委托银行代收款协议书、房屋委托出租申请表；

第三类资料：入住指南、住户手册、预交费用标准；

第四类资料：住宅质量保证书、住宅使用说明书、收楼须知、验房登记表、房屋物品交接记录表；

第五类资料：装修指南、装修须知、装修申请表、装修审批表；

第六类资料：业主登记表、业主家庭登记卡、业主联络资料登记表、入住登记表；

第七类资料：入住声明、入住认定书、钥匙领用登记表、签领钥匙登记表、收楼杂项费用一览表。

以上资料在入住过程中所起的是"工具"作用，高效利用这些工具将使入住服务快捷、方便、愉快地进行，同时为后续的物业管理服务打下扎实的基础。

> **特别提醒**
>
> 要使这些工具的"特长"发挥得淋漓尽致，必须掌握这些工具的具体内容及其功能特性和如何进行恰当的角色配置。

（二）其他准备

1. 入住工作计划

建设单位和物业管理单位应在入住前一个月制订入住工作计划，由项目管理负责人（通常是项目经理或管理处主任）审查批准，并报经上级主管部门核准。计划中应明确以下几点。

（1）入住时间、地点。业主购房合同里界定了入住的时段——政策性时段内涵。但是，在政策性时段里，具体哪个时间点入住，要从业主便利入住的角度，同时参考开发商和物业公司的需要进行确定。否则，可能产生负面不利的社会影响。同样，入住地点的确定也要考虑业主办理入住手续的便利与快速及环境布置有利和谐气氛的营造。

案例

××开发商将××物业项目的入住时间确定为星期一和星期二两天，且告诫业主须在指定的时间里办理入住手续，没有商量的余地。接到入住通知书的业主，都感觉"入住时间"有问题，产生了怀疑：是否是房子质量有问题。这样指定入住时间，目的是让我们没有足够的时间和精力去进行验房，于是在网络上进行了负面议论，产生了极坏的社会影响。

（2）负责入住工作的人员及职责分工。由于入住服务是在整个物业管理服务全过程中物业管理服务全面展开的起始阶段，具有政策性强、涉及面广、时间性强、管理难度大等特点，容易导致物业服务单位与业主（或物业使用人）之间发生矛盾和冲突。同时入住服务也是物业管理服务企业与业主首次面对面的接触，因此，在这期间物业服务单位要以优秀的服务品质、高超的管理艺术、严谨的工作作风和良好的专业素养赢得业主和物业使用人的认同和拥戴，树立良好物业服务形象，化解物业服务操作中的种种矛盾和问题，实现积极的物业服务开局以及顺利地完成物业管理服务工作。为此，构建优秀的入住服务项目团队，尤为重要。

入住服务项目团队设计应遵循以下原则：①目标、任务原则。入住服务项目团队的设计必须从项目团队要实现的目标、任务出发，并为有效实现目标、任务服务。②专业分工与协作的原则。入住服务项目团队的设计要按照专业化的原则设计团队角色位置和确定归属，同时要有利于角色位置之间的协作。③精简高效原则。项目团队既要精简，又要有效率。④稳定性和适应性相结合原则。既要保证项目团队的相对稳定性，又要在目标或环境变化情况下能够适应与及时调整。

案例

针对入住期的工作内容，××物业公司、××开发商及相关入住支援人员组建下列入住期间临时组织架构。

① 领导协调组。领导协调组由项目经理和物业公司管理处主任组成，主要负责内外关系协调、重大问题的督办等。

② 接待引导组。接待引导组由物业公司客户服务部组建，主要负责寄发《入住通知书》等资料，欢迎和引导业主办理相关手续。

③ 资格审核组。资格审核组由开发商售楼部和物业公司客服部组建，主要负责业主身份的验证。该项服务为入住大厅挂牌流水服务。

④ 签约组。由开发商项目部和物业公司客服部组建，主要负责物业服务协议、消防安全责任书、装饰装修协议等的签署。该项服务为入住大厅挂牌流水服务。

⑤ 收费组。收费组由开发商的经纪公司和财务部及物业公司的财务部组建，主要负责收取（补退）结算房款、代收产权税费、签署《房款结算协议》及收取物业服务费。该项服务为入住大厅挂牌流水服务。

⑥ 验房交付钥匙组。验房交付钥匙组由房地产开发商项目部和物业公司工程部组建，主要负责制定两书（《住宅质量保证书》、《住宅使用说明书》），组织验收，取得竣工验收和接管验收备案表，并保养维修，交付钥匙。该项服务为入住大厅挂牌流水服务。

⑦ 资料收集与钥匙保管组。资料收集与钥匙保管组由物业公司客服部组建，主要负责资料的收集、签发入住证明及钥匙保管。该项服务为入住大厅挂牌流水服务。

⑧ 客户问题处理与协调组。客户问题处理与协调组由物业公司客服部和项目部组建，主要负责现场入住服务咨询和800客户呼叫中心和现场受理客户投诉等。

(3) 入住过程中使用的文件和表格。入住过程使用的文件和表格的准备包括设计及其如何运用。设计及构建如何运用时要考虑到其是入住服务过程中"面对面"的一个关键接触点，为此，其设计既要与物业管理服务企业整体CIS保持一致，又要人性化，力求满足业主的需要。

(4) 入住程序和入住手续办理。入住程序和入住手续办理是物业入住服务前台操作体系的关键部分。通常包括两部分：入住程序和入住手续，具体如下。

① 入住程序如下：

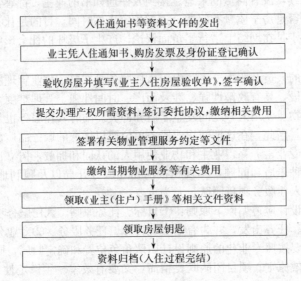

② 入住手续

a. 持购房合同、入住通知书等进行业主登记确认。

b. 房屋验收，填写《业主入住房屋验收表》，建设单位和业主核对无误后签章确认。

c. 产权代办手续，提供办理产权的相关资料，缴纳办理产权证所需费用，一般由建设单位承办。

d. 建设单位开具证明，业主持此证明到物业管理单位继续办理物业入住手续。

e. 业主和物业管理单位签署物业管理的相关文件，如物业管理收费协议、车位管理协议、装修管理协议等。

f. 缴纳入住当月物业管理及其他相关费用。

g. 领取提供给业主的相关文件资料，如《住宅质量保证书》、《住宅使用说明书》、《业主手册》等。

h. 领取物业钥匙。

i. 业主入住手续办理完结之后，物业管理公司应将相关资料归档。

2. 入住仪式策划

为了提高小区整体形象，有效加强与业主、物业使用人的沟通，引导业主正确认识物业服务，通常由物业服务单位根据物业服务的特点及小区实际情况，组织举行入住仪式。参加人员有业主、物业服务企业代表、建设单位代表、相关的行政管理部门、社会媒体以及其他有关人员和组织，如社区精神文明办、消费者组织等。

3. 环境准备

在完成对物业的竣工验收和接管验收之后，物业管理单位要对物业共用部位进行全面彻底的清洁，为业主、物业使用人入住做好准备。同时，要布置好环境，保持道路通畅。遇有二期工程施工或临时施工情况，要进行必要隔离，防止安全事故发生。

4. 其他准备事项

(1) 准备及布置办理入住手续的场地，如布置彩旗、标语，设立业主休息等待区等。

(2) 准备及布置办理相关业务的场地，如电信、邮政、有线电视、银行等相关单位业务开展的安排。

(3) 准备资料及预先填写有关表格，为方便业主、缩短工作流程，应对表格资料预先作出必要处理,如预先填上姓名、房号和基本资料等。

(4) 准备办公用具,如复印机、电脑和文具等。

(5) 制作标识牌、导视牌、流程图,如交通导向标志、入住流程、有关文件明示等。

(6) 针对入住过程中可能发生的紧急情况,如交通堵塞、矛盾纠纷等,制定必要的紧急预案。

三、入住服务管理

入住过程快捷、方便、愉快地展开,不仅需要做好事前的资料准备、入住流程设计等,更为重要的是要建立良好的入住服务管理系统。入住服务管理系统包括入住服务管理制度、入住服务操作程序与规范、业主入住服务操作指南、入住服务工作中使用的技术和物质资源。

1. 项目管理人员要根据项目服务概念确定入住服务管理系统

如果物业项目服务定位为"精细化服务",则入住服务应实施细节管理、推行细节服务标准。如果物业项目服务定位为"管家式服务",则入住服务应重点关注业主个性化需求,建立全面、专业服务网络惠及每位业主,同时突出创新,增强业主感官体验和精神体验,满足业主不断增长的物质需求,而且满足业主的精神需求。

2. 入住服务管理系统应有助于服务人员为业主提供优质服务

如果入住服务操作程序复杂、管理制度僵硬、后台信息检索工作速度缓慢,服务人员的工作积极性必然受挫。反之,服务人员就更可能保持服务导向的工作态度,工作积极性高。

3. 入住服务管理系统必须方便业主入住服务

如果项目管理人员只根据内部效率的要求,确定入住服务管理系统,而不考虑外部效率,迫使业主适应,就必然引起业主的不满。

总之,入住服务管理系统必须以服务为导向。项目管理人员应尽可能删除不必要的规章制度和操作程序,将入住服务工作决策权转移到前台服务第一线、授予服务人员必要的服务工作决策权,以便服务人员创造性地、主动地、灵活地为业主提供优质服务。

第三节 物业装饰装修服务方案策划及其执行

知识目标

了解物业装饰装修中各方主体的责任;掌握物业装饰装修施工作业的管理标准;掌握装饰装修管理范围及时间管理;理解并会计算装饰装修管理相关费用。

技能目标

了解装饰装修的注意事项,能够进行装饰装修现场管理;了解装饰装修的验收类型,能够进行相应的验收;掌握装饰装修管理流程的设计,相关管理细则规定的制定;掌握装饰装修管理工具表单的编制及相关法律法规依据。

走进实训——"做"

项目一 校园某一物业装饰装修管理

【实训目标】

1. 学会根据业主的申请情况审核装修申请,办理装修协议等事务。

2. 能够根据物业装饰装修相关管理文件法规进行现场过程管理并恰到好处地处理发现的问题;能够进行装饰装修验收工作。

3. 能够制定家庭住户装饰装修管理规定、装修施工人员管理细则、装修管理服务协议书及装修管理安全协议书等并予以落实。

【实训内容与要求】

1. 装修装饰管理内容

对学校某一装饰装修项目进行管理,具体验收项目如下:

(1) 审核业主提交的装修申请资料,包括室内装修申请书,装修图纸、施工单位资质证书及施工人员的身份证复印件、《施工人员登记表》、《安全协议书》、《装修协议书》等;

(2) 现场跟踪:组长带领组员必须每天到装修施工现场进行装修规定项目巡查、用电巡查、消防巡查等,及时了解施工情况并做好记录;

(3) 装修装饰完毕后,进行验收,包括装饰装修项目验收和装修安全验收。

2. 成立装修管理小组

学生自主组建,小组拟由下列人员组成。

以管理处经理为总负责人,管理处经理助理、保安主管、保洁主管和设备主管为组员,负责协调装修过程中的有关事项。

(1) 校园物业公司工作人员一名负责指导工作。

(2) 组长一名(可兼任),负责总体组织安排工作及资料的汇总整理。

(3) 负责保安的同学一名。

(4) 负责保洁的同学一名。

(5) 负责土建工程的同学一名。

(6) 负责电气设备的同学一名。

3. 装修管理准备工作

在装修之前,每组做好以下装修管理准备工作:

(1) 组长对整个装修管理工作进行统筹安排,并实行实地模拟演练。

(2) 通过网络等工具收集室内装修普遍存在的违规问题,并作为正式装修管理时的重点巡查项目。

(3) 准备正式装修管理资料,具体包括如下内容:

① 编制《装修管理方案》;

② 熟悉《室内装修管理规定》、《装修施工人员管理细则》;

③ 制作《装修期间巡查表》、《住宅装修验收表》、《装修进场检查单》、《装修违章通知单》;

④ 明确《工程质量问题处理程序》等;

⑤ 明确装修中各方主体的责任及违规处理。

【成果与检测】

1. 组长组织组内成员完成装修管理报告,每人根据自己负责的内容写出一份简要的实训报告。

2. 验收结束后,组织一次课堂交流与讨论。

3. 由教师根据各成员的报告及在讨论中的表现分别评估打分。

走进理论与方法——"学与导"

装饰装修服务的价值

我国室内装修行业和相关配套产品近年来发展很快,装饰产品系列配套,装饰项目从中、低档发展到中、高档。但在实际操作中还存在很多不尽如人意的地方,家装纠纷投诉比例居高不下,可见物业的装修管理是物业服务企业很重要的环节,做好装修服务应认真掌握装修施工作业的管理标准,了解物业装饰装修中各方主体的责任,制定简单可行的流程、实施方案和工作单,加大监督服务力度,真正体现出物业服务的价值。

一、装修服务与工作目标

物业装修服务是通过对物业装修过程的管理、服务和控制，规范业主、物业使用人的装修行为，协助政府行政主管部门对装修过程的违规行为进行处理，从而确保物业的正常运行使用，维护全体业主的合法权益。装修服务的工作目标是规范业主装修服务工作，提高业主对装修服务工作的满意度。

客户服务中心对业主装修的服务工作主要包括以下三个方面。

1. 业主装修审核

客户服务中心根据业主的申请按专业分工请工程部协助对业主的装修申请进行审核，在规定时间内答复业主。

2. 装修过程管理

业主收到装修审批结果后按规定到客户服务中心签订装修协议书、办理缴费等相关手续，客户服务中心与工程部负责对装修现场进行监督服务。

3. 装修工程验收

装修工程完工后，业主持装修申请表原件及押金收据到客户服务中心预约验收，填写验收单，办理相关退场手续。

二、物业装修服务的工作知识准备

1. 装修施工作业的服务标准

（1）房屋结构

① 不得改变或损坏原有房屋的结构、外貌及公共设施，不得改变房屋及配套设施的使用功能；

② 楼地面不得凿到原水泥面，不得在地板上打钉，只允许凿毛，不得随意增加楼地面净荷载（如增厚混凝土地坪、使用厚度为25mm以上的大理石、花岗石或重材料进行地面装修等），如需加高地面则只能用轻质材料（如膨胀珍珠岩砖、燃渣、木料等）；

③ 禁止拆移梁、柱、承重墙及设有暗敷管线的内隔墙，拆墙时注意原墙内强、弱电线路，线路的更改、接线处须留有检查口，空调线路、一般插座线和照明线须分开；

④ 不准在楼板、屋面板、梁、柱、承重墙体等构件上打洞穿管或大面积剔凿。

（2）阳台

① 不得改造或更改阳台、露台部分的墙面及外墙的颜色及装饰，或加建任何永久性或临时性建筑；

② 不得在阳台上加搭太阳能热水器；

③ 阳台不允许封闭，不允许安装防盗网。

（3）门、窗

① 业主装修时不得以重力碰撞或震动门窗，以免引起窗塞缝开裂或因脱落造成渗漏现象；

② 进户门不允许改造或加装防盗金属门，不得改变原有门洞的设计，不得妨碍楼梯通道和消防通道；

③ 外门窗不得随意改动，不得加建门窗，不得拆除连接阳台门窗的墙体，阳台推拉门改造须报管理处审核批准；

④ 业主安装门窗时必须采用阻燃材料，实木门必须经过防火处理。

（4）排水与供气

① 勿私自改动给排水管道，如确需改动请联系物业公司，将由专业人士为业主确认改动方案的可行性；

② 业主若想改动燃气管道，必须先向燃气公司申请并取得物业管理公司的认可，由燃气公司全权负责施工，其他单位和个人严禁施工；

③ 燃气管道和气表所在房间内若吊顶，须在吊顶上对角开300mm×300mm大小的通风口。燃气管道的气表等设施一律不得包装、封闭。电源插座与燃气管道、气表之间的距离须大于300mm。

（5）厨房和卫生间

① 不得改厨房卫生间的结构和功能，严禁将没有防水要求的房间或阳台改为卫生间或厨房；

② 不允许改建厨房、卫生间的给排水（排污）管道，严禁将生活污水排入雨水管道；

③ 必须做好防水处理，特别是卫生间地面、厨房地面以及管道与楼面接合缝处。厨房及卫生间已做防水层，禁止凿打地面或以重力碰撞、震动给排水管，以免造成渗漏水现象。因安装洁具时（毛坯房）可能造成原有防水层破坏，在装修卫生间之前必须补好防水层，并由装修单位做24小时闭水试验；

④ 有水表处必须留有活口；

⑤ 上、下水管道和强、弱电检修孔处必须留有检修口。

（6）电气、智能设施及管线

① 每户用电总负荷标准层额定功率8kW或12kW，复式额定功率15kW，施工现场要合理安排用电设备；

② 禁止更改室内各类感应器、智能设施管线的位置。

（7）其他方面要求

① 装修材料必须是难燃、不燃，否则须做防火处理，固定家私须做防火处理；

② 住户安装空调，必须按指定的位置安装，不得私自打空调孔洞；

③ 热水器的安装必须由有资格证书的人安装，燃气热水器须是强排式的，排烟孔必须是管理处指定的位置；

④ 天台、窗台不许做遮雨棚；

⑤ 对房屋内消防设施有改动必要的，必须先到管理处联系消防单位审核，施工费用由业主或装修施工单位负责。

2. 装修范围、时间管理和噪声规定

（1）物业装修范围应按照相关装修管理规定的业主权益予以限定，原则上应统一要求，统一形式。如室内装修只限于房屋本体单元内的自用部位；封闭阳台不得超过阳台顶部外边缘垂直摄影面，封闭款式、材料力求统一。

（2）装修时间应根据各地不同的作息时间、季节变换以及习惯习俗等综合确定。装修时间包括一般装修时间、特殊装修时间和装修周期。

① 一般装修时间是指除节假日休息时间。一般装修时间因地域和季节的差异而有所不同，如南方某些地区规定作业时间及拆打时间分别为 8:00～12:00、14:00～18:00 和 8:30～11:30、14:30～17:30。

② 特殊装修时间是指节假日休息时间。为保障其他业主的休息和正常生活生产秩序，原则上一般不允许在节假日进行装修。因特殊情况需要装修，应视具体情况相应缩短装修时间。

③ 装修周期是指装修过程的完结时间。目前国家颁布的法规虽无明确规定，但一般情况下不超过三个月。

（3）噪声管理内容

①凿墙作业；②钻墙作业；③钻切金属作业；④锤打白铁作业；⑤用电锯改料作业；⑥其他施工噪声作业。

3. 装修材料进场和装修垃圾清理

（1）沙子、石子等散性材料必须在小区外先行袋装，否则门岗不予放行；

（2）不得将装修材料堆于户外任何地方及楼道内，不得使用电梯运送未经严密包装的沙子、石子、瓷砖等散性材料；

（3）装修废料必须以袋装并按指定地点堆放，由管理处统一安排清运；

（4）严禁在窗外、阳台外、楼梯、过道、天台等公共场所堆放、抛撒装修垃圾，严禁将垃圾、水泥浆、涂料等胶黏性建筑材料排入管道及地漏；否则，一经发现按违约处理，由此引起下水道堵塞的，全部损失由装修施工单位承担。

4. 物业装修服务费和垃圾清运费

物业装修服务费用的收取要严格按照国家和地区的相关规定办理,一般而言,《物业装修服务协议》中物业服务单位向装修人约定收取的费用包括装修服务费和垃圾清运费。

(1) 管理服务费。管理服务费是指因物业装修工程增加物业服务工作量而设置的临时性收费项目,国家对于具体的收费标准没有明确规定,一般由装修人和物业服务单位双方约定,该费用可向装修业主收取,也可以向装修工程单位收取。

(2) 垃圾清运费。垃圾清运费系指由装修工程所产生的垃圾的管理和清运费用。如业主按照要求管理并自行清运装修垃圾,则该费用可免予缴纳,否则,装修人应向物业管理单位缴纳该费用,装修垃圾由物业管理单位代为清运。

5. 巡查规定

(1) 严把出入关,杜绝无序状态。由于装修工人的来源控制有极大的不确定性,施工过程中的自我约束不足、施工单位管理不力等原因,在物业装修期间,物业服务单位应严格物业区域出入口(包括电梯)的人员和材料管理。凡未佩戴物业装修施工标识的施工人员和其他闲杂人员,应一律禁止入内,保证装修人员管理的有序化、规范化。

装修材料和设备是装修违章的一个重要因素,应着重从以下两个方面加强控制和管理:

① 核对是否为审批同意的材料;

② 核对是否符合相关规定。

对于有特别要求的材料或设备(如电焊机),应按照规定办理相应手续;施工队须进行动火作业的,必须办理申报审批手续;进入物业区域的装修材料、设备等,应符合物业装修规定要求,否则拒绝入场。

(2) 装修现场巡查内容

① 装修项目是否在申报及批准范围内;

② 是否未经批准擅自改动系统(如空调、电力、消防等);

③ 现场防火措施;

④ 环境污染(包括卫生、噪声、刺激性气味等);

⑤ 高空坠物。

(3) 巡查要求

① 物业装修期间物业管理单位要抽调专业技术人员、管理人员和保安力量,加大物业装修管理巡视力度,对有违规违章苗头的装修户要重点巡视盯防、频繁沟通,做到防患于未然;

② 在巡查中发现无明确规定的新情况时,应详细记录在《房管日记》中,并及时向管理处经理汇报,征求管理意见;

③ 业主超出申报范围,物业助理应督促业主办理申请手续;

④ 当装修超出申请范围但不属违章时,业主要增报装修项目,填写《装修申请表》,以确保验收时的申请范围与事实相符,若业主因故不能前来的,可委托装修负责人代办申请手续;

⑤ 发现违章装修,按《违章处理程序》的规定执行。

6. 装修验收规定

(1) 装修验收分类

① 初验。当装修户所有装修工程完毕后,在业主未搬入居住或使用之前进行;

② 正式验收。初验并整改后进行。

(2) 装修验收的要求

① 为避免管理人员与业主之间发生贿赂或其他舞弊行为,管理处应合理安排装修验收人员。初验可由管理处经理负责。正式验收由工程部组织有关人员进行。管理处经理负责抽查20%的装修验收结果(按装修户数计算)。

② 业主从事装修时有违章装修行为,在未得到整改或纠正前不能进行验收。

③ 正式验收合格后,物业助理负责收回"装修许可证"及"出入证",对声明遗失证件的,在

验收表中注明，同时注销该户办理的装修人员"出入证"。

④ 对建筑主体结构的配套设备设施无改动、无违约的装修，未对毗邻业主造成损坏或影响，没有违反《××小区装修管理规定》，没有对他人财产或共同部位、公用设施设备等造成损害的，经管理处验收后，并经过一个月的使用后，业主凭收据退回扣除相关费用后的装修管理保证金（不含利息）。

7. 在物业装修中各方主体的责任

为了减少物业装修、装饰过程中违章现象的出现，物业管理单位应主动提示督促业主（或物业使用人）阅读理解装饰装修管理的规定和小区规定。为了分清物业装饰装修有关各方的责任，物业装饰装修管理协议等相关文件应由装修人、施工单位及物业管理单位三方签字。物业装饰装修过程中如出现违规、违章行为，造成公共权益受到侵害和物业损害的，物业管理单位应及时劝阻，对不听劝阻或造成严重后果的，物业管理单位应及时向有关部门报告。

（1）装修人和装修企业的责任。装修人系指业主或物业使用人，装修企业指装修施工单位。装修人和装修企业在装饰装修活动中的责任包括以下内容：

① 因装饰装修活动造成相邻住宅的管道堵塞、渗漏水、停水停电、物品毁坏等，装修人应当负责修复和赔偿，属于装饰装修企业责任的，装修人可以向装饰装修企业追偿。装修人擅自拆改供暖、燃气管道和设施而造成损失的，由装修人负责赔偿。

② 装修人装饰装修活动侵占了公共空间，对公共部位和设施造成损害的，由城市房地产行政主管部门责令改正，造成损失的，应依法承担赔偿责任。

③ 装修人未申报登记就进行住宅室内装饰装修活动的，由城市房地产行政主管部门责令改正，并处罚款。

④ 装修人违反规定，将住宅室内装饰装修工程委托给不具有相应资质等级企业的，由城市房地产行政主管部门责令改正，并处罚款。

⑤ 装饰装修企业自行采购或者向装修人推荐使用不符合国家标准的装饰装修材料，造成空气污染超标的，由城市房地产行政主管部门责令改正，造成损失的，依法承担赔偿责任。

⑥ 装修活动有下列行为之一的，由城市房地产行政主管部门责令改正，并处罚款：

a. 将没有防水要求的房间或者阳台改为卫生间、厨房的，或者拆除连接阳台的砖、混凝土墙体的，对装修人和装饰装修企业分别处以罚款。

b. 损坏房屋原有节能设施或者降低节能效果的，对装饰装修企业处以罚款。

c. 擅自拆改供暖、燃气管道和设施的，对装修人处以罚款。

d. 未经原设计单位或者具有相应资质等级的设计单位提出设计方案，擅自超过设计标准或者规范增加楼面荷载的，对装修人和装饰装修企业分别处以罚款。

e. 未经城市规划行政主管部门批准，在住宅室内装饰装修活动中搭建建筑物、构筑物的，或者擅自改变住宅外立面、在非承重外墙上开门窗的，由城市规划行政主管部门按照有关规定处罚。

f. 装修人或者装饰装修企业违反《建设工程质量管理条例》的，由建设行政主管部门按照有关规定处罚。

g. 装饰装修企业违反国家有关安全生产规定和安全生产技术规程，不按照规定采取必要的安全防护和消防措施，擅自动用明火作业和进行焊接作业的，或者对建筑安全事故隐患不采取措施予以消除的，由建设行政主管部门责令改正，并处罚款；情节严重的，责令停业整顿，并处更高额度的罚款；造成重大安全事故的，降低资质等级或者吊销资质证书。

（2）物业管理企业和相关管理部门的责任

① 物业管理单位发现装修人或者装饰装修企业有违反相关法规规定的行为不及时向有关部门报告的，由房地产行政主管部门给予警告，可处装饰装修管理服务协议约定的装饰装修管理服务费2～3倍的罚款。

② 物业装饰装修行政主管部门的工作人员接到物业管理单位对装修人或者装饰装修企业违法行为的报告后，未及时处理，玩忽职守的，应依法给予行政处分。

三、业主装修服务工作流程

1. 业主装修服务工作流程

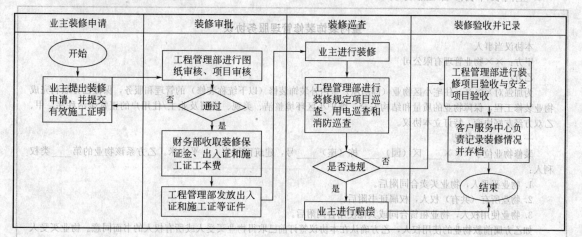

2. 业主室内装修申请流程

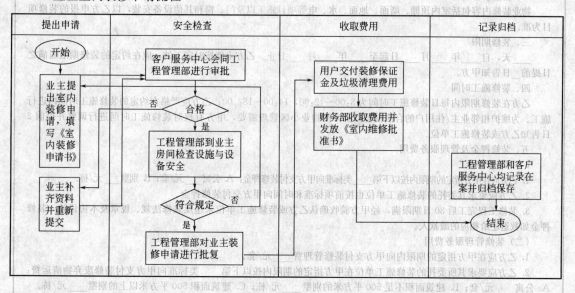

3. 装修保证金收/退流程

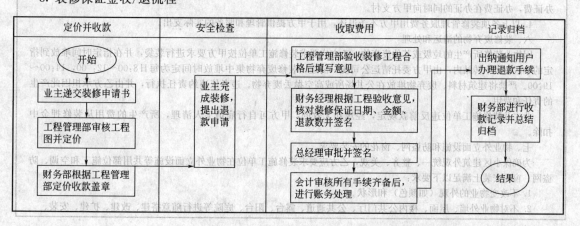

四、物业装修管理工作模板
1. 室内装饰装修管理服务协议

室内装饰装修管理服务协议

本协议当事人
甲方：××物业管理有限公司
乙方：

为加强对××××住宅小区物业（即房屋）室内外装饰装修（以下统称装修）的管理和服务，保证乙方顺利完成物业装修工程，保障物业的质量和结构安全，维护小区环境整洁、美观、协调及业主/住用户的正常生活秩序，甲、乙双方经友好协商，特订立本协议。

一、装修物业状况
装修物业位于×××＿＿＿区（园）＿＿＿栋（座）＿＿＿号，建筑面积为＿＿＿平方米。乙方系该物业的第＿＿＿类权利人：
1. 物业买受人，物业买卖合同附后。
2. 物业所有（共有）权人，权属证书附后。
3. 物业使用权人，物业租赁合同或其他使用合同附后。

如乙方属前款物业的使用权人，乙方确认在本协议签订前已取得物业买受人或所有权人的书面同意。物业买受人或所有权人同意装修的证明附后。

二、物业装修内容
物业装修内容包括室内顶棚、墙面、地面、水、电等项目施工以及门、窗和其他设备安装，以乙方申报的装修项目为准。

三、装修期限
＿＿＿天，自＿＿＿年＿＿＿月＿＿＿日起至＿＿＿年＿＿＿月＿＿＿日止。乙方未能按时完工的，应在约定的装修期限届满之日提前＿日告知甲方。

四、装修施工时间
乙方在装修期限内每日装修施工时间为8:00~12:00，14:00~18:00；乙方应严格在约定的装修施工时间内进行施工。为维护相邻业主/住用户的合法权益以及方便物业小区管理需要，甲方有权对装修施工时间进行调整并提前2日告知乙方或装修施工单位。

五、装修押金及管理服务费用
（一）装修押金
1. 乙方应在甲方指定的期限内按以下第＿＿＿类标准向甲方支付装修押金：A. 公寓＿＿＿元/套；B. 别墅＿＿＿元/栋。
2. 乙方应要求其委托的装修施工单位也按前项标准和时间向甲方交付装修押金。
3. 装修工程完工后30日期限满，经甲方验收确认乙方或装修施工单位未违反装修法规、规章及本协议的，装修押金如数退还给相应的缴款人。

（二）装修管理服务费用
1. 乙方应在甲方指定的期限内向甲方支付装修管理费＿＿＿元/套。
2. 乙方应要求其所委托的装修施工单位在甲方指定的期限内按以下第＿＿＿类标准向甲方支付装修废弃物清运费：A. 公寓＿＿＿元/套；B. 建筑面积不足500平方米的别墅＿＿＿元/栋；C. 建筑面积500平方米以上的别墅＿＿＿元/栋。
3. 乙方应要求其所委托的装修施工单位为施工人员办理《装修出入证》，并按每人一证、每证＿＿＿元的标准支付办证费，办证费在办证的同时向甲方支付。
4. 以上各项装修管理服务费用甲方一律不予退还，用于甲方提供管理和服务的实际支出。

六、装修废弃物的清运和处理
因物业装修所产生的垃圾或其他废弃物，乙方应要求装修施工单位按甲方要求进行装袋，并在指定时间堆放到指定的小区垃圾中转站内，由甲方委托清运公司统一清运。装修废弃物集中堆放时间定为每日8:00~12:00，14:00~19:00。严禁将建筑材料、废弃物堆放在公共场所或高空抛丢废弃物。违者依违约责任执行，并由乙方承担因此产生的责任和费用。

业主及装修施工单位违反前款规定，经规劝无效的，甲方可自行雇请工人清理，所产生的费用从装修押金中扣除。

七、物业外立面设施和防盗网、窗花的安装要求
为确保小区建筑外观统一、整齐、美观，乙方应要求装修施工单位在物业外立面设施等共用部位施工和空调、防盗网、窗花安装上满足以下要求：
1. 不改变物业的外观（如颜色）和形状。
2. 不对物业外墙、屋面、楼内公共门厅、公共通道、露台、阳台、庭院等进行随意搭建、改建、扩建、安装、

铺设或毁损。

3. 空调室外机应安装在甲方指定的位置。空调支架应使用有足够强度的不锈钢材质并采取必要的防护措施，固定螺栓须经防锈处理；如发生空调坠落、下雨铁锈污染外墙面等损害或有损害危险的现象，乙方应即时采取改善措施并承担相应法律责任。

4. 物业阳台、窗户依规定可以安装防盗网或窗花的，应按甲方的统一要求安装在阳台、窗户的内侧，阳台一律不得封闭。

八、物业装修消防安全责任

乙方应确保聘请具有合法资质的装修施工单位进行物业装修，并在物业装修施工时健全并落实各项防火用电安全措施，自觉遵守施工安全操作规程。

1. 施工现场应自备足够灭火设备，如手提灭火器。

2. 装修时电焊作业应聘请有资格证的电工、焊工进行。

3. 施工使用电器设备时，务必采取可靠的安全防护措施，包括采用适当绝缘电线；临时接驳电线须保证一机一闸一个漏电开关，在施工完成后及时拆除；施工动火，须向甲方办理动火审查手续；施工现场不得使用电炉、电炊具等电热设施。

4. 如发生消防安全事故，由造成事故的装修施工单位、个人以及乙方承担一切法律责任。

九、装修施工人员的行为准则

1. 乙方应要求装修施工单位严格约束施工人员的行为举止，包括：施工人员必须衣着整齐；进入物业小区内须佩戴《装修出入证》，不得在非工作区逗留；严禁随地吐痰、喧哗、打闹、赌博、饮酒、生火、串栋（户）及从事违法违章行为。

2. 施工人员确需留宿在装修物业之内的，应由乙方亲自到甲方设立在小区内的物业管理处办理担保手续；如发现施工人员擅自留宿于物业小区，经甲方制止而无效的，送交当地公安派出所处理。

十、物业装修的注意事项和禁止行为

乙方应确保装修活动符合国家法规、规章、《×××业主临时公约》及《物业使用说明书》对物业管理、给排水、供电、消防、燃气、通讯等方面的规定，并遵守甲方制定的小区物业装修规定。

1. 装修活动应采取妥当的安全防范措施，保证建筑工程质量和结构安全以及他人人身、财产安全。

2. 装修活动应采取适当的环保措施，尽量控制和避免施工现场的各种粉尘、废气、噪声、振动等对相邻物业及周围环境的污染和危害，降低乃至消除对其他业主/住用户正常生活的影响。

3. 下列行为属禁止之列

（1）破坏、改变建筑主体和承重结构；

（2）破坏、改变建筑物的建筑立面；

（3）破坏厨房、卫生间等楼板防水层或将没有防水要求的房间和阳台改为厨房、卫生间；

（4）擅自拆改燃气、电气、给排水管道等设施设备；

（5）严重增加楼面荷载，违反消防安全要求；

（6）严重影响建筑结构和安全的其他行为。

十一、甲方的权利和义务

（一）甲方的权利

1. 甲方有权审查乙方的装修施工方案，并提出修改意见。

2. 房屋装修施工过程中，甲方有权随时派人检查、监督装修活动，并对违法、违章及违约装修行为进行干预。

（二）甲方的义务

1. 甲方应及时向乙方告知物业装修申报手续和注意事项，及时办理装修审查手续。

2. 甲方不得无故阻挠、干涉乙方的正常装修活动。

3. 甲方应积极协助乙方或装修施工单位处理因装修而引发的纠纷。

4. 甲方不得任意克扣乙方或装修施工单位交纳的装修押金。

5. 甲方要严格管理装修队伍，不得包庇、纵容，维护全体业主/住用户的合法权益。

6. 甲方应定期检查各装修过程中的物业，及时制止违规行为，维护全体业主/住用户的利益。

十二、乙方的权利和义务

（一）乙方的权利

1. 乙方有权在不违反国家规定和本协议情况下自主决定物业装修设计方案，有权自主选择具有相应资质的装修施工单位。

2. 乙方依据法规、规章和本协议进行装修活动，不受甲方及第三人的非法干涉。

3. 乙方有权要求甲方按本协议约定退还装修押金。

（二）乙方的义务

1. 乙方应严格遵守"物业装修的注意事项和禁止行为"规定及本协议规定的对物业装修活动的其他要求。

2. 乙方进行物业装修活动应事先办理装修申报手续。
3. 乙方应严格遵守装修施工时间的限制规定，并在装修期限内完成装修活动。
4. 乙方应按本协议的约定及时支付装修押金和管理服务费用，并督促装修施工单位及时支付装修押金和管理服务费用，同时对此承担连带责任。
5. 乙方应对装修施工单位违反本协议及小区物业管理规定的行为及造成他人人身、财产损害的后果承担连带责任。

十三、法律责任
1. 甲方违反本协议约定的义务，拒不纠正的，赔偿因此造成乙方的直接经济损失。
2. 乙方违反本协议约定的义务，甲方有权视情节轻重对其采取以下措施：
(1) 责令纠正、停工、扣留或没收工具、停水或停电；
(2) 责令停止侵害、排除妨害、消除危险、恢复原状；
(3) 扣除装修押金；
(4) 参照《住宅室内装饰装修管理办法》的相应罚款规定处以违约金；
(5) 赔偿经济损失。
以上几种措施可同时采用。
3. 装修施工单位、施工人员违反法律、规章以及本协议的装修强制性或禁止性规定，而拒不接受甲方规劝或处罚的，由乙方承担连带受罚责任。
4. 装修工程若出现损害、妨害、危害物业结构、设施或严重影响外观等违反有关物业使用、维护及管理公共守则的情形，如业主或装修施工单位拒不按甲方的要求及时整改妥当的，甲方有权安排施工力量整改，所需费用将全部由业主承担。

十四、甲方在本合同中享有的权利可授予甲方设立在×××住宅小区的物业管理处行使。
十五、有关本协议所涉及的具体装修资料，乙方可在房屋装修施工前到甲方设立的物业管理处索取。
十六、本协议在履行中如发生争议，双方可协商解决或向物业管理行政主管部门申请调解；协商或调解不成的，可向装修物业所在地的人民法院起诉。
十七、本协议未规定的事宜，均遵照国家有关法律、法规和规章以及甲方制定的小区物业装修规定执行。
十八、本协议一式两份，甲乙双方各执一份，具有同等法律效力。本协议自签订之日生效。

甲方：　　　　　　　　　　乙方：
委托代理人：
签约时间：　　　年　　月　　日　　签约地点：××

2. 安全协议书

安全协议书

_____物业管理处（简称甲方）与_____公司/用户指定聘用的装修承造商（简称乙方），对其租售的___栋___单元就装修改建问题达成以下安全协议。

一、乙方施工人员名单应送甲方工程管理部和安全管理部备案，甲方根据乙方提供的名单核发施工出入证。所有施工人员，装修、装饰材料应从指定货运电梯进出，乙方施工人员一律禁止到其他楼层乱走。

二、乙方所有装饰、装修材料必须符合防火要求。

三、乙方于施工现场需配备足够灭火器及临时排风设施，外墙玻璃窗未经甲方同意不得开启，施工照明禁止使用碘钨灯，每具照明灯具不得大于60W，并需安放远离易燃物品的地方。施工场所严禁吸烟。

四、乙方在施工中如需要使用明火（如电焊、气割等）时，须事先以书面形式向甲方工程管理部、安全管理部办理申请手续，经双方签订，落实监护人及施工措施后方可施工。

五、新设大型设备须进行结构负荷计算，并需提交甲方审核同意，认为符合安全要求后方可施工。

六、乙方在电气施工中必须由合格的电工安装，施工必须符合甲方以下规定，所有电器线路必须穿金属管保护，穿管应到位，接地、接零要分开，线路绝缘必须大于1000Ω，电线必须使用消防认可的合格电线，线径不小于2.5mm²，地面安装的电器应使用防水插座。

七、从施工现场运出大厦的工具和其他物品应由乙方开具出门证明，到管理处安全管理部开具放行条方可出门。

甲方签署：　　　　　　　　乙方签署：
日　　期：　　　　　　　　日　　期：

3. 装修施工证申请表

单元号：_____	业主/租户签名：_____				
业主/租户委托施工单位名称：_____					
装修公司负责人：_____			电话：_____		
防火安全负责人：_____			电话：_____		
施工证有效期：____年____月____日至____年____月____日					

编 号	姓 名	年 龄	性 别	身份证号码	工 种
1					
2					
3					
4					
5					

工程部意见：

　　　　　　　　　　　　　　　　　　　　　　　　　　　　日期

管理部意见：

　　　　　　　　　　　　　　　　　　　　　　　　　　　　日期

保安部意见：

　　　　　　　　　　　　　　　　　　　　　　　　　　　　日期

4. 室内装修审批表

室内装修审批表

业主/租户名称：_____　　联系人：_____　　电话：_____
装修施工单位：_____　　现场负责人：_____　　电话：_____
装修单元：_____　　装修开工日期：_____

核验内容	签署核验意见			
应收管理费款项	□已收	□未收	□其他_____	（财务部）
消防部门审批完备	□已批	□未批	□其他_____	（工程部）
质监部门报批完备	□已报	□未报	□其他_____	（工程部）
装修图纸审核完备	□已审	□未审	□其他_____	（工程部）
装修管理手续完备	□已办	□未办	□其他_____	（管理部）

审批意见：
工程部经理：_____　　日期：_____
财务部经理：_____　　日期：_____
管理部经理：_____　　日期：_____
驻场物业经理：_____　　日期：_____

5. 装修临时用电申请表

申请用电单位填写	申请用电单位名称：				
	申请用电功率：		负载性质		
	供电电缆规格型号：				
	用电保护开关规格型号：				
	计量表型号规格：		计量表底数：		
	申请供电制式	单相	三相	用电设备名称：	
	申请用电天数：		申请用电地点：		
	申请日期：		有效电工岗位证编号：		
	施工现场负责人：		联系电话：		
工程部意见：					

6. 装修施工巡查监督表

<table>
<tr><td colspan="2" align="center">装修施工巡查监督表</td></tr>
<tr><td colspan="2">装修单元：_____</td></tr>
<tr><td colspan="2">承包商名称：_____</td></tr>
<tr><td colspan="2">巡查日期：_____年_____月_____日</td></tr>
<tr><td colspan="2">巡查时间：由_____时_____分_____至_____时_____分</td></tr>
<tr><td colspan="2">施工人数：_____出入证核对_____</td></tr>
<tr><td colspan="2">施工内容：_____</td></tr>
<tr><td colspan="2">检视项目：_____</td></tr>
<tr><td colspan="2">整改内容：_____</td></tr>
<tr><td>巡查监督人：_____</td><td>日期_____</td></tr>
<tr><td>施工负责人确认：_____</td><td>日期_____</td></tr>
<tr><td>业主/租户负责人签署：_____</td><td>日期_____</td></tr>
</table>

7. 室内装修验收表

业主姓名			联系电话		
验收地点			验收日期		
验收内容			验收意见		备注
土建项目	户门				
	地面				
	墙面				
	天花板				
	橱柜				
	防水				
强弱电项目	户内闸箱				
	照明开关				
	电源插座				
	电视插座				
	电话/网络插座				
	空调插座				
	可视对讲				
	燃气泄露报警				
给排水项目	采暖/热水两用炉				
	暖气片				
	供水闸门				
	排水管道/地漏				
	洁具				
	浴缸				
其他	卡式电表				
	卡式天然气表				
	水表				
业主签字			装修公司签字		
保安部签字			工程部签字		

8. 装修缴费通知单

装修缴费通知单

业主_____ 楼座_____ 房号_____

序 号	项 目	单 价	数 量	合 计	备 注
1	装修押金				此项费用由装修公司缴纳
2	垃圾清运费				
3	装修人员出入证押金				完工后按证和票据退款
4	施工人员出入证工本费				
5	灭火器租金				
6	灭火器押金				如有使用，则以押金抵偿
说明	为了保证灭火器的安全有效,灭火器必须从物业管理处租用				

×× 物业公司管理处
××××年××月××日

9. 装修进场核检单

装修进场核检单

业主/租户名称：_____ 单元：_____
申请放行日期：____年____月____日
携带物品人士：_____ 身份证号码：_____
物品名称/数量：
1.____ 2.____ 3.____ 4.____ 5.____ 6.____ 7.____
业主/租户盖章：_____ 日期：_____

以下由管理处填写

物品核查人签署_____ 日期_____
保安部经理签署_____ 日期_____
管理部经理签署_____ 日期_____

10. 装修违章通知单

装修违章通知单

被通知单位：_____ 接单人：_____ 签发人：_____ 签发时间：_____

通知：

　　贵单位违反了《装修管理服务协议书》中的第____条,其中内容如下：

1._____
2._____

根据《装修管理服务协议书》,贵公司应做如下整改：

1._____
2._____

×× 物业公司管理处
××××年××月××日

注：《装修违章通知单》落款处加盖管理处公章生效

第四节　物业服务档案管理方案策划及其执行

● 知识目标

掌握物业服务档案及其管理的含义；理解并掌握物业服务档案的内容；掌握物业服务档案管理流程及其内容。

● 技能目标

理解并能解释说明物业服务档案的基本概念；理解并能解释说明物业服务档案管理的内涵；理解并能界定物业服务档案内容；理解并能进行物业服务档案管理流程设计。

 走进实训——"做"

项目一　调查与访问——刚获得省优的物业项目的物业服务档案管理

【实训目标】

1. 结合实际，加深对物业服务档案管理的感性认识与理解。
2. 物业服务档案管理者素质能力的认知与自我提升。

【实训内容与要求】

1. 由学生自愿组成小组，每组14~17人。利用业余时间，选择刚获得省优的物业项目，对其物业服务档案管理进行调查与访问。

2. 在调查与访问之前，每组需通过对物业服务档案管理知识的预习，经过讨论制定调查访问的提纲，包括调研主要问题及具体安排，具体可参考下列问题：

（1）该物业项目的物业服务档案管理流程是怎样的？

（2）该物业项目有哪些物业服务档案内容？

（3）该物业项目物业服务档案管理的组织架构及人员配置怎样？

（4）该物业项目物业服务管理系统存在什么问题？

【成果与检测】

1. 每人写出一份简要的调查访问报告。
2. 调查访问结束后，组织一次课堂交流与讨论。
3. 以小组为单位，分别由组长和每个成员根据各成员在调研与讨论中的表现进行评估打分。
4. 由教师根据各成员的调研报告与在讨论中的表现分别评估打分。
5. 将上述诸项评估得分综合为本次实训成绩。

项目二　为校园物业项目建立物业服务档案及其管理制度

【实训目标】

1. 培养初步运用物业服务档案管理理论建立物业服务档案及其管理制度的能力。
2. 培养计划、组织、协调及沟通能力。

【实训内容与要求】

根据物业服务档案管理的知识及实际物业项目运作情况，拟定物业服务档案管理方案。

1. 以自愿为原则，14~17人为一组，拟定"校园物业项目物业服务档案管理方案"。
2. 进行方案汇报与模拟演练。

【成果与检测】
1. 班级组织一次讨论，比较各个方案的优缺点。
2. 由教师和学生对各个方案（包括模拟演练情况）进行评估打分。

 走进理论与方法——"学与导"

特别提醒 物业服务档案的作用

物业管理服务的档案资料不是事后编写的，也不是任意收集的，更不是虚假捏造的，它是物业服务活动的真实反映，具有法律凭证作用和参考作用。

一、档案的概念

档案是历史的原始记录。该定义包含两层含义：经过归档保存的原始记录及其载体、原始记录的信息内容。现阶段正在使用和产生的文件资料，既非原始记录，也非档案。

特别提醒

在工程竣工验收之前，施工图纸，因正在使用，故既非原始记录，也非档案；在工程竣工验收之后，经过归档保存后的施工图纸，以及所记载的设计内容就是该项目的历史原始记录，就是档案。

物业管理服务档案是有关物业项目所有的一切活动的经过归档保存的原始记录。

二、物业管理服务档案的内容

物业管理服务档案的内容由4个部分组成，一是物业基础资料档案，主要是被承接检查物业及其附属设施设备的权属、技术和验收文件；二是客户资料，主要是物业服务对象的资料，业主或物业使用人的权属资料档案、个人资料等；三是物业管理服务项目资料，主要是物业运行记录资料、物业维修记录资料、物业服务记录资料等；四是物业服务企业行政管理及相关资料。

特别提醒

物业管理服务档案内容四部分中的前三个部分是本节重点，第四部分的内容是物业服务企业人事部门、行政部门的职责，故不是重点内容。

物业管理服务档案资料具有凭证作用和参考作用。物业管理服务档案资料是原始记录，是历史的真凭实据，具有法律凭证作用。例如，物业接管验收中的原始记录，可以成为日后保修、索赔的凭证；入住中的记录，可以成为日后管理与服务的依据等。物业管理服务档案记录了从物业的生成到目前的全部过程，它对人们考查既往情况，总结经验教训，摸清管理服务规律，具有重要的参考作用。例如，根据业主的基本情况的记录，可以了解服务对象的层次和差别，提供有针对性的服务，满足业主的需求。

案例

某市某地区某住宅小区，是某区开发初期建造的安置房，前期物业管理由开发商自行管理。2000年末，该小区成立业主委员会，通过招投标方式，从社会上重新选聘了一家物业管理公司。新来的物业管理公司接手物业管理后，根据有关规定，将对该地区进行通天然气。此时，有业主反映说，该地区的煤气管道有渗漏现象。物业公司立即进行检查，发现煤气管道很多地方存在不同程度的锈蚀，情况严重的管道表面全部锈迹斑斑，并且有煤气渗漏现象。物业管理公司立即联系天然气公司的有关部门，对该地区煤气管道再次进行检查，天然气公司专业人员认为，天然气的压力比煤气高，鉴于煤气管道严重锈蚀，建议尽快调换煤气管道。

经测算，调换此小区煤气管道，所需费用约为122万元。面对严重锈蚀的煤气管道和122万元的巨款，物业管理公司经理心急如焚。情急中他突然想到了接手该小区时的档案，档案中的资料应该是最完整的，"能不能研究资料档案从中获得什么好办法？"于是经理立即查阅资料。经查当时归档的案卷，该小区共6个街坊，建造时涉及15家施工单位，其中自来水、煤气管所用管材基本上由施工方供应，6个街坊所用镀锌管的供货商系上海的两家建材公司，它们都是非正规建材供货单位，所用的管材是原建设部已明令禁止使用的冷镀锌管。

鉴于以上情况，该物业公司立即起草了一份《关于某新村街坊室内煤气管道严重锈蚀的情况》，并附上调查材料，送到了开发商手中，希望他们能予以配合，共同将这一问题解决。开发商有关领导看了调查情况后，认为该物业管理公司的请求完全是合理的，于是请物业管理公司委托天然气公司实地勘察并报预算，工程费用由开发商支付。物业管理公司随即与天然气公司联系，签订了工程合同，并以最快的速度对所有煤气管道进行了调换，及时消除了事故隐患。

三、物业管理服务档案管理概念

物业管理服务档案管理就是物业服务企业在物业管理服务活动中，对物业的原始记录进行收集、整理、鉴定、保管、统计，为物业管理服务提供客观依据和参考资料的活动过程。

物业管理服务档案管理是物业管理服务的基础工作，是物业管理现代化的基础和物业管理水平的标志。因此物业管理服务档案管理具有基础性特点。同时，物业因外在因素作用，其实物形态和使用状况经常处于变化发展之中。例如物业数量的增减，完损情况的变化，结构和用途的改变，物业价值的起落，产权人的变更，使用人的死亡等都经常发生。因此，物业管理服务档案管理是一种动态性很强的管理，具有动态性特点。

> **特别提醒　实际状况**
>
> 由于我国物业管理服务行业正处于探索阶段，其档案管理存在许多问题：①资料、文件收集不齐全，特别是一些工程技术资料，这会给日后物业的维修等管理工作带来困难；②分类、归档不科学，以致造成查找困难，浪费人力和时间；③保存方式不科学，使得资料、文件受损，影响资料的使用效果和时间；④资料档案没有专人负责，人手杂，造成分类不固定，存放不确切，甚至使档案资料遭受损坏或丢失。

四、物业管理服务档案管理流程及其内容

物业管理服务档案管理必须按照规范化、科学化、经常化的要求遵循一定的标准程序执行，具

体而言，有如下内容。

1. 成立档案管理部门

物业服务企业在企业总经理的领导下成立专门的档案管理部门，并任命专人负责管理。

> **特别提醒** **实际状况**
>
> 实际当中，通常物业管理服务档案管理是由行政部或办公室或品质部兼管，只有大公司才成立专门的档案管理部门，甚至有的企业根本就没有档案管理部门，其每个物业的物业管理服务的档案资料只保存在每个管理处。不过，现在有极少部分优秀的物业服务企业实行档案的数字化管理，这是一个趋势。

2. 物业项目档案管理的组织工作

物业项目经理负责领导物业项目的物业管理服务档案的管理工作，也会任命一位客服人员协助其进行日常的档案管理工作，专职负责档案管理和跟踪，主要是档案资料的收集、整理、更新、鉴定、保管等。

3. 物业管理服务档案资料的收集

档案资料的收集要满足几个要求：

（1）要及时并不断更新。在接管验收和入住时，物业服务企业应积极收集并建立物业管理服务档案资料，并在日后随物业状态的变化及时更新，确保物业管理服务档案资料的时效性，满足有关方面的利用需要。

（2）力求完整是关键。完整齐全的档案资料从时间上讲，要包括从规划设计到竣工的全部工程技术资料，以及验收和日后管理过程中形成的各种资料文件。从空间上讲，包括物业从地下到楼顶、从主体到配套、从建筑到环境以及各相关主体等方面的资料。

（3）收集工作要制度化、规范化。根据物业管理相关要求，通过例行的接管制度和专门的收集方法，将分散在各个单位、部门、个人以及其他地方的有保存及利用价值的资料，有组织、有计划地集中到档案管理部门，实行档案的统一管理。

> **特别提醒** **档案资料收集渠道**
>
> 物业服务企业可以按照物业管理服务的流程进行收集，主要包括：
>
> （1）物业承接验收时，与房地产开发商、设计单位及施工单位，尤其是房地产开发商积极合作，全面、准确地收集物业基础档案资料，即物业及其附属设施设备的权属、技术和验收文件等档案资料（见表2-5）。这个阶段的档案资料收集时间较集中，并与物业承接验收同步进行，而且档案收集的技术要求高，涉及面广，通常因该阶段的资料是日后物业管理服务的重要依据而由项目经理领导，工程设备的主管负责管理执行。

表2-5 物业移交资料一览表

分 类	资料目录	移交方	备 注
产权资料	项目批准文件	建设单位	
	用地批准文件	建设单位	
	建筑开工有关资料	建设单位	
	丈量报告	建设单位	

续表

分　类	资料目录	移交方	备　注
技术资料	竣工图	建设单位	
	地质勘探报告	建设单位	
	工程合同	建设单位	
	开、竣工报告	建设单位	
	公共设备使用说明书及测试报告	建设单位	
	工程预决算分项清单	建设单位	
	图纸会审记录	建设单位	
	工程设计变更通知	建设单位	
	技术核定单	建设单位	
	质量事故处理记录	建设单位	
	隐蔽工程验收记录	建设单位	
	沉降观测记录及沉降观测点布置图	建设单位	
	钢材及水泥等主要材料质量保证书	建设单位	
	新材料及构配件鉴定合格证书	建设单位	
	设备及卫生洁具检验合格证书	建设单位	
	砂浆及混凝土试块试压报告	建设单位	
	供水管道试压报告	建设单位	
	机电设备订购合同	建设单位	
	设备开箱技术资料、试验记录与系统调试记录	建设单位	
	竣工验收证明书	建设单位	
验收资料	工程竣工验收证明书	建设单位	
	消防工程验收合格证	建设单位	
	用电许可证及供电合同	建设单位	
	用水审批表及供水合同	建设单位	
	电梯使用合格证	建设单位	
其他资料	移交清单及核对记录	建设单位	

(2) 物业入住和装修时，物业项目经理设立档案资料收集整理工作小组，由小组做好相关的表格和收集程序等准备工作专责负责客户档案资料，主要包括业主或物业使用人的权属资料、个人资料（详见表2-6）。由于这个阶段收集的资料涉及客户个人资料，其收集范围、适应范围以及个人资料的管理等情况影响业主，应说明并加强管理，避免出现因客户个人资料泄漏导致不必要的法律纠纷。客户资料中的部分资料，如房屋产权证书复印件等，需核对原件后，及时整理将其归档保存。

(3) 日常物业管理服务时，物业项目经理领导相关档案资料专责人员负责收集和跟踪物业日常服务档案资料，主要有建筑物及其附属设施设备运行、维修、维护记录和保洁、安保、会所、社区文化、增值服务、投诉服务等记录资料。这些资料变化快，要注意及时跟踪，并确保准确、完整。

表 2-6 客户档案资料一览表

分 类	资料目录	移交方	备 注
产权资料	产权登记及权属变更材料	业主及相关人	
	物业(包括车库)购置合同及身份证复印件	业主	
	业主与使用人签订的合同及使用人身份证复印件	使用人和业主	
个人资料	业主详细资料登记表	业主	
	业主家庭主要成员登记表	业主	
	使用人详细资料登记表	使用人	
	使用人家庭主要成员登记表	使用人	
入住手续资料	业主与物业服务企业签订的物业服务合同	业主	
	管理规约	业主	
	入住手续全套资料	业主	
	房屋装修全套资料	业主	
	交纳各种费用的凭证	业主	
	房屋入住验收资料	业主	
	房屋整修后的资料	业主	
	使用人与物业服务企业签订的物业服务合同	使用人	
	交接手续全套资料	使用人和业主	
	使用人交纳的各种费用凭证	使用人	
	使用人装修的全套资料	使用人	
其他资料	移交清单及核对记录	业主和或物业使用人	

4. 物业管理服务档案资料的整理

物业管理服务档案整理工作,就是按照档案整理工作的要求将处于零乱状态和需要进一步条理化的档案,进行基本的分类、立卷、排序和编目,使之系统化。

特别提醒

档案资料整理的要求

凡收集齐全、完整应当归档的文件资料,必须经过系统地整理,按照文件材料的形成规律和它们之间历史联系进行分类、立卷,使案卷能准确反映物业的基本面貌,并要求做到:分类科学,组卷合理,排列有序,保管期限准确,装订整齐、牢固,案卷封面、脊背、卷内目录和备考表(异动记录表)填制准确,字迹工整,图样清晰,载体和装具质量优良,便于保管和利用。

(1) 分类。分类是指将档案资料按其来源、时间、内容和形式的异同,分成若干类别和层次,使其构成有机的体系。分类是档案系统化的关键环节,是档案工作标准化、规范化的一项重要内容。常用的档案分类方法有:

① 年度分类法。根据形成和处理的文件的年度,将全宗内档案分成各个类别。其特点是符合档案按年度形成的特定和规律,能够保持档案在形成时间方面的联系,可以反映出立档单位每年工作的特点和逐年发展的变化情况,便于按年度查阅和利用档案。

② 组织机构分类法。按照立档单位的内部组织机构,把全宗内档案分成各个类别。这样,利于保持全宗内文件在来源方面的联系,客观反映各组机构工作活动的历史面貌,便于按一定专业查

阅档案。

③ 问题分类法。又称事由分类法或事件分类法。它是按照全宗内档案反映的事件或说明的问题进行分类。其特点是能较好地保持文件在内容方面的联系，使内容相同或相近的文件集中在一起，既能较突出地反映立档单位主要工作活动的面貌，又便于按专业系统全面地查阅利用档案。物业服务企业档案的分类应根据自身的情况和档案管理的要求，采用相应的分类方法。

特别提醒　现实情况

现实当中，通常是将两类分类法结合运用，如年度-问题法，年度-组织机构法。年度-问题法：先按年度再按问题分，例如，按年度将某物业服务企业档案分为2001年度、2002年度、2003年度等，然后分别在3个年度里有划分了房屋维修、设备维护等。

(2) 立卷。立卷是指将具有保存价值的文件材料按照其形成过程中的联系和一定的规律组成案卷。物业管理服务立卷类别常见的有：

① 修缮档案。以房屋单元为立卷单位，将一段时间内同一单元的修缮材料组成一卷，如将属公共设施或重大项目维修产生的档案归入修缮档案类。

② 物业房产档案。以小区或管理处为立卷单位。

③ 设备、仪器档案。以一种或一套设备、仪器为立卷单位。设备、仪器档案按依据性材料→设备、仪器开箱验收→设备、仪器安装调试→设备、仪器运行维修→随机图样排列。随机图样也可以单独立卷。

④ 基建档案。以一种项目或一项工程为立卷单位。基建档案按依据性材料→基础性材料→工程设计（含初步设计、技术设计、施工设计）→工程施工→工程竣工验收排列。

⑤ 行政管理档案。按年度-问题-保管期限进行立卷，即将同一年度形成的同一问题且同一保管期限的文件材料组成一卷。卷内的文件材料按问题、时间或重要程度排列。

⑥ 声像档案。声像档案包括照片、录音带、录像带、计算机磁盘、缩微胶片等特殊载体档案。
其他还有经营管理档案、党群工作档案、人员档案和会计档案等。

立卷工作的内容，包括卷内文件材料的排列与编号、卷内目录的编制、备考表的填制、案卷封面的填制、案卷装订，分别阐述如下。

① 卷内文件材料的排列。物业档案可以以物业产权人为宗立卷，也可以按文件材料的重要程度排列，主要文件在前，次要文件在后；正件在前，附件在后；引件在前，定稿在后；结论性文件材料在前，依据性材料在后。两种排列方法各有优点，前者能清楚地了解产权的来龙去脉，便于物业的租赁、交易和收费等经营管理活动的进行；后者则开门见山，重点突出。在实际工作中往往是两种方法相互交叉、结合使用。如修缮档案内文件材料的排列即按结论性材料在前、依据性材料在后；文字材料在前、图样在后的原则进行。

物业文件中附有照片的，必须进行系统的整理。每张衬纸只粘贴2张照片，不得将几张或几十张照片成摞地订在一张衬纸上；每张衬纸右侧贴照片，左侧（靠装订线一侧）留出4~6cm空白，供填写文字说明之用；每张照片都要编号，即流水号；每张照片都必须有文字说明。文字说明的内容包括照片内容（如待大修的房屋正面、侧面照片或裂痕处照片等）、拍照时间、拍照地点、拍摄者。拍摄者的姓名要写全，应加职务或技术职称。文字说明应做到概括、准确、项目齐全、书写规范。没有文字说明的不能称之为物业档案。

② 卷内文件材料的编号。按照卷内文件材料的排列顺序，用打号机依次编号。凡有文字或图表的页面均应编号。页号位置为正面编在右上角，背面在左上角。

编号时应注意，页号一律使用阿拉伯数字，从"1"编起，有效数字前不得出现一个或几个"0"。无文字、图表的页面和卷内目录不得编页号。要使用碳素墨水编页号。如出现倒号，将页号划掉，重新打号；漏号，采用分号式，将漏编的页与前页或者后页共用一个页号，如有一页漏号，其前页为 7 号，其后页为 8 号，可与前页共用一个号，即前页为"7-1"，该页为"7-2"；重号时将重号改为分号式，如前后两页均为 9 号，则分号改为"9-1"和"9-2"；错号时，将错号划掉，打上正确的页号；一个页面有两个或两个以上页号，将正确的页号留下，其余页号划掉。

另外，编号前要去掉文件材料上的大头针、回形针、订书钉等；字迹已扩散的要复印，原件需保留，按原件在前、复印件在后的顺序排列；破损的页面要进行裱糊；文件材料用纸小于标准用纸的要进行裱糊、取齐，大于标准用纸的要进行折叠、取齐。

③ 卷内目录的编制
　a. 文件卷、仲裁卷卷内目录的填制，可以沿用文书档案卷内目录。其格式及内容如下。
　序号：即卷内文件材料的编号，依照文件材料的排列顺序填写。
　文号：即文件字号，须照实填写、填全，不得省略。
　责任者：即文件形成机关或个人，据实填写。
　题名：即文件材料名称，要照实抄录。没有题名的，应补拟题名，外加方括号。
　日期：指归档日期，一般在发文件机关名称的下方。
　b. 登记卷卷内目录。登记卷卷内目录格式和内容如下。
　序号：即卷内文件材料的顺序号。
　证件名称：即文件材料的名称。
　页号：即从"1"开始，按大流水编号，双面有文字或图表的，双面应编号。
　归档日期：归档人盖章和备注。
　c. 卷内目录其他内容的填写方法。
　分目号：要求与总目上的分目号一致。
　丘号、权号、登记户号、权利种类这四项要与总目一致；坐落按物业登记申请书填写。
　文件编号：按文件材料右上角分目编号章内编号填写。
　文件名称：用物业服务业务部门的专用名称。
　件数：按实际件数填写，如两份证明，则件数为 2。
　页数：卷内文件材料页数的总和。需要注意，页数不同于张数，如果一张产权文件材料背面有文字或图表，那么，它实际上是 2 页，而不是 2 张。
　附注：一般不填写，如遇文件材料取出，则需在此栏目注明移到何处。
　卷内目录填制时应注意，所有数字都应采用阿拉伯数字；日期必须填写公元纪年，不得省略；各栏目的内容、盖章或书写均可；盖章，必使用红色印泥，不得使用红色墨水；书写，须使用碳素笔，以利永久保存；卷内目录用双面纸的均应填写，但不得编页号；卷内目录应放在全卷文件材料首页之前；如发生变更，新旧卷合二为一，新卷文件材料接续填写。

④ 备考表的填制。备考表一般包括以下内容：本卷需要说明的情况、立卷人、检查人、立卷时间。需要说明的情况为卷内文件材料、照片如有破损、丢失或被水淹、虫蛀、鼠咬，文件材料用圆珠笔书写字迹褪变等；立卷人即整理该卷的责任者；检查人即档案负责人；立卷时间即完成该卷全部整理工作的日期。

⑤ 案卷封面的填制
　a. 案卷题名：题名由责任者、内容（问题）和名称三部分组成，要求简明扼要，能确切反映卷内文件材料的主要内容，字数以不超过 50 字为宜。
　b. 卷号：位于封面左上角，一般采用六位或七位数编号法，即区号＋图幅编号＋产别代号＋单元、层次及户号。
　c. 原产权人和现产权人及原使用人和现使用人，据实填写。

⑥ 案卷装订注意事项

a. 物业文件材料分类、组卷、排列、糊裱、折叠、编号等进行完毕，并符合规定要求，即可进行案卷装订。

　　b. 卷内文件材料要排列得当、取齐，靠装订线一侧要留出2~5cm的空白，装订线内不得有文字或者图表。

　　c. 案卷薄厚要适宜，一般案卷厚度以1~1.5cm为宜。案卷太薄，应加垫条。垫条应放在最末一页文件的后面，垫条数量最多不应超过3个，不得用空白纸充当垫条。

　　d. 装订采用三孔一线的方法（袋装的案卷除外），使用黑卷线，卷绳结头打在案卷背面，结头不裸露在外。

　　e. 案卷装订，要做到整齐，牢固，美观，无脱页、倒页现象。

　　f. 对于特别珍贵的文件、图片，可使用合适的卷夹、档案袋、盒装封，有利于文件材料的保管，也便于利用。

　　另外，短期保存的案卷，一般可不装订。不装订的案卷，每件文件右上角要加盖件号章，每件文件应用细线装订，以防丢页。

　　(3) 卷案排列。各类案卷经组卷后，必须进行案卷排列，以确定案卷的前后次序和排放位置。案卷排列大致有以下几种方法：案卷所反映的问题、时间顺序、地区、地号等排列。同一类物业档案内，排列方法应统一，前后应保持一致，应便于管理和查找利用，不应任意改动案卷的排列。案卷排列顺序固定以后，应依次编制卷号。案卷排列既要考虑档案之间的有机联系，又要排列有序、整齐美观。

　　(4) 案卷目录编制。物业档案的各个类别，各为独立的案卷目录，有多少类就设多少个目录。根据一个全宗内案卷目录号不得重复的规定，物业档案各类目录的编制，应按各物业管理部门各门类档案的排列顺序编排案卷目录号。案卷目录应编制1~3份。案卷目录的一般结构如下。

　　① 封面和扉页。写明全宗号、案卷目录号、全宗名称、类别名称、目录中档案的起止日期。

　　② 说明。对目录结构、编制方法、档案完整程度等做必要的说明。

　　③ 案卷目录表。它是案卷目录的主体，主要项目有案卷号、案卷题名、年度、页数、保管期限等。

　　④ 备考表。说明案卷数量、目录页数、编制日期、案卷移出及销毁等情况。分类目录可直接列出该类案卷卷次，以便查阅。

　　5. 档案资料鉴定

　　档案资料的鉴定是指对保存的物业档案去粗存精、确定档案保存的价值和期限的工作。具体的工作如下。

　　(1) 制定档案价值的统一标准及各种档案的保存期限表：档案的保管期限可以参考国家档案行政管理部门会同有关主管部门制定的档案管理期限表，结合自身实际情况和管理要求综合确定。为便于把握，表2-7列出了某物业服务企业档案管理的保存期限的划分标准。

　　(2) 具体分析其档案的价值，确定其价值和保存期限：某个单份档案文件的价值是不能孤立鉴定的，应当从相互关联的一组档案文件来综合考虑档案的保存价值和保存期限。例如，某物业在施工过程中有一份混凝土试块检测报告，单个来看也许并不显得有多重要，但从施工过程中产生的一系列文件来考虑的话，这一组文件完整地反映了施工过程中的基本情况，即使是在该物业投入使用多年之后，仍然可以透过这一组文件获得该物业在施工过程中的完整信息。

　　(3) 把无价值和保存期限已满的档案按规定处理：根据文档的保存期限和性质，定期对过期和作废的文档进行剔除和销毁。对于已过存档期的档案，经主管领导批准后销毁，同时应建立已销毁文档清单备查。

表 2-7　某物业服务企业档案保存期限的划分标准

保存期限	时间	划分标准	备注
永久	无限期	凡是记载和反映物业大型或重要附属设施设备及物业管理服务活动的基本历史情况，对物业维护和使用以及科学研究有长远研究参考价值的文件	1. 有关所管物业及重要的附属设施设备的基础性文件资料，有关更新改造、大中小修会议决议的文件、记录、验收报告和技术参数等文件； 2. 有关物业管理工作中产生的重要决议、决定、合同协议、通知、记录、工作计划、统计报表及相关的请示、报告等； 3. 业主及业主大会的基础资料、会议决议、决定、请示报告记录等文件
长期	15～60 年	凡是在相当长的时间内对所管理的物业及物业管理工作需要进行查考、经验总结的文件与记录	1. 有关物业管理服务工作的年度季度计划、总结、报告； 2. 与物业相关的附属设施设备（工作寿命在 5 年以上 10 年以内）的基础及技术和商业资料，维修维护合同和记录，大中小修、更新改造记录和会议决议等文件； 3. 物业本体及大型或重要附属设施设备的维护记录
短期	15 年以内	其他只在较短时期内有查考意义的文件与记录	1. 小型设施设备的更新、维修记录； 2. 有关物业管理服务和运行的相关文件和记录

6. 档案资料的保管

档案资料的保管工作主要包括档案管理用房的建设与管理，档案保管的专门技术措施等内容，具体如下。

（1）设立专用的档案库房。物业档案保管的首要条件是设立具备相当容量和一定条件的库房。档案库房应以利于档案的安全保护为根本前提。

特别提醒　档案库房的条件

① 档案库房要坚固耐用，能满足抗震、保温、隔热、防潮、防虫、防霉、防尘、防光、防火、防盗、防鼠等要求；
② 库房窗户宜小不宜大，宜少不宜多，有条件实行空调控制的档案库房可不设窗户；
③ 库房的开间大小、层高，门窗的结构和形式，应考虑柜架排放方便管理、有利服务的原则；
④ 库房面积，应根据储存档案的类别、数量等不同情况确定，一般小库为 60～100m²，中库为 100～200m²，大库为 200～300m²。

（2）档案装具。档案装具是保管档案必需的基本设备，主要有档案柜、档案箱、档案架等。档案装具的选择应按库房特点、档案价值以及规格的不同，合理使用，灵活配置。目前普遍使用金属制品，因为其防火、耐久性较好，并有组合构件形式，便于组装、使用。如图样档案多的单位，最好选择专用图样柜，以利于图样档案的保管。

特别提醒　档案装具的排放

档案装具在库房内排放，应考虑便于提调运送档案、避免光线直射、利于空气流动、整齐、美观的要求。
① 一般库房门应对着库内的主通道，主通道的净宽不少于 1.5m；
② 固定式的装具，相邻两排之间的净宽应不少于 0.8m；
③ 为便于通风和防潮，装具不能紧贴墙壁，与墙壁的距离应不少于 8cm，装具与墙壁之间的通道不少于 0.6m；
④ 有窗户的库房，装具的行排应与窗户垂直，利于通风和避免室外光线直射档案；
⑤ 各排装具靠近主通道的一端，应有整齐统一的侧板，以便于贴插标签。

（3）档案的排列次序和方法。装具在库房内的编排次序一般是站在库内主通道上，面对柜架，左起第一排为首排，右起第一排为末排；档案的排放要保持相互之间的联系，按照分类方案逐类排放；每类档案排完后预留一定的空间；档案在柜架内的排放次序，应先左后右，先上后下；对于一个档案架来说，起始案卷号在架的左上角，终止案卷号在架的右下角。档案在装具内不应放得过紧过挤，以免提取和存放带来困难，造成卷皮和卷盒的损伤。

（4）档案存放位置索引。为了便于保管和借阅，物业档案分库分类排好后，应该编制《档案存放位置索引》。

特别提醒 **档案存放位置索引的编制**

索引一般分为两种，一种是指明档案存放的位置，以档案类项为单位，标明存放处所；另一种是指明各档案库房保存档案的情况，以档案库房和档案架（柜）为单位，标明所存放的档案种类，多采取图表形式，把每个库房（楼、层、房间）内档案的存放情况绘制成示意图，安置在入口处。

（5）档案安全检查。安全检查主要是检查不安全的因素，防止档案被盗、被损和泄密；查看档案有无发黄变脆、字迹褪色、虫蛀霉变、潮湿粘连等自然损毁现象，以便采取相应措施，积极防治；检查档案是否缺少、案卷是否错位；检查消防设备是否齐全、有无异常变化等情况，以防止意外事故的发生。

检查时，可先局部检查，发现问题再全面检查。检查时必须做检查记录，检查后要写出检查报告，内容包括检查工作的组织、人员、检查时间、进行情况、发现的问题以及妥善处理发现的问题和改进工作的意见等。

特别提醒

档案安全检查分为一年或两年一次的定期检查，或因人员调换工作、发生事故而进行的不定期检查两种。

7. 档案资料的统计

档案资料的统计工作主要包括档案资料的统计调查、档案资料的统计整理以及档案资料的统计分析等内容。其统计是以表册、指示数字等形式挖掘档案有关情况的一种档案资料管理的业务工作。如统计档案资料保管的用房面积、档案资料管理的人员总数及岗位分布、案卷数、利用档案人次增长率、档案利用率等。

8. 档案资料的利用

建立物业档案的目的就是要使档案更好地发挥作用，满足查询者的需要。为充分地利用物业档案，应做好以下工作。

（1）建立完善的检索体系。物业档案管理部门应重视编制物业档案案卷目录、分类目录、专题目录、底图目录、人名目录、人名索引、文号索引、物业卡片等各类检索，使档案查找迅速、准确。检索工作的编制要与物业管理工作保持一致。

（2）熟悉所藏档案的情况。物业档案管理人员应精通档案业务，熟悉各类档案的存放情况，以提高档案查准率和查完率，更好地为借阅者服务，满足物业管理服务的需要。

（3）利用方式多样化。利用各种方式提供全方位的服务，提高借阅率。

① 阅览服务。建立档案阅览室，为物业管理企业内部工作人员、业主和使用人查阅有关的档案原件、获取需要的信息提供服务。

② 外借服务。一般情况下档案不准外借，但遇到特殊需要，如制订大型的修缮计划需要用到

房产资料的图样，在阅览室中翻阅会不方便，应允许外借。但需要办理外借手续，确定借用的时间，用后即还。

③ 复制服务。档案复制服务是指对档案原件制成的各种复制本进行利用。根据利用档案的不同用途和范围，可分为原件副本和摘录副本两种。

④ 咨询服务。咨询服务是指档案工作人员以档案为根据，通过口头（或电话）的形式，向利用者提供档案信息，解答利用者各方面的问题。

⑤ 档案证明。制发档案证明是指根据使用者的询问和要求，为证实某种事实，根据档案记载摘抄并出具书面证明材料。

⑥ 资料编辑。物业档案管理部门应积极开发物业档案信息资源，做好物业档案文件汇编、专题编研等工作，以便管理业务人员能更好地利用档案资源。

（4）做好利用效果记录工作。物业档案利用效果要填写翔实、准确、及时。每年都要编写出档案利用年度分析报告，主要是分析、总结本年度档案利用的人次、卷次、内容，利用方式方法和效果以及存在的问题和拟采用的改进措施等，以充分发挥物业档案的作用。

第五节　业主投诉服务方案策划及其执行

知识目标

掌握业主投诉的内容及性质分析；理解正确处理投诉的意义；掌握投诉处理的程序。

技能目标

能够正确分析投诉的性质；能够将投诉服务技巧运用于日常生活中。

走进实训——"做"

项目一　设计投诉处理服务剧本

【实训目标】

1. 结合实际，加深对投诉服务的认识与理解。
2. 初步培养投诉处理技能。

【实训内容与要求】

由学生自愿组成小组，每组4~7人，一个班若干组。利用业余时间，根据自己在校园所经历的物业管理服务和在家所经历的物业管理服务中的投诉经历，包括耳闻目睹的，构建一个投诉案例及对应的投诉服务剧本。具体要满足如下要求：

1. 案例及投诉服务剧本涵盖物业服务投诉服务全过程的各个环节。
2. 投诉服务剧本中的各个环节要有情节背景。

【成果与检测】

1. 每组写出一份投诉服务剧本。
2. 服务剧本写好后，组织一次课堂交流，讨论其合理性及问题或者不足。
3. 以小组为单位，分别由组长和每个成员根据各成员在整个过程中的表现进行评估打分。
4. 由教师根据各成员的服务剧本及其在讨论中的表现分别评估打分。
5. 将上述诸项评估得分综合为本次实训成绩。

走进理论与方法——"学与导"

特别提醒　　**重视投诉处理服务**

在中国,平均一个消费者会有同事、同学、同乡、亲朋等不下50个人的消费群,也就是说一个不满意的客户可能会将他(她)对产品、服务的不满意告诉周边的50个人,而一个满意的客户可能只会将他的满意告诉周边的3个人。同样,一位物业小区的业主也可能会将他的不满意或是抱怨、投诉影响周边的很多人。这就形成"口碑效应"。

一、业主投诉的内容及途径

在物业管理服务运行的过程中,引起物业管理服务投诉的原因很多,但综合而言,导致业主投诉的原因如表2-8所示。

表2-8　业主投诉范围

序号	范围	具 体 内 容
1	房屋质量	房屋渗水、内外墙体开裂、管道裂缝、下水道不畅通等
2	配套服务	垃圾房布置不合理; 水电、煤气或有线电视、防盗系统等没有配备或配备不全; 没有足够的车辆停放场所,没有休闲与娱乐场所和活动室
3	设备设施	电梯经常出故障,防盗门禁的电子系统无法正常使用等
4	管理服务	服务态度,包括物业服务人员礼仪礼节欠佳、态度生硬、冷言冷语等; 服务时效,包括工作效率低、处理问题速度慢、维修不及时、办事拖拉等; 服务质量,包括业主人身、财产安全得不到保障,环境卫生脏、乱、差,绿化区域杂草丛生,物业服务设施维修返修率高等; 服务项目,包括服务项目单一、不能满足各类不同层次业主住户的需求等
5	管理费用	主要是对物业管理服务费、各种分摊费用的额度等感到不满,如认为物业管理费太高,各类公共能耗等费用的分摊不均和不合理等
6	突发事件	突然停电、被困电梯、室内被盗、房屋渗水、意外火灾、车辆丢失、私人物件被损被盗等事故的发生
7	邻里关系	业主住户之间因房屋漏水、装修噪声等矛盾而导致的对物业服务公司的投诉

消费了劣质服务的失望业主可能会有如下几种决策:
① 不采取任何行动,但不再购买该项服务;
② 向亲友诉说自己的经历;
③ 向服务企业投诉;
④ 向外部机构(新闻媒体、消费者协会等)投诉;
⑤ 向法院起诉。

通常,业主通过电话、个人亲临、委托他人、信函邮寄、投送意见信箱以及其他方式,如通过保安、清洁等物业服务人员传言、传真和网上等,进行投诉。

二、正确处理投诉的意义

不少物业服务企业的管理人员害怕业主投诉,他们既不愿意提供业主投诉的渠道,也不愿意安排训练有素的服务人员处理投诉,这只会使不满的业主更加不满,对物业服务企业失去信心,引起双方的关系彻底破裂。因此,物业服务企业必须要充分认识业主投诉处理的意义。

(1) 物业管理服务投诉的接待与处理是物业管理服务中重要的组成部分,也是提高物业管理服务水平的重要途径。通过物业管理投诉服务不仅可以纠正在物业管理与服务运行中所出现的失误与不足,而且能够维护和提高物业服务企业的信誉和形象。

（2）要正确看待物业管理服务投诉，并把它转化为一种消除失误、改善管理与服务、加深与业主沟通联系的机遇。

（3）一般情况下，业主的投诉可以反映出在物业管理与服务中存在的缺陷（不合理投诉或无效投诉除外），也可以折射出业主对物业管理与服务的需求和期望，将各类投诉项目归类存档，同时运用科学的数量统计方法进行业主满意度的测评，可使管理与服务更上一层楼。

（4）如果对待业主的各类投诉置之不理、敷衍了事，非但不能解决问题，还有可能将问题扩大化。如业主反复地电话投诉、书信投诉、拒交物业管理服务费等，将影响物业管理服务企业的正常工作，甚至会影响企业的品牌声誉。

特别提醒　实际情况

任何一家企业在顾客服务的过程当中，总是无法避免地要遇到一些顾客抱怨和投诉的事件，即使是最优秀的企业也不可能保证永远不发生失误或不引起顾客投诉。但往往现实中很多企业的员工在遇到投诉时，第一反应是"又有了麻烦"，视投诉为"烫手山芋"，甚至希望最好不要发生，如果发生了最好不是要我接待，如果我接待最好不是我的责任。正应了那句西方谚语："No news is a good news"（没有消息就是好消息）。

三、物业管理服务投诉服务的程序

物业管理服务投诉服务要坚持耐心细致、公平正义、实事求是、依法合理的原则，依据国家法律、地方法规、行业规定、管理规约和用户手册进行，且要符合如下要求：

① 对投诉要"谁受理、谁跟进、谁回复"；
② 尽快处理，暂时无法解决的，除必须向业主说明外，要约时间处理，时时跟进；
③ 接受和处理业主投诉要做详细记录，并及时总结经验；
④ 接受与处理业主的投诉，要尽可能满足业主（或物业使用他人）的合理要求。

同时，物业管理服务投诉服务还要遵循服务规范。具体而言，按照如下程序进行服务。

（1）客户服务部接待业主书面、当面及电话投诉，首要的是要记录清晰投诉内容，尽可能地详细，其中包括时间、地点、投诉人姓名、联系电话、所居住地、被投诉人及部门、投诉内容、业主要求和接待人或处理人等。

特别提醒　察言观色

了解业主性情，针对不同性情的业主运用相应的技巧，具体如表2-9所示。

表2-9　投诉者分类及相应技巧

项目	激进型	惯性型	静悄型
信念及行为	1. 嘈吵及大声喝骂 2. 急进 3. 无耐性	1. 经常不满意 2. 经常引人注目 3. 投诉时不会太大声 4. 对于自己的投诉感到自豪	1. 静 2. 很少投诉 3. 不会明显地表现他们的不满
技巧	1. 细心聆听 2. 全神贯注 3. 直接、迅速的语气 4. 用行动语句	1. 特别有耐心 2. 多给他们一些时间和空间去诉说 3. 有诚意地道歉 4. 感激他们所提的意见 5. 避免催促	1. 留意他们的身体语言 2. 慢慢去引导他们说出不满意的地方

(2)客户服务部判断投诉性质。先应确定投诉的类别，然后判定投诉是否合理。如投诉属于不合理的情况，应该迅速答复业主，婉转说明理由或情况，真诚求得业主谅解。

特别提醒　　投诉性质分类

① 按投诉性质可将投诉分为有效投诉和沟通性投诉。有效投诉包括业主对物业服务企业在管理服务、收费、经费管理、维修养护等方面的失职、违法违纪等行为经过有关行业主管部门查实登记的投诉和业主提出的物业服务企业或管理人员故意、非故意或失误造成业主或公众利益受到损害的投诉。沟通性投诉包括求助型投诉（业主有困难或问题须给予帮助解决的）、咨询型投诉（业主有问题或建议向管理部门联络的）和发泄型投诉（客户因受委屈或误会等，内心带有某种不满，要求把问题得到解决的）。沟通性的投诉若处理不当，会变成有效投诉。

② 接待人员在听完业主要投诉的事件的具体内容后，即使是不合理的无效投诉，也不要立即回应，最好做短暂的停顿，这样可使投诉人感觉到接待人员对问题的重视及审慎，感觉受重视。

(3)调查分析投诉原因。通过各种渠道与方法调查该项投诉的具体原因，并及时进行现场分析，弄清楚投诉问题的症结所在。

(4)确定投诉处理责任人或单位部门。依据调查与分析后所获得的信息，确定该项投诉由谁（责任人或责任单位或部门）负责专项落实与处理。

(5)提出解决投诉的方案。由处理投诉事件的专项负责人或部门单位根据业主投诉的要求，提出解决投诉的具体方案。

(6)答复业主。运用信息载体如信函、电话、传真、电子邮件以及走访等方式和业主取得联系，将投诉处理情况告诉业主，经业主认可后立即按照方案付诸实施。

(7)回复。在投诉事件全部处理完毕后，一般要进行回访，向业主征询投诉事件处理的效果，如存在的不足或遗漏、对投诉处理的满意程度等。

(8)总结评价。物业服务人员按照每月或每季度将各类投诉记录的文件进行归类存档，同时进行总结、检讨和评价。

四、处理业主投诉的方法与技巧

1. 耐心倾听

不与业主在细枝末节上纠缠。要以真诚的态度、平和的心态认真耐心地听取业主的投诉，先让业主讲完，不到万不得已不要打断业主的讲话。同时，可以通过委婉的方式进行提问，及时弄清楚投诉的原因和要求。对那些失实、偏激或误解的投诉，在不违反原则的情况下适度地表示歉意及理解并谦虚地接受批评，让投诉人心情变得舒畅、心态逐渐平和下来，委婉地做些恰当的解释，但千万不要做任何敌对性、辩解性的反驳，以免发生冲突。

特别提醒

(1)只有真诚的态度，极高的热情，接待人员才能换位思考耐心认真地倾听。

(2)在聆听投诉人讲述事件时，接待人员不可目光游移，做出打哈欠、看手表（钟）等表现出不专注的肢体语言，应与投诉人保持眼神交流，并适时地用信号（如点头）表明你在聆听。这样，任何一位再恼怒的投诉人也多少都会被这种尊重的态度所感染，情绪也能得到一定的缓和。

(3)在与投诉人沟通时，接待人员应始终保持平和的心态，不能被对方的情绪所影响，尤其说话的语音语调应尽量保持平缓，不能表现出不耐烦或恼怒来。

2. 详细记录，确认投诉

在倾听业主投诉的同时,应当面认真做好尽可能详细具体的投诉记录,并对业主所投诉的内容以及所要求解决的事项进行复述并加以确认。实地视察投诉内容情况,注意做好记录。

3. 真诚对待,冷静处理

对各种遭遇或不幸的投诉,首先要设身处地从业主的角度考虑,适当表示理解和同情。如果业主投诉时情绪激动、态度粗暴,物业服务人员应冷静处理,必要时暂时离开,避免冲突。

> **特别提醒**
>
> 有些问题是接待人员无法解决的,在与投诉人交谈时需要循序渐进,采用迂回战术,如投其所好,与业主谈一些业主比较喜欢的话题,和业主拉近距离,建立自己的亲和力。或者,通过改变交流场所、时间或人,如更换投诉受理人员,让非常有经验的接待人员或者让客服部主任受理,让其感觉受重视,以缓和气氛。

4. 及时处理,注重质量

对投诉要求要尽快提出意见和解决问题的方案,立即行动,采取措施处理。拖延处理也是导致业主产生新的投诉的一个重要原因,同时还要特别注重投诉处理的质量。

> **特别提醒**
>
> 不要随意做出承诺,承诺一旦做出就必须落实,否则会让客户觉得受到欺骗。

5. 总结经验,改善服务

在投诉处理的回访中,对业主提出的意见和建议要表示感谢。同时,将业主的投诉加以整理和分类,进行分析,总结教训和经验,完善和改进管理服务工作。

五、案例评析——业主的愤怒

早上8点钟,小陈准时坐在了物业服务中心前台接待的位置上,开始迎接新的一天的工作。正在小陈认真查看前一天的接待记录以便解决未完成项时,海天阁15C的业主刘小姐突然"闯"了进来,面部泛青,看似"气势汹汹",后面还跟着一位陌生的女士。小陈放下手中的资料,按照礼仪规范,微笑着站起身向来者点头示意:"你们好!请问有什么可以帮助你们的吗?"刘小姐表情有些气急,大声问道:"你们领导在哪里,我有事找他!"小陈依旧平静地面带微笑说:"实在对不起,我们主管和经理现在都有事要处理,暂时没空。你们先请坐吧,我给你们倒杯水,有什么事可以先和我说,我会尽力帮助你们的。"

【评析】在业主走进物业服务中心时,接待人员对来访者首先要察言观色,注意来访客户的表情。此案例中,小陈从刘小姐的面部表情快速判断出了"来者不善",但无论来访者是何表情,甚至可以看出是前来投诉的,接待人员也要保持心情平静,不能受对方的影响而心神慌乱。其次,在没弄清楚事情缘由状况之前,即使业主要求见物业服务中心领导,也先要了解完情况再请主管领导出面解决不迟。最后,小陈为来客让座及倒水,既符合礼仪性规范,又可缓解来客的情绪。

刘小姐坐下后,语气有些缓和,向小陈道出原委。原来,坐在旁边的这位女士是刘小姐的朋友,今天一早到刘小姐家做客,小区入口处的保安让她等候一下,说需通报业主并登记。刘小姐向保安确认来人是她家的客人并可以进来后,等了好久却不见人上来。过了一阵,保安又通知刘小姐说客人没有有效证件,无法登记,请刘小姐到小区入口处在登记表上确认才能放行,可刘小姐当时在家有事抽不开身,根本无法离开,而保安坚决不肯放行,致使来访客人在大门口等了差不多40分钟才得以进来。刘小姐气不过,就径直和朋友一起来到物业服务中心投诉。刘小姐最后又说:

"陈小姐，你说你们这是为我们业主服务呢，还是给我们制造麻烦啊？"

在刘小姐讲述事情经过的过程中，小陈自始至终没有插过一句话，而是非常认真地倾听，并且不时地向刘小姐点头示意表示她已明白刘小姐所要表述的意思。

【评析】此环节中接待人员的表现非常重要，尤其在客户投诉不满时，心情是比较急切和恼火的，这时接待人员一定切记不要打断客人，不可有不专注的表现，而应该与客户保持随时的交流。

刘小姐讲述完毕后，小陈并没有立刻回复，而是做了几秒钟的停顿，然后小陈语气平和地向刘小姐解释说，保安之所以这样做，确实是依照物业服务中心的有关规定：为了保证社区内业主和住户的人身及财产安全，物业服务中心制定了有关控制外来闲杂人员的出入的规定，对外来人员严格执行检查有效证件及登记。刘小姐打断了小陈，语气平缓而有些气恼地说，即使有规定，也可以根据实际情况变通，她当时有事无法离开，又已经确认来客是她的朋友，保安本应该放行了，却还是让她朋友等了那么久。刘小姐又说，如果保安不放心，完全可以陪同客人一起到她家签字确认，保安工作的灵活性太差，太死板了。

听了刘小姐的批评和建议，小陈没有再争论下去。她在以往同刘小姐的接触中了解到，刘小姐是北方人，性子比较急，又从刚刚的对话过程中发现，刘小姐如果认准了一个"道理"就不太容易改变，而且会有一点点的偏激，同时还有一点吃软不吃硬的性格。小陈知道再争论下去是没有用的，只能导致比较糟糕的结果，便决定顺着刘小姐的性子，以退为进。

小陈随即接受了刘小姐的批评，并向她及她的朋友表示了歉意，承认物业服务中心的工作没有做到位，缺乏灵活性，给业主的生活带来了不便，并表示会向主管领导反映刘小姐的建议，在以后的工作中加以修正和改进。

【评析】首先，接待人员在听完业主投诉事件的具体内容后没有立即回应，而是做了短暂的停顿，这样可使客户感觉到接待人员对问题的重视及审慎度较高。其次，在陈述相关文件规定时，接待人员必须熟悉掌握相关的专业知识，并能准确应用；再次，接待人员凭借对来访者的熟悉而判断其性格的特征，对沟通非常有帮助；人的性格都是不尽相同的，每个人因为生长的地域不同，以及家庭背景、学习工作经历等因素的不同形成了差异较大的性格，而在与他人相处尤其是面临矛盾、冲突时的外在表现更是各不相同，因此，对方的性格特征是沟通时要注意的一个重要环节。物业管理工作人员在平时的工作当中应注意分析所接触过的业主的性格，并形成印象，以便在发生此类事件时能得以恰当处理。而在处理问题的过程中，也应时刻注意和观察客户当时的情绪特点并做相应的对策准备。案例中的小陈即根据对刘小姐的性格的观察和分析做了比较恰当的处理。在业主已经提出物业服务中心工作不足之处并坚持己见的情况下，如不违反原则，接待人员应适时谦虚地接受对方的批评意见，这样在后面的沟通中可以让客户心情变得舒畅些，心态逐渐平和下来，以便更进一步地深入话题而不会招致客户的反感。

听了小陈的一番话，刘小姐的心情开始趋于平静，表示接受小陈的道歉，并希望以后尽量不要再发生此类事件。她说："你们物业服务中心是为业主服务的，就应该处处为业主着想，不能总是给业主制造麻烦啊！"。小陈也感谢刘小姐能为物业服务中心的工作提出建议和意见，随后又话锋一转说道："我们工作的主要目的就是为了大家服务，为广大业主和住户创造一个安全、舒适的居住环境。有时可能为了大部分的住户安全利益，会给小部分住户带来一点不便和麻烦，这就希望小部分的住户能理解我们的工作，为大局着想；当然，我们工作人员也会适时掌握，尽量不给住户造成不必要的麻烦。同时，为了保证大家的人身和财产安全，还需要我们各方密切配合，有了你们的支持和协助，我们的工作才会越来越完善，我们的社区才会越来越美好。"刘小姐面对小陈的诚恳，欣然接受她的建议，并表示一定会尽力支持与配合的。

【评析】在处理业主投诉事件中，抚平业主急怒的情绪使其心情平静并不是接待人员的最终目的，能圆满地解决问题才是真正的目的所在。在气氛缓和之后，小陈适时地表明物业服务中心这方面的工作立场，并请刘小姐支持与配合，其实是在不经意间提醒刘小姐，物业服务中心的工作人员还是会按照有关的规章制度来操作，不会因随意的违规而损害大部分住户的利益。

刘小姐和朋友起身欲离开，小陈站起身向刘小姐道别说："以后有什么事情可随时来找我"。

这时，刘小姐好像突然想起了什么，重新坐了下来，情绪又渐渐有些激动地说："噢，对了，我上星期到你们物业服务中心报修水表，你们至今还没解决呢，这都一个星期了，你们办事的效率也太低了！我月月交纳服务费，你们却连一个水表都修不好，服务太差了！"小陈一听，一个星期还没修好水表可能不是一件小事，有可能是维修师傅出现了工作失误，或者还有其他原因，要先查清楚再说。小陈没有和刘小姐争辩，而是请刘小姐稍等，随即查阅了一下维修登记表，发现一个星期前刘小姐确实来报修家中的水管，但维修结果一栏还是空白的，说明没有维修完毕，随即请刘小姐详细介绍一下报修的时间、原委及期间同物业服务中心联系的情况。

【评析】业主投诉时很容易由一件事情或一点不满带出更多负面的联想，有时甚至殃及物业服务中心的整体工作。当业主心情比较激动或非常气恼时，经常会将事情夸大，甚至说出一些比较极端的话语，这时工作人员不要过分挑剔，如果在这方面争辩对错、高低，只能让矛盾更加激化，引起业主更多的不满。工作人员只能努力解决具体投诉事件给业主满意的结果，待业主心情平静后再谈论整体工作问题，才会更加容易化解业主的不满情绪。另外，当业主有多项投诉事宜时，工作人员应始终保持良好的耐性，对每件事都能做出妥善的处理，向业主展现出诚意的一面。

刘小姐解释说，上星期收到水费单后发现当月的水费比前几个月多出了很多，而使用的情况却没有太大差别，想到是不是水管或水龙头哪里漏水了，于是打了电话到物业服务中心请求维修。维修班的师傅当天上门查看了刘小姐家所有的用水器具，最后发现原来是水表本身的转速超出了正常值而导致了用水计数远远大于实际用水量。原因找到后，维修师傅向刘小姐说明在这种情况下只有换新的水表了，而由于自入户水阀开始到住户家中用水器具属于业主私人拥有，如果需要维修或更换，费用需由业主支付，刘小姐当即表示不能接受，认为明明水表是安装在家门外的，怎么能由自己出钱更换呢，没有同意维修师的建议。维修师傅回去后向维修主管汇报了这一情况，维修主管又主动联系了刘小姐，却始终没能达成共识，结果就拖到今天还没修好。

听了刘小姐的说明后，小陈请刘小姐稍等，又打电话到维修班了解了一下情况，结果同刘小姐所讲的完全符合。小陈了解了事情的经过，并判断出在此事件中，责任不在物业服务中心而在刘小姐一方，下面的工作就是要想办法说服刘小姐同意物业服务中心的建议，尽快更换新水表。

【评析】对业主的任何一项投诉，工作人员都应从多方面查清前因后果，而不能只听当事者其中一方的一面之词，然后通过所了解的情况，正确判断出各方的是非对错，再找出较稳妥的处理方案，尽量使问题得到圆满的解决。

小陈在资料柜中找出了《××市住宅区物业管理条例实施细则》，翻到"住宅房屋及设施的使用与管理"一章。向刘小姐展示其中的相关规定，具体内容是：住宅区供水、供电、供气（含通信、有线电视）等居民生活供应部门应对居民实行抄表到户。这些设施的维修责任人为有关供应部门，但分户表内管线设施（含表外第一个阀门）的维修费用由居民承担；分户表外管线设施设备的维修费用由有关供应部门承担。由此规定可判断，刘小姐家的水表更换费用确实应由刘小姐自行承担。

刘小姐看后有些犹豫，还是不能完全认可。她说："我们每个月都交物业服务费，收了这笔费用，物业服务中心就应该为我们免费维修这些设施。"小陈知道如果不给出充分的理由，刘小姐是不肯罢休的，于是仍然面带微笑，耐心地准备继续与刘小姐沟通。

【评析】工作人员在处理业主投诉问题期间，如需向业主解释说明相关规定，则更应该注意语言及应用的准确性，避免因自身的失误而引起业主更多的不满。另外，业主对投诉问题的态度一般不会因为工作人员一番简短的解释而轻易改变，尤其在情绪比较激动的情况下，总会为自己认为正确的观点争辩一番；这时，即便业主有无礼争辩的心理，工作人员也不要在言语中表现出对业主的不满，甚至说出一些过激的言语，这样的结果只能是将矛盾进一步激化，而无法解决实质性问题。工作人员应像小陈那样，始终面带微笑与业主沟通，让业主时刻感受到工作人员的真诚。

这时服务中心客户服务主管吴主管刚刚处理完手上的事务，她发觉刘小姐与小陈已沟通了较长一段时间了,而且刘小姐情绪一直比较激动,担心会影响接待人员处理其他事务,决定给予小陈一定的协助。

吴主管走到小陈身边,向刘小姐问了声"刘小姐您好!"然后转头朝向小陈:"有什么问题吗?"小陈明白吴主管是来支援工作的,就将更换水表的事件向吴主管简要介绍了一下,并表示已将相关规定出示给了刘小姐,刘小姐对交纳物业管理服务费却不能享受免费更换水表还有些质疑。吴主管对小陈说:"这件事交给我处理吧。"说完便引导刘小姐坐到自己的座位对面,继续与刘小姐沟通。

【评析】物业管理公司一般都会设专门的接待人员负责接待业主及客人的来访工作,因此,有业主或客人来访时,首先由接待人员负责接待。如果接待人员可以处理整个事务,则无需其他工作人员出面;而当事件较难解决或接待人员无法独自处理时,上一级的主管人员应该及时出面协助处理,一方面可借助主管人员丰富的工作经验更快更妥善地解决问题,另一方面由于主管人员的职位较接待人员高,其观点及言语在业主心中更具有权威性,更能得到业主的认可,沟通也会进行得更顺利一些。

吴主管首先向刘小姐说明了物业服务中心向业主所收取的服务费的构成情况,其中包括公共设施维修、养护的费用,而并不含有业主家中物品设施的维修费用,前面小陈向刘小姐出示的相关规定中已表明入户水表的维修费用由居民承担,因此刘小姐如果想更换新的水表,则费用应由刘小姐自己承担。

刘小姐听了吴主管的说明后,没有很快的做出回应,而是思索了片刻。吴主管感觉刘小姐应该是大致认可了自己的观点,已没有太大异议,于是又不失时机诚恳地向刘小姐说明:物业服务中心可代刘小姐购买及更换新水表,刘小姐可省去麻烦,并且请刘小姐考虑尽快更换,否则下个月仍然要交纳本来无须承担的部分用水费用。说到这里,刘小姐表示接受吴主管的建议,并请吴主管帮助督促维修班的师傅尽快更换好水表。吴主管微笑着说:"没问题,我们会在最短的时间内为您处理好的。"刘小姐表示了谢意,并在吴主管的礼貌送别中离开了服务中心。

【评析】在工作人员试图说服业主接受正确观点的过程中,要时刻注意业主的反映,如果发现业主已有态度缓和及认可正确观点的倾向,则应适时地为业主找一个"台阶",使其不会太过尴尬,并且要"乘胜追击",提出可行性建议,表现出为业主服务的立场,通过看似对物业服务中心不利的投诉,最后达到让业主从本质上认可物业管理公司的工作目的,为日后工作顺利开展奠定更加良好的基础。

 走进角色模拟——"练"

项目二 投诉服务现场模拟演练
【实训目标】
1. 结合实际,提升投诉服务综合素质。
2. 结合实际,培养团队素质。

【实训内容与要求】
按照本节项目一的分组,要求各组利用课余时间根据本节项目一的剧本,分配好角色,设计好真实的场景,进行演练。

【成果与检测】
1. 演练成熟后,组织一次课堂角色扮演汇报。
2. 全班同学组成评委,对每一组的角色扮演进行点评和讨论。
3. 汇报结束后,分别由组长和每个成员根据各成员在角色扮演中及点评讨论中的表现进行评估打分。
4. 由教师根据各成员的表现分别评估打分。
5. 将上述诸项评估得分综合为本次实训成绩。

知识目标
掌握投诉服务方案策划原理；掌握投诉服务方案策划流程及其规范；理解制定投诉服务相关制度的原理。

技能目标
能够根据实际情况策划相应的投诉方案；能够根据相应的投诉方案制定相关的执行制度。

 走进实习——"顶岗"

项目三　为校园物业管理服务或你所在的物业管理服务制定投诉服务方案

【实训目标】
1. 结合实际，提升方案策划能力。
2. 结合实际，提升投诉服务的宏观把握能力。

【实训内容与要求】
由学生自愿组成小组，每组4~6人，一个班若干组。利用业余时间，根据校园物业管理服务情况制定投诉服务方案，要求方案至少要包括如下内容：
1. 投诉服务目标。
2. 投诉服务组织。
3. 投诉服务流程。
4. 投诉服务管理制度。

或者学生根据所在合作企业的实习点的情况，为该实习点制定投诉服务方案，方案具体内容要求同上。

【成果与检测】
1. 每组写一份方案。
2. 方案完成后，组织一次课堂交流与讨论，并邀请校园物业管理服务处的领导和相关主要负责人参与点评并与学生进行互动。
3. 以小组为单位，分别由组长和每个成员根据各成员在整个过程中的表现进行评估打分。
4. 由教师和校园物业管理服务处的领导和员工根据各成员的方案及其在课堂讨论中的表现分别评估打分。
5. 将上述诸项评估得分综合为本次实习成绩。

或者：
1. 在合作企业实习的学生完成方案后，由所在的物业管理服务处的领导和相关员工进行评估打分，回校后，组织全班同学进行交流讨论。
2. 以小组为单位，分别由组长和每个成员根据各成员在整个过程中的表现进行评估打分。
3. 由教师根据各成员的方案及其在课堂讨论中的表现分别评估打分。
4. 将上述诸项评估得分综合为本次实习成绩。

 走进理论与方法——"学与导"

一、投诉服务方案内容
不同类型的物业项目，其投诉服务方案的侧重点有所不同，即使是同类型的物业项目，其投诉服务方案也会有差异。因此，方案没有统一的规定。总体来说，投诉服务方案主要包含以下内容。

(1) 投诉服务项目的整体设想与策划。包括物业项目的概况和特点，如物业项目的名称、房屋建筑状况、设备设施状况、社区配套情况等；物业服务项目概况和特点，如公共服务、特约服务、代办服务等；业主状况，如激进型业主、惯性型业主、静悄型业主等；业主历史投诉服务分析、投诉服务指导思想、投诉服务质量标准、投诉服务管理制度等内容。

(2) 投诉服务模式。主要包括投诉服务运作模式、工作流程、组织机构架构、信息反馈处理机制等。

(3) 投诉服务人力资源管理。包括投诉服务人员配备、培训和管理计划与措施。

(4) 投诉服务管理制度建设。主要包括投诉服务程序及其规范制度、投诉恢复程序及其规范制度、投诉立项和撤项制度等。

(5) 投诉服务的具体内容和质量标准。主要包括业主投诉接待、受理、跟踪、处理、反馈、回访、统计分析、总结等方面的具体服务内容、服务方式、服务方法、服务承诺和质量标准等。

二、投诉服务方案策划程序

(1) 对物业项目和业主情况进行调研，主要是分析物业服务的需求大小。物业服务需求的大小蕴藏投诉可能性的大小。

(2) 对物业服务企业的服务产品及其服务质量情况进行资料收集与分析，主要分析投诉可能性的大小。

(3) 对物业服务企业的同类物业项目的投诉服务历史资料或该物业项目的投诉服务历史资料进行分析，主要是找出问题及相关处理方法。

(4) 根据上述调研分析的情况及服务企业的整体定位，确定投诉服务思想、目标。

(5) 根据投诉服务思想和目标设计投诉服务模式，如"一站式"服务，或受理回访和处理"双循环"服务等。

(6) 根据投诉服务模式和业主投诉消费过程设计投诉服务流程、组织架构、信息反馈、运作模式。

(7) 根据投诉服务模式设计投诉服务具体内容、投诉服务管理制度及投诉服务质量标准。

三、相关的投诉服务管理模板

1. 业主投诉处理工作流程模板（见表2-10）

表 2-10　业主投诉处理流程

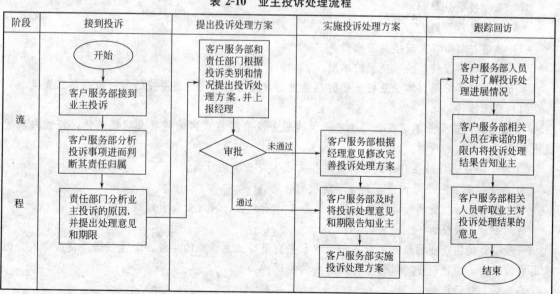

2. 业主回访工作流程模板（见表2-11）

表 2-11　业主回访流程

阶段	制订回访计划	实施回访	记录回访内容
流程	开始 → 客户服务部回访人员分析投诉案件，制订回访计划 → 客户服务部主管对回访计划进行审核	客户服务部回访人员根据回访计划开展业主回访 → 客户服务部与业主电话预约，确定回访时间 → 客户服务部回访人员访问业主并了解业主对于投诉解决的态度和意见	客户服务部回访人员将回访内容记录在《客户回访记录表》中 → 客户服务部对业主回访记录进行整理汇总 → 结束

3. 业主投诉管理制度模板

业主投诉管理制度

第一章　总则

第一条　目的。为了及时、有效地受理业主投诉，维护业主的切身利益，特制定本制度。

第二条　适用范围。本制度适用于业主对企业服务工作的投诉处理。

第三条　职责划分

(1) 客户服务中心接待员负责投诉接待工作。

(2) 客户服务中心主管负责业主投诉的统计、分析工作。

(3) 客户服务中心经理负责业主投诉的检查、监督工作。

(4) 其他各部门协同客户服务中心及时处理业主投诉问题。

第二章　投诉分类

第四条　受理原则

(1) 热情、耐心、礼貌接待的原则。

(2) 坚持及时接待、及时处理的原则。

第五条　投诉分类。本企业将受理的各类投诉分为重大投诉、重要投诉和一般投诉三大类。

(1) 重大投诉

① 重大投诉是企业承诺或合同规定提供的服务没有实施或实施效果有明显差错，经住户多次提出而得不到解决的投诉。

② 由于企业责任给住户造成重大经济损失或人身伤害的投诉。

③ 有效投诉在一个月内得不到合理解决的投诉。

(2) 重要投诉。重要投诉是企业管理服务工作不到位、有过失而引起的投诉。

第六条　一般投诉

一般投诉是因企业的设施、设备和管理水平有限给业主造成的生活、工作轻微不便而非人为因素造成的影响，通过改进可以轻易得到解决的投诉。

第三章　投诉接待

第七条　凡业主的投诉，不论采取何种形式，如信函、电话、传真或来访，均统一由企业客户服务中心集中登记、组织处理并向业主反馈处理结果。

第八条　当接到业主投诉时，接待人员首先代表被投诉部门向业主表示歉意，并立即在《业主投诉意见表》中做好详细记录。

第九条　投诉记录的内容

（1）投诉事件的时间、地点。

（2）被投诉人或被投诉部门。

（3）业主的投诉要求。

（4）业主的联系方式、方法。

第十条　客户接待的注意事项

（1）请业主到沙发入座，耐心倾听业主投诉，并如实记录。

（2）必要时，通知客户服务中心主管或经理出面解释。

（3）注意适时地与业主进行交谈，不应只埋头记录。

第十一条　投诉处理期限

（1）重大投诉当天呈送经理进入处理程序。

（2）重要投诉接待后×小时内转呈经理进入处理程序。

（3）一般投诉不超过×天或在业主要求的期限内解决。

第四章　投诉处理

第十二条　客户服务中心接待员根据投诉内容在10分钟内将《业主投诉处理意见表》发送到被投诉部门，领表人在《投诉处理记录表》上做好签收记录。客户服务中心接待员将重大投诉及重要投诉经客户服务中心主管在当天转呈经理。

第十三条　被投诉部门负责人在时效要求内将投诉内容处理完毕，并按《业主投诉意见表》对投诉处理过程做好记录。在投诉处理完毕的当天将《业主投诉意见表》交到客服中心。接待员收到处理完毕《业主投诉处理意见表》后应在《投诉处理记录表》中做记录。

第十四条　经理在接到重大投诉和重要投诉后应按企业《不合格纠正与预防标准作业规程》文件的规定处理。

第十五条　客户服务中心接待员收到被投诉部门投诉处理的反馈信息后，将情况上报客户服务中心主管，并在当天将处理结果通报给投诉的业主。通报方式可采用电话通知或由寻楼组管理员上门告之。

第十六条　客户服务中心主管在投诉处理完毕后通知客户服务中心安排回访。在每月25日前对投诉事件进行统计、分析，将统计、分析结果汇总上交经理助理审核后（部分可作为员工绩效考评的依据）交到行政部进行保存。

第十七条　其他形式的投诉（如信函），客户服务中心参照本程序办理。

第十八条　投诉的处理时效

（1）一般投诉在×日内处理完毕，超时需经理批准。

（2）重要投诉在×日内处理完毕，超时需经理批准。

（3）重大投诉应在×日内给投诉的业主明确答复，解决时间不得超过×个工作日，遇特殊情况，需经总经理批准并说明超时原因。

第十九条　对业主的投诉定期进行分析总结，针对反复出现的问题及时组织有关部门探讨并找出解决问题的办法和预防措施，防止问题重复发生。

4. 业主回访管理制度模板

业主回访管理制度

第一章　总则

第一条　目的。为了建立并保持与业主间的良好关系，定期收集业主对物业服务的反馈意见，以改进服务工作,提高业主满意度,特制定本制度。

  第二条 适用范围。客户服务中心一切形式的业主回访工作。

  第三条 回访形式。上门回访、电话回访、信函回访(公开信)。

  第四条 责任人。客户服务中心经理及工作人员、维修主管等。

  第二章 回访内容

  第五条 业主意见征询的回访。按照客户服务中心统一的规定进行意见征询回访。

  第六条 对投诉的回访。指日常工作中接待的投诉、上级单位转呈的投诉等。

  第七条 对意见、建议的回访。指客户服务中心工作人员在日常巡视中所收集的业主意见、建议。

  第八条 向业主提供维修服务的回访。维修质量的回访执行《维修工作手册》中的规定,每月抽查派工单的5%(当月抽查总量≤总户数的5%),由维修主管和客户服务中心主管进行电话回访,将回访情况录入《业主回访记录表》中。

  第三章 回访流程

  第九条 客户服务中心的上门回访工作流程如下表所示。

步骤	事项	内容
1	回访预约	按工作计划与业主预约回访时间,临时发生的事项随时与业主预约请求回访
2	会见业主	按预约时间前往约定地点对业主的意见、想法、建议进行记录,如有必要,现场做出合理的解释。如不能当时解答的疑问或不能自行决定是否可以满足业主的要求时,应把业主的要求与想法记录在案并向公司管理层反映,寻求解决方案
3	填写记录	完成对业主的回访工作后,认真填写《业主回访记录表》,电话回访须注明
4	记录整理	将《业主回访记录表》反映的问题整理归类并存档

  第四章 回访频率

  第十条 业主意见征询的回访处理率达到100%,有业主签名的上门回访记录不少于40%。

  第十一条 业主投诉的回访处理率达到100%,有业主签名的上门回访记录不少于60%。

  第十二条 意见、建议的回访率客户服务中心可根据工作需要而定。

  第十三条 电话回访率和信函回访率不超过年回访总数的60%。

  第五章 注意事项

  第十四条 上门回访必须有业主的签名,电话回访不作此项要求,但在回访记录表中需写明"电话回访"。

  第十五条 客户服务中心经理对客户服务中心工作人员的回访工作进行检查并签署意见。

  第十六条 对回访中业主重新提出的意见、建议或投诉等,不能立即解释清楚或暂时无法做出明确答复的,应告知预约时间回复。对需要进行第二次回访的,必须进行第二次、第三次甚至更多次的回访,在第二次以后的不属于第三类投诉的回访可采用电话回访形式。

  第十七条 当需要对同一问题进行回访时,可以用公开信的形式给业主答复,公开信应存入回访档案。

  第十八条 对业主反映的问题做到"件件有着落,事事有回音",回访处理率达到100%。

  第十九条 对同一问题多次投诉(同一投诉人向不同部门投诉)应作一次记录。

  第二十条 对投诉人没留下姓名或上级部门只要求复函的投诉可不进行回访,但应将复函情况附在投诉表后。

5. 业主投诉的立项和销项制度模板

业主投诉的立项与销项制度

  第一章 总则

第一条 目的。规范对业主投诉处理、跟进的管理工作，提高服务质量，保证有求必应，有始有终。

第二条 适用范围。适用于各管理处对投诉案的处理。

第三条 定义

（1）立项是指管理处客户服务部人员接到有关人员或业主的投诉后，按有关规定需要进行完整的处理和跟进，为此在《投诉记录表》上进行详细记录，称为立项。

（2）销项是相对于"立项"而言，一个是始，一个是终。经立项的投诉事项，必须按有关程序处理和跟进，当处理完毕后再反馈回管理处客户服务部人员，按规定在原立项案下记录处理的完成情况和时间，并由客户服务部人员签名，如因种种原因而无法处理的投诉案件由管理处负责人签名，称作销项。

第四条 职责划分

（1）客户服务中心接待员。详细了解投诉案的情况，根据企业的有关规定判断是否立项。立项后要认真、负责地跟进，问题解决后也要了解清楚情况，予以记录和销项。

（2）管理处负责人。要经常定期、不定期地检查有关人员在处理投诉过程中的立项、销项情况，查阅记录，加强业务指导，完善责任制，根据工作情况给予有关人员奖惩，使投诉的管理有始有终。

第二章 工作程序

第五条 立项的条件与规定

（1）当接到口头或电话投诉后立即填写《投诉记录表》，如符合下列条件之一者就可以确定立项和不立项：

① 需要派人到现场进行处理或施工，在处理过程中要求跟进和质量检查的投诉案都要立项。

② 各级领导、有关人员发现的问题，在通知了调度人员后，需要处理跟进的事项都要立项。

③ 业主反映问题、疑问查询后，认为有必要跟进处理的问题要立项。

④ 紧急求救的处理要立项。

⑤ 在企业或管理处权力、责任范围以外的事，业主要求帮助了解和查询的事项要立项。

⑥ 投诉事项经有关人员解释后，业主认为已无问题并不需要跟进，不用立项。

（2）立项的规定

① 客户服务部人员在接到指令或投诉后，要尽可能详细了解事情的真相，以确定口头解释、立即立项或是弄清楚情况后再立项等处理方法和步骤。

② 当无法确定如何处理或是否立项时，要立即请示主管或管理处负责人，以确定是否立项。

③ 指令和投诉一经立项，有关人员就有责任跟进、催办，直到销项。绝不能拖着不办，不了了之。

（3）立项时应即在《投诉记录表》中填上的内容

① 是否立项与立项时间。

② 投诉联系人。

③ 立项处理案的地址和联系电话。

④ 立项内容。

第六条 销项的条件与规定

（1）销项和不能销项的条件

① 立项的案件已经处理完毕，投诉人已在《维修服务单》上签名认可，副本已送到客户服务部人员处，可以销项。

② 非维修立项案件，在接到有关单据、文字或主管人员的口头或电话通知后，经了解事情属实，可以销项。

③ 在处理某一立项案件时，同时又发现连带或是其他问题，如新问题已经上报立项，原案件已经处理完毕，可以销项。

④ 在处理立项案件中，如发现连带或其他问题，继续在处理中，又无法重新立项，此案件不能销项。

⑤ 重大事项在处理完毕后，经请示管理处负责人同意后才可以销项。

(2) 销项规定

① 已立项案件在未处理完成之前，任何人无权随便销项。

② 立项案件在处理完成后，除符合以上所提条件，尚需经过核实，才能销项。

③ 立项案件如因种种原因而无法处理（或暂时无法处理）下去，可做好记录，每季度一次经管理处负责人协调同意后才能销项。

(3) 销项时应在《投诉记录表》中填上的内容

① 最后的案件处理结果。

② 同意销项人员的签名（一般案件不要签名，但无法处理案件销项，要由审批人签名），客户部人员签名。

③ 销项时间。

第三章　相关文件和记录

第七条　《业主投诉处理标准作业程序》文件。

第八条　相关记录

(1)《投诉记录表》。

(2)《投诉记录月总结表》。

(3)《维修服务单》。

第六节　物业服务费用管理方案及其执行

基础部分

◆ 知识目标

理解物业服务费概念、物业服务收费原则、定价形式、收费形式；掌握物业服务费的构成及物业服务费的收费程序。

◆ 技能目标

理解狭义物业管理服务费的构成及其边界；能够有技巧地收取物业服务费。

走进实训——"做"

项目一　调查与访问——某物业项目的物业服务费构成

【实训目标】

1. 结合实际，加深对物业服务费的认识与理解。

2. 初步培养物业服务费的构成识别能力。

【实训内容与要求】

1. 由学生自愿组成小组，每组9～12人，一个班若干组。

2. 利用业余时间，选择1～2个物业项目（其中一个是单元主体物业，一个是多元主体物业）进行有关物业服务费构成的调查与访问。

3. 在调查与访问之前，每组需通过对物业服务费的相关知识的预习，收集并查阅所选物业项目所在地的物业服务费的相关地方规定，经过讨论制定调查访问的提纲，包括调研主要问题及具体安排，具体可参考下列问题：

（1）该物业的物业服务内容是什么，其属哪个物业服务等级？
（2）该物业的物业服务定价形式是哪种形式？又是哪种收费形式？
（3）该物业的物业服务费是多少？其构成结构是什么？
（4）该物业的物业服务费的收取率是多少？在这方面存在什么问题？

【成果与检测】

1. 每组写出一份简要的调查访问报告。
2. 调查访问结束后，组织一次课堂交流与讨论。
3. 以小组为单位，分别由组长和每个成员根据各成员在调研与讨论中的表现进行评估打分。
4. 由教师根据各成员的调研报告与在讨论中的表现分别评估打分。
5. 将上述诸项评估得分综合为本次实训成绩。

  走进理论与方法——"学与导"

特别提醒　物业服务费中"范畴"边界的重要性

本节中相关的内容都是以《物业管理条例》所界定的物业服务产品为对象而阐述的相关费用问题。实质上主要是以物业服务常规性公共产品而言的，特约服务、代办服务、延伸性专项服务不在其范围。

一、物业服务费概念

物业服务费是指物业服务企业按照物业服务合同的约定，对房屋及配套设施设备和相关场地进行维修养护管理，维护相关区域内环境卫生和秩序，向业主所收取的费用。该概念包含三个方面的含义：一是物业服务费的主体是物业服务企业和业主。物业服务企业提供服务商品，业主享受服务，付出交换价格。二是物业服务费是按照商品交换原则，由业主和物业服务企业双方协商，以物业服务合同形式约定。三是界定了物业服务费的标的物范围，即狭义的物业管理服务内容范畴。

特别提醒

1. 物业使用人或物业占用人按照其与业主的约定而定，如约定由其代业主缴纳，则其具有缴纳责任，不过即使如此，业主也具有连带责任。
2. 无论是没出售的房屋还是出售但未交付的房屋，只要物业服务企业提供了物业服务，其所有人业主或开发商就要缴纳物业服务费。
3. 业主从经过验楼收房时起，开始计缴物业服务费。
4. 水、电、气、热、通信、有线电视等费用不属于物业服务费范畴，物业服务企业受相关单位的委托可以代收，但不得向业主收取手续费，而可以向相关单位以合同约定收取代理费。

二、物业服务费的收费原则

《物业管理条例》第四十一条对物业服务收费做出了原则性的规定，物业服务收费应当遵循合理、公开以及与服务水平相适应的原则。即合理原则、公开原则、质价相符原则。

1. 合理原则

合理原则也就是说，首先，物业服务企业在进行物业服务收费时，应当遵守国家的价格法律及相关法律的规定，如《物业管理条例》、《物业服务收费管理办法》、《价格法》等，严格履行物业服务合同，为业主提供质价相符的服务；其次，物业服务企业应当加强科学管理，准确核定并努力降低服务经营成本，使物业服务收费既能满足物业服务的价值补偿，又符合业主的实际需要。物业服务企业向业主提供的物业服务实质上是一种服务性商品,物业服务收费实际上是物业服务企业提供的物业服务的价格。这种价格一方面应当反映价值,另一方面又要与一定区域内物业服务消费者的消费承受能力相适应。

> **特别提醒**
>
> **现实情况**
>
> 目前现实中业主存在物业服务消费意识淡薄和公共意识缺乏。很多业主不了解房屋养护管理需要大量费用,而简单地认为,购买房屋后就可以一劳永逸。房屋养护需要大量的追加投资,根据大量实际数据测算,房屋寿命周期内的维修养护管理费用与商品房价格的比率平均要达到0.7∶1。因此,房屋维修养护管理资金不足,必然加速业主房屋财产的老化,提前结束房屋的使用寿命。此外,一些业主对维修养护共用部位和共用设施设备漠不关心,甚至推脱责任,不履行自己应尽的义务拒绝交纳物业服务费,致使其他业主的共同财产连带遭受损害。

2. 公开原则

所谓公开原则是指物业服务企业在进行物业服务收费时,应当在物业服务区域内的显著位置,将服务内容、服务标准以及收费项目、收费标准等有关情况进行公示,也就是明码标价。物业服务收费管理的公开化,增加了管理的透明度,可以有效地解决业主关心的热点、难点问题,改善物业服务企业与业主之间的关系,促进管理区域的稳定,营造和谐的发展空间。

> **特别提醒**
>
> 在公示时应努力做到公布时间定期化、公开专栏标准化、公布内容通俗化。当业主和业主大会对公布的情况提出质询时,物业服务企业应当及时答复。

3. 质价相符原则

费用与服务水平相适应的原则是指物业服务收费应当与物业服务企业提供的物业服务的内容和质量相适应,做到质价相符,不能只收费不服务或多收费少服务。

此外,一个特定的物业区域内,凡是享受物业服务的每一个受益人都应当缴纳相应的物业服务费用。谁享受的服务水平越高,谁缴纳的服务费用越高。即谁享受谁承担的原则。

> **特别提醒**
>
> 物业服务费是业主与物业服务企业合同约定的。在物业管理服务中,物业服务企业受业主的委托,对业主的物业进行管理,为业主服务,业主理所当然地应当向物业服务企业支付服务费。但现实中,业主可能将物业的使用权和占有权转给他人,并与他人约定,由他人缴纳物业服务费。注意《条例》中规定了,即使存在这一约定,业主仍然负有连带缴纳责任。即当物业使用人和占有人不履行或不完全履行与业主关于物业服务费缴纳的约定时,业主仍负缴纳物业服务费的义务,物业服务企业可以直接请求业主支付物业服务费用。

三、物业服务的定价形式

《物业服务收费管理办法》规定,物业服务采取两种定价形式,一种是政府指导价,一种是市场调节价。

政府指导价是指由政府价格主管部门或者其他有关部门,按照定价权限和范围规定基准价及其浮动幅度,指导经营者制定的价格。物业服务收费实行政府指导价的具体方式是,由房地产行政主管部门根据物业服务的实际情况和管理要求,制定物业服务的等级标准,然后由有定价权限的价格主管部门会同房地产行政主管部门,测算出各个等级标准的物业服务基准价格及其浮动幅度,结合本物业项目的服务等级标准和调整因素,在物业服务合同中约定。

市场调节价是指由经营者自主制定,通过市场竞争形成的价格。实行市场调节价的物业服务费,是由物业服务企业与业主按照市场原则自由协商价格并在物业服务合同中约定,政府不予干预。

通常情况下,高档公寓、别墅和非住宅的物业服务收费采取市场调节价,相关主管部门只做备案登记,而普通住宅的物业服务费则实行政府指导价。

四、物业服务收费形式

业主和物业服务企业按照《物业服务收费管理办法》规定可以采取包干制或酬金制形式约定物业服务费用。

包干制是指由业主向物业服务企业支付固定物业服务费用,盈余或者亏损均由物业服务企业享有或者承担的物业服务计费方式。实行物业服务费用包干制的,物业服务费用的构成包括物业服务成本、法定税费和物业服务企业的利润。

> **特别提醒**
>
> 包干制下的物业服务合同应明确物业服务内容、服务等级、物业服务费用额度及明确在此前提下的盈亏由企业享有和承担。

在包干制下,作为自主经营、自负盈亏、风险自担、结余归己的独立的企业法人——物业服务企业,应加强其服务管理、成本控制、经营运作能力,不断挖掘潜力,实现服务质量和经营效益同步增长,既保障业主利益又促进企业发展。

酬金制是指在预收的物业服务资金中按约定比例或者约定数额提取酬金支付给物业服务企业,其余全部用于物业服务合同约定的支出,结余或者不足均由业主享有或者承担的物业服务计费方式。实行物业服务费酬金制的,预收的物业服务资金包括物业服务支出和物业服务企业的酬金。

> **特别提醒**
>
> 酬金制下的物业服务合同应明确约定物业服务费的计提基数(通常是预收的物业服务资金)和计提比例。同时,对有关物业服务过程中产生的归属于业主的其他收入也可计提酬金做出约定。其他收入包括产权归全体业主的停车场收入、成本费用在物业服务项目机构列支的其他经营收入等。

在酬金制下,物业服务企业提供物业服务的经济利益局限在按固定的金额或比例提取的酬金,扣除酬金和物业服务支出后的结余的资金为全体业主所有。物业服务企业应当向业主大会或者全体业主公布物业服务资金年度预决算,并不少于一次公布物业服务资金的收支情况。当业主或者业主大会对物业服务资金年度预决算和物业服务资金的收支情况提出质询时,物业服务企业应及时答复并应配合业主大会按照物业服务合同约定聘请专业机构进行审计。

目前,非住宅物业项目和不少高档住宅物业项目采取酬金制物业服务收费方式,而普通住宅物业项目和开发商属下的物业服务企业在管理服务开发商开发的物业项目时大多采用包干制物业服务收费方式。

五、物业服务成本构成

包干制的物业服务成本或者酬金制的物业服务支出,一般包括以下部分:①管理服务人员的工资、社会保险和按规定提取的福利费等；②物业共用部位、共用设施设备的日常运行、维护费用；③物业管理区域清洁卫生费用；④物业管理区域绿化养护费用；⑤物业管理区域秩序维护费用；⑥办公费；⑦物业管理企业固定资产折旧；⑧物业共用部位、共用设施设备及公众责任保险费用；⑨经业主同意的其他费用。

物业共用部位、共用设施设备的大修、中修和更新、改造费用，应当通过专项维修资金予以列支，不得计入物业服务支出或者物业服务成本。

六、物业服务费的收费程序

1. 发出收费通知

物业服务企业财务部每月按规定时间（如每月1日）开出当月服务费"收费通知单"，由服务人员派送给业主，并设收费通知单签收本签收；外地的住户由财务部专人通过邮件方式通知缴费。

"收费通知单"一式两联。各费用项目分别列示，并注明费用所属期。除服务费为当月外，其余的水费、电费、维修费均为上月应缴费用。

2. 服务费缴交期

物业服务企业通常在收费通知单上注明正常缴费期，一般为当月1～15日。逾期缴交的业主每日按应缴额的0.1%加计滞纳金。

正常缴交期的次日（如当月16日）起至延后7日为"催缴通知"催缴期。"催缴通知"从当月16日发出书面催缴通知书，限期为七日；从当月催缴期的次日（如当月24日）起至延后7日为"催缴最后通知书"的催缴期，限期为7日。

3. 业主委员会督促催缴

为了维护物业服务活动的交易秩序，《物业服务收费管理办法》和《物业管理条例》都规定了，对于欠费业主，业主委员会应当督促其限期缴纳。

通过上述程序，逾期仍没缴纳的，物业服务企业可以依法追缴。依法追缴的方式就是依据物业服务合同关于解决争议条款的约定，通过仲裁或向人民法院起诉解决。

物业服务企业有依法追缴物业服务费的权利，但不得采取停水、停电等违规违法措施胁迫业主交费。

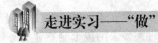

知识目标

理解物业服务费测算编制的影响因素与测算编制依据；掌握物业服务费测算编制方法；掌握物业项目的物业服务费的管理。

技能目标

能够进行物业项目的物业服务费的测算；能够制定物业项目的物业服务费作业程序。

走进实习——"做"

项目二　为校园物业管理处制定一份下一年度的物业服务费预决算

【实训目标】

1. 结合实际，进一步加深对物业服务费构成的理解。

2. 结合实际，掌握物业服务费测算编制程序。
3. 巩固项目财务可行性分析的能力。

【实训内容与要求】

由学生自愿组成小组，每组9～12人，一个班若干组。利用业余时间，每组为校园物业管理处制定一份下一年度的物业服务费预决算，并进行项目财务可行性的分析。具体要求，假定不同组是不同的物业服务企业，而且其提供的服务等级是不同的。

【成果与检测】

1. 每组写出一份年度物业服务预决算，并进行项目财务可行性的分析报告。
2. 完成后，组织一次课堂审计活动，并对每组的预决算进行排序，审计小组由校园物业管理处的财务管理人员和项目经理及任课教师和每组组长组成。
3. 以小组为单位，分别由组长和每个成员根据各成员在整个过程中的表现进行评估打分。
4. 由教师和校园物业管理处的员工根据各成员的预决算和在讨论中的表现分别评估打分。
5. 将上述诸项评估得分综合为本次实习成绩。

走进理论与方法——"学与导"

一、物业服务费的测算编制影响因素

物业服务费测算编制时应考虑的因素如下。

（1）不同物业的性质和特点，根据相关规定，其实行的是政府指导价还是市场调节价。

（2）物业服务的项目、内容和要求，根据相关规定，确定其等级，并科学测算确定物业服务成本。

（3）物业服务企业为该项目投入的固定资产折旧和物业服务项目机构用物业服务费购置的固定资产折旧。

（4）在确保物业正常运行维护和管理的前提下，确定合理的利润，是物业服务企业可以持续发展的基础。

二、物业服务费的测算编制依据

物业服务费用通常是根据收费标准（单位时间单位面积费率）和可收费的管理服务面积和管理服务时间计算。收费标准或支出的测算编制依据为：物业服务计划及实施计划所需的物业服务成本、物业正常维修和养护计划及其执行所需的成本。

物业服务成本根据常规性公共服务中的人员计划、物品使用计划、能源消耗计划、工程维护保养计划、清洁保洁与绿化保养计划等的实施所需的人工成本、物料成本、能耗成本、外包费用等进行测算。

物业正常维修和养护所需成本可比对以往每年实际发生的或参考其他同类物业的物业服务成本。

三、物业服务费测算编制方法

下面围绕物业服务费构成，具体介绍其构成要素的成本（或支出）测算方法。

1. 人工费的测算

该项成本是指物业服务企业的人员费用，包括管理服务人员的工资、社会保险、按规定提取的福利费以及加班费和服装费等。

（1）基本工资（××元/月）：可以根据当地工资水平以及物业服务企业性质、效益、工作岗位等因素确定。

（2）福利费（××元/月）：主要包括社会保险费：物业服务企业根据当地政府的规定确定医疗、工伤、养老、待业、住房基金、住房公积金等费用额度，教育经费：按工资总额的1.5%计算，工会基金：按工资总额的2%计算，福利基金：按工资总额的14%计算四项。

(3) 服装费（××元/月）：服装标准（企业根据管理服务需要确定）×每人每年2套/12月。

(4) 加班费（××元/月）：通常按照人均月加班2天计算，即基本工资/22个工作日×2天。

(5) 工服洗涤费（××元/月）：工服数量×当地的洗涤费标准。

人工费的测算方法是根据所管物业项目的档次、类型和总收费面积，先确定各级各类管理服务人员的编制数，然后确定各自的基本工资标准，计算出基本工资总额；再按基本工资总额计算各类人员上述各项的金额；汇总后即为每月该项费用的总金额，最后分摊到每平方米。

2. 安保费测算

安保费是指维持物业公共区域秩序的费用，包括保安系统费、保安人员人身保险费以及保安用房和保安人员住房租金。

(1) 保安系统费（××元/月）：包括保安系统月日常运行电费及维修保养费：保安系统月用电量×电费单价+月日常维修养护费；月日常保安器材费即日常保安警棍、对讲机、电池和电筒等购置费的月摊费；月更新储备金：保安系统购置费与安装费之和/保安系统正常使用年限/12月三项。

(2) 保安人员人身保险费（××元/月）：企业根据相关规定及企业实际情况确定费用标准×保安数量。

(3) 保安用房和保安人员住房租金（××元/月）：保安用房数量×当地同类用房月租金+保安人员租房数量×当地居住用房月租金。

根据实际情况，分别计算上述每项的费用，加总后即为保安费，最后均摊到每平方米。

3. 清洁卫生费测算

清洁卫生费是指物业区域内共用部位、公共区域的日常清洁保养费用。包括清洁工具购置费（××元/月）：月均垃圾桶、拖把、垃圾袋、卫生防疫消毒品等的购置费；劳保用品费（××元/月）：月均手套、雨鞋、雨衣、帽子等购置费；清洁机械材料费（××元/月）：月均大楼幕墙清洁设备、打蜡抛光机的折旧、消耗材料等费用；化粪池清理费（××元/月）；垃圾清运费（××元/月）；水池清洁费（××元/月）等。

上述各项费用可按实际情况和以往年份的经验和同行业的测算标准估算出月支出，然后汇总，最后均摊到每平方米。

4. 绿化养护费测算

绿化养护费是指物业区域内绿化的养护费用，包括美化大堂、道路等公共部位的支出等。应测算项目有绿化工具费（××元/月）：月均锄头、草剪、枝剪、喷雾器等的购置费；劳保用品费（××元/月）：月均手套、口罩、草帽等的购置费用；绿化用水费（××元/月）；农药化肥费（××元/月）；杂草清运费（××元/月）；园林景观再造费（××元/月）包括补苗、环境内摆设花卉等的费用。

上述各项费用可按实际情况和以往年份的经验和同行业的测算标准估算出月支出，然后汇总，最后均摊到每平方米。

5. 保险费测算

保险费主要是指物业共用部位、共用设施设备及公众责任保险费开支，不包括员工保险费。

物业服务企业在选择保险险种时要根据物业的类型和使用性质及业主的意愿和承受能力来决定。通常情况，公寓、别墅区只对其配套的水电设施投保，写字楼、商厦、酒店等须投购大厦财产险（包括土建、装修和设备，如酒店中央空调等），一般是按照楼宇或设备的总造价来投保。对于商厦、酒店，还要投购公共责任险，如电梯责任保险。

上述各项费用可按实际情况和以往年份的经验和同行业的测算标准估算出月支出，然后汇总，最后均摊到每平方米。

6. 共用部位与共用设施设备的日常运行和维护费测算

该项费用在物业服务成本中通常都占有较大比例，而且其中的具体项目也比较多。主要包括维修保养费（××元/月）：该项费用主要用于核算物业内外部的总体维修保养费用支出，具体内容包括建筑物立面的清洗、电梯维修与养护、锅炉检查与维修、空调维修保养、小型手动工具和防火设备购置等支出；装修费（××元/月）：一般包括装修材料费（如墙纸、涂料等）、工器具和设备使用费（摊销）、人工费、管理费和承包商利润（如果发包）；能源消耗费（××元/月）：物业经营活动消耗的能源成本；康乐设施费（××元/月）：主要有健身设施、游泳池和其他康乐设施的维修、保养费支出（有时救生员、器械使用指导员和其他健康乐服务人员的工资也属于此项的开支范围）；杂项费用（××元/月）：该项费用是指为保持物业正常运转而需要支出的非经常性的、零星的费用项目（如停车位画线、配钥匙、修理或重新油漆建筑物内外的有关标志或符号等）的费用支出。

上述各项费用一般按年度进行预算，汇总后再分摊到每月每平方米。

7. 固定资产折旧费测算

该项费用是指物业服务企业拥有的各类固定资产按其总额每月分摊提取的折旧费用，主要包括交通工具（汽油）、通信设备（电话机、手机、传真机等）、办公设备（桌椅、沙发、电脑、复印机、空调机等）、工程维修设备（管道疏通机、电焊机等）、其他设备。

按实际拥有的上述各类固定资产总额进行折旧，再分摊到每月每平方米。

8. 办公费测算

办公费是指物业服务企业开展正常工作所需要的有关费用，包括交通费（××元/月）：车辆耗油、维修保养费、保险费、养路费等；通信费（××元/月）：电话费、传真费、手机费等；低值易耗文具、办公用品费（××元/月）：文具（如笔墨）、纸张、打印复印费等；书报费（××元/月）：报纸、杂志等费用；宣传广告和市场推广费（××元/月）：该项费用取决于物业的空置水平、新旧程度以及市场的供求状况等；法律费用（××元/月）：催收拖欠租金而诉诸法律的费用、预估房产税的支出、定期检讨法律文件（如租约、合同等）费用支出等，律师费是该项下的经常费用；节日装饰费（××元/月）：如元旦、春节、国庆等节日进行物业装饰费用；办公用房租金（××元/月）。

上述各项费用一般按年度进行预算，汇总后再分摊到每月每平方米。

9. 法定税费

物业服务企业应缴纳的税费主要有营业税：一般按公司营业收入的5%征收，测算时可以按照上述各项之和为基准，再分摊到每月每平方米；教育费附加：按营业税的3%测算；城市维护建设税：通常按营业税的7%测算。

两税一费合计为营业收入的5.5%，测算可按照上述各项之和的5.5%计算。

10. 税后利润

物业服务企业根据物业项目的情况和管理服务情况及行业内的经验决定测算。

将上述各项汇总即为物业服务费。

四、物业服务费测算编制程序

物业服务费测算要求测算依据准确（不用或少用估值）、详细（把具体消耗或支出费用分解得越具体越真实）、全面（不要漏项）。为了符合要求，物业服务费测算要严格遵循下列程序。首先，收集原始资料。原始资料要收集齐全作为测算依据，如各类材料的详细数量和市场价格调整资料数据，有关工资、社会保险、专业公司单项承包、一般设备固定资产折旧率、折旧时间等政府和有关部门的规定和实际支出标准等资料数据。其次，根据物业服务费支出（或成本）项目和内容进行分解，由相关部门和人员分别测算各单项费用。最后在完成各单项费用测算的基础上，将各单项费用汇总，加上法定税金和利润，便得出物业服务费。

五、物业服务费用的使用与管理

物业服务费用是物业项目财务管理的主要对象。费用计划、编制、控制、使用及管理和分析是物业服务费用财务管理的主要活动。在这方面要积极推行民主管理。物业服务企业收取的日常物业服务费用是由业主缴纳的，他们对这部分资金是否有效地使用是非常敏感的，如没有透明度，不让他们参与监督管理，就会造成物业服务费收取困难局面，更无从谈及服务费的运用。反之，如果定期公布服务费用账目并让他们参与监督管理，则会调动他们当家理财的积极性，使服务资金更有效地使用。其次，科学地制定物业服务费用预算方案。物业服务费用预算方案是经业主委员会核准，由物业服务企业作出的物业服务日常支出的测算与评估方案。预算方案是物业服务企业开展日常物业服务的量化目标，物业服务企业往往以其作为日常服务的依据，它应包括所有日常物业服务支出。最后设立专用账户进行日常核算，编制财务报表，做好财务记录。物业服务企业对业主缴纳的日常物业服务费用，应坚持"专款专用"、"取之于民，用之于民"的原则，不仅要存入金融机构，而且要设立专门账户，加强日常核算，保证日常物业服务的安全完整，并合理有效地使用。

六、物业项目的服务费作业程序模板

为了更全面地了解物业项目的物业服务费的管理，下面列举某物业服务企业的某物业项目的物业服务费的作业程序模板，供参考。注意该模板的物业服务费涵盖了特约服务、延伸性专项服务、代办服务等。

某物业服务企业的某物业项目的物业服务费作业程序模板

1　目的

保障物业管理服务费的准确确认、计算和及时收取，以确保公司的经济效益。

2　适用范围

适用于收费标准的制定和调整，各项管理服务费的计算、确认和收缴。

3　管理处职责

3.1　负责收费标准的审批。

3.2　负责经营证照、管理服务费的报审工作。

3.3　负责管理服务费、停车场服务费等收费标准的制定、调整；负责专项及特约服务费收费标准的审核。

3.4　负责指导物业管理服务费计算和收缴并对收费情况进行审计和考核。

3.5　负责专项及特约服务费收费标准的拟定；负责管理服务费的收取。

4　工作程序

4.1　收费标准的制定与审批

4.1.1　对各项经营证照及收费文件进行报审工作，并分发到管理处。

4.1.2　根据政府价格管理规定和有关法律法规，制定和调整物业管理服务费、停车服务费等收费标准，报主管审批后下发管理处执行。

4.1.3　专项及特约服务费收费标准由管理处拟订，经审核，管理处主任批准后执行。未包括在已定收费标准内的项目须报管理处和财务部备案。

4.1.4　对于减免收费、特殊项目的收费须经公司领导批准后执行。

4.2　停车场收费

4.2.1　停车场收费分为：临时停车、月卡、固定车位等收费。

4.2.2　办理月卡和固定车位停车卡时，财务员按有关规定收费，登记《固定车位卡/月卡收费登记表》并开具发票，填制并向岗亭负责人传递《发出（延期）停车卡通知单》。

4.2.3　临时停车由岗亭负责人按有关规定收费，必须发放停车发票。停车发票由岗亭负责人向公司财务按每本编号领取使用。财务员和岗亭负责人各自登记《停车场发票领用登记表》，每月核对一次。停车发票每用完一本，岗亭负责人向财务员将现金与发票存根一并缴交，并领取新的停车发票，岗亭负责人应按班向岗亭当值班人员凭发票存根收取现金，值班人员按发票编号作好《岗亭当值人员交款明细表》。

4.2.4　财务员和岗亭负责人每月核对一次收费及发卡情况。核对无误后，双方签字确认后交管理处主任审核。

4.2.5　停车场收费管理工作流程参照《停车场收费管理流程》。

4.3 管理服务费的收取

4.3.1 管理处出示经营、收费批文原件，做到明码标价，规范经营。

4.3.2 管理处统一使用公司收费软件系统按《物业管理收费系统操作规程》进行收费。

4.3.3 管理处及时收取物业管理服务费，不得乱收费、无依据收费、不按时收费、遗忘收费或应收未收、收入不挂账等。

4.3.4 收取方式采用委托银行扣款缴费方式或收取转账支票方式，特殊情况可收取现金。

4.3.5 管理处财务员根据维修单、水电用量单、特约服务协议、收费标准和物业面积及滞纳天数统计等资料，准确计算每月应收款项和累计应收款项，输入电脑，打印《收费通知单》，编制营业收入汇总表报管理处主任批准和签字，并报到公司财务部。

4.3.6 月底至次月1日财务员应向住户发放按月编制的《收费通知单》，同时向银行报送当月委托银行代收管理服务费磁盘和与磁盘内容相符的书面文件。

4.3.7 确认银行划账成功或收到款项后，发出发票客户联，并在营业收入汇总表备注栏登记收款方式和日期。

4.3.8 次月初管理处财务员将经管理处主任签字的营业收入汇总表原件（留复印件）、应收未收款明细表、《固定车位卡/月卡收费登记表》等报公司财务部核查、存档。收入出现异常的，管理处财务员应在表中说明原因。

4.4 本体维修基金的收取

本物业竣工满一年，财务员应根据政府相关规定向住户收取本体维修基金，并按规定专款专用。

4.5 专项及特约服务等有偿服务费的收取

4.5.1 向客户提供专项及特约服务等有偿服务时，维修人员如实填写委托有偿服务维修单，按规定标准收费，明码标价。并请业主签名确认，明确收费项目和金额。

4.5.2 执行人员将经客户签字确认的服务委托清单或特约服务协议交财务员，并及时通知财务员收款。财务员可以通过银行托收或收取现金、支票等方式进行收款。特殊情况维修人员可收取现金交财务员，财务员必须开具收据交与业主。每月财务员与机电部部长按有偿维修服务单编码进行核对。

4.6 违约处理

4.6.1 客户逾期未交纳管理费的，或银行划账不成功的，超过规定时间后，由财务员发出《收费催款通知单》，限时缴交或补足管理费。

4.6.2 《收费催款通知单》发出后，过期拒不缴交又无正当理由的，按业主公约等有关规定处理，并及时报告管理处主任。

4.7 资料归档。物业管理收费程序过程中产生的所有表格和资料，均应及时归档，由管理处财务员统一保管。财务资料档案管理按财务制度中会计档案管理制度的有关条款执行。

4.8 监督管理

4.8.1 公司财务部负责购买、保管所有票据，管理处财务员负责领用保管和使用收款票据。公司财务负责监管财务员对收款票据的保管和使用；财务员负责监管票据具体使用人的保管和使用情况。票据使用完毕后，领用人要把存查联、副联、存根等及时上交票据保管人，并即时结清。

4.8.2 在收费过程中有关人员须严格按规定收费。未按要求工作的，部门（管理处）负责人可根据公司规定进行处理。

4.8.3 管理处主任每周检查一次管理服务费收取情况，发现问题责成有关人员整改。

5 相关文件与记录

5.1 《物业管理收费系统操作规程》

5.2 《停车场收费管理流程》

5.3 《管理处收取管理费操作规程》

5.4 《收费通知单》

5.5 《收费催款通知单》
5.6 《停车场发票领用登记表》
5.7 《固定车位卡/月卡收费登记表》
5.8 《发出（延期）停车卡通知单》
5.9 《岗亭当值人员交款明细表》
5.10 《固定资产核查表》

第三章 物业专项服务

建筑物（房屋）维护服务、安保（维保）服务、保洁服务、绿化服务构成物业专项服务。四大专项服务构成日常物业服务的基础，直接或间接影响业主的工作与生活质量。

第一节 建筑物管理服务方案策划及其执行

知识目标

了解建筑物管理服务的含义；掌握建筑物管理服务的总体目标；掌握建筑物管理服务的主要内容；掌握建筑物管理服务的管理机构及人员组织。

技能目标

掌握建筑物管理服务工作程序；掌握建筑物管理服务的实施要点。

 走进实训——"做"

项目一 项目调查与分析

【实训目标】

1. 结合实际，了解建筑物管理服务的内容与实施方法。
2. 掌握某物业建筑物管理服务项目的定位及管理现状。

【实训内容与要求】

1. 由学生自愿组成小组，每组14～17人。利用业余时间，对物业的建筑物管理情况进行调查与访问。
2. 在调查与访问之前，每组需通过对建筑物管理服务知识的预习，经过讨论，制定调查访问提纲，包括调研主要问题及具体安排，具体可参考下列问题：
（1）调查项目的物业类型及建筑物管理特点、目标。
（2）调查项目的建筑物概况，如建筑物的层数、外墙装饰、内部装修等。
（3）调查项目的人员组织及工作实施情况。
（4）调查项目的建筑物管理情况。
（5）调查项目的管理费用情况等。

【成果与检测】

1. 每人写出一份被调查项目的项目实施报告。
2. 调查访问结束后，组织一次课堂交流与讨论。
3. 以小组为单位，分别由组长和每个成员根据各成员在调研与讨论中的表现进行评估打分。
4. 由教师根据各成员的调研报告与在讨论中的表现分别评估打分。
5. 将上述诸项评估得分综合为本次实训成绩。

走进理论与方法——"学与导"

一、概述

1. 建筑物服务的含义

物业是房屋建筑及其配套设备、设施和相关场地的总称。建筑物是物业构成的实体基础,物业所提供的一切功能都附属于建筑物而存在。对使用人来说,建筑物是物业使用价值的物质基础。

建筑物管理服务是指物业服务为做好建筑维修工作而开展的计划、组织、控制、协调等过程的集合。建筑物的维修工作是指对建筑体维护和修缮,主要内容包括在建筑物的经济寿命期内,对非损坏房屋的维护和对损坏房屋的修缮。主要工作程序:

(1) 对建筑物进行勘查鉴定;
(2) 评定建筑物完损等级;
(3) 对建筑物进行维护和修缮;
(4) 验收、鉴定、确认建筑物保持或恢复原来状态或使用功能。

2. 建筑物服务的总体目标

(1) 管理的质量标准

① 地基基础:观测建筑物无倾斜、地基无明显沉降、移位,墙体无严重裂缝等;

② 梁、柱、板主体:无倾斜、变形、弓凸、剥落、开裂和非收缩性裂缝,无筋露等;

③ 墙体、墙面:喷涂均匀,饰面板(砖)安装牢固、表面平整、洁净、色泽协调一致;

④ 顶棚:抹灰层牢固,无面层剥落和明显裂缝;

⑤ 楼梯、扶手:无混凝土碳化产生裂缝、剥落,钢筋无锈蚀、变形,牢固、确保使用安全,木扶手表面无明显龟裂和漆层脱落;

⑥ 公共门窗:牢固、平整、美观,无锈蚀,开关灵活,接缝严密、不松动,门窗及门窗配件齐全;

⑦ 屋面隔热层、防水层:屋面防水层无老化、拉裂、开裂、轴裂、龟裂现象,板端缝、伸缩缝油膏紧贴,天沟、落水管、落水口畅通、不积水,屋面出入口完好,隔热层无缺少现象。

⑧ 天面扶栏、避雷带、公共防盗网:无破损、变形,无明显锈蚀。

⑨ 儿童游乐设施:设施完好,没有损伤,没有安全隐患;

⑩ 文化宣传、娱乐设施:宣传栏无损坏、无剥落和锈蚀、标识齐全、内外整洁;围栏架无明显锈蚀;休息用的凳、椅无破损;室外各类围墙整体外观一致,没有明显破损和面层剥落。

(2) 具体考核指标

① 房屋完好率;
② 保养计划完成率;
③ 报修处理及时率;
④ 故障及时处理率等。

根据原建设部(88)建房字第328号文颁发的《房地产经营、维修管理行业经济技术》规定,考核房屋维修工程的主要标准如下,适用于全国城镇房地产管理部门的直管公房。

(1) 房屋完好率:50%~60%(新房屋除外)。房屋完好率是指房屋主体结构良好,设备完整,上下水道通畅,室内地面平整,能保证用户安全、正常使用的完好房屋和基本完好房屋数量(建筑面积)之和与总房屋数量(建筑面积)之比。

(2) 年房屋完好增长率:2%~5%。年房屋完好下降率:不超过2%。

(3) 房屋维修工程量:100~150(平方米)/(人·年)。房屋维修工程量是指全年完成综合维修的大、中修工程数量(建筑面积)之和与年全部维修人员平均数之比。全部维修人员包括维修单位的维修工人和管理人员,不包括从事新建的工程队人数。房屋的翻修工程不计入房屋维修工程量内。

(4) 维修人员劳动生产率：5000（元）/（人·年）。维修人员劳动生产率是指年大、中小及综合维修工作量之和与年全部维修人员平均数和年参加本企业生产的非本企业人员平均数之和之比。

(5) 大、中修工程质量合格（优良）品率：100%，其中，优良品率为30%～50%。大、中修工程质量合格（优良）品率是指大、中修工程质量经评定达到合格（优良）品标准的单位工程数量（建筑面）之和与报告期验收鉴定的单位工程数量（建筑面积）之和之比。

(6) 维修工程成本降低率：5%～8%。维修工程成本降低率是指维修工程成本降低额与维修工程预算成本额之比。

(7) 年职工负伤事故频率：小于千分之三。年职工负伤事故频率的考核目的是为了保证安全生产，杜绝重大伤亡事故的发生。它是指全年（或报告期）发生的负伤事故人次与全年（或报告期）全部职工平均人数之比。

(8) 小修养护及时率：99%。小修养护及时率是指月（季）度全部管区内实际小修养护户次数与月（季）度管区内实际检修及报修户次数之比。

(9) 房屋租金收缴率：98%～99%。房屋租金收缴率是指当年实收租金额与当年应收租金额之比，反映了房屋租金收缴情况的好坏。

(10) 租金用于房屋维修率：不低于60%～70%。租金用于房屋维修率是指用于房屋维修资金额与年实收租金额之比，可反映收缴上来的租金有多少用于房屋维修。

(11) 流动资金占用：小于30%。流动资金占用是指流动资金年平均余额与年完成维修工作量之比。

(12) 机械设备完好率：85%。

二、建筑物管理服务的内容

1. 建筑物维修管理

建筑物维修管理的目的是要确保房屋的完好，其主要内容有以下几项。

(1) 建筑物质量管理。建筑物质量管理是对建筑物进行检查，掌握建筑物质量状况和分布所进行的工作，是建筑物使用、管理、维护和修缮的重要依据。建筑物质量管理中，最主要的一项工作是建筑物完损等级的评定。

① 建筑物完损等级标准。是按房屋的结构、装修、设备三个组成部分的完好、损坏程度确定的，一般分为五类，即完好房、基本完好房、一般损坏房、严重损坏房和危险房。

a. 完好房。指房屋的结构构件完好，装修和设备完好、齐全完整，管道畅通，现状良好，使用正常；或虽个别分项有轻微损坏，但一般经过小修就能修复。

b. 基本完好房。指房屋结构基本完好，少量构部件有轻微损坏，装修基本完好，但涂料缺乏保养，设备、管道现状基本良好，能正常使用，经过一般性维修即可修复。

c. 一般损坏房。指房屋结构一般性损坏，部分构部件有损坏或变形，屋面局部漏雨，装修局部破损，涂料老化，设备管道不够畅通，水卫、电照管线、器具和零件有部分老化、损坏或残缺，需要进行中修或局部大修更换零件。

d. 严重损坏房。指房屋年久失修，结构有明显变形或损坏，屋面严重漏雨，装修严重变形、破损，涂料老化见底，设备陈旧不齐全，管道严重堵塞，水卫、电照的管线、器具和零件残缺及严重损坏，需要进行大修或翻修、改建。

e. 危险房。指房屋承重构件已属危险构件，结构丧失稳定和承载能力，随时有倒塌可能，不能确保使用安全的房屋。

② 完损等级评定的基本做法。房屋完损等级评定的基本做法有定期和不定期两类。

a. 定期评定。定期评定一般是每隔1～3年（或按各地规定）对所管房屋逐幢进行一次全面的完损等级评定。通过评定可以全面、详细地了解房屋的现有状况，可以结合房屋的普查进行。基本程序：组织准备（制订工作计划，建立评定组织，培训评定人员）、实施查勘（组织人员、工具器材实施查勘）、统计汇总（对比数据，汇总结果）。

b. 不定期评定。不定期评定就是随机地在某个时间内对房屋状况进行抽查。一般在以下情况下进行不定期的抽查：根据气候，如雨季、台风、暴雨、山洪过后，着重对危房、严重损坏房和一般损坏房等进行抽查，评定完损等级；房屋经过中修、大修、翻修和综合维修竣工验收后，重新评定完损等级；接管新建房屋后，要进行完损等级评定。

③ 房屋完好率及危房率的计算。房屋的完损等级一律以建筑面积为计量单位，评定时则以幢作为评定单位。房屋的完好率是房产经营与管理单位（包括物业管理企业）的重要技术经济指标之一，它是完好房屋的建筑面积加上基本完好房屋建筑面积与全部房屋建筑面积之比。危房率是指危险房屋的建筑面积与房屋建筑总面积之比。

（2）建筑物维修施工管理。建筑物维修施工管理是指按照一定施工程序、施工质量标准和技术经济要求，运用科学的方法对建筑物维修施工过程中的各项工作进行有效、科学的管理。

建筑物维修工程的分类，有多种分法，但物业服务企业在实际操作中经常采用的方法是按建筑物的完损状况和工程性质划分，共分为翻修、大修、中修、小修和综合维修五种。

① 翻修工程。翻修工程是指原来的建筑物需要全部拆除，另行设计，重新建造或利用少数主体构件在原地或移动后进行更新改造的工程。其特点是投资大、工期长。由于翻修工程尽量利用原建筑物构件和旧料，因此其费用应低于该建筑物同类结构的新建造价。一般翻修后的建筑物必须达到完好建筑物的标准。

翻修工程适用范围：

a. 主体结构全部或大部分严重损坏，丧失承载能力，有倒塌危险的房屋；

b. 破损严重，局部修缮不能保障安全使用的房屋；

c. 简易房屋并已损坏，无修缮价值的房屋；

d. 处于易滑坡地区或地势低洼区内积水无法排出的房屋。

② 大修工程。大修工程是指无倒塌或只有局部倒塌危险的建筑物，其主体结构和公用生活设备（包括上、下水，通风，取暖等）的大部分已严重损坏，虽不需全面拆除但必须对它们进行牵动或拆换部分主体构件。这类工程具有工程地点集中、项目齐全、具有整体性的特点。经大修后的建筑物，一般都要求达到基本完好或完好房的标准。其费用是该建筑物同类结构新建造价的25%以上。建筑物大修工程一般都与建筑物的抗震加固、局部改善建筑物居住使用条件相结合进行的。主要适用于：

a. 修复建筑物主体结构严重损坏的维修工程；

b. 对整幢建筑物的公用生活设备进行管线更换、改善或新装的工程；

c. 对建筑物进行局部改建的工程；

d. 对建筑物主体结构进行专项抗震加固的工程等，即适用于严重损坏、不修就不能继续使用的建筑物。

③ 中修工程。中修工程是指建筑物少量部位已损坏或不符合建筑结构的要求，需要牵动或拆换少量主体构件进行局部维修，但仍需保持建筑物原来的规模和结构的工程。这类工程工地比较集中，项目较小而工程量比较多，有周期性。经过中修后的建筑物70%以上要符合基本完好或完好房的标准要求。因此，及时地开展中修工程是保持建筑物基本完好的有力保证。其一次维修费用是该建筑物同类结构新建造价的20%以下。中修工程主要适用于：

a. 少量结构构件形成危险点的建筑物维修，一般损坏建筑物的维修；

b. 整幢建筑物的门窗整修，楼地面、楼梯的维修，抹灰修补，涂料保养，设备管线的维修和零配件的更换等；

c. 整幢建筑物的公用生活设备的局部更换、改善或改装、新装工程以及单项目的维修如下水道重做，整幢建筑物门窗油漆，整幢建筑物围墙的拆砌等。

④ 小修工程。小修工程亦称零星工程或养护工程，是指为保持建筑物原来的完损等级而对建

筑物使用中的小损坏进行及时修复的预防性养护工程。

这种工程用工少、费用少，综合平均费用占建筑物现时总造价的1%以下，并具有很强的服务性，要求经常、持续地进行。所以，小修工程的主要特点是项目简单、零星分散、量大面广、时间紧迫。经常地进行建筑物的养护工程，可以维护建筑物使用功能，既保证用户正常使用，又能使发生的损坏及时得到修复，不致扩大造成较大的损失。如屋面补漏，钢、木门窗的整修、拆换五金、配玻璃、换纱窗、油漆等，水、卫、电、暖气等设备的小型修缮，下水管道的疏通等，这类工程可根据用户的报修，组织零星维修。

对于一些由于天气突变或隐蔽的物理化学作用而导致的猝发性损坏，不必等到大修周期到来就可以及时处理。同时，经常检查建筑物完好状况，从日常养护入手，可以防止事故发生，延长大修周期，并为大、中修提供查勘施工的可靠材料。因关系到住用户的使用便利，所以这类工程的重点是要保证维修及时率。

⑤ 综合维修工程。综合维修工程是指成片多幢或面积较大的单幢楼房，大部分严重损坏而进行有计划的成片维修和为改变成片（幢）建筑物面貌而进行的维修工程，也就是大修、中修、小修一次性应修尽修的工程。综合维修工程的费用应是该片（幢）建筑物同类结构新建造价的20%以上，经过综合维修后的建筑物应达到基本完好或完好房的标准。

建筑物维修施工可以由物业服务企业自己完成，也可以委托专业施工队完成。

建筑物维修工程管理主要是计划管理和工程程序管理。计划管理是根据维修任务编制年度计划，同时根据年度计划和施工任务的情况，编制月、季施工作业计划，使维修工作有条不紊地进行。工程程序管理是进行施工组织的统筹规划，科学组织施工，建立正常的工作程序。它包括以下几个阶段：

a. 制订建筑物修缮设计方案；
b. 落实建筑物维修施工任务；
c. 施工组织与准备；
d. 技术交底（图纸会审）和材料、构件检验；
e. 施工调度与现场管理；
f. 质量管理与施工安全；
g. 修缮工程竣工交验。

(3) 建筑物维修的责任关系。划分房屋责任是为了确定不同主体应分别承担的修缮责任和修缮费用的界限。正确地判断和处理建筑物维修的责任关系，可以避免由于维修责任不明或由于他人阻碍而使建筑物得不到及时修缮，并导致建筑物发生危险等情况。其基本原则有以下几项。

① 保修期内。自竣工验收之日起，在规定的保修期内，由施工单位负责保修，竣工验收与业主入住的时间差内，由发展商负责保修。

保修期有国家标准的执行国家标准，没有国家标准的执行行业、地方标准。保修期一般如下：土建工程为1年，照明电气、上下水管线安装工程为6个月，供热、供冷系统为一个采暖期、供冷期，小区道路为1年，防水工程为5年。

② 保修期满后。物业管理公司承担房屋建筑共用部位、共用设施设备、物业管理规划红线内的公用设施和附属建筑及配套服务设施的小修、零修，费用在物业服务费中列支。属于大、中、更新改造及物业内自用部位和自用设备的修缮，由业主承担，费用自理；也可委托物业管理公司或他人修缮，业主承担修缮费用。水、电、气、热、通信、有线电视等单位，依法承担物业管理区域内相关管线设备设施维修、养护的责任。

租赁私房的修缮则由租赁双方依法约定修缮责任。

③ 其他情况。凡属使用不当或人为造成房屋损坏的，由行为人负责修复或给予赔偿。

异产毗邻房屋修缮，应依照《城市异产毗邻房屋管理规定》划分应承担的责任者。

案例

【案情】 2003年3月,甲某购买了A房地产开发公司开发的商品房一套,同时与B物业管理公司签订了《前期物业管理协议》,并在一次性缴纳了半年的物业管理服务费后于同月入住。后甲某以自家阳台倒灌水、卫生间下水不畅、邮箱无遮盖导致雨雪天气报纸、信件等受潮等种种理由,从2003年10月起开始拒绝缴纳物业管理服务费。2005年2月,B物业管理公司经多次催要无果,将甲某告上法庭,要求其缴纳所拖欠的物业管理服务费。

【审判】 法院认为双方争议的焦点在于对物业公司服务内容不清楚、不明确。物业公司的职责在于对小区公共部分的管理和维护,至于业主自住部分出现问题,可以要求物业公司给予帮助,但应当支付相应费用,因为这一部分的服务内容是超出《前期物业管理协议》约定范畴。因此,甲某关于阳台、卫生间的抗辩理由不能成立。有关邮箱问题,因其为开发商赠送,所以物业公司对其无维修义务,但基于邮箱安装于小区公共位置,物业公司应当尽善管义务,尽量予以维护。综上,根据双方的约定,甲某应当支付所欠物业管理费。

(4) 维修档案资料管理。物业服务企业在制订建筑物维修计划,确定建筑物维修、改建等方案,实施建筑物维修工程时,不可缺少的重要依据是建筑物建筑的档案资料。因此,为了更好地完成建筑物维修任务,加强建筑物维修管理,就必须加强对房里维修档案资料的管理。建筑物维修所需要的档案资料主要包括:①建筑物新建工程、维修工程竣工验收时的竣工图及有关建筑物原始资料;②有关建筑物及附属设备的技术资料;③建筑物维修的技术档案资料等。

2. 建筑物的日常养护

建筑物日常养护维修是指为保持房屋原有完好等级和正常使用,进行日常养护和及时修复小的损坏等建筑物维护管理工作。建筑物的日常养护包括建筑物的零星养护、建筑物的计划养护和建筑物的季节性预防养护。

建筑物的日常养护的来源有两个方面:

① 住用户临时发生报修的零星养护工程(包括对业主或使用人进行的建筑物二次装修的管理);

② 物业管理公司通过平常掌握的检查资料从建筑物管理角度提出来的养护工程。

建筑物的季节性预防养护的来源,主要有防台防汛、防梅雨和防冻防寒。建筑物的季节性预防养护关系着业主或使用人的居住和使用安全以及建筑物设备的完好程度,所以,这种预防养护也是建筑物养护中的一个重要方面。

> **温馨提示**
>
> 房屋的纱窗每3年左右就应该刷一遍铅油保养;门窗、壁橱、墙壁上的涂料、油饰层一般5年左右应重新刷一遍;外墙每10年应彻底进行1次检修加固;照明电路明线、暗线每年检查线路老化和负荷的情况,必要时可局部或全部更换等。这种定期保养、修缮制度是保证房屋使用安全、完好的非常重要的制度。

建筑物养护应注意与建筑物的结构种类及其外界条件相适应,木结构的防潮防腐防蚁蛀、砖石结构的防潮、钢结构的防锈等养护,都必须结合具体情况给予重视。建筑物日常维护的一般程序如下。

(1) 项目收集。日常养护的小修保养项目,主要通过管理人员的走访查房和住户的随时报修两个渠道来收集。

建筑物维护人员应当严格定期巡查建筑物及其附属设施的使用运行情况,及时发现建筑物及其附属设施出现的问题,发现安全隐患,及时上报并做好明显标识或通知,杜绝安全事故的发生。

(2) 任务落实。管理人根据建筑物养护计划和随时发生的急修项目,开列小修养护单。维护人员凭养护单领取材料,根据养护单开列的工程地点、项目内容进行施工。

管理人员应每天到施工现场,解决施工中出现的问题,检查当天任务完成情况,安排次日的零星养护工作。

> **案例**
>
> 在某住宅小区，某住户在该小区楼下行走时，不幸被5层楼顶挑檐上脱落下的水泥块砸伤头部，造成重型颅脑损伤，最终死亡。事故发生后，该住户妻子将小区物业管理公司告到法院，要求赔偿。
>
> 【分析】
>
> 物业管理包括房屋安全管理。房屋安全管理是指物业管理公司对受托进行管理的辖区内的房屋进行日常的安全检查和防范，使其保持国家规定和业主要求的安全标准。本案例水泥块的脱落，显然是物业管理公司疏于房屋安全管理造成的，因为屋顶挑檐水泥块脱落非一日所成。而住户的死亡直接原因就是脱落水泥块所致，因此物业管理公司应承担其法律责任。
>
> 【解决方法】
>
> 物业管理公司应表明愿在法律规定的范围内向原告赔偿。物业管理公司应强化内部管理，制定规章制度，并全面落实。对辖区内物业进行全面检查，彻底消除安全隐患。

三、建筑物服务的工作实施

1. 管理机构设置

机构职责范围：建筑物的维护与管理服务一般由工程管理部组织实施。管理部下设维修主管、采购专员、资料管理文员等。工程管理部负责以下方面工作。

① 项目接收

a. 负责新接管项目的前期介入、接管验收工作；

b. 负责组织本公司技术能力不能解决的、重大故障维修项目的招标及监督、验收工作。

② 建筑物维修、维护

a. 制定并不断完善房屋维护管理制度；

b. 制订和实施房屋的修缮计划，确保房屋的完好与正常使用。

③ 建筑物装修管理

a. 与业主、施工单位签订装修管理协议，并告之业主装修注意事项；

b. 对装修现场进行巡视检查，及时发现违反施工管理规定和装修方案的情况。

④ 采购管理

a. 采购工程管理部所需的材料、工具配件等物品；

b. 负责工程管理部物品的登记、入库、保管、领取手续办理等工作。

⑤ 内部管理

a. 合理调配部门员工工作；

b. 部门经费的控制与管理；

c. 定期对员工进行业务培训与考核。

2. 人员的岗位职责

（1）岗位职责

① 工程部经理

a. 负责组织制定本部门各岗位规范及操作规程，组织拟定建筑物管理、操作、维护的各种程序文件和技术标准，并督促检查执行情况；

b. 审查建筑物检修计划及年、季、月度保养的周期计划，并组织实施；

c. 负责建筑物的接管验收；

d. 负责建筑物修缮管理工作；

e. 根据公司要求，制定工程管理部的预算，监督及控制本部门的费用支出；
f. 业主装修方案审批及验收管理；
g. 处理重大投诉事件及突发性事故；
h. 负责其他相关工作。

② 维修主管

a. 负责制订建筑物的维护、保养计划，跟踪检修、保养操作过程的重要环节，并核准质量记录结果；
b. 负责制定建筑物维修管理的各种规章制度，定期组织巡检并做好记录；
c. 负责向工程部经理提交工程改造建议和大、中修计划；掌握建筑物的完好情况，如发现异常及时组织人员抢修；
d. 对于不能解决的重大土建故障，负责联络外部维修单位进行维修，与其商谈合作细节，经总经理批准后签订合作协议并配合工作；
e. 负责组织员工对业主装修方案中的土建变动部分的审批工作和装修结束后的工程验收工作；
f. 负责维修员工的日常管理、考核，安全教育和物业知识的培训；深入实地检查下属员工工作质量、岗位纪律，发现问题及时采取纠正措施；
g. 督导员工按时完成工作，提高工作效率，维护公司形象。

③ 采购专员

a. 收集采购信息，根据工程管理部所需物品、工具类别，建立产品资料信息库，提出最佳采购方案。
b. 执行采购。根据部门物料、备件、工具的使用及需求情况，对比产品质量价格等因素后，进行采购。
c. 物品在库管理。对采购物品入库后登记台账，做好保管工作，定期进行物品盘点，及时处理出现的问题。
d. 物品领取管理。准备《物品领取表》，对各项物品的领用及时登记、领用人签字，保证账实相符。

④ 维修工

a. 根据公司的相关制度，定期对所属工作区的建筑物、附属设施进行维护和保养，确定建筑物、附属设施无安全隐患，并做好维护记录；
b. 依照公司相关日常检查制度，定期对工作区内的建筑物、设施等进行认真检查，对建筑物和附属设施的安全状况进行记录，发现问题及时向主管报告，并提出解决方案；
c. 依照公司的相关制度规定及上门维修服务工作流程要求，在约定的时间内入户提供维修服务，协助做好维修后的清洁工作，并填写维修确认单。

3. 人员的选聘

（1）工程部经理。一般大学专科以上学历，机电、电气相关专业。要求3年以上大型社区、写字楼、商场超市工程管理岗位工作经验，中级以上职称；具备土建、装修、消防等专业知识及企业管理、物业管理知识；了解物业公司的运营机制及工程管理部的主要职责、业务范围；了解国家有关装饰、装修及消防安全等各项法律、法规规定。

（2）维修主管。一般要求3年以上物业公司相关岗位工作经验，有相关专业技术职称；具备装修、土建等专业技术知识；深入了解房屋土建、装修管理知识，掌握土建、装修的维护与问题处理，了解国家相关法律法规。

（3）采购专员。一般要求大专以上学历，2年以上企事业单位采购工作经验，1年以上相关物业公司工作经验，具有采购职业资格证书者优先；熟悉采购管理流程，了解物业公司物料需求及采购管理运作方式；掌握相关物料、备件、工具的技术要求、质量标准；了解相关法律法规。

(4) 维修工。一般要求中专及以上学历，1年以上物业服务企业维修岗位或相关岗位工作经验，持有相关职业资格证书；具备装修、工程、土建等专业知识及物业管理的相关知识；了解国家的相关法律法规。

四、建筑物服务的实施要点

首先，随着经济的发展，人们生活水平的提高，建筑物的形式、风格、材料的应用都呈现多样化的趋势。在建筑物的维护中，针对不同类型、不同建筑风格、不同结构、不同等级的房屋，应采取不同的维修标准和装修方案。管理人员要不断学习，充实新的知识，以适应新的发展需要。

其次，根据房屋建筑的年限，可把建筑物大致划分为新建筑物和旧建筑物两大类，对于新建筑物，维修工作主要是做好建筑物的日常维护，保持原貌和使用功能。对于旧建筑物，应根据建造的历史年代、结构、质量状况、住宅使用标准、环境以及所在地区的特点等综合条件，综合城市总体规划要求，分别采取不同的维修改造方案。

第三，在建筑物维修管理上，切实做到为业主或使用人服务，建立、健全科学合理的建筑物维修服务制度。

最后，建筑物维修工作需要投入建材、人工、机器、工具等，交付使用后应收回成本，并产生适当的利润。但物业服务企业应通过提高科学技术水平和生产管理水平，节约维修资金，以最少的消耗，达到多修房、修好房的要求。

知识目标

掌握建筑物管理服务方案项目定位与项目分析；掌握建筑物管理服务标准与工作流程；掌握建筑物管理服务管理制度的建立；掌握建筑物管理服务方案成本计算方法。

技能目标

掌握建筑物管理服务方案策划过程；掌握建筑物管理服务方案策划方法。

 走进实训——"真题真做"

项目二　针对某物业项目策划建筑物管理服务方案

【实训目标】

1. 结合实际，培养学生现场考察、分析问题能力。
2. 结合实际，培养学生建筑物管理服务方案策划能力。

【实训内容与要求】

1. 由学生自愿组成小组，每组14～17人。利用业余时间，针对某物业项目进行设备设施服务方案策划。

2. 在策划之前，每组需通过对设备设施服务方案策划知识的预习，经过讨论制定策划提纲，具体可参考如下提纲。

建筑物管理服务方案策划提纲

第一部分　建筑物管理服务项目描述

第一章　建筑物管理服务概况

1.1　物业项目概况

1.2　物业项目总体定位

1.3　建筑物的概况

第二部分　建筑物管理服务体系设计
第二章　建筑物管理服务内容
2.1　建筑物管理服务使用现状
2.2　建筑物管理维护保养制度
2.3　建筑物管理服务总体目标
第三章　建筑物管理服务管理机构
3.1　建筑物管理机构管理构架
3.2　建筑物管理机构人员组织
3.3　建筑物管理机构岗位职责
第三部分　建筑物管理服务方案实施
第四章　建筑物管理服务人员培训
4.1　物业项目认知培训
4.2　建筑物管理知识培训
4.3　操作规范培训
4.4　制度培训
第五章　建筑物管理服务方案执行
5.1　建筑物管理服务岗位工作流程
5.2　建筑物管理服务的考核及评价
5.3　建筑物管理服务的成本测算及成本控制
第四部分　小结

走进理论与方法——"学与导"

建筑物管理服务方案是针对一定形式物业，开展对建筑物本体的维护和保养所具有可行性的管理服务策划。方案的主要内容包括确定管理档次、服务标准，做好财务收支预算等。

一、确定管理档次

不同类型的物业对建筑物管理档次和维护范围要求不同。高档物业及收益类物业，对建筑物外观及内部装修装饰要求较高，维护服务内容较多；而普通住宅物业，对外观要求可适当降低，但对于实体功能的损坏较为重视，所以日常服务以维修为主；工业建筑的维护与设备类型、生产工艺要求密切相关，要区别对待。另外，建筑物的结构不同，维护工作的实施也有所区别。

1. 建筑物的用途分类及特点

（1）民用建筑。供人们生活、居住、从事各种文化福利活动的房屋。按其用途不同，有以下两类。

①居住建筑：供人们生活起居用的建筑物，如住宅、宿舍、宾馆、招待所。

②公共建筑：供人们从事社会性公共活动的建筑和各种福利设施的建筑，如各类学校、图书馆、影剧院等。

（2）工业建筑。供人们从事各类工业生产活动的各种建筑物、构筑物的总称。通常将这些生产用的建筑物称为工业厂房。包括车间、变电站、锅炉房、仓库等。

2. 按建筑结构的材料分类

（1）砖木结构。这类房屋的主要承重构件用砖、木构成。其中竖向承重构件如墙、柱等采用砖砌，水平承重构件的楼板、屋架等采用木材制作。这种结构形式的房屋层数较少，多用于单层房屋。

（2）砖混结构。建筑物的墙、柱用砖砌筑，梁、楼板、楼梯、屋顶用钢筋混凝土制作，成为砖-钢筋混凝土结构。这种结构多用于层数不多（六层以下）的民用建筑及小型工业厂房，是目前广泛采用的一种结构形式。

（3）钢筋混凝土结构。建筑物的梁、柱、楼板、基础全部用钢筋混凝土制作。梁、楼板、柱、基础组成一个承重的框架，因此也称框架结构。墙只起围护作用，用砖砌筑。此结构用于高层或大跨度房屋建筑中。

（4）钢结构。建筑物的梁、柱、屋架等承重构件用钢材制作，墙体用砖或其他材料制成。此结构多用于大型工业建筑。

3. 按建筑结构承重方式分类

（1）承重墙结构。它的传力途径是：屋盖的重量由屋架（或梁柱）承担，屋架支撑在承重墙上，楼层的重量由组成楼盖的梁、板支撑在承重墙上。因此，屋盖、楼层的荷载均由承重墙承担；墙下有基础，基础下为地基，全部荷载由墙、基础传到地基上。

（2）框架结构。主要承重体系由横梁和柱组成，但横梁与柱为刚接（钢筋混凝土结构中通常通过端部钢筋焊接后浇灌混凝土，使其形成整体）连接，从而构成了一个整体刚架（或称框架）。一般多层工业厂房或大型高层民用建筑多属于框架结构。

（3）排架结构。主要承重体系由屋架和柱组成。屋架与柱的顶端为铰接（通常为焊接或螺栓连接），而柱的下端嵌固于基础内。一般单层工业厂房大多采用此法。

（4）其他。由于城市发展需要建设一些高层、超高层建筑，上述结构形式不足以抵抗水平荷载（风荷载、地震荷载）的作用，因而又发展了剪力墙结构体系、筒式结构体系。

4. 建筑高度分类

建筑物可根据其楼层数量分为以下几类几种。

（1）低层：2层及2层以下；

（2）多层：2层以上，8层以下；

（3）中高层：8层以上，16层以下；

（4）高层：16层以上，24层以下；

（5）超高层：24层以上。

二、确定服务标准

确定适当的建筑物维护维修标准首先要考虑到建筑物的类型和使用特点，建筑物体积的大小、物业的位置、物业的维修预算限制，以及业主就本物业的长远策略。

1. 各类物业对建筑物管理服务的要求

不同物业类型的建筑物管理服务不同，从物业用途及物业管理开展的角度分类有以下几种。

（1）居住类物业。主要包括新型单体多、高层住宅，公寓、别墅和综合性居住小区等。居住类物业建筑物分布一般集中成片，数量较多，风格多样，建筑新颖，产权分散。

（2）工业类物业。主要包括一般的工业大厦、工业厂区和特种工业建筑。现代工业物业厂区规划完整，建筑安全实用，强调水、电、原料供应顺畅，货物起卸运输方便，废料、废气、废水处理彻底。

（3）办公、写字楼物业。办公、写字楼物业主要包括各行各业的行政办公、业务大厦及商务写字楼宇。纯出租的写字楼一般房型不固定，可以根据需要进行分割、组合。现代商业化的办公、写字楼大多位于城市中心繁华地段，交通便利，建筑档次高，外观风格鲜明，内部装修高档。

（4）商场物业。现代商场物业主要包括各类商场、购物中心、购物广场及各种专业性市场等。现代商场物业，建筑造型新颖别致，外观装饰注重独特的广告效应，内部装修强调空间的充分利用，经营项目基本综合配套，并着意营造豪华、高雅、温馨的购物氛围。

（5）酒店、宾馆类物业。该类物业具体包括酒店、饭店、宾馆、旅馆等物业，主要功能是提供餐饮、住宿等服务。按建筑装修标准不同及管理服务水平高低分为不同星级。现代酒店、宾馆类物业外观设计独特，内部装修豪华，多附有停车、购物、商务、会议、娱乐及健身场所。

(6) 高级综合大厦。高级综合大厦是近期各大城市所建大型高层建筑中比较突出的一种，其显著特点就是集多功能于一体，最为典型的是下面做商场、酒家，上面做住宅、写字楼。高级综合大厦常是主副楼匹配，裙楼围衬。

高级综合大厦兼具高层商厦、写字楼的特色，往往建筑规模更大。新型的综合大厦多采用智能化设计，使大厦的使用维护更方便、高效，管理要求也更高。

2. 不同级别建筑对管理服务的要求

(1) 一级普通住宅小区物业管理服务等级房屋维护标准

① 对房屋共用部位进行日常管理和维修养护，检修记录和保养记录齐全。

② 根据房屋实际使用年限，定期检查房屋共用部位的使用状况，需要维修，属于小修范围的，及时组织修复；属于大、中修范围的，及时编制维修计划和住房专项维修资金使用计划，向业主大会或者业主委员会提出报告与建议，根据业主大会的决定，组织维修。

③ 每日巡查1次小区房屋单元门、楼梯通道以及其他共用部位的门窗、玻璃等，做好巡查记录，并及时维修养护。

④ 按照住宅装饰装修管理有关规定和业主公约（业主临时公约）要求，建立完善的住宅装饰装修管理制度；装修前，依规定审核业主（使用人）的装修方案，告知装修人有关装饰装修的禁止行为和注意事项。每日巡查1次装修施工现场，发现影响房屋外观、危及房屋结构安全及拆改共用管线等损害公共利益现象的，及时劝阻并报告业主委员会和有关主管部门。

⑤ 对违反规划私搭乱建和擅自改变房屋用途的行为及时劝阻，并报告业主委员会和有关主管部门。

⑥ 小区主出入口设有小区平面示意图，主要路口设有路标，各组团、栋及单元（门）、户和公共配套设施、场地有明显标志。

(2) 二级普通住宅小区物业管理服务等级房屋维护标准

① 对房屋共用部位进行日常管理和维修养护，检修记录和保养记录齐全。

② 根据房屋实际使用年限，适时检查房屋共用部位的使用状况，需要维修，属于小修范围的，及时组织修复；属于大、中修范围的，及时编制维修计划和住房专项维修资金使用计划，向业主大会或者业主委员会提出报告与建议，根据业主大会的决定，组织维修。

③ 每3日巡查1次小区房屋单元门、楼梯通道以及其他共用部位的门窗、玻璃等，做好巡查记录，并及时维修养护。

④ 按照住宅装饰装修管理有关规定和业主公约（业主临时公约）要求，建立完善的住宅装饰装修管理制度；装修前，依规定审核业主（使用人）的装修方案，告知装修人有关装饰装修的禁止行为和注意事项。每3日巡查1次装修施工现场，发现影响房屋外观、危及房屋结构安全及拆改共用管线等损害公共利益现象的，及时劝阻并报告业主委员会和有关主管部门。

⑤ 对违反规划私搭乱建和擅自改变房屋用途的行为及时劝阻，并报告业主委员会和有关主管部门。

⑥ 小区主出入口设有小区平面示意图，各组团、栋及单元（门）、户有明显标志。

(3) 三级普通住宅小区物业管理服务等级房屋维护标准

① 对房屋共用部位进行日常管理和维修养护，检修记录和保养记录齐全。

② 根据房屋实际使用年限，检查房屋共用部位的使用状况，需要维修，属于小修范围的，及时组织修复；属于大、中修范围的，及时编制维修计划和住房专项维修资金使用计划，向业主大会或者业主委员会提出报告与建议，根据业主大会的决定，组织维修。

③ 每周巡查1次小区房屋单元门、楼梯通道以及其他共用部位的门窗、玻璃等，定期维修养护。

④ 按照住宅装饰装修管理有关规定和业主公约（业主临时公约）要求，建立完善的住宅装饰装修管理制度；装修前，依规定审核业主（使用人）的装修方案，告知装修人有关装饰装修的禁止

行为和注意事项。至少两次巡查装修施工现场，发现影响房屋外观、危及房屋结构安全及拆改共用管线等损害公共利益现象的，及时劝阻并报告业主委员会和有关主管部门。

⑤ 对违反规划私搭乱建和擅自改变房屋用途的行为及时劝阻，并报告业主委员会和有关主管部门。

⑥ 各组团、栋、单元（门）、户有明显标志。

三、建筑物维护服务工作实施

1. 建筑物维护服务工作流程设计

（1）建筑物日常维护保养流程

① 查阅建筑物保养记录，掌握周期及技术状况；

② 根据保养记录制订保养计划、要求，内容详尽，合理；

③ 确定工作质量检查标准；

④ 根据人员情况，指派分管人员按计划进行建筑物保养工作；

⑤ 如在保养过程中出现技术问题，使工作量加大，主管领导及时协调解决，根据实际情况增派人手或修改保养计划；

⑥ 工作完成后，主管领导按质量检查标准检查工作完成情况；

⑦ 详细记录保养工时，工作情况和建筑物技术情况。

（2）报修管理流程。与建筑物管理服务报修流程同。

（3）建筑物维修管理流程

① 工程管理部根据建筑物的实际状况和更新周期制订建筑物修缮计划、专项大中修工程项目计划，确保房屋的完好与正常使用；

② 工程管理部组织房屋勘察鉴定，掌握房屋完损情况；

③ 工程管理部根据结果拟订修缮方案，并落实维修经费；

④ 工程管理部确定是否采用招标方案，如采用招标的形式则发布招标文件，如不采用招标的形式则由工程管理部进行维修；

⑤ 采用招标形式的维修，由工程部审核投标单位的相关文件、资料，经发标、开标，考察施工队后签订维修施工合同；

⑥ 工程管理部对施工单位的施工情况进行监督、检查；

⑦ 维修验收合格由财务部付工程款，验收不合格则由维修施工单位或本部门的维修人员返工，直至验收合格；

⑧ 管理部将此次维修的具体事项记录到房屋技术档案中。

2. 建筑物维修服务工作的实施

（1）施工组织设计。施工组织设计的内容一般包括以下几个方面。

① 工程概况，包括工程地点、面积、投资、维修工程内容、工期、主要工种工程量、材料设备及用户搬迁时间等；

② 单位工程进度计划；

③ 施工任务的组织分工和安排，总包、分包的分工范围，物业管理公司、维修施工单位和设计单位的三方协作关系；

④ 劳动力组织及需要量计划；

⑤ 主要材料、预制品、施工机具需要量及旧料代用计划；

⑥ 生产、生活临时设施计划；

⑦ 施工用水、用电、燃料的供应办法；

⑧ 施工现场总平面图，包括标明应清理的现场障碍物、给定定位坐标、地下管网情况、水电源的接设、消防设备位置、现场材料的存放位置和道路设置；

⑨ 保证工程质量及安全生产的技术组织措施；

⑩ 各项技术经济指标等。

（2）房屋维修工程验收

① 维修工程质量交验标准

a. 维修工程的分项、分部工程必须达到原建设部颁发的《房屋修缮工程质量检验评定标准》中规定的合格标准和合同规定的质量要求；

b. 维修工程中的主要项目，如钢筋强度、水泥标号、混凝土工程和砌筑砂浆等，均应符合《房屋修缮工程质量检验评定标准》中规定的全部要求；

c. 观感质量评定得分合格率不低于95%。

② 一般大、中、翻修工程竣工交验标准

a. 必须达到维修方案的全部要求，并完成合同规定的各项维修内容；

b. 维修工程的施工文件和技术资料准备齐全，装订成册；

c. 所修的分部、分项工程必须达到《房屋修缮工程质量检验评定标准》所规定的合格标准；

d. 观感质量评定得分合格率不低于95%，维修单位通过自检达到以上条件和标准后，才能通知房屋管理机构进行竣工交验。

在工程验收时，还应签订回访保修协议，回访保修期限，大、中修工程一般为半年，翻修工程为1年。

住宅专项维修资金

1. 什么是住宅专项维修资金

住宅专项维修资金是指专项用于住宅共用部位、共用设施设备保修期满后的维修和更新、改造的资金。

住宅专项维修资金应当专款专用，不得挪作他用。

2. 住宅专项维修资金的交存标准

商品住宅的业主、非住宅的业主按照所拥有物业的建筑面积交存住宅专项维修资金，每平方米建筑面积交存首期住宅专项维修资金的数额为当地住宅建筑安装工程每平方米造价的5%~8%。

直辖市、市、县人民政府建设（房地产）主管部门应当根据本地区情况，合理确定、公布每平方米建筑面积交存首期住宅专项维修资金的数额，并适时调整。

3. 住宅专项维修资金的所有人

专项维修资金属于业主所有。代管银行将向购房者发放专项维修资金专用存折（卡），由业主或购房者凭存折（卡）存储维修基金，业主和业主委员会有权向代管银行查询专项维修资金本息和使用情况。业主委员会或物业服务企业应每半年公布一次专项维修资金使用的情况，接受业主的查询和监督。

当房屋的权属发生转移时，该房屋对应的专项维修资金余额应随相关房屋一并转移。专项维修资金的主管部门是市房产局，负责本市区专项维修资金的监管工作，市财政局负责本市区专项维修资金的指导和监督检查，市审计局依法对本市区专项维修资金进行审计监督。

4. 住宅专项维修资金的使用

业主大会聘请的物业服务企业要动用资金时，应该根据业主大会的决定提出，业主大会的决定，要达到两个过半数：专有部分占建筑物总面积过半数的业主和占总人数过半数业主的书面同意。通俗地讲，就是按照住房面积，每平方米是一票，要过半数；以一名业主为一票，要过半数，达到这两个条件，才能提出动用资金。

住宅专项维修资金列支范围，要达到两个三分之二，即专有部分占建筑物总面积三分之二以上的业主和占总人数三分之二以上的业主讨论通过，才能列支资金。通俗地讲，就是按照住房面积，每平方米是一票，要三分之二以上票数通过；以一名业主为一票，要三分之二以上票数通过，达到这两个条件，才能列支资金。

第二节　物业设备设施服务方案策划及其执行

知识目标
了解物业设备设施系统的组成；掌握物业设备设施管理服务的内容；掌握物业设备设施服务管理机构的组建；掌握物业设备设施服务人员岗位职责；掌握物业设备设施服务工作实施要点。

技能目标
掌握物业设备设施种类及管理要点；掌握物业设备设施管理服务的管理模式选择；掌握物业设备设施管理服务的人员组织方法及工作实施要点。

走进实训——"做"

项目一　项目调查与描述

【实训目标】
1. 结合实际，了解物业设备设施管理服务的内容与目标。
2. 掌握某物业设备设施服务项目的内容和现状。

【实训内容与要求】
1. 由学生自愿组成小组，每组 14~17 人，利用业余时间，对物业的设备设施管理情况进行调查与访问。
2. 在调查与访问之前，每组需通过对物业设备设施服务知识的预习，经过讨论制定调查访问的提纲，包括调研主要问题及具体安排，具体可参考下列问题：
（1）调查项目的物业类型，服务特点及物业定位；
（2）调查项目的设备设施组成，设备设施使用情况，设备设施技术状态；
（3）调查项目的人员组织，人员考核及工作实施情况；
（4）调查项目的设备设施管理目标，执行情况，目前存在的问题；
（5）调查项目的服务成本费用情况等。

【成果与检测】
1. 每人写出一份被调查项目的项目实施报告。
2. 调查访问结束后，组织一次课堂交流与讨论。
3. 以小组为单位，分别由组长和每个成员根据各成员在调研与讨论中的表现进行评估打分。
4. 由教师根据各成员的调研报告与在讨论中的表现分别评估打分。
5. 将上述诸项评估得分综合为本次实训成绩。

走进理论与方法——"学与导"

一、物业设备设施服务的含义

物业设备设施是为物业中的用户提供生活和工作服务的各种设备设施的总称，是物业中的有机部分，是保证物业能够正常使用的物质基础。它包括给水、排水、热水供应、天然气、供暖、通风、空调、供电、照明、消防、电梯、通信、计算机等设备系统。

物业设备设施服务是指物业服务企业根据物业服务的总体目标，从对物业设施设备的采购、验收，到消费阶段的使用、维护保养、检查修理、更新改造这一过程中进行的决策、计划、组织、协调、控制等技术管理和经济管理活动。

舒适的日常生产、生活环境，来源于物业管理公司对物业设施设备良好的维护和管理。没有良好的运行和维护管理，物业设施设备就不可能给人们创造安全、舒适、可靠的生活环境，更谈不上服务品质。

二、物业设备设施服务的内容

1. 物业设备设施的种类

物业设备主要包括给水排水、暖通空调以及电气等设备，这些设备构成了物业设备的主体。物业设备的内容很多，建筑物级别越高，功能越完善，设备的种类就越多，系统就越复杂。

（1）给排水系统。给排水系统主要包括室内给水系统、室内饮用水系统、室内热水系统、室内排水系统、水景工程给排水系统及游泳池给水系统等。

（2）消防工程。消防工程主要包括消火栓消防系统、自动喷淋灭火系统、雨淋灭火系统和其他非水灭火系统，如干粉灭火系统、泡沫灭火系统及二氧化碳灭火系统等。

（3）暖通空调工程。暖通空调工程主要包括室内供暖系统及热源、室内燃气供应、建筑物通风及排烟系统、空气调节系统及冷源等。

（4）建筑电气系统。建筑电气系统主要包括低压配电系统、建筑照明、建筑防雷、消防控制系统、安保系统、智能停车管理系统、通信与广播及有线电视系统等。

物业设施设备包括的内容虽然很多，但其中都有各种各样的联系，设备工程越来越成为一个有机的整体，这些设备使物业的功能越来越完善。

2. 物业设备设施的管理内容

（1）物业设备设施基础资料的管理。物业设备的主要内容是建立设备管理原始资料档案和设备技术资料档案。

① 设备原始资料档案管理。设备在验收接管后应建立设备管理原始资料档案。主要包括以下内容。

a. 验收文件，包括验收记录、测试记录、产品与配套件的合格证、订货合同、安装合同、设备安装图与建筑结构图、使用维护说明、遗留问题处理协议与会议纪要等；

b. 建立设备卡片，应记录有关设备的各项明细资料，如房屋设备类别、编号、名称、规格、技术特征、附属物所在地点、建造年份、开始使用日期、中间停用日期、原值和预计使用年限、预提大修更新基金、进行大修理次数和日期、报废清理情况等。

设备卡片示例（正面）

设备编号 设备类别 设备名称 设备型号、规格 设备所在地点			建造单位 建造年份 交接验收日期凭证 开始使用年限		设备原值 预计使用年限 预计残值 预计清理费用 预提大修更新基金金额		
设备原值及预提维修基金记录			设备大修记录		停用记录		
设备原值	预提维修基金日期	预提维修基金金额	大修日期	大修金额	停用日期	原因	动用日期

设备卡片示例（反面）

报废清理记录	事故记录	其他需要记录的事项
报废日期 报废原因 设备原值 累计预提维修基金金额 变价收入 清理费用	事故发生时间 事故发生原因 事故处理结论	记卡日期 注销日期

② 设备技术资料档案管理

a. 报修单。每次维修填写报修单，每月统计一次，每季装订一次，物业工程部门负责保管以备存查。

b. 运行记录。值班人员地下室的设备运行记录每月一册，每月统计一次，每年装订一次，由物业服务企业设备运行管理部门保管好，以备存查。

c. 考评材料。定期或不定期地检查记录奖罚情况、先进班组、个人事迹材料，每年归纳汇总一次，并装订保存。

d. 技术革新资料。设备运行的改进、设备技术改造措施等资料，由设备管理部门汇总。

案例

一天深夜，某业主回到某小区 4 号居民楼，搭乘电梯回家。谁料电梯刚运行到一半，就突然失控下坠，载着该业主一直坠落到电梯井井底，该业主当场昏迷。几小时后，该业主被人发现并送入医院救治，由于出现了头痛发晕、呕吐鲜血的症状，医院诊断其为急性胃溃疡合并出血。伤愈后，该业主随即向该小区物业管理公司索赔，要求其支付医疗费、营养费、精神损失费等。

【分析】

电梯作为高层建筑的重要交通工具已经日益普及，由电梯而引发的纠纷在物业管理实践中所占比例也较突出。因此，加强电梯管理，对保证业主用户的正常生活和工作，保证乘电梯者人身安全意义重大。

电梯管理包括运行管理、设备管理和安全管理等内容。电梯系统技术复杂，维修保养要求成本高，一般由劳动局认可的专业维修公司负责。物业管理公司的工程维修人员予以配合，做好日常运行监管，及时发现故障，通知专业维修公司排除电梯故障。物业管理公司还应制订电梯故障应急方案，严格执行。

本案例中的电梯坠落事故显然是由电梯的产品质量或疏于管理的某一因素造成的，应区别分析对待。如系产品质量问题，应由生产厂家负主要责任，开发商和物业管理公司也应承担产品验收环节的责任。如果在电梯公司保修期内电梯出现了质量问题，理所当然由电梯公司赔偿。如果在保修期外，电梯超过了保修期，因疏于管理造成，就要继续分析，因为目前的电梯维修保养，物业管理公司大多对外委托给专业维修公司负责。如果是因物业管理公司未及时发现运行故障未通知维修公司，那么物业管理公司就要承担一定的责任；如果是因为维修公司维修不及时或疏于保养造成的，那就由维修公司承担责任。但电梯纠纷在管理实践中更多的是收费问题和困人问题，需要我们在实践中给予更多的关注。

【解决方法】

物业管理公司应视电梯管理的具体情况，结合上述分析酌情妥善解决。但本案例应引起物业管理公司重视的是电梯管理过程中日常档案资料的管理，因为一旦出现类似事故，最具有说服力的证据就是这些档案资料。

(2) 设备运行管理。设备运行管理的主要内容

① 建立合理的运行制度和运行操作规定；

② 建立安全操作规程等运行要求（标准）及文明安全运行的管理，并建立定期检查运行情况和规范服务的制度；

③ 加强设备的安全管理、安全检查，加强对操作人员、维修人员的安全操作、安全作业的训练和管理；

④ 建立安全责任制和对住（用）户进行安全教育，向住（用）户宣传设备（如电梯）的安全使用常识。

(3) 物业设备维修管理。物业设备的维修管理是指根据物业设备的性能，按照一定的科学管理程序和制度，以一定的技术管理要求，对设备进行日常保养维护和维修。物业设备的维修管理意义重大，设备的完好与否和寿命长短很大程度上取决维修管理的优劣。

① 维护保养。维护保养工作分为日常维护保养和计划维护保养。

日常维护保养工作要求设备操作人员在班前对设备进行外观检查，在班中按操作规程操作设备，定时巡视、记录各运行参数，随时注意运行中有无异声、振动、异味、超载等现象，在班后对设备做好清洁工作。

定期维护保养工作是以操作人员为主、检查人员协助进行的。它是有计划地将设备停止运行，进行维护保养。根据设备的用途、结构复杂程度、维护工作量以及人员的技术水平等来决定维护的整个周期和维护停机时间。维护保养的方式主要是"清洁、紧固、润滑、调整、防腐、防冻及外观表面检查"。

② 设备的维修。设备维修是一种技术含量非常高、要求非常严格的一项工作。他要求维修人员要有高度的责任心。根据维修工作量设备维修分为小修、中修、大修三类。

a. 设备小修是工作量较小的一种计划修理，小修是进行必要的局部或全部的分解检查，更换与修复损坏的零部件，确保正常使用。

b. 设备中修是对部分零部件进行分解检修的一种计划修理，中修时必须更换和修复已磨损、腐蚀或丧失性能的零件，校正设备的水平度和垂直度，确保设备运行的可靠性。

c. 设备大修是工作量最大的一种计划修理，大修时将设备全部分解，修理标准零件，更换和修复磨损、腐蚀、老化或丧失工作性能的零件和部件，并进行必要的试验，以恢复设备规定的精度、性能及效率。

(4) 物业设备的更新管理。物业设备更新就是以新型的设备来替代原有的老设备。任何设备都有寿命，如果设备使用达到了它的技术寿命或经济寿命，必须更新。

(5) 备品配件管理。备品配件管理的主要内容包括：备件范围的确定，备件图纸的收集、测绘整理，确定备件来源的途径和方法，确定合理的储备定额和储备形式，编制备件卡和备件台账。

三、物业设备设施服务的总体目标

1. 管理的质量要求

用好、修好、改造好现有设备，提高设备的利用率及完好无损率，是物业设备管理的根本目标。设备的维护及检修是物业设备管理的重要环节。

2. 具体考核指标

设备的有效利用率和设备的完好率是衡量物业设备管理质量的常用指标。

(1) 设备的有效利用率

$$A = \frac{T}{T+T'} \times 100\%$$

式中　A——设备有效利用率，%；
　　　T——设备有效工作时间，h；
　　　T'——设备的停机或无效工作时间，h。

(2) 设备的完好率

$$B = \frac{S_0}{S} \times 100\%$$

式中　B——设备的完好率，%；
　　　S_0——设备完好的台数；
　　　S——设备总的台数。

注：设备完好与否是通过检查来评定的。一般的完好标准为：

① 零、部件完整齐全，质量符合要求及安全要求；

② 设备运转正常，性能良好，功能达到规定要求；
③ 设备技术资料齐全、准确及运转记录齐全；
④ 设备及环境整齐、清洁，无"跑、冒、滴、漏"现象；
⑤ 防冻、保温、防腐等措施完整有效。
（3）其他如有效投诉率，维修及时率，维修返修率等均达标。

四、物业设备设施服务的工作实施

1. 管理模式

（1）物业服务企业全权管理。物业设备管理是涉及面非常广、专业化程度比较高的工作。通常当物业规模较小，或物业规模较大，而物业服务企业有实力、有规模时，就可以自己承担所有的设备管理工作。这样便于人员的管理和质量的控制。

（2）外委管理。为了提供高效、优质的服务，减少开支，物业服务企业可以将物业服务区域内的一些关键设备、安全性设备及技术难度高的设备的专项服务委托给专业性服务企业，如将锅炉、电梯等物业设备委托锅炉专业制造厂、专业电梯维修公司管理，这样可以提高设备的安全性，同时又解决了技术难度高、技术人员缺乏、自己维修成本高的问题。

2. 管理机构设置

（1）机构组建要求。物业设施设备管理是一项专业技术性很强的工作，应执行以专业技术干部为主导的指挥管理体系，具体要求如下：

① 机构设置的规模应以企业管理的规模和类型为前提：物业规模大，则组织大；物业技术含量高，则组织大；

② 组织机构的负责人应当是专业技术人员，原建设部令第 125 号《物业企业资质管理办法》规定："工程、财务等业务负责人具有相应专业中级以上职称"；

③ 应根据所管物业类型、业态、技术含量设置或配置相关专业技术人员，机构应精干，所配置的人员应要求专业且一专多能；

④ 管理层次宜少应明晰；

⑤ 应建立组织机构责任制，管理目标明确，管理责任明确。

（2）常见的设备维护与管理组织结构类型

① "综合维修组"模式

操作要点：这种组织机构中整个设备维护管理工作只分运行和维护两大部分。为了最大限度地节约人员开支，"综合维护组"成员一般为多技能型人才，能应付各类设备日常维护工作。专业工程师一般由电气工程师和机械工程师组成，受部门经理的直接领导，负责管理各组遇到的相应技术问题。

这种模式机构简单，人员较少，决策迅速，效率高。但专业性不足，对于较复杂的设备管理问题有时力不从心。适用于常规建筑设备为主，比较小型的或专业要求不高的物业设备管理工作。

② "专业管理"模式

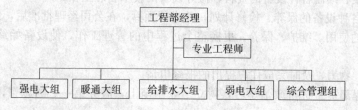

操作要点：这种组织机构是按照专业进行任务分工，各司其职。但是由于各组人员分别受不同的管理者指挥，当出现需要若干组人员配合解决的问题时，常常会出现时间上不同步、配合不当、问题解决不及时等问题。所以领导者要具备物业设备系统知识，协调好人员分配。

这种模式优点是可以发挥专业特长，提高管理质量和管理水平。缺点是班组众多，操作比较复杂，各班组间必须紧密配合才能发挥其真正的作用。适用于设备相对复杂的、大型的物业设备管理工作。

③"急修组"模式

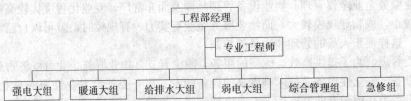

操作要点：这种组织机构是在"专业管理"模式的基础上而来的，它借鉴了项目管理思想，在各专业班组外加上一个"急修组"，组内的维修人员平时仍编于各专业班组内，只是在执行紧急或计划综合设备维修任务时，由"急修组"统一调配各班组中的人员，组成"急修组"，任务结束后，成员仍返回原工作班组。

这种模式的优点是克服了"专业管理"的缺点，能够采用灵活调配的办法充分利用各维修人员的同时，使不同班组的成员能够在同一时间受到统一领导。这种模式适用于较大型的物业设备管理。

3. 人员的岗位设置及选聘

(1) 岗位设置。干部配置标准

① 30 万平方米以下，配置主管 1 人，不设班组长；

② 30～80 万平方米以上，配置主管 1 人，运行班（组）长 1 人，维修班长（组长）1 人；

③ 80 万平方米以上，可考虑配置主管 1 人，运行班（组）长 1 人，机电维修班（组）1 人，综合维修班（组）长 1 人。

人员定编标准：以岗定编，精干高效。

① 多层住宅维修人员：建筑面积每 1.8 万平方米，设 1 人；

② 高层住宅机电人员：高层住宅楼宇机电设施、设备一般都有电梯、消防、供水、供电设施，因此相应配备工程技术人员为建筑面积在 3 万平方米以上的楼宇，每万平方米左右设 1.5 人；

③ 高层写字楼维修人员：一般每万平方米左右，设 3～4 人。

其他如商业、综合性楼宇可以参照以上定编标准。

(2) 岗位职责

① 工程部经理。工程部经理是对物业设备进行管理、操作、保养、保修，保证设备正常进行的总负责人，其职责是：

a. 在公司经理的领导下，贯彻执行有关设备和能源管理方面的工作方针、政策、规章和制度；

b. 组织拟定设备管理、操作、维修等规章制度和技术标准，并监督执行；

c. 组织、收集、编制各种设备的资料，做好设备的技术管理工作；

d. 组织编制各种设备的保养、检修计划，并进行预算，在公司经理批准后，组织人员实施；

e. 负责设备的使用、维护、保养、更换整个过程中的管理工作，使设备始终处于良好的工作状态；

f. 组织人力、物力，及时完成住户提出的报修申请。

组织全体工程部员工进行政治学习，树立"业主至上，服务第一"的思想，进行技术业务学习，提高解决技术难题的能力。

② 各专业技术负责人。是负责所管辖的维修班组的技术、管理工作，并负责编制所分管的物业设备的保养、维修计划，操作规程及有关资料，协助部门经理完成上级主管部门布置的工作，其职责是：

a. 负责编制所管设备的年、季、月检修计划及相应的材料，工具准备的预算谋划，经工程部经理审批后负责组织计划的落实、实施，并负责技术把关和检查；

b. 负责检查所有分管设备的使用、维护和保养的情况，并解决有关技术问题，以保证设备经常处于良好的工作状态；

c. 负责制定所管设备的运行方案，督导操作工严格遵守岗位责任制，严格执行操作规程，以保证设备的正常运行；

d. 负责所管设备的更新、改造计划，以完善原设计和施工遗留的缺陷，使各项物业设备投入正常运转，从而达到"安全，可靠，经济，合理"的目标；

e. 组织调查、分析设备事故原因，提出处理意见及整改措施，以防止同类事故再次发生；

f. 具体负责培训所管辖物业的检修工、操作工的技术水平、工作能力；

g. 积极完成上级领导布置的其他任务。

③ 领班

a. 负责本班所管辖设备的维护养护工作；

b. 以身作则，负责并督促全班员工遵守岗位责任制、操作规程和公司制定的各项规章制度，及时完成上级下达的各项任务；

c. 负责本班的日常工作安排，不断提高自身素质；

d. 严格考核全体员工的出勤情况，不允许擅离职守做私活；

e. 负责制订本班设备的检修计划，报主管部门审核后组织实施。

④ 维修人员

a. 按时上班，不得迟到、早退，因故请假，须经上级部门批准；

b. 认真执行公司制定的各种设备维护规程；

c. 认真完成设备的日常巡检工作，发现问题及时汇报；

d. 定期对物业设备进行保养维护；

e. 认真完成公司安排的设备大检修任务；

f. 正确，详细填写工作记录，维修记录，建立设备档案；

g. 爱护各种设备、工具和材料，对日用维修消耗品要登记，严禁浪费；

h. 加强业务学习，认真钻研设备维修技术，树立高度的责任心，端正工作态度。

⑤ 工程部文员

a. 负责统计材料、工具和其他备件的库存情况，根据库存数量及其他使用部门提出的采购申请，填写采购申请表，报送经理审批；

b. 负责材料、工具和其他设备备件的入库验收工作，保证产品品种、规格、数量、质量符合有关规定要求；

c. 负责库房的保管工作，保证产品的安全和质量；

d. 负责材料、工具和其他设备备件的出库工作；

e. 负责统计库房的工作，按时报送财务部门；

f. 负责完成上级交办的其他任务。

(3) 人员的选聘

① 经理。学历：大学专科以上学历，电气、机电专业。

素质要求：3年以上大型社区、写字楼、商场超市工程管理岗位经验。具备电气、空调、消防、土建、装修等专业知识及企业管理、物业管理知识；深入了解房屋建筑电气系统、空调系统等的运行；了解国家有关装饰、装修及消防安全等各项法律、法规规定。

根据原建设部令第 125 号令《物业管理企业资质管理办法》，工程业务负责人应具有相应专业中级以上职称。

② 工程师。根据物业管理企业所管理的物业项目的规模和类型不同以及企业组织机构设置的形式不同，对相应岗位工程师的素质要求也略有不同。

a. 总工程师。具有一定的管理能力，中级以上职称。熟悉物业管理法律、法规和技术规范、标准，掌握物业中重要设施设备的理论及专业技术，是一位技术复合型专业技术人才，具有指导各专业工程师和技术工人对物业项目的全部设施设备进行运行、管理、维修的专业能力。

b. 专业工程师。具有一定的管理能力，中级以上职称。熟悉物业管理法律、法规和专业技术规范、标准，掌握物业中涉及本专业的设施设备的理论和技术。

具有编制本专业设施设备维修计划及作业规程的能力，并具有指导技术工人对物业项目的本专业设施设备进行运行、维修保养及更新改造的能力。

③ 设施设备主管（班组长）

a. 专业型主管（班组长）。具备物业项目涉及本专业的设施设备专业理论和技术，熟悉此类设施设备的技术规范和标准，能带领和指导技术工人维修保养该类设施设备。

b. 复合型技术主管（班组长）。具有物业项目配套设施设备基本专业理论和技能，熟悉技术规范和标准，能带领设施设备专业技术工人正确操作、维修工作。

④ 技术工人

a. 专业型技术工人。具备物业项目某一类设施设备专业技能，基本了解相关技术规范和标准，熟悉该类设备的维修保养技术要求，能在技术管理人员的带领下或独立进行该类设施设备的维修保养。

b. 复合型技术工人。一般配置于中、小型物业项目，具备一般常规设施设备的专业技术和操作技能，基本了解相关技术规范和标准。

五、物业设备设施服务的实施要点

科学、合理的物业设备管理是对设备从使用、维护保养、检查修理、更新改造过程中进行技术管理和经济管理。

1. 物业设备的技术性能管理

（1）制定科学、严密的操作规程。在设备管理工作中，应针对设备的特点制定切实可行的操作规程，并定期对操作工作进行考核评定。

（2）对操作人员进行专业的培训教育。让其积极参加政府职能部门举办的培训班，掌握专业知识和操作技能，同时加强设备使用的安全教育。通过理论及实际操作的考试，取得专业设备的操作资格证书。

（3）加强维护保养工作人员的责任心。做到"正确使用，精心维护"，确保设备保持完好能用的状态。

（4）对事故的处理要严格执行"三不放过"的原则。设备发生事故后，不能就事论事简单处理，要严格执行"三不放过"原则，即事故原因不查清不放过、对事故责任者不处理不放过、事故后没有采取改善措施不放过。

事故发生后，应该对事故的潜在原因及故障规律进行分析，并提出有效的改善措施，确保类似事故不再发生。

2. 物业设备经济管理

设备技术管理的对象是设备本身，设备经济管理的对象是与设备有关的各项费用。

在设备经济性运行管理中最主要的是设备运行成本管理，这在大厦设备管理中更能得到体现。设备运行成本管理主要包括能源消耗的经济核算、设备操作人员的配置、设备维修费用的管理和设备大修费的管理。主要内容包括：

（1）确定设备的使用年限和合理地提取折旧费用。
（2）以设备维持费（包括运行费和维修费）与事故停机损失费之和最小为目标，确定经济合理的维修方式，实现维修工作最佳化。
（3）合理确定设备使用能耗，降低物业运行能源消耗，实现物业的节能管理。
（4）合理确定备件的储备量和备件的流动资金。
（5）加强设备寿命周期费用分析，实现寿命周期费用最佳化和综合效率最高。

 知识目标

掌握物业设备设施服务方案项目定位与项目分析；掌握物业设备设施服务标准与工作流程；掌握物业设备设施服务管理制度的建立；掌握物业设备设施服务方案成本计算方法。

技能目标

掌握物业设备设施服务方案策划过程；掌握物业设备设施服务方案策划方法。

走进实训——"真题真做"

项目二 针对某物业项目策划物业设备设施服务方案

【实训目标】

1. 结合实际，培养学生现场考察、分析问题能力。
2. 结合实际，培养学生设备设施服务方案策划能力。

【实训内容与要求】

1. 由学生自愿组成小组，每组 14～17 人。利用业余时间，针对某物业项目进行设备设施服务方案策划。

2. 在策划之前，每组需通过对设备设施服务方案策划知识的预习，经过讨论制定策划提纲，具体提纲可参考如下提纲。

物业设备设施服务方案策划提纲

第一部分　设备设施服务项目描述

0.1　物业项目概况

0.2　物业项目总体定位

0.3　物业设备设施的概况

第二部分　物业设备设施服务体系设计

第一章　物业设备设施服务内容

1.1　物业设备设施的分类

1.2　设备设施服务使用现状及技术状态分析

1.3　物业设备设施维护保养制度

1.4　设备设施服务总体目标

第二章　设备设施服务管理机构

2.1　设备设施机构管理构架

2.2　设备设施机构人员组织

2.3　设备设施机构岗位职责

第三部分　设备设施服务方案实施

第三章　设备设施服务人员培训

3.1 物业项目认知培训
3.2 设备设施知识培训
3.3 操作规范培训
3.4 制度培训
第四章 设备设施服务方案执行
4.1 设备设施服务岗位工作流程
4.2 设备设施服务的考核及评价
4.3 设备设施服务的成本测算及成本控制
第四部分 小结

走进理论与方法——"学与导"

一、项目概述

1. 项目概况描述

对项目概况描述的内容主要有：项目建筑概况、设施设备安装概况等。

案例

××物业占地面积 32402.22 平方米；总建筑面积 81170 平方米；居住建筑面积 65837.68 平方米；小区由三栋板塔连体小高层和一栋塔式小高层组成，半地下停车库；住宅套数 557 户。

设施设备概况：停车位数量规划 401 辆，其中地上 194 辆（待建），地下 207 辆；小区共 12 台三菱 GPS-CR 系列电梯；共有设施部位有物业管理用房、中控室、变电室、水箱间、电梯机房、楼梯间、楼（电）梯厅、电梯井。1#、3#、4# 地下一层为汽车库；2# 地下一层楼为设备用房；小区人车分流，远红外线、闭路监控、楼宇对讲，24 小时生活热水。

2. 项目分析

（1）物业类型分析。不同类型的物业，设施设备的安装和维护标准、要求也不同，如商场物业多用集中式空调系统，写字楼物业多用半集中式空调系统。在制定养护方案时要具体分析物业的类型，整体定位管理目标。

（2）物业设备构成分析。根据物业设备的特性，如对业主或使用者工作生活的影响程度、重要程度分级；或根据物业设备的运行特点共性等进行分类，如给排水设备、暖通空调、供配电等。便于人员组织及配合。

二、项目方案策划实施

1. 物业设备设施管理流程

（1）物业设备维护保养管理流程

① 设备工程部根据各类设备养护标准制订设备维护保养计划；

②《设备维护保养计划》上报审批；

③ 设备部门根据《设备维护保养计划》对公司内的设备进行维护；

④ 维护人员做好使用维护记录，发现异常，分析原因；

温馨提示

设备分类：根据设备对业主服务的重要性将其分为三级。

Ⅰ级设备：电梯、生活水泵、消防泵、喷淋泵、稳压泵、低压配电柜、火灾自动报警系统、消防联动系统、避雷系统、防火卷帘门。

Ⅱ级设备：正压风机、排烟风机、软水器、公共电视天线系统、对讲、报警系统、防盗监视系统、消毒柜、交通道闸、IC 卡管理系统。

Ⅲ级设备：除Ⅰ级、Ⅱ级以外的所有设备。如小型控制箱（配电箱）、排风机、维修机具以及办公室、食堂、清洁、污水泵等。

⑤ 维修人员确定设备损坏情况，及时向部门主管汇报，制定维修方案；
⑥ 方案审批后，部门主管安排实施维修工作；
⑦ 维修工维修完成后，填写维修情况报告；
⑧ 主管人员验收、审核，维修资料存档管理。
(2) 物业设备巡查管理流程
① 设备管理主管按设备巡查的规定时间、次数对责任设备进行巡查；
② 检查设备表面及机内清洁情况是否良好，如不良则由相关设备管理员进行清洁工作；
③ 检查设备紧固情况是否良好，如不良则由相关设备管理员处理至良好状态；
④ 检查设备运行报警情况，如出现报警则同相关设备管理员查明原因，进行维修，设备主管可协助其操作；
⑤ 检查设备异味、异声、过热情况，如存在以上情况由相关设备管理员查明原因，并进行维修；
⑥ 设备管理主管确认设备正常后，完成巡查工作，并按照规定记录巡查工作日志。
(3) 设备报修管理流程
① 正常情况下使用报修单报修；紧急情况下可使用电话，事后补填报修单；报修应说明维修项目和准确地点；
② 接到报修后，值班经理根据报修项目的轻重缓急和相应工种分派任务；
③ 如报修影响范围较大，须及时通知相关部门，向受影响人员做好解释，并做好准备工作；如重大项目，项目主管须亲自到达现场；
④ 对于紧急报修，要求在接到报修后15分钟内到达维修现场；
⑤ 维修人员接到任务后，带维修单及时赶到维修地点，排除故障；
⑥ 维修人员不得随意动用现场与维修无关的物品，保持维修现场整洁，维修后清理现场，做到无施工痕迹；
⑦ 维修任务完成后，请报修人员或单位签名验收，维修人员在维修单上注明完成时间及维修人员姓名；
⑧ 对维修单进行审核之后，将已完成的维修单整理归档。
(4) 设备故障处理流程
① 如发生重大设备事故，现场人员应立即切断电、煤气等危险源，保护事故现场，工程部人员或使用部门应立即通知工程部、物业部及总经理，工程部主要负责人和相关人员必须迅速赶赴现场，分析检查故障的原因，采取果断应急措施；
② 总经理、总工程师、保安部经理查看后，根据现场情况决定立刻修复或关闭有关设备进行抢修；
③ 找出原因后，总工程师和专业主管须立即组织工程部人员进行抢修、排除故障、恢复正常运行后汇报总经理；
④ 专业主管写出一份书面报告，说明发生故障的原因，提出预防措施和再次发生故障的处理预案，报总工程师，抄报总经理；
⑤ 如果故障是由于操作人员违反规程造成的责任事故，由专业主管根据情况对责任者提出处理意见，报总监审批后给予处罚，并通知人事部备案；如果情况较严重，需要免除责任者，需报人事部和总经理批准。
(5) 设备购置管理流程
① 使用部门进行市场调查，选定型号，了解价格；
② 提出购置申请，报总经理，内容包括设备型号、使用地点、经济论证及购置费用；

③ 采购部门根据批复意见、申购单位提供的设备资料购置；
④ 设备到货后，采购部会同工程部开箱验货；
⑤ 检查所购设备是否符合使用要求；
⑥ 检查主机、附件、备件及技术文件是否相符，储运过程中有无损伤和锈蚀；
⑦ 如发现问题，通知采购部门与供货商联系解决；
⑧ 验货合格由使用部门和工程部共同签字确认；
⑨ 设备验货合格后，由工程部或供货单位根据使用要求进行安装调试；
⑩ 使用部门根据使用要求对设备进行验收；设备验收后，所有技术资料由工程部存档，建立设备台账；设备使用说明书复印件交给使用部门。

(6) 设备报废管理流程

① 对具备报废条件的设备提出报废，注明设备详细资料，提出报废理由；
② 工程部按报废规定对设备进行技术鉴定，财务部对设备报废的经济合理性进行审核，并提请审批；
③ 批准报废的设备，工程部撤销设备台账；
④ 需用新设备替换的在用设备，待新设备投入使用再进行报废；
⑤ 报废后处理：可转让的设备，作价转让；不可转让的设备，可利用部件拆下留用，其余部分作废品处理。

机电维修人员劳动定额

1. 每个高压配电房值班电工3人。
2. 水工每10万平方米配置1人。
3. 中央空调每10万平方配置1人。
4. 电梯工每10部电梯配置1人。
5. 维修电工每10万平方米配置3人。
6. 综合维修工每10万平方米配置2人。
7. 综合劳动人数定额：每10万平方米10~12人。

2. 管理制度的制定与考核

(1) 接管验收制度。在进行物业设备的运行管理和维修管理之前，首先要做好物业设备的接管验收工作，接收好物业设备的基础资料。

接管验收包括①新建物业设备的验收；②维修后物业设备的验收；③委托加工或购置更新设备的开箱验收。

物业设备的第一次验收为初验，对发现的问题应商定解决意见，并确定复验时间。对经复验仍为不合格的应限定解决期限。

对设备的缺陷不影响使用的，可作为遗留问题签订协议保修或赔款补偿。这类协议必须是设备能够使用，且不致出现重大问题时，方可签订。

验收后的验收单与协议等文件应保存好。

(2) 预防性计划维修保养制度。根据设备的类别特点确定维修保养的类别、等级、周期与内容。具体内容包括：日常定时定点的常规保养周期（分周保养、半年保养、一个保养、三个保养级别）；中修、大修、专项修理和更新改造的周期与内容。

① 制定设备维修保养要求；
② 实施预防性计划保养制度，并进行监督检查。

(3) 值班制度。具体内容包括以下几个方面：

① 物业设备值班人员必须坚守岗位，不得擅自离岗，如因工作需要离岗时，必须由符合岗位

条件的人替岗，并向其告知离岗时间、去向；
② 按时巡查，做好记录，及时发现事故隐患，及时解决，及时报告；
③ 接到请修通知，及时通知、安排有关人员抢修、急修；
④ 不得随意调换值班岗位，就餐实行轮换制。
（4）交接班制度。具体内容有：
① 值班人员做好交接班工作，包括按巡查表认真仔细巡查，发现问题及时解决，当班问题尽量不留给下一班，并做好记录和环境卫生工作；
② 接班人员提前 15 分钟时间上岗接班，清查所上班次，办理好交接班手续；
③ 值班人员办完交接班手续后方可下班，若接班人员因故未到，值班人员应坚守岗位，待接班人员到达并办完手续后才能离开；
④ 除值班人员外，无关人员不得进入值班室。
（5）报告记录制度
① 向班组长报告。发现以下情况时，应向班组长报告：主要设备非正常操作的开、停、调整及其他异常情况；设备出现故障或停机检修；零部件更换或修理；维修人员工作去向；维修材料的领用；运作人员暂离岗。
② 向技术主管报告。发现下列情况时，应向技术主管报告：重点设备非正常操作的启动、调整及异常情况；采用新的运行方式；重点设备发生故障或停机抢修；系统故障及检修；重要零件更换、修理、加工及改造；成批和大件工具、备件和材料领用；员工加班、调班、补休、请假。
③ 向物业经理报告。发现下列情况时，应向物业经理报告：重点设备发生故障或停机修理；影响楼宇或小区的设备故障或施工；系统运行方式的重大改变，主要设备的技术改造；重点设备主要零部件更换、修理或向外委托加工，设备的增改或向外委托加工；班组长、技术骨干以上人员及班组调整。
除了上述设备管理制度外，还有设备请修制度、设备技术档案资料管理保存、管理制度，物业设备更新、改造、报废规划及审批制度，承租户和保管物业设备责任制度及物业设备清点、盘点制度等。

3. 物业设备设施维护服务标准
物业设备设施的日常维修服务一般没有统一的标准，由物业服务企业根据与住（用）户的服务合约来确定。
如一些物业服务企业制定如下标准。
（1）维修时间的预约。接到维修申请后无特殊情况，应按约定维修时间准时服务；如果暂时没有维修人员应向客户解释，另约时间。
（2）维修效率。原则上小故障维修应在 30 分钟内完成，一般故障在 2 小时内（最多不超过 8 小时）完成，较难故障不超过 3 天完成。
厨房、卫生间、阳台等设施出现堵、漏、渗污水等现象，维修时间一般不超过 2 小时；水管、水闸、阀、水表等渗漏一般维修时间在 2 小时内，最长不超过 8 小时；如需改管，视实际情况由班长决定。
厨房、卫生间等楼板渗水到楼下，一般维修时间在 4 小时内，如大面积或难以处理的最长不超过 3 天，并在维修后 2 周内，每周不少于一次回访。
因设施设备的定期保养而导致停水的要提前 1 天通知，临时停水要张贴停水告示。
（3）材料的提供。维修过程中提供的材料应 100% 合格。
（4）服务态度。维修人员上门服务或接待客户的报修时一定要着装整齐，佩带工作牌，热情、礼貌、讲究卫生、举止言谈得体，要严格遵守《服务公约》。

案例

某小区 3# 楼某室业主给物业管理公司打电话，说发现厨房和洗手间内的地漏返水，污水已淹没大厅的部分木地板，要求即刻处理。几分钟后，维修工即带着工具赶到现场，但此时污水已经退去。随后，清洁工也闻讯赶来了，并根据业主的要求迅速将厨房内物品搬出进行了保洁。然后，主管及时安排有关人员尽快更换木地板和橱柜，同时协调责任方与业主就赔偿问题达成共识。业主对物业公司的处理表示满意。问题解决了，但污水管返水因何而起呢？

【分析】

物业管理具体工作中，污水管道返水、堵塞是较为常见的故障。这类故障往往会给业主用户的生活、工作带来许多的不便，无形中也增加了物业管理公司工程部门的工作量，因此，在维修中对其原因的分析和彻底根治，就显得尤为重要。

一般来讲，造成污水管道返水、堵塞的原因主要有以下几种情况：一是建设施工阶段不文明施工造成的；二是在业主用户装修阶段的不文明行为造成的；三是业主用户使用不慎、不当造成的；四是设计或用材不合理造成的。避免上述情况的出现，物业管理公司应在前期介入阶段就针对设计或用材提出合理化建议；在项目施工建设阶段加强督察，在接管验收阶段认真查验；加强装修阶段的管理巡查，制止不文明的行为出现；业主用户入住后，加强正确使用方法的宣传教育。

在日常维修养护中，加强巡视，及时解决隐患；对业主用户的报修，除及时到达服务外，故障排除后，还应仔细分析原因，争取彻底根除。

【解决方法】

本案例的处理上，物业管理公司首先是三项措施（保洁、更换木地板和橱柜，但这似乎是高档园区，其他辖区要视情况对待）一气呵成，这样积极主动地解决问题，减少了业主心中的怨气，便于后续工作的开展。接着物业管理公司及时组织有关人员进行检查分析，最后认定是该楼刚刚入住，污水管的管道内残留建筑垃圾造成的，平时排水量少时污水管道尚无大碍，用水高峰期时则排水不畅，形成返水。

为了防止类似问题的再次发生，他们马上协调和督促有关方面对全楼的排污管道进行了一次全面的疏通，从管道中清除了不少水泥块、编织袋等异物，从而彻底消除了污水管道返水的隐患。

4. 物业设备设施服务费用测算、核算及控制

物业设施设备数量多，而且设施设备的内容按功能类型设置也有较大的区别，所以在核算共用设施设备维护费用时，一定要逐项进行分析。

(1) 共用设施设备维护费的核算

① 人员费用。分管理人员、工程师、技工、工人等各类人员。费用构成包括：工资、福利、津贴、保险费等。

② 公共照明系统的电费和维修费

a. 电费：按照明灯具类型、功率，每日开启时间，电费单价来进行计算；

b. 维修费：按经验值估算，一般按当地的工资水平和使用的零配件进货的价格来核算。

③ 送、排风设备。电费：根据使用系数、设备功率计算；维修费，同上。

④ 给排水设备。包括生活水泵的电机费用，消防水泵的电机费用，污水泵的电机费用及维修费用等。

⑤ 供配电系统维修费、检测费。

⑥ 弱电系统维修费。

(2) 电梯费用的核算。包括电费、维修费、年检费、不可预见费用（5%）。电费：根据电梯台数、功率及使用系数进行计算。一般情况下使用系数的计算：写字楼为 0.45，公寓为 0.4，综合型

商厦的垂直电梯为 0.35，自动扶梯为 0.5。维修费包括人工费和材料费。

（3）中央空调费用的计算。包括电费、水费、维修费用及不可预见费用（10%）。

（4）锅炉设备费用的计算。包用能源费用、维修费用及年检费用等。

第三节　安保服务方案策划及其执行

 知识目标

了解安保服务的作用和地位；掌握安保服务的人员组织及岗位职责；掌握安保服务的职责及主要内容；掌握安保服务工作的实施要点。

 技能目标

运用相关知识结合实践组织安排相关人员；制定岗位职责；编排巡更路线。

走进实训——"做"

项目一　项目调查与描述

【实训目标】

1. 结合实际，了解安保服务的内容与目标。
2. 掌握学校安保服务项目的特点和定位。

【实训内容与要求】

1. 由学生自愿组成小组，每组 14～17 人。利用业余时间，对校园的治安管理、消防管理、停车场的管理情况进行调查与访问。

2. 在调查与访问之前，每组需通过对安保服务知识的预习，经过讨论制定调查访问的提纲，包括调研主要问题及具体安排，具体可参考下列问题：

（1）校园安保管理的目标和承诺；

（2）校园的建筑结构（出入口，围墙设置等），安保管理的硬件配置；

（3）校园安保管理的特点；

（4）校园的安保管理机构设置及人员组织情况；

（5）校园安保管理的工作方式，运作流程。

【成果与检测】

1. 每人写出一份校园安保服务项目实施报告。
2. 调查访问结束后，组织一次课堂交流与讨论。
3. 以小组为单位，分别由组长和每个成员根据各成员在调研与讨论中的表现进行评估打分。
4. 由教师根据各成员的调研报告与在讨论中的表现分别评估打分。
5. 将上述诸项评估得分综合为本次实训成绩。

 走进理论与方法——"学与导"

一、安保服务的含义

1. 安保服务的定义

《物业管理条例》第四十七条规定,"物业服务企业应当协助做好物业管理区域内的安全防范工作。发生安全事故时,物业服务企业在采取应急措施的同时,应当及时向有关行政管理部门报告,协助做好救助工作。"

从以上条例可以看出,物业管理中的安保服务是指物业服务企业以其服务的物业及业主为对象,依靠各种先进设备与工具及训练有素的管理人员,从事守护以及公共秩序维护的工作,并协助做好合同规定范围内的安全防范工作。安保服务的目标是协助做好物业安全防范工作,其主要工作内容围绕着公共秩序的维护展开。

2. 安保服务的内容

安保服务以保障业主正常的生活、工作秩序为中心,并协助公安部门维护社区的公共秩序。其具体内容包括:门岗服务、巡逻服务、监控服务、车管服务、消防管理服务等五大项。

(1) 门岗服务。门岗服务是指安保人员依据国家法律和业主的要求,对物业管理区域内的大门进行职责上的严格把手,对车辆、人员、物品等进行登记、检查和验证的一系列工作过程。

(2) 巡逻服务。巡逻服务是指在一定区域内有计划地巡回观察,以维护物业服务区域内业主及使用人的正常生活和工作秩序。巡逻的目的,一是发现和排除各种不安全因素;二是及时处置各种违法和违反规定的行为。

(3) 监控服务。监控服务是指利用现有的智能安保监控系统对物业服务区域进行监控和控制,以维护监控区域内的正常工作和生活秩序。智能监控系统一般包括电子监控系统、报警系统、门禁系统、电子巡更系统、消防自动控制系统等。

(4) 车管服务。车管服务是指对业主或物业使用人提供的车辆停放,对外来车辆进行登记、验证,维护物业服务区域内正常交通秩序的服务。一般有有偿服务和无偿服务两种形式,有偿服务根据物业服务合同的签订范围,确定服务范围:提供车位使用服务,即收取车位使用费,而不负保管之责;或是提供车辆保管服务,即若车辆损坏或丢失,应付赔偿责任。

案例

一辆停放在小区内的丰田轿车,一夜之间不翼而飞。经小区监控录像显示,事发前一天晚上有人将此车开走。为此,车主状告物业公司疏于管理,导致车辆被盗,要求法院判令物业公司承担过错责任,赔偿其经济损失5万元。日前,市第二中级法院终审判决,不支持车主的诉讼请求。

失踪的汽车是李先生于2004年2月购买的,该车由王女士驾驶,并停放在王女士居住的小区内,物业公司按每次每辆车5元的标准收取了王女士缴纳的露天临时停车费。同年12月22日晚9点05分左右,王女士照例将车停放在小区内家门口,并上好锁。岂料第二天一早,便不见车辆踪影。经小区监控录像显示,该车是在22日晚9点半左右被人开出小区的。

王女士和李先生认为,由于物业公司在管理上存在疏漏给犯罪分子可乘之机,导致车辆被盗,造成18余万元的直接经济损失,为此,要求物业公司承担因管理上的过错给王、李造成的5万元经济损失。然而,两原告的诉请未能得到一审法院的支持,物业公司愿意出资2000元作为补偿,王、李表示不能接受,遂上诉于市第二中级法院。

市第二中级法院经审理后认为,从王女士提供的证据来看,公安部门对车辆被盗案一直未有结论。根据小区业主委员会与物业公司签订的物业管理服务合同规定,王女士缴纳的露天停车泊位费,仅能证明物业公司对小区公共场地车位进行管理和定额收费,双方之间并不形成车辆保管合同,且王、李也未能提供确凿证据证明物业公司在履行物业管理合同过程中存在重大过错,因此,王、李二人要求物业公司承担过错责任,赔偿经济损失5万元的上诉理由不能成立,故驳回上诉,维持原判。

(5) 消防管理服务。消防管理服务是指物业服务部门依照消防法规，遵循火灾发生的规律，对服务区域的消防工作进行组织、协调、控制、监督等活动的总称。根据《中华人民共和国消防法》规定：消防工作贯彻"预防为主，防消结合"的方针。所以，消防工作重在以"防"为主，预防工作放在首位，保证各项消防设施正常运行并做好宣传教育、预防演习等工作。

3. 安保服务的权责

物业管理公司秩序管理部门依照《物业服务合同》的约定拥有一定的权力以执行维护公司秩序的职责，同时对由于工作的失误造成的业主人身财产损失承担相应的责任。

安保服务的管理责任范围包括：

(1) 项目区域的出入口人、车、物品出入控制；

(2) 项目区域的周界安全巡查，公共区域安全巡查；

(3) 公共区域发出的安全事件应急处理及住户发生的安全事件的协助处理。

4. 安保服务的总体目标

物业安保服务的目标应依据业主安全需求来制定，只有建立在对业主安全需求充分认识和了解的基础上，制定并实现的管理服务目标才能得到客户的认可。

在制定安保服务总体目标时，在对客户安全需求做了充分分析后，还要考虑以下几点：

(1) 应达到国家和地方相关法规对物业安全（包括消防）的基本要求；

(2) 根据物业和业主及使用人的实际情况，提供文明的生活和工作环境，尽可能多的消除安全隐患；

(3) 安全管理目标应与物业项目总体目标相一致，充分考虑成本因素，以现有的条件通过努力能够实现，切忌盲目承诺，许空头支票；

(4) 以物业管理行业安全管理优秀标准为目标；

(5) 量化指标考核目标实现效果。

安全管理有效投诉率测算标准：

$\sum$安全管理有效投诉次数$\div\sum$物业总人数$\times 100\%$，推荐标准：$\leqslant 2\%$；

安全管理有效投诉处理率测算标准：

$\sum$完成处理有效投诉次数$\div\sum$有效投诉次数$\times 100\%$，推荐标准：$=100\%$；

特别提醒 物业管理服务中"安保服务"与"保安"的区别

物业服务企业对从事维护公共秩序和协助安全防范岗位的工作人员，大多习惯称之为"保安"，业主及使用人也沿用这种称谓。但是，"保安"一词隐含"保证安全"、"保护安全"之意，与物业服务企业维护公共秩序和协助安全防范的职责并不相符。《广东省保安服务管理条例》第十九条规定：保安员履行下列职责。

1. 保护服务单位的财产安全、维护服务场所的正常秩序；
2. 保护服务区域内发生的刑事、治安案件或者灾害事故现场，维护现场秩序；
3. 把现行违法犯罪嫌疑人员扭送公安机关或者保卫组织；
4. 做好服务区域内的防火、防盗、防爆炸、防治安灾害事故等安全防范工作。

由以上条例内容可以看出，保安员确实负有"保护安全"之意。而物业服务企业所提供的安保服务人员并不担当以上责任。另外国务院法制办正在公开征求意见的《保安服务管理条例（草案）》提出，设立保安服务企业、保安培训机构应当经公安机关许可，保安员应当具备"经公安机关考试合格并取得《保安员职业资格证》"。而目前国内城市各住宅小区内的所谓保安显然不具备草案规定的上岗条件，再称"保安"其实难符。

所以，物业服务企业从事的守护以及公共秩序维护工作，与配有防卫器械和枪支从事武装守护、护卫服务等各种保安服务有着本质区别。物业服务企业的秩序管理人员使用"保安员"称谓，容易引起误解,产生物业服务企业承担"保证业主人身和财产安全"的错觉。以往也曾出现过业主以"保安"为由追究物业服务企业管理责任的案例,引发诸多矛盾和纠纷,给管理服务工作造成被动,给行业健康发展带来不利影响。

为消除不必要的误解,准确界定行业责任,建议今后物业服务企业对从事物业管理区域内的秩序维护和协助开展安全防范的工作人员使用"秩序维护员"称谓,不再使用"保安员"的称谓。物业服务企业在签订物业服务合同时,应与业主进行充分协商,确定"秩序维护管理"的内容,尽量避免使用"保安服务"、"提供安全防范服务"、"维护社区治安"等用语,以减少管理服务纠纷,规避企业风险。物业服务企业雇请保安人员的,应当遵守国家有关规定。

二、安保服务的人员组织

1. 安保服务的管理模式

小区的安保工作模式根据物业安保服务执行的主体不同,可分为自行管理和外委管理两种形式。按物业所处环境特点和使用性质的不同,又可分为封闭式管理、开放式管理及封闭式与开放式相结合的管理方式。

(1) 封闭式管理方式。封闭式管理的特点是由大门、墙体、围墙、围栏或者水体相隔形成相对封闭的体系,设有若干出入通道,主通道有保安员24小时值勤,次通道根据需要定时开放,开放时亦有保安员值勤。住户的车辆凭停车证出入,外来车辆出入要登记或换证。外来人员出入要办理登记手续后方可入内。封闭式管理比较容易控制,安全系数较高。因此现在大多数小区和大厦都采用封闭式管理。

(2) 开放式管理方式。开放式管理的特点是无围墙和阻隔,人员自由出入。其管理难以控制,管理难度较大,要提高安全系数,需要花费较多的人力物力。开放式管理一般适用于商业大厦等开放型物业,这类物业为了保障安全,一般会设置大量的闭路监控设备,对讲设备等来提高安全系数。还有一些老旧住宅因历史原因,也是开放式管理,但大多正在改造中。

(3) 封闭式与开放式相结合的管理方式。这类管理的特点是对物业部分实行封闭式管理,部分实行开放式管理。一般综合商业大厦采用这种管理方式。比如对大厦的对外经营部分,商场,休闲等场所实行开放式管理,而对写字楼、商住楼部分实行封闭式管理。

2. 人员的组织及选聘

(1) 人员的组织。各物业服务企业可根据所服务物业的大小,管理模式的不同,业主的定位等实际情况设置适当的安保服务部门或秩序维护部门。

物业服务企业安保服务部门的组织机构设置与其所管理的物业类型、规模等有关,物业面积越大,定位越高及安保设施设备越多,其层级和班组也越多,组织也越复杂。一般居民小区安保服务部门设置有两种方式,一是按专业分组模式,二是按时间班次分组模式。

① 按专业分组模式。根据所辖物业规模的大小,可以在保安部经理下设置主管级管理人员,分管各专业组,如图3-1所示;如物业规模不大,则由保安部经理直接管理各专业组,如图3-2所

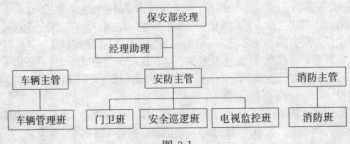

图 3-1

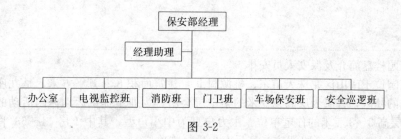

图 3-2

示。其中安防部门及停车服务管理各班组可将服务区域划分为多个小组,每个小组又可根据 24 小时值班需要分为 3、4 个轮班。这种组织方式的特点是每个班治安任务专一,便于班内的管理,便于治安设备的管理。但这种分班方式的缺点是每个专业班,如门卫班保安员不同时上班,要分成早、中、晚班及轮休等,因而不利于保安工作的统一管理。

② 按时间班次分组模式。这种分班方式就是将不同工作性质的保安人员按照每一班次的工作需要分成四个班组,采用"四班三轮转"的工作方式,如图 3-3 所示。每天有三个班组分别上早班、中班、夜班,一个班轮休,每个班都有消防、巡逻、门卫、电视监视、车场、内巡等保安员。这种分班方式便于治安工作的统一管理,但是对班长要求高,要具有较全面丰富的保安工作经验。

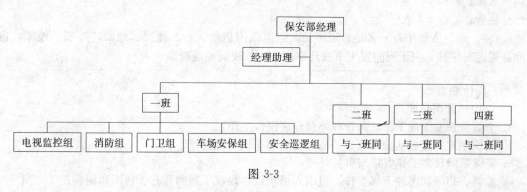

图 3-3

(2) 岗位设置。安保服务的岗位设置可根据小区项目的基本情况而定,比如项目面积、签订合同的服务标准、项目入住率等,规划的岗位包括经理、助理、各级班组长及巡逻岗、固定岗等相关人员。一般情况下可参照下列标准进行设置。

① 多层住宅保安人员的定岗定编标准。

保安员:每 100 户设 1 人;

车管员:根据道口或岗亭设置,车辆流量大的,每班 2 人,流量小的,每班设置一人,一日三班。

② 高层住宅保安人员的定岗定编标准。

保安人员:每 40 户设 1 人或建筑面积 3000 平方米左右设 1 人;

车管员:根据道口或岗亭设置,车辆流量大的,每班 2 人,流量小的,每班设置一人,一日三班。

③ 高层写字楼保安人员的定岗定编标准。

保安人员:建筑面积每 2000 平方米左右设置 1 人。

车管员:根据道口或岗亭设置,车辆流量大的,每班 2 人,流量小的,每班设置一人,一日三班。

主管及班组长:30 万平方米以下保安干部的配置为主管 1 人、班长 3~4 人。30 万平方米以上可增加组长一级干部,平均按每 5~8 万平方米配置组长 1 人。

案例

××花园楼盘简介及保安人员安排

××花园位于南山区龙珠大道东、桃源村北，建筑面积 8.9 万平方米，是九座 12～15 层小高层组成的社区，首层为层高 4.9 米的架空层会所，为业主提供运动休闲活动的充足空间；2～15 层为层高 3～3.4 米的住宅单位。主力户型为中小户型，其中 1 房 44～53 平方米，2 房 54～82 平方米，3 房 99～113 平方米，另有少量复式单位。

总数：33 人（三班）

大门口：3×2－1 人

（注：白班中班 2 人，夜间 1 人。因为夜间很少人进出，大门一般都紧闭）

车辆进口：3×1 人

车辆出口：3×1 人

车库：3×1 人

监控室：3×1 人

（注：监控室一般是每 2～3 小时与巡逻人员换岗，避免长时间面对屏幕视觉疲劳）

大厦：3×1 人

巡查：3×4＋1 人

（注：巡逻人员中有一名是每班班长，巡逻范围包括天台、楼层、地面、外围、地库，夜间还得巡写字楼。由于夜间发生事故几率高些，故夜间巡逻时多一人）

(3) 岗位职责

① 安保经理岗位职责

a. 全面负责安保部工作，向管理处总经理报告工作；

b. 组织制定并监督实施治安、消防、交通和车辆管理制度；

c. 安保部门日常工作安排与事务处理；

d. 监督、指导和考核下属工作，组织人员培训，提议下属的晋升、转岗和调薪；

e. 审定外包方服务计划及服务方案，组织实施外包服务招标工作；

f. 处理危机事件，制定决方案；

g. 负责与政府相关机构、外包方、管理处其他部门等相关方的沟通；

h. 公司规定的其他职责及管理处总经理交办的工作。

② 安防主管岗位职责

a. 全面负责保安管理工作，向安保部经理负责并报告工作。主持召开保安专业会议；

b. 遵守保安相关法规和公司相关保安制度，制定并组织落实保安安全防范措施；

c. 起草治安、出入口保安等公共管理制度，并监督实施；

d. 起草保安各岗位责任制、管理制度和相关操作规程，并监督实施；

e. 拟定保安月度工作计划和岗位排班表，组织实施保安管理目标；

f. 起草保安类突发事件应急预案，并组织处理突发事件和管理纠纷；

g. 负责保安员检查和考核，组织开展保安员训练和培训；

h. 了解和掌握保安员思想状况，采取措施稳定保安队伍，负责保安宿舍、休息场所的监督管理；

i. 监督、检查外包方服务工作，跟进外包方服务计划和方案落实；

j. 公司规定的其他职责及安保部经理交办的工作。

③ 车辆主管岗位职责

a. 制定车辆停放和管理制度，并监督实施；

b. 停车场和停车场设备管理，车辆收费管理，停车场安全管理，辖区内外来车辆管理；

c. 熟悉住宅区车辆流通情况，车位情况，合理部署安排，优先保证业主使用车位；

  d. 辖区内交通事故管理及危机事件处理，车辆丢失、刮蹭事件处理；
  e. 负责对员工进行岗位培训，不断提高服务质量；
  f. 完成经理交办的其他临时事项。
 ④ 消防主管岗位职责
  a. 全面负责消防安全管理工作，向安保部经理负责并报告工作；
  b. 遵守消防有关法规和公司有关消防制度，制定并组织落实防火安全措施；
  c. 起草消防安全公共管理制度，并监督实施，主持召开消防专业会议；
  d. 起草消防中控各岗位责任制、管理制度和相关操作规程，并监督实施，负责消防员的指导、检查和考核；
  e. 拟定消防月度工作计划和岗位排班表，组织实施消防管理目标；
  f. 起草消防类突发事件应急预案，组织实施消防演练并组织处理火灾等突发事件；
  g. 组织实施防火检查，消除火灾隐患，组织开展消防安全培训和宣传；
  h. 组织实施消防器材维护，并保证其正常运行；
  i. 公司规定的其他职责及安保部经理交办的工作。

  （4）人员的选聘。安保服务涉及物业及业主、使用人的人身和财产的安全保障。所以在安保人员的选聘中一定要把好素质关。一是把好招收新人员的质量关，即应招收热爱安保工作、思想道德素质和文化素质较高的人员；二是新招收的人员要有一定期限的试用期（一般为三个月），在试用期间表现好的人员才能正式聘用。

  ① 保安部经理。保安部经理全面负责秩序维护、消防和车辆管理工作，向总经理负责并报告工作。制定部门的工作计划和目标，督导各级主管的工作，并负责检查、考核、落实工作。

  保安部经理一般要求年龄在28～35岁，大专以上学历，具备专业的物业保卫、安全、消防管理知识。三年以上保安主管或领班从业经验，有物业安保管理经验，熟悉公安、消防等有关法律法规；熟悉保安工作流程及消防设备的使用、维护，熟练掌握治安、消防、监控及车辆管理知识技能。能使用计算机；具有高度的责任感和较强的组织协调能力，头脑灵活、反应敏捷，具有较强的沟通管理协调能力与指挥应变能力；持有物业管理经理上岗证。

  ② 安防主管。安防主管主要在公司安保经理的领导下，全面主持保安部工作，对保安部经理负责。负责制定保安部的工作目标、工作计划和实施方案，并监督检查落实情况。

  安防主管要求能独立管理保安部全面工作，具有较强的应变能力，能及时妥善处理各种突发事件。具备丰富的保安知识和管理技能，责任心强，善于沟通，具有组织管理能力和良好的心理素质和抗压能力。熟悉治安有关法律规范。

  ③ 车辆主管。车辆主管向上对安保经理负责，负责协调指导停车场（库）的管理工作，并监督管理车管员的工作落实情况等。

  车辆主管一般要求具有停车场管理、招聘、培训等相关工作经验，具有组织管理能力，对停车场管理事务性的工作有娴熟的处理技巧，熟悉工作流程，须有驾驶证B1照，懂电脑及POS收银系统。

  ④ 消防主管。消防主管全面负责辖区内消防安全管理工作，向保安部经理负责并报告工作。起草消防类突发事件应急预案，组织实施消防演练并组织处理火灾等突发事件。

  消防主管要求具备丰富的消防安全专业知识和管理技能，熟悉消防、技防等国家、当地有关法规、技术规范。责任心强，善于沟通，具有组织管理能力。

三、安保服务工作的开展

  1. 物业安全管理准备工作

  物业安全管理准备工作指在安全管理开展前需业主或服务中心提供的一些支撑文件或资料。主要包括业主出入证（密码卡等）的办理，停车证（卡）的办理等。

  （1）办理业主出入证。业主出入证是业主进出物业的身份凭证，为保障所辖物业的安全，对于封闭式管理的物业一般在业主入住前会要求业主办理出入证，以方便门岗人员识别出入人员身份。

  对于设置门禁及车辆自动管理系统的物业，可不用办理业主出入证，以密码或相应的识别卡为出入凭证。

办理业主出入证主要程序如下：

① 服务中心确认办理人身份，并检查办理人提交的相关资料是否齐全；

② 收取办证押金，并说明押金的退还程序；

③ 业主同意后，在证件领取表上签字；

④ 服务中心保留复印件存档，以备后查；

⑤ 保安处将出入证登记表原件存档。

（2）办理物品放行工作流程。为了保障业主的财产安全，大宗物品出入物业应持有物业放行条才能搬出物业。办理大宗物品放行工作程序如下。

① 业主迁出；

② 保安人员上前礼貌询问；

③ 业主出示物品放行条原件（业主于迁出前3个工作日到物业服务公司服务中心办理迁出手续，缴清迁出前应缴费用，填写物品放行条。服务中心发放物品放行条。）；

④ 物品放行条原件存服务中心。

案例

> 关于办理物品放行条的通知
>
> 尊敬的业主/租户：
>
> 为保障您的财产安全，凡是搬出小区的物品必须有业主的亲笔签名认可，如果业主在外地，租户必须有业主委托搬迁说明，并附业主身份证复印件，经业主签名后传真（传真：××××××）到小区管理部办理物品放行手续。小区大门岗安全员在核实业主身份及物品后方可放行。为了不延误您宝贵的时间，请您在搬运物品前及时到小区管理部办理物品放行条。具体办理时间每日9:00～17:30，其余时间不予办理，如因个人原因不能及时办理物品放行条，小区门岗将按规定不予放行。诸多不便，请您谅解，如有疑问，请及时致电管理部客服电话：×××××、××××××。
>
> 谢谢阁下对管理部工作的支持与配合！
>
> 特此通知。
>
> 【分析】在业主入主后，物品放行条的办理作为物业安保管理程序中的一项，应提前将办理方法及各项事宜告之业主，以方便业主提前做好相应的准备。

案例

> 某别墅区××路×号业主张先生将自家物品搬离小区，由于司机的出车时间另有安排，未能及时办理物品放行条，离开时遭到路口岗保安检查。
>
> 保安上前行过礼后对座在副驾位置的张先生讲道："您好！请您出示××花园物品放行条。"张先生说："哎呀！不好意思！由于司机的时间关系来不及开放行条了，下次补上。"保安严肃地说"张先生，请您谅解！这是××花园的管理规定，前两天接社区民警的通知近期有案犯在小区作案十分猖獗，要求我们对外出车辆或携带大件物品离开花园的人严加盘查。为了您和众多业主的安全，请您配合我们的工作。"业主张先生听后破口大骂："怎么做保安的！你看我像案犯的样子吗？老子在这买了房子，比监狱的管制还严，什么管理呀！"还没等路口岗保安回过神给业主张先生解释清楚，司机加大油门将路口的道闸杆撞断并驾车扬长而去……

【分析】

1. 首先，保安人员的做法是对的。但是，保安人员在工作时应注意方式方法，这样的解释是欠妥的，从心理学角度上讲，容易让人产生业主和案犯是同一类人的推理，所以业主往往会不配合。

2. 在这一案例中，保安可以说明自己的职责，如：尽力确保小区的"三流"（人流、物流、车流）安全通行，这是小区的管理规定等。

3. 如果业主还不能配合，考虑出入口车辆众多，避免堵塞，应详细记录时间、地点（出口、通道）、车牌号、车型、肉眼能看到的车内物品多少及大小、车内乘坐人数等，注明业主拒绝接受公司相关管理规定并及时上报队长。

2. 安全管理工作的开展——岗位工作流程

（1）门岗服务工作流程

① 准备阶段。上岗前15分钟，带班员集合整队，检查队员着装，提出上岗要求，整齐带队上岗。进入接岗位置，交接班岗位人员在距离五至七步处立正，互相敬礼，然后按照值班制度进行交接。接上班保安器材，核查上班工作记录。

② 正式上岗。出入人员控制：业主凭出入证或电子钥匙等出入大门，访客需做出入登记，表明目的，核对后进入，礼貌问好。否则，婉拒。

出入车辆控制：业主凭月租卡或其他凭证出入大门，临时车辆需做好进出登记。

出入物品控制：出入大宗物品，请相关人员出示物品放行条，核对物品后放行，并感谢业主配合。如无放行条，说明办理方法。必要时协助提物，开门。

填写记录。

③ 交班。按照值班制度进行交接，交接完毕，自行到指定地点集合，由带班员带回。

（2）巡逻岗工作流程

① 准备阶段。提前15分钟接班，接上班未了事项，接上班保安器材，核查上班工作记录。

② 正式上岗。定时巡逻：按既定巡逻路线巡查。

巡逻内容：人员，物业设备，车辆。

情况处理：如发现异常情况，视情节能自行处理，则妥善处理并做好记录。如无法自行处理，则报保安班长进行处理并做记录。如班长无法处理，则报公司领导或报警并做好记录。

③ 交接。按照值班制度进行交接，交接完毕，自行到指定地点集合，由带班员带回。

注：巡逻周期：20分钟一次，每周期将巡逻范围内所有楼宇的楼道、天面巡查一遍。

巡逻路线：不制定固定路线，以防止坏人摸到规律，但不留"死角"、"偏角"。

巡逻路线的制定：巡逻路线制定原则，一是要切合实际，覆盖面广、范围大，符合公司对外控制和治安管理的要求；二是定点不定线，制定巡逻中首先必须途经的点（要害部位），如配电间、空调机房、仓库、边门、车库、职工更衣室、消防通道、屋顶、客房区域等。然后确定路线，可分三路。每条线上下、内外、重点非重点分别搭配，制作路线图。有时按季节治安情况和特殊工作要求，划分出一段时期内需在重点进行保安巡逻加强控制区域，短时间内反复途经重点巡逻点，巡逻中交叉使用，三是定点定线原则。

（3）监控室工作流程

① 准备阶段。提前15分钟到岗，接岗要求同门岗。进行交接班，认真检查设备运行记录，值班记录等，做防火安全检查。

② 正式上岗。

设备运行：每天设备运行情况的检查，发现故障立即通知工程部维修，确保设备正常运行。

治安监控：保持高度警惕性，密切注视所辖区域各要害部位的情况，对可疑的人、事、物进行追踪监控，及时通知安全员核查，并做好记录。

消防监控：接到火灾自动报警系统报警，立即通知所在部位和巡逻保安赶到现场查明情况，如是误报，清除报警信号。如确实发生火情，立即按火灾应急预案程序办理。填写每日火警处理登记表，月底交安全部办公室。

③ 交班。清扫监控室卫生，按照值班制度进行交接，交接完毕，自行到指定地点集合，由带班员带回。

注：监控室一般是每2～3小时换岗，避免长时间面对屏幕视觉疲劳。

（4）停车场工作流程

① 准备阶段。提前15分钟到岗，接岗要求同门岗。进行交接班，认真检查设备运行记录，值班记录，事件记录等。

② 正式上岗。

指挥车辆：道口岗，当车辆驶入物业，车前轮压上广场砖时，即敬礼。业主车辆凭卡进入，外来车辆询问来意后，核实登记，予以放行。指挥岗指示停车路线及停车位。

车辆检查：在车辆驶入物业前，检查车辆状态，如有异常予以登记并告之车主核实确认。在巡逻中发现问题的，及时报告班长并登记。

事故处理：在停车过程中，发生刮、蹭事故的，保护现场并报告班长，通知车主并做好事件记录。

③ 交班。按照值班制度进行交接，交接完毕，自行到指定地点集合，由带班员带回。

3. 安全管理工作的应急预案——突发事件的处理

安保服务的重点在于通过对所辖物业的公共秩序的维护与管理。在执行过程中，会有危及物业或自身安全的事件发生，其中突发性事件的危害是很大的，因此对突发性事件处理流程的制定及演习，是安保工作中的一项重要内容。

（1）盘查可疑人员

① 保安人员发现可疑人员，及时上前礼貌询问；

② 保安人员通过询问出入人员，对其进行观察判断，若判断没有可疑之处，则准许其离开；

③ 保安人员若判断出入人员可疑，则要求查验证件；

④ 若可疑人员没有证件，并且不能提供可信的原因，保安人员应立即将其劝离辖区。如果不予合作，则通知安保主管或相关领导，强制将其逐出小区；

⑤ 若其证件合格，但不能提供进入辖区的可信原因，则保安人员应劝其离开；

⑥ 若其证件合格，并能提供进入辖区的可信原因，则要求查验其所携带物品，经检查其物品没有问题，则予以登记并填写《物品说明》后准许其离开；

⑦ 若物品确值得怀疑，则不予进入，并立即通知保安主管对其进行进一步盘查；若未能排除嫌疑，立即通知公安机关进行处理。

（2）打架斗殴事件处理

① 监控中心发现问题，根据实际情况，选择自行处理和报警；

② 如果自行处理，监控中心通知巡逻岗人员，巡逻岗人员赶赴现场的同时通知主管人员；

③ 保安主管组织力量根据实际情况进行处理；

④ 如情节严重，报警；

⑤ 协助警方进行调查；

⑥ 安保主管撰写案件报告并做好案件记录，且一并存档。

（3）醉汉、精神病人处理

① 监视中心发现问题，与巡逻人员联系；

② 巡逻人员调查此人有否损坏物业或业主财产；

③ 如无财产损失，则稳定其情绪，防止做危害他人安全或财产的行为，并引导其离开；若不

听劝阻，则设法联络其家属、同事领人；

④ 如有财产损失，则将其暂时置留，拍照取证，并设法联络其家属、同事到物业赔偿；

⑤ 若无法联络其家属、同事，报警，交由派出所处理。

（4）电梯困人事件处理

① 监控中心发现电梯困人；

② 监控中心立即通知工程部、电梯专修人员解救被困人员，并报告保安主管、班长，通知巡逻岗人员、管理员；

③ 监控中心启用对讲系统与被困人员联系，了解梯内人数和健康状况，安慰被困人员，告之很快会有人来解救，告诉被困人员在解救过程中不要靠门站立；

④ 仔细观察梯内人员情况，如有异常立即报告；

⑤ 安保当值主管即取电梯钥匙，到所报楼层与电梯专修人员、工程部人员一齐解救被困人员，并告之被困人员正在解救；

⑥ 被解救出梯人员如昏厥或受伤，即送医院抢救；

⑦ 监控中心将事情发生及处理情况详细记录在值班记录中，安保主管将事情记录并向上级报告。

（5）停车场交通意外处理

① 保安员发现交通意外事故或接到交通意外事故报告求助，或监控中心发现交通意外；

② 立即用通信设备报告保安主管发生交通意外事故现场的具体位置；

③ 留在现场或迅速赶赴现场维护交通秩序和保护现场，抢救伤者；

④ 对重大的交通意外事故须请示保安主管进行支援；

⑤ 保安主管接到报告后立即报告保安部经理，并迅速赶赴现场参加抢救；

⑥ 调遣指挥门岗保安员维护现场秩序、交通秩序；

⑦ 送重伤者到医院抢救；

⑧ 报交警大队事故组（电话122，有些城市统一为110）

a. 事故发生的时间及地点；

b. 事故造成的伤亡及损失情况；

c. 已送抢救情况。

⑨ 保安部经理接报后立即赶赴现场，根据事故的需要，调派车辆进行抢救，并报交警事故组和公司总经理。

知识目标

掌握物业安保服务方案制作的步骤和方法；掌握物业安保服务环境分析方法；掌握安全管理体系的建立。

技能目标

能根据物业特点设计安保服务的总体模式；能分析物业项目的安全隐患；能够进行客户服务的物业服务成本测算。

 走进实训——"真题真做"

项目二　针对住宅小区物业项目策划安保服务方案

【实训目标】

1. 结合实际，培养学生收集资料、分析资料的能力。

2. 结合实际，培养学生安保服务方案策划能力。

【实训内容与要求】

1. 由学生自愿组成小组，每组 14~17 人，利用业余时间，针对合作企业中标的物业项目进行安保服务方案策划。

2. 在策划之前，每组需通过对安保服务方案策划知识的预习，经过讨论制定策划提纲，具体可参考如下提纲。

物业安保服务方案策划提纲
第一部分　安保服务项目背景分析
第一章　物业项目分析
1.1　物业项目概况
1.2　物业周边环境状况
1.3　业主构成概况
第二章　安保服务项目定位
2.1　物业项目总体定位
2.2　安保服务目标定位
第二部分　安保服务体系设计
第三章　安保服务管理思路
3.1　管理模式分析
3.2　管理责任范围
3.3　安全隐患分析
3.4　管理总体目标
第四章　安保服务管理机构
4.1　安保机构管理构架
4.2　安保机构人员组织
4.3　安保机构岗位职责
第三部分　安保服务方案实施
第五章　安保服务人员培训
5.1　物业项目认知培训
5.2　业主认知培训
5.3　操作规范培训
5.4　制度培训
5.5　消防及突发事件处理演习
5.6　消防、安防知识宣传与业主安防演习计划
第六章　安保服务方案执行
6.1　安保服务岗位工作流程
6.2　安保服务的考核及评价
6.3　安保服务的成本测算
第四部分　小结

 走进理论——"学与导"

一、物业安保项目描述及环境分析

1. 项目概况描述

项目概况描述的内容主要有：项目所在位置、占地面积、项目的类型等。

案例

××居住区坐落于××区××路，总建筑面积12万余平方米，共建有17栋楼宇，电梯25部，住户1139户，建有2个行人出入口，设有密码大门。小区设有地下停车场，设有车位460个，设有3个与市政道路相连的出入口，可做到人车分流。

2. 项目环境分析

物业安保管理是一项复杂的工作，影响物业安全管理体系建立的因素很多，比如物业的用途及物业周边的环境等。如居住类物业及写字楼物业以封闭式管理为主，而商场物业一般采用开放式管理；而同一类物业由于其建筑结构及周边环境的不同，安保服务的重点也有所不同，所以在建立物业的安保服务体系前，要做好相应的调查和分析工作。调查与分析的主要内容如下。

（1）社会因素影响分析。包括社会综合治安情况，法制建设；政府相关执法和管理部门的工作力度等。

（2）物业因素影响分析。包括物业的基本状况，如物业用途、楼宇结构、单元户数、楼座排序；安防基础设施，如围墙、出入口个数及出入口是否布置道闸等。

（3）业主构成影响分析。单元业主姓名、特征及入住人员的基本情况、出入规律；物业的出租状态等。

（4）安保设施影响分析。包括门禁、闭路监控、可视对讲、周界红外线外对射等。

物业安保环境分析中以上因素都是外界给定的，所以物业服务企业要尽可能的熟悉环境并分析环境的影响，做出与给定环境相适应的有效率的安保体系，从而达到最佳的管理效果。

（5）项目安全薄弱点分析。根据物业的周边环境及人流、车流的集中位置特点，分析项目安保环节的薄弱点，作为安全防范的重点环节。

案例

××居住区坐落于××高新科技开发区，在治安防范方面存在以下难点和重点：
1. 周边闲杂人员及外来劳务工的流动性大、数量多；
2. 在入伙期居住区内将存在大量的临时装修施工人员；
3. 入伙与居住不同时进行，导致居住区面临着边入住、边施工、边管理的情况；
4. 智能化安防设施及停车场管理系统有待配置和完善。

二、管理思路的确立

根据本项目特点和安全现状分析及住户的要求，结合 ISO 9001 质量管理体系，设置本项目的保安岗位和人员安排，并实行"三班两运转"或"四班三轮换"的24小时安保服务。

1. 根据物业服务的整体定位，确定安保管理的总体目标

物业安全管理的总体目标应根据物业的整体定位来制定，要建立在对客户需求正确认识和了解的基础上。

2. 确定安保服务的组织机构及岗位职责（见基础篇）。
3. 制定安保服务的工作流程、管理制度（见基础篇）。

三、安保服务的实施要点

1. 确定安保服务的评价、考核和客户意见征询

以全面加强物业安保服务质量监管为中心，以规范物业服务秩序和提高物业服务质量为目的，通过客户满意度调查，全面落实物业安保服务标准和服务质量管理制度。

安保服务客户评价工作的组织有如下几个。

(1) 业主满意度调查领导小组。业主满意度调查领导小组由主管副总任小组组长，服务中心经理任副组长，组员包括安保部各级主管人员。

业主满意度调查领导小组，主要负责调查问卷设计审核，调查过程监督及调查结果的评审。

(2) 调查实施小组。调查实施小组，由各级主管任组长，组员为全体服务中心人员。

调查实施小组负责调查问卷的设计、发放、回收及汇总和统计工作。

(3) 调查时间安排。调查时间共分为五个阶段：第一阶段，调查计划的制订；第二阶段，问卷设计；第三阶段，问卷发放；第四阶段，问卷回收；第五阶段，调查总结。

(4) 过程管理

① 问卷发放。由服务中心人员按照各自划定的区域，采用登门拜访或邮寄的方式，将调查问卷发放到每一位业主的手中。

② 问卷回收。服务中心在辖区内放置满意度调查表收集箱，方便业主投放。或经检查调查期已近结束而尚未向收集箱投递调查问卷的，由服务中心工作人员主动上门回收。

2. 安保服务的费用测算、核算及控制

安保服务费主要包括如下几项。

(1) 人员费用。安全护卫人员的岗位工资、福利、津贴、保险、服装费等。

(2) 器材维护费用。日常保卫器材费如警棍、电池、对讲机等。

(3) 保安系统的设备维修费在公共设施、设备日常运行、维修及保养费中列支。

安保费用的计算：$V = \sum F_i / S$　　($i = 1, 2, 3$)　　(元/月平方米)

式中　F_1——人员费用，元/月；

　　　F_2——日常器材维护费用，元/月；

　　　F_3——其他费用（如耗费品等），元/月；

　　　S——物业项目总面积，平方米。

案例

某物业安保人员设置如下：

门岗 2 个，每个门岗安排 2 人值班，共 3 个班；中控室共 4 人；巡逻 3 人，3 个班；领班 3 人，主管 1 人；共 29 人。

费用测算（元/年）：

① 工资。安保人员 1200 元/月；领班 1800 元/月；主管 2500 元/月；则工资总费用：$(1200 \times 25 + 1800 \times 3 + 2500) \times 12 = 454800$（元/年）。

② 福利津贴。6～9 月，降温费安保人员每人每月 50 元，领班每人每月 60 元；主管每月通信费 80 元；则共计：$50 \times 4 \times 25 + 60 \times 4 \times 3 + 80 \times 1 \times 12 = 6680$（元/年）。

③ 保险费用。安保人员 100 元/月；领班 120 元/月；主管：180 元/月；则共计 $100 \times 12 \times 25 + 120 \times 12 \times 3 + 180 \times 1 \times 12 = 36480$（元/月）。

④ 服装费。夏装 60 元/套 $\times 2 \times 29 = 3480$ 元；冬装 80 元/套 $\times 2 \times 29 = 4640$ 元；春秋装 60 元/套 $\times 2 \times 29 = 3480$ 元；大衣 80 元/件 $\times 29 = 2320$ 元；雨衣 15 元/件 $\times 29 = 435$ 元；共计：$3480 + 4640 + 3480 + 2320 + 435 = 14355$（元）。

⑤ 住宿管理费用。20 元/月 $\times 12 \times 29 = 6960$（元/年）。

⑥ 日常器材费用。对讲机 6 部：800 元/部 $\times 6 = 4800$（元）。

⑦ 其他费用（元/年）。30 元/月 $\times 12 = 360$（元/年）。

项目总面积为 172000 平方米，则安保费用为：

$(454800 + 6680 + 36480 + 14355 + 6960 + 4800 + 360) \div 12 \div 172000 = 0.254$（元/平方米）

第四节 绿化服务方案策划及其执行

知识目标

了解绿化服务的作用和地位；掌握绿化服务的人员组织及岗位职责；掌握绿化服务的岗位职责及主要内容；掌握绿化服务工作的实施要点。

技能目标

掌握绿化管理工作的要领；掌握绿化管理工作的实施要点；运用绿化管理知识处理绿化管理中常遇见的问题。

 走进实训——"做"

项目一 项目调查与分析

【实训目标】
1. 结合实际，了解绿化服务的内容与目标。
2. 掌握某物业绿化服务项目的特点和定位。

【实训内容与要求】
1. 由学生自愿组成小组，每组 14~17 人，利用业余时间，对物业的绿化管理情况进行调查与访问。
2. 在调查与访问之前，每组需通过对绿化服务知识的预习，经过讨论制定调查访问的提纲，包括调研主要问题及具体安排，具体可参考下列问题：
（1）调查项目的地形地貌特点；
（2）调查项目的绿地组成、规划，如绿地覆盖率、草坪面积、花草树木分布情况；
（3）调查项目的人员组织及工作实施情况；
（4）调查项目的空间绿化情况；
（5）调查项目的费用情况等。

【成果与检测】
1. 每人写出一份被调查项目的项目实施报告。
2. 调查访问结束后，组织一次课堂交流与讨论。
3. 以小组为单位，分别由组长和每个成员根据各成员在调研与讨论中的表现进行评估打分。
4. 由教师根据各成员的调研报告与在讨论中的表现分别评估打分。
5. 将上述诸项评估得分综合为本次实训成绩。

 走进理论与方法——"学与导"

一、绿化服务的含义

物业绿化服务是指在物业服务区域内，种植树木花草，进行绿化美化，为业主、使用人营造优美清新健康的环境而做的一系列绿化养护和设计等工作，即围绕绿化美化而展开的一系列管理工作。

物业服务企业应根据所管物业的类型、规模和绿化管理要求合理组织物力、人力，制订相应的工作计划、岗位职责、制度，保证绿化工作的正常开展和物业环境绿意盎然。

绿化是构成管理区美化优化环境的重要因素，它能够调节管区内局部"小气候"、净化空气，是创造卫生、安静、安全、舒适和美观的物业环境的重要因素。因此要充分搞好物业的绿化和美化，创建一个赏心悦目的物业绿化环境。

除了物业公共用地的绿化外，物业服务企业应经常组织业主参加庭院绿化种植浇水、除草等公益活动，增强业主的爱护绿化意识。随着经济的发展和人民生活水平的提高，居住环境的绿化建设将进一步得到重视。1996年于日本大阪举行的以"城市绿化战略规划"为主题的国际讨论会上，就发表了《大阪宣言——给予城市以新的自然活力》。《宣言》提出："未来的城市要给人类的幸福和全世界的社会发展做出贡献，必须通过绿化来创造一个安静的自然环境。"

二、绿化服务的内容

物业环境绿化管理的主要内容如下。

1. 绿化管理人员的招聘与培训

绿化管理工作的实施是由绿化主管和绿化员完成，人员的素质是绿化管理工作质量好坏的重要决定因素。绿化管理人员应具备专业管理资质，绿化操作人员应经公司培训考核合格。

为保证人员素质，绿化部门对绿化管理人员和操作人员应定期组织业务技术培训。

2. 制定和实施绿化管理的规章制度、工作程序和工作标准

绿化管理的规章制度包括两个方面的制度：一方面是内部管理制度，如绿化管理人员岗位责任制、绿化工作检查考核制度、员工劳动纪律制度、奖惩制度等；另一方面是广大居民群众爱护绿化的制度，如绿化管理制度。

绿化工程程序是对实施绿化的操作时间、步骤、方法提出具体要求。绿化工作标准是要求绿化工作应达到的程度和水准，是衡量绿化工作质量高低的尺度。

建立和完善绿化管理制度，按照绿化工作程序运行，并达到绿化工作标准，是绿化工作规范化、制度化、标准化的具体体现。

3. 物业区域绿地管理

物业区域绿地管理包括物业绿地的养护和营造两个方面的内容。绿地养护是对已设计建成的物业绿地进行的保养和护理工作，绿地营造是在已建成绿地的基础根据业主或使用者的实际需求进行的再造工程。

物业绿地营造完成后，要巩固其成果，发挥其功能，主要取决于养护工作。绿化养护工作应做到管理日常化、养护科学化。养护工作必须一年四季不间断地长期进行，才能保证花木生长旺盛、花红草绿。一般来说，养护工作主要包括以下内容。

① 浇水。根据季节、气候、地域条件及植被生长期、花木植物品种等决定浇水量。

② 施肥。根据土质、花木植物生长期和培植需要，决定施肥的种类和用量大小。

③ 修枝整形。绿化部应根据植物的习性、观赏功能的需要以及自然条件等因素综合考虑对树木进行整形和修剪。此项目通常在冬天进行。

④ 除草松土。根据季节、草坪的生长情况，对绿化地内的杂草进行清除并对土地进行相应的松土，以利于植被生长。

⑤ 防治病虫害。病虫害防治应贯彻"预防为主，综合治理"的基本原则。根据病虫害发生的规律实施预防措施和综合治理，创造有利于花木生长的良好环境，提高花木的抗病虫害能力。

⑥ 花草树木技术管理。如冬季对树干涂白、对临街临路的树木花草加以养护、对树木和空间植物立柱保护、对花草树木的叶片进行喷洗，以清除灰尘。

⑦ 其他。对花卉盆景要编号挂牌，登记出册，建立档案及室内绿化植物的养护等。

4. 物业空间绿化管理

绿化部将公共区域绿化与业主个体绿化、平地绿化与墙面屋顶绿化相结合，物业绿化部门在条件适宜的地方，应自己或鼓励用户搞好物业的空间绿化，包括墙面绿化、阳台绿化、屋顶绿化、室

内绿化等。

5. 绿化用具的管理

对相关绿化设备进行日常的保养和维护。

三、绿化服务的总体目标

1. 绿化养护管理的质量要求

绿化养护的质量主要从管理树木的形态、草坪绿化、花坛生长等方面考查。一般有如下要求：

(1) 植物盆内无烟、杂物，无浓厚浮尘，保持叶色翠绿；

(2) 各类植物无枯萎、凋谢现象；

(3) 盆缸清洁干净，无污、无渍；

(4) 草坪修剪整齐，无高低不平现象；

(5) 枝叶修剪整齐，无杂乱现象。

2. 具体考核指标

(1) 绿化计划完成率。

(2) 绿化完好率：

新种树木高度1尺处倾斜超过10厘米的树木不超过树木总数的2%；

栽植1年以上的树木保存率大于98%；

新种树苗本市树苗成活率大于95%，外地苗成活率大于90%；

五大虫害的树木不超过树木总数的2%；

树木二级分枝、枯枝不超过树木总数的2%。

(3) 年消杀虫害次数。

(4) 绿化费用支出。

(5) 绿化档案齐全、完整。

(6) 绿化设施设备完好率。

四、绿化服务的工作实施

1. 绿化服务的管理机构设置

绿化护养的机构设置应根据实际情况而定，可以外包管理，可以自行管理。如果自行管理，管理机构名称可定为绿化部或绿化科，人员组织模式可以由物业规模等情况而定。现以配管理人员3名，工人10名为例，这种规模可成立绿化部，设经理1名，主管1名，办事员1名，绿化部下可设花圃组、绿地组、服务组，也可按片区划分进行管理。一般说来绿化部门的管理机构设置有以下三种模式。

(1) 分区管理（图3-4）。将整个绿化区域均等的划分出责任区，实施定员管理，孰优孰劣、谁勤谁懒一目了然，这样可以提高工作评比性，调动员工责任感。缺点是容易各自为政，彼此之间的养护经验得不到交流。实际运用中须注意既要各负其责，又要相互分工不分家。

图3-4

(2) 分种类管理（图3-5）。按植物的种类及每个员工的专业养护水平，每人负责几个品种，这样可以最大限度的发挥员工专业优势，使每个人都能从事自己所擅长、感兴趣的事。缺点是不易培养综合型人才。

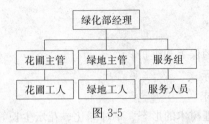

图 3-5

(3) 混合型管理，也即是前两者的综合。前两种模式适用于物业公司比较成熟且绿地面积比较大的项目，有时物业绿地面积较小，对前两者便不能单一的采用哪一种，可双方都借鉴一点，既分区又划种类，如除草、修剪、浇灌等分区管理，培土施肥、防治病虫害等分种类管理。

2. 人员的岗位设置及选聘

(1) 人员的岗位设置

① 干部配置标准

a. 30万平方米以下，设主管1人，园艺师2人，不设班（组）长；

b. 30万平方米以上，设主管1人，班组长2人，园艺师每10万平方米配置1人；

c. 如有花木基地时，可增设花木基地主管1人。

② 人员定编标准：以岗定编，精干高效。

a. 多层住宅绿化人员：绿化面积每4000平方米左右，设1人；

b. 高层住宅绿化人员：建筑面积每7000平方米左右或90～100户，设1人；

c. 高层写字楼绿化人员：建筑面积每2500平方米左右，设1人；

d. 其他如商业、综合性楼宇可以参照以上定编标准。

(2) 岗位职责

① 绿化经理岗位职责

a. 制定绿化部门规章制度；

b. 负责绿化人员的工作安排与指导，并对其工作执行情况进行检查与监督；

c. 负责对辖区内的绿化面积进行合理的布局并组织人员实施，创造良好的环境；

d. 组织相关人员做好花草树木的防病、防虫害工作；

e. 对绿化情况进行巡查、记录，发现问题及时处理，不能立即处理的，报告上级领导；

f. 安排人员对绿化设施及工具进行日常养护与维护；

g. 对下属员工进行业务指导与培训，及对下属员工日常行为管理等。

② 绿化工岗位职责

a. 根据辖区的规划与布局，对花草树木进行定期的培土、施肥等工作，丰富辖区绿化内容；

b. 保持绿化清洁，绿化区内不留杂草、杂物；定期或不定期检查绿化草坪完好情况、花草树木生长情况并做好相关记录；

c. 室外盆花的养护，节日摆花等；

d. 发现人为踩踏草地、破坏绿化环境等行为，予以及时劝阻，对情节严重者，按相关规定进行处理；

e. 对相关绿化设备进行日常的保养和维护，发现故障及时报修。

(3) 人员的选聘

① 绿化部经理。

学历：一般要求高中以上；

素质要求：1年以上相关职位经验，具备园林、环境艺术设计及相关专业知识；熟悉环境美化知识和清洁卫生知识，掌握花草树木的防病、防虫等知识。

② 绿化工。

学历：一般不做要求；

素质要求：具备一定园林或绿化操作经验，了解和掌握绿化管理的基本知识和技能。

(4) 人员的培训。绿化工人的配备不是一次性的，而是随着业务的开展、养护的需要逐步到位的。根据本部门的情况在组织人员培训时要注意以下几点。

① 培训进度安排

a. 开业初期工人人数不多，不能集中正规培训、进行系统的学习，而是采取做什么、学什么的学习形式，联系实际具体讲，结合生产现场学。

b. 在拥有一定数量的工作人员后，进行集中培训，系统讲授有关绿化知识。

② 培训知识安排

a. 讲授基础知识，从认识花木的品种开始；

b. 讲授花木的各种性状，习性，生理生态，物候期，繁殖方法；

c. 讲授花木的栽培措施和养护要求；

d. 讲授园林绿地的营造和设计知识。

3. 绿化养护管理的实施

绿化养护管理工作是一项经常性的工作，必须一年四季不间断地进行。只有精心养护、细心管理才能收到应有的绿化和美化功效。

(1) 日常管理

① 物业管理员每周对绿化带至少巡视一遍，并做绿化巡视记录；

② 服务中心主管对汇总的《绿化巡视记录》进行分析，必要时采用统计技术进行处理。

(2) 日常养护

① 除草

a. 保洁员除草责任范围和工作内容的确定。物业管理员根据物业管理绿化面积，保洁员人数的多少，划分和规定保洁员除草责任范围和工作内容，并列出《保洁员除草责任范围和工作内容一览表》；

b. 保洁员对自己责任范围的绿化带内杂草每半个月清除一次，保证无醒目的杂草。

② 浇水。由绿化养保员按以下要求进行。

a. 对新栽绿化地，自栽种之日起十天内，须早晚各浇水一遍，待成活后，可酌情减少浇水次数；

b. 持续一星期干旱时，需浇水一遍。

③ 施肥、杀虫、修剪。施肥、杀虫、修剪按以下要求进行。

a. 杀虫：每星期至少检查一遍，如有虫害应及时进行消杀治疗。

b. 修剪：每年不少于5次，应保持绿化植物的整齐、美观。

c. 施肥：每季度应施肥一遍，并保持生长良好。

d. 补种：枯死、病死和损坏死亡的绿化植物应及时补种。

④ 以上项目由物业管理员每月填写《绿化养护记录表》，并交服务中心主管签署意见。

(3) 日常维护

① 绿化带的开挖或占用

a. 物业管理员知道或发现施工单位需要或正在开挖、占用绿化带时，应要求施工单位提交《临时占用、开挖共用地（道路）申请表》，对未经批准擅自开挖、占用绿化带的，按《业主违例事件处理程序》对委托该施工单位的业主进行处理；

b. 物业管理员办理审批手续，并将经批准的《临时占用、开挖公共用地（道路）申请表》原件交施工单位据以施工，复印件存底备查；

c. 开挖或占用完毕，物业管理员应检查绿化带恢复情况。

② 绿化带受损的处理

a. 要求责任人限期恢复绿化带原状；
b. 安排绿化养护单位恢复绿化带并要求责任人支付该费用。
③ 记录
a.《绿化工程存在问题处理单》复印件、《临时占有、开挖公用地（道路）申请表》复印件、《绿化巡视记录》、《绿化养护记录表》由物业管理员保存一年；
b. 最新的《保洁员除草责任范围和工作内容一览表》原件由物业管理员保存、复印件由服务中心主管保存；
c.《绿化工程验收移交记录表》由物业管理员保存一年后交公司档案室。
④ 附件
a.《绿化工程存在问题处理单》；
b.《绿化工程验收移交记录表》；
c.《保洁员除草责任范围和工作内容一览表》。

附：绿化日常养护方法和要求标准

一、日常养护方法

1. 浇水

植物生长离不开水，但各种植物对水的需要量不同，不同的季节对水的需要量也不一样，所以要根据具体情况灵活掌握，做好浇水工作。

（1）根据气候条件决定浇水量
① 在阴雨连绵的天气，空气湿度大，可不浇水；
② 夏季阳光猛烈、气温高，水分蒸发快，消耗水分较多，应增加浇水数次和分量；
③ 入秋后光照减弱，水分蒸发少，可少浇水；
④ 半阴环境可少浇水。
（2）根据品种或生长期来决定浇水量
① 浅根性植物不耐旱，要多浇水；
② 生长期长的植物生长缓慢，需要水分少，土壤透气性差，会抑制根系的生长。
（3）浇水量和浇水次数确定的原则。以水分浸润根系分布层和保持土壤湿润为宜。如果土壤水分过多，土壤透气性差，会抑制根系的生长。

2. 施肥

园林绿地栽植的花草树木种类很多，有观花、观叶、观姿、观果等植物，又有乔木、灌木之分，对养分的要求也不同。

（1）行道树、遮阴树，以观枝叶、观姿为主，可施氯肥，促进生长旺盛，使枝叶繁茂、叶色浓绿。

（2）观花、观果植物，花前施氮肥为主，促进枝叶生长，为开花打基础。花芽形成，施磷钾肥，以磷肥为主。

（3）树木生长旺盛期，需要较多的养分，氮磷钾肥都需要，但还是以施氮肥为主。树木生长后期应施磷钾肥为主。促进枝条组织木质化而安全越冬。

（4）肥料分为无机和有机肥两种。堆肥、人粪是有机肥、迟效肥。化学肥料属无机肥、速效肥。

园林绿地由于环境条件限制，有机肥多用作基肥，少用或不用于施肥。速效肥料易被根系吸收，常用追肥使用，在需要施用前几天施用。迟效肥，放入土壤后，需要经过一段时间，才能为根系吸收，需提早 2~3 个月施用。

3. 整形、修剪

整形、修剪是园林栽培过程中一项重要的养护措施，树木的形态、观赏效果、生长开花的结果等方面，都需要通过整形、修剪来解决和调节。

树木整形、修剪要根据树木的习性和长势而定，主干强的适宜保留主干、采用塔形、圆锥整形；主干长势弱的，易形成丛状树冠，可修成圆球或自然开心形，此外还应考虑所栽植的环境组景的需要。整形、修剪的方式很多，应根据树木分枝的习性、观赏功能的需要以及自然条件等因素来考虑。

(1) 整形修剪方式

① 自然式修剪：各种树木都有一定的树形，保持树木原有的自然生长状态，能体现园林的自然美，称为自然修剪。

② 人工式修剪：按照园林观赏的需要，将树冠剪成各种特定的形式，如多层式、螺旋式、半圆式或倒圆式，单干、双干、曲干、悬垂等。

③ 自然和人工混合式：在树冠自然式的基础上加人工塑造，以符合人们观赏的需要，如杯状、开心状、头状形、丛生状等。

(2) 整形修剪时间

① 休眠期间修剪：落叶树种，从落叶开始至春季萌发前修剪，称为休眠期修剪或冬季修剪。这段时间树林生长停滞，树体内养分大部分回归根部，修剪后营养损失最小，且伤口不易被细菌感染腐烂，对树木生长影响最小。

② 生长期修剪：在生长期内进行修剪，称为生长期修剪或夏季修剪，常绿树没有明显的休眠期，冬季修剪伤口不易愈合，易受冻害，故一般在夏季修剪。

4. 除草、松土

除草是将树冠下（绿化带）非人为种植的草类清除，面积大小根据需要而定，以减少草树争夺土壤中的水分、养分，有利于树木生长；同时除草可减少病虫害发生，消除病虫害的潜伏处。

松土是把土壤表面松动，使之疏松透气，达到保水、透气、增温度的目的。

5. 防治病虫害

花木在生长过程中都会遭到多种自然灾害的危害，其中病虫害尤为普遍和严重，轻者使植株生长发育不良，从而降低观赏价格，影响园林景观。严重者引起品种退化，植株死亡，降低绿地的质量和绿化的功能。

病虫害防治：贯彻"防御为主，综合防治"的基本原则。预防为主，就是根据病虫害发生规律，采取有效的措施，在病虫害发生前，予以有效地控制。综合防治，是充分利用一些病虫害的多种因素，创造不利于病虫害发生和危害的条件，有机地采取各种必要的防治措施。

药剂防治是防治病虫害的主要措施，科学用药是提高防治效果的重要保证。

(1) 对症下药：根据防治的对象、药剂性能和使用方法，对症下药，进行有效地防治。

(2) 适时施药：注意观察和掌握病虫害的规律适时施药，以取得良好的防治效果。

(3) 交替用药：长期使用单一药剂，容易引起病菌和害虫的抗药性，从而降低防治的效果，因而各种类型的药要交替使用。

(4) 安全用药：严格掌握各种药剂的使用浓度，控制用药量，防止产生药害。

二、日常养护要求

(1) 同一品种的花卉，集中培育，不要乱摆乱放。

(2) 要分清阳性植物和阴性植物，阳性植物可以终日晒太阳，阴性植物只能是在早晨、傍晚接受阳光照射。

(3) 根据盆栽花卉的植株大小、高矮和长势的优劣分别放置，采取不同的措施进行管理。

(4) 不同的花木用不同的淋水工具淋水。刚播下的种和幼苗用细孔花壶淋，中苗用粗孔壶淋，大的、木质化的用管套水龙头淋。淋水时要注重保护花木，避免冲倒冲斜植株，冲走盆泥。

(5) 淋水量要根据季节、天气、花卉品种而定。夏节多淋，晴天多淋，阴天少淋，雨天不淋。干燥天气多淋，潮湿天气少淋或不淋。抗旱性强的品种少淋，喜湿性的品种多淋。

住宅楼内阴性植物每星期必须浇水两次,住宅楼外阴性植物除雨天、阴天外,每天早晨须淋水一次(含绿化带、草坪、树木),如遇暴晒天气,每天下午须再浇一次。苗圃内的阴性植物由于受到纱网的遮阴每天早上浇水一次即可(雨天除外);如遇暴晒天气,每天下午须再浇水一次。

(6) 除草要及时,做到"除早、除小、除了",不要让杂草挤压花卉,同花卉争光、争水、争肥。树丛下、绿化带里、草坪上的杂草每半个月除一次,花圃内的杂草每星期除一次,花盆内的杂草每3天除一次,并且要清除干净。

(7) 结合除草进行松土和施肥。施肥要贯彻"勤施、薄施"的原则,避免肥料过高造成肥害。花木每季度松土和施肥一次,施肥视植株的大小,每株穴施复合肥2~4两,施后覆土淋水。

(8) 草坪要经常修剪,每月需修剪一次,草高度控制在5厘米以下,每季度施肥一次,每亩撒肥5~10kg,施后淋水或雨后施用。

(9) 绿化带和2m以下的花木,每半个月修枝整形一次。

(10) 保持花卉正常生长与叶清洁,每星期擦拭叶上灰尘一次。

(11) 发现病虫害要及时采取有效措施防治,不要让其蔓延扩大,喷药时,在没有掌握适度的药剂浓度之前,要先行小量试验后,才能大量施用,既做到除病灭虫又保证花卉生长不受害,喷药时要按规程进行,保证人和花的安全。

(12) 绿化带每3天杀虫一次,苗圃、花盆等每半月杀虫一次,树木、草坪每月杀虫一次。

知识目标

了解物业绿化服务方案策划方法;掌握物业绿化方案项目分析要点;掌握物业绿化方案工作流程设计;掌握物业绿化服务费用的测算。

技能目标

掌握物业绿化环境分析方法;掌握物业绿化服务方案整体设计方法及流程;能够针对物业特点设计物业绿化服务方案。

 走进实训——"真题真做"

项目二 针对住宅小区物业项目策划绿化服务方案

【实训目标】
1. 结合实际,培养学生收集资料、分析资料能力。
2. 结合实际,培养学生绿化服务方案策划能力。

【实训内容与要求】
1. 由学生自愿组成小组,每组14~17人,利用业余时间,针对某企业招标的物业项目进行绿化服务方案投标文件策划。
2. 在策划之前,每组需通过对绿化服务方案策划知识的预习,经过讨论制定策划提纲,具体可参考如下提纲。

物业绿化服务方案策划提纲
第一部分 绿化服务项目描述
　0.1　物业项目概况
　0.2　物业项目总体定位
　0.3　物业绿化情况
第二部分 绿化服务体系设计

第一章　物业绿化服务内容
1.1　绿化服务养护范围
1.2　绿化服务养护内容
1.3　物业绿化营造项目分析
1.4　绿化服务总体目标
第二章　绿化服务管理机构
2.1　绿化机构管理构架
2.2　绿化机构人员组织
2.3　绿化机构岗位职责
第三部分　绿化服务方案实施
第三章　绿化服务人员培训
3.1　物业项目认知培训
3.2　绿化知识培训
3.3　操作规范培训
3.4　制度培训
第四章　绿化服务方案执行
4.1　绿化服务岗位工作流程
4.2　绿化服务的考核及评价
4.3　绿化服务的成本测算及成本控制
第四部分　小结

 走进理论与方法——"学与导"

一、项目概述

1. 项目概况描述

项目概况描述的内容主要有：项目绿化概况、养护地点、养护范围等。

案例

> 该单位绿化占地面积约为12000平方米，绿化覆盖率高，有大量不同规格品种乔木、修剪造型灌木以及造型盆景，其中以灌木、袋苗修剪居多，并有上千盆小盆栽摆设及室内摆设。

2. 项目分析

（1）物业类型分析。不同类型的物业绿地的养护标准和要求也不同，在制定养护方案时要具体分析物业的类型、整体定位及管理目标。

（2）物业绿地构成分析。物业的绿地面积、绿地分析情况；绿地中花草树木的种类、数量、分布等。

（3）物业建筑风格分析。物业绿地的营造要与物业建筑风格相一致。现代物业各种建筑风格百花齐放，欧式风格建筑、中式风格建筑，绿地设计与营造要与建筑融为一体，相得益彰。

二、项目方案策划

1. 基础知识准备

（1）绿地组成及绿化标准。物业绿化是城市绿地的重要组成部分之一，是创造卫生、安静、舒适美观的物业环境的重要手段，赏心悦目的绿化环境可以帮助业主或使用人消除疲劳，振奋精神。

① 物业绿地系统组成

a. 公共绿地：指物业公共使用的绿化用地，如居住区公园、小块绿地和林荫道等；
b. 庭院绿地：指住宅四旁的绿地；
c. 街道绿地：指物业内各种道路的行道树等绿地；
d. 公共建筑与公用设施专用绿地：物业内医院、学校、幼稚园和门诊所等绿化用地。
② 物业绿地标准。一般用居民平均占有绿地面积和物业用地的绿化覆盖率两项指标来衡量。根据原建设部制定指标为2～4平方米/人。

居住类物业分级参考标准中规定：
一级物业绿地覆盖率达到30%以上，有较大规模的园林小景，绿化物修剪整齐，维护良好；
二级物业小区内绿地覆盖率达到25%以上，园林绿化维护管理良好；
三级物业小区内绿地覆盖率达到20%以上，园林绿化生长良好。
(2) 物业绿地的规划布置
① 物业绿地规划设计基本要求
a. 采取集中与分散，重点与一般，点、线、面结合的原则，以形成完整统一的居住区绿地系统，并与城市总的绿地系统相协调；
b. 对原有的绿化及湖、河水面等自然条件要充分利用，尽量利用劣地、坡地、洼地进行绿化；
c. 注意美化居住环境的要求；
d. 在植物配置和种植上力求投资少，管理方便，效益高。
② 公共绿地的规划布置
a. 居住区公园。居住区公园的位置要适中，居民步行距离不超过800米，面积为1000平方米左右，可与体育场地和设施相邻布置，并由专人负责管理。
b. 居住小区公园。居住小区公园供居民就近使用，居民步行到达距离不超过400米，面积为500平方米左右。内部设置简单的游戏和文体设施。
c. 小块公共绿地。小块公共绿地主要提供给居住区的居民（特别是老人和儿童）使用，使用方便，面积小，投资省，易于建成，故被广泛采用。内容设置可灵活，可以休息、活动或装饰观赏为主。布置方式有开敞式、半开敞式和封闭式等。
d. 公共建筑或公用设施专用绿地。专用绿地的布置应满足其本身的功能需要，同时结合考虑周围环境的要求，如分隔住宅组群空间等。
e. 宅旁和庭院绿地。居住区内住宅四旁的绿化用地主要用于满足休息、幼儿活动及安排杂务等。宅旁绿地的布置方式随建筑类型、层数间距及建筑组合的形式而异。如低层联排式住宅，宅前用地可以划分成院落，由住户自行布置，院落可以围绿篱、栅栏或矮墙。高层住宅前后绿地，由于住宅间隔较大，一般可作为公共活动之用。
f. 街道绿化。街道绿化对于调节温度、减少交通噪声及美化街景有良好作用，它占地较少，管理方便和遮阴良好。居住区道路绿化布置与断面组成、走向与地上地下管线铺设有关。在道路交叉口的视距三角形内，不应栽植高大乔木、灌木，以免影响驾驶员视线。
③ 居住区绿化的树种选择和植物配置
a. 大量而普遍的绿化，应选择易长、易管、少修剪和少虫害的树种，一般以乔木为主。在入口及公共活动场所则选一些观赏性的乔灌木或少量花卉；
b. 为迅速形成绿化面貌，树种可采用速生与慢生结合，其中以速生为主；
c. 考虑绿化功能的需要，行道树宜选用遮阴力强的乔木，同时儿童与青少年活动场地忌用有毒、带刺植物；
d. 绿化树种的选择与配置可采用乔木和灌木、常绿与落叶及不同树姿和色彩变化的树种搭配组合，以美化居住环境；
e. 绿化树种的选择与配置是绿化专业的一项细致设计工作。绿化种植部分可种植乔木、灌木、花卉、花坛和铺设草地，设置棚架种植藤本植物。置水池内可养水生植物，如睡莲、浮萍和菱等。

植物配置要考虑不同季节的景观变化及植物生长的生态要求。

2. 绿化管理流程

(1) 绿地营造管理流程

① 划分特定区域营造物业绿地，内容包括：地面绿化、辖区内的空地绿化、侧面绿化、利用地形地貌绿化、建筑物顶层绿化等；

② 聘请或组织人员设计物业绿地；

③ 根据当地的气候特色、美观设计、绿化标准等选择绿化植物，为了发挥绿化的功能，必须选择好物业绿地所应种植的植物；

④ 根据辖区的特色和地形地貌，确定绿化植物的配置方式；

⑤ 组织绿地的施工，可委托园林工程部门施工，也可由本部门职工自行设计施工。

(2) 绿地养护管理流程

① 根据绿化任务的多少，结合公司的编制，配备绿化管理人员和操作人员；

② 对绿化人员进行专业的培训；

③ 根据园区绿地组成，适当对人员进行分组（分片区），指定专人负责日常护养工作，主要包括浇灌、施肥、整形、修剪、除草、松土、防治病虫害等，并维护园林绿化秩序；

④ 根据日常维护管理标准及月、年度计划，进行巡检考核；

⑤ 保安人员负责巡视看管，如果遇到破坏花草绿地情况，执行破坏绿化处罚。

在绿化工作的安排上，既要有足够的人员，确保事情有人做，又要避免人员浪费，一般物管绿化工作劳动量统计如下。

1. 绿篱及灌木修剪

(1) 墙状绿篱：人工 20 米/小时；机剪 50 米/小时；

(2) 丛生或块状绿篱：人工 25 平方米/小时；机剪 50 平方米/小时；

(3) 球形：直径 1 米球形，4 棵/小时，直径大于 1 米的适当降低平均数。

2. 大树修剪

(1) 冠径 15 米以上，需三个配合。1 棵/8 小时 3 人，平均 0.05 棵/(人·小时)。

(2) 冠径 10~15 米，需三个配合。3 棵/8 小时 3 人，平均 0.125 棵/(人·小时)。

(3) 冠径 5~10 米，需二个配合。12 棵/8 小时 2 人，平均 0.75 棵/(人·小时)。

(4) 冠径 5 米以下，高 3 米以下，单人操作，平均 2~5 棵/(人·小时)。

3. 剪草

(1) 特级、一级草坪：360 平方米/(人·小时)；

(2) 二级草坪：280 平方米/(人·小时)；

(3) 三级草坪：用汽垫机剪 180 平方米/(人·小时)；割灌机剪 60 平方米/(人·小时)；

(4) 四级草坪：用割灌机剪，40 平方米/(人·小时)。

4. 施肥

(1) 粒肥：撒施，550 平方米/(人·小时)；点施灌木，240 棵/(人·小时)；点施盆花，900 盆/(人·小时)；点施小乔木（环施），50 棵/(人·小时)；

(2) 液肥：喷淋配合，平均 250 平方米/(人·小时)；手喷，室内大盆植物 15 棵/(人·小时)；室外大棵植物 24 棵/(人·小时)；手淋，200 棵/(人·小时)。

5. 喷药

(1) 机喷：平均 350 平方米/(人·小时)；

(2) 壶喷：室内大植物 15 棵/(人·小时)；室外中小植物 25 棵/(人·小时)；小型盆栽 200 棵/(人·小时)。

6. 淋水

(1) 自动喷淋平均 8000 平方米/(人·小时)；

(2) 人工淋平均 2000 平方米/(人·小时)。

7. 花苗上盆

时花平均 250 盆/(人·小时),苗木平均 200 盆/(人·小时)。

8. 花木出圃质量修整

时花平均 500 盆/(人·小时),小盆观叶植物 150 盆/(人·小时);大型观叶植物平均 10 盆/小时。

9. 盆景

(1) 修剪:小盆平均 10 盆/(人·小时),中盆平均 5 盆/(人·小时),大盆平均 2 盆/(人·小时);

(2) 换泥转盆:小盆平均 8 盆/(人·小时),中盆平均 2 盆/(人·小时),大盆需两个人以上配合,平均 1 盆/(人·小时)。

10. 插花

① 盆花:小盆/(人·8 分钟),中盆/(人·20 分钟),大盆/(人·35 分钟);

② 花束:小束/(人·15 分钟),中束/(人·25 分钟),大束/(人·35 分钟);

③ 花篮:小篮/(人·10 分钟),中篮/(人·15 分钟),大篮/(人·25 分钟)。

11. 机械检修

正常的周期性检修每月 2 天/人,突发性检修按机械故障的修理难度而定。

12. 残花清理

报废残花的清理平均 400 盆/(人·小时);可重新利用残花的处理平均 300 盆/(人·小时)。

13. 杂物清除

人工除杂草密度平均每小时 25~55 平方米/人不等;化学除草坪平均每小时 700 平方米/人。

3. 管理制度的制定与考核

制定物业绿化服务管理制度与考核制度,是对物业绿化作业实施控制,为业主或使用人提供清新优美的居住和工作环境。管理制度主要针对辖区内的绿化草坪及盆栽植物的施工和养护。根据管理对象的不同,管理制度的内容有两大类:一是对人的管理,二是对绿化服务工作标准和程序的管理。根据实际情况,如物业类型和定位等来制定。

如某小区物业制定物业绿化作业控制制度如下。

1. 绿化服务的责任范围

依据总经理办公室的相关规定,绿化服务的范围为:

(1) 草坪的种植和养护;

(2) 树木的种植和养护;

(3) 室内外盆花的养护;

(4) 节日摆花;

(5) 代购鲜花。

2. 绿化作业的控制

(1) 草坪建设、树木移栽和盆花租赁

① 由环境管理部绿化主管与花木公司联系,执行花木供应合同;

② 绿化主管记录花木公司的服务情况,并对移交本公司的草坪和树木及租赁的盆花进行养护,确保其繁茂、鲜艳。

(2) 草坪、树木购置和盆花租赁计划。由环境管理部提出报告,经总经理或分管副总批准后,环境管理部组织实施。

(3) 绿化服务的标位

① 绿地规划(含树木种植)应执行国家或地区有关法律法规、标准的规定,人均绿地面积也应符合相关法规或标准要求;

② 环境管理部经理依据公司下发的《绿化服务合同》,组织相关管理人员起草草坪养护、树木

修剪和盆花养护规范及相关检验标准、操作规程等文件，经公司质量管理部审核，报总经理或分管副总批准后实施。

3. 绿化服务人员的培训

（1）环境管理部对绿化管理人员和绿化服务（操作）人员应定期组织培训；

（2）绿化管理人员应具备专业管理资质，绿化操作人员应经培训考核合格。

4. 绿化作业质量监控

（1）绿化作业质量监控由公司质量管理部归口管理，执行日检、周检和月检制度。

（2）日检由绿化主管负责。每日抽查、处理存在的问题并记录。

（3）周检由环境管理部经理负责。

（4）月检由公司质量管理部负责。

（5）绿化作业质量监控，执行绿化作业控制程序的有关规定。

5. 绿化费用测算、核算及控制

物业绿化管理费用主要包括管理人员费用、日常绿化工具材料费、绿化用水费用、园林景观美化费等（绿化用水以使用自来水测算）。

各种费用列表如下。

（1）工资

人 员	工资标准	人 数	月工资费用
主管			
领班			
绿化工人			
小计			

（2）社保及福利

费用名称	费 率	缴纳基金	小 计
养老保险		按工资标准	
医疗保险		按工资标准	
住房公积金		按工资标准	
工会经费		按工资标准	
福利基金		按工资标准	

（3）每人每月绿化用品消耗清单

品 名	单 价	月均消耗	金额/元
绿化工具篮			
花剪			
长剪			
高空剪			
喷雾器			
锯子			
铲			
锄			
梯子			
小计			

（4）绿化工具材料购置费用表

品名	数量	单价	金额/元	使用期/月
铲草机				
剪草机				
电锯				
……				
小计				

(5) 绿化用水费。根据水景、绿地面积、植被实际测算。

(6) 其他。如：园林景观建造费，绿化租摆成本等。

第五节 保洁服务方案策划及其执行

基础部分

知识目标

了解保洁服务的含义；掌握保洁服务的主要内容及管理目标；掌握保洁服务常用的机器、工具、清洁剂；掌握保洁服务人员组织方法及岗位职责；掌握各项保洁工作程序及应急事件处理方法。

技能目标

理解保洁服务在物业服务中的作用；掌握保洁服务的管理机构及人员组织方法。

走进实训——"做"

项目一 保洁项目实施及评价

【实训目标】

1. 结合实际，了解保洁服务的内容与目标。
2. 掌握某物业保洁项目的特点和定位。

【实训内容与要求】

1. 由学生自愿组成小组，每组14~17人。利用业余时间，对物业的保洁管理情况进行调查与访问。

2. 在调查与访问之前，每组需通过对保洁服务知识的预习，经过讨论制定调查访问的提纲，包括调研主要问题及具体安排，具体可参考下列问题：

(1) 调查项目的构成概况，物业类型，建筑特点，物业定位等；

(2) 调查项目的保洁的工作目标，内容；

(3) 调查项目的人员组织及工作实施情况；

(4) 调查项目的保洁工作执行；

(5) 调查项目的成本情况；

(6) 调查项目的客户满意度，主要问题分析等。

【成果与检测】

1. 每人写出一份被调查项目的项目实施报告。
2. 调查访问结束后，组织一次课堂交流与讨论。

3. 以小组为单位，分别由组长和每个成员根据各成员在调研与讨论中的表现进行评估打分。
4. 由教师根据各成员的调研报告与在讨论中的表现分别评估打分。
5. 将上述诸项评估得分综合为本次实训成绩。

 走进理论与方法——"学与导"

一、保洁服务的含义

物业的保洁服务是物业管理的重要组成部分，是体现物业管理水平的标志。高素质的物业保洁服务为业主或用户提供整洁、舒适、优美的工作环境和生活环境。同时，物业通过保洁服务可以延缓物业装饰物表面的自然老化和人为磨损，保护物业的装饰材料，延长物业再装修翻新的周期，取得既经济又能保持物业美观的效果。

1. 保洁服务的定义

物业保洁服务，即物业的清洁和保养服务，是指经过专门培训的清洁人员，使用专门的清洁机器、清洁工具和清洁物料，按照科学的管理方法和严格的清洁保养程序及技术规范，对特定物业本身及各种装饰材料进行清扫和护理，以求保持其应有的表面光泽颜色和高洁净度的一项专业化的工作。

2. 保洁服务的内容

不同类型的物业，保洁服务工作具有不同的特点，针对不同的特点对保洁工作的要求也不同。总的来说保洁服务包括以下几项内容。

（1）开荒。开荒也叫拓荒，就是对新竣工程、新装修过的居家会所、办公楼、商场、酒店、宾馆等私家别墅或公共场所在正式投入使用之前进行一次彻底的全面的清洗，清除建设过程中留下的污渍和异味，对木质地板、石材地面、PVC地面等进行抛光打蜡，保持设施和家私的新美亮洁。

（2）清洗。清洗是指采用物理方法及化学方法，使用清洁剂、清洁设备、清洁工具对建筑设施和相关设备进行除污、除垢的过程。

（3）保洁。保洁是指采用一般的或特殊的方法，通过对公共设施、办公大楼、商场、宾馆、酒店、医院等进行的日常或定期的清洗，恢复完美形象，保持环境干净卫生、设施光亮清洁。

（4）养护。养护是指通过专业人员，采用专用产品，应用专业技术，使用专用设备对建筑物和设施的表面进行抛光打蜡或晶面处理，使建筑物和设施的表面与空气或水之间产生一层隔膜，起到保养和维护作用，不仅保持原有色泽，还能延长其使用寿命。

（5）保洁设备和工具的管理。保洁服务常用的机器有洗地机、抛光机、吸尘器、吸水机、地毯机、吹风机、高压清洗机等。

保洁服务常用的工具有：扫帚、簸箕、地拖、橡胶刮、羊毛套、垃圾车、压干车、喷雾器、梯子等。

3. 保洁服务的总体目标

保洁服务是关系物业品质以及业主、使用人生活质量的基本服务，其总体目标是营造一个清洁、清新、明净的工作和生活环境，为业主或使用人带来赏心悦目，身心愉悦的享受。在具体执行或实现总体目标时，可以参照以下量化的各项指标。

（1）保洁工作计划执行率；（2）辖区卫生达标率；（3）年消毒杀虫次数；（4）业主对环境管理满意度评价；（5）保洁费用支出；（6）保洁资料完整率；（7）保洁设施设备的完好率。

二、保洁服务的组织与实施

1. 保洁服务的管理机构

保洁服务的管理机构设置与绿化服务类似。有按服务项目分组管理和按区域分组管理两种方式。

一是分区管理（图3-6）。将整个保洁服务区域均等的划分出责任区，可以按片区、按楼层分工。实施定员管理,考核时按片区或楼层的保洁质量、客户投诉率或满意率等指标进行,这样可以提高工作评比性,调动员工责任感。缺点是容易各自为政,彼此之间的保洁经验得不到交流。实际运用中须注意相互分工不分家,组织人员培训和交流。

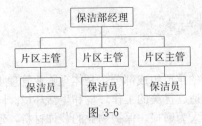

图 3-6

二是分项目管理(图 3-7)。即按楼梯、洗手间、地面、墙身、垃圾收集清运等不同项目分工。这样能够提高员工的专业化服务水平,提高保洁品质,但人员管理成本相对较高,适用于一些大型、对物业品质要求较高的收益类物业。

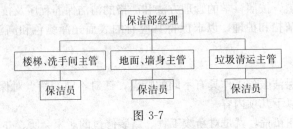

图 3-7

2. 人员的岗位设置及选聘

(1) 人员的岗位设置

① 干部配置标准

a. 10 万平方米以下,配置主管 1 人,不设班组长;

b. 20 万~50 万平方米,配置主管 1 人,技术员 1 人,班(组)长 2 人;

c. 50 万平方米以上,每增加 20 万平方米增设班(组)长 1 人。

② 保洁员配置标准

a. 多层住宅:每 120 户设 1 人。

b. 高层住宅:建筑面积每 7000 平方米左右或 90~100 户,设 1 人。公共场所或商业场所可适当调整人数。

c. 高层写字楼:建筑面积按每 2500 平方米,设 1 人。

其他类型如商业、综合性楼宇可以参考以上数据进行人员定编。

(2) 人员的选聘

① 保洁部经理。保洁部经理一般要求有 3 年以上相关工作经验,并具有物业管理上岗证书和相关资格证书;具备环境管理及相关的专业知识;熟悉相关的保洁知识和操作程序;具备一定的行政管理、物业管理等相关知识。

② 保洁主管。保洁主管一般要求有 1 年以上相关职位工作经验;具备基本的环境管理知识;熟练操作清洁设备,熟悉保洁的相关流程和工作标准。

③ 保洁员。一般无特殊要求,具备一定的保洁基本知识即可。

3. 岗位职责

(1) 保洁经理岗位职责

① 组织部门制定保洁管理制度;

② 每天上班前检查辖区内所列明的保洁项目的完成情况,及其积存量;

③ 按上级的指示,主持每日班前会,分配员工工作;

④ 执行上级的指示，积极配合各部门工作，做好交楼、入住及参观前的环境准备工作；
⑤ 检查辖区内的卫生死角是否积存了垃圾杂物，并且及时调动人员清运；
⑥ 对存在的问题，积极找出原因，并与服务中心商议提出合理建议和解决方案；
⑦ 检查下属员工的考勤，做好工作总结，督促下属员工工作；
⑧ 做好员工岗前和岗位培训工作；提高下属的思想素质、工作质量和工作效率。

（2）保洁主管岗位职责
① 协助部门经理制定与保洁工作相关的制度、规章、纪律等；
② 严格按照保洁管理作业程序和相关规定，对保洁员的工作执行情况进行检查；
③ 负责所有清洁工具及清洁用品的登记、入库、发放及回收管理；
④ 定期安排保洁员进行辖区内的卫生消毒工作；
⑤ 对环境卫生状况进行定期与不定期的巡查，有效遏制乱扔垃圾、乱贴广告等不良现象的发生；
⑥ 负责保洁员工作服的发放，储物柜的分发与管理，负责更衣室的管理；
⑦ 对下属员工进行业务指导与培训，以及日常行为的管理等。

（3）保洁员岗位职责
① 负责辖区内卫生的清洁与打扫，保持良好的卫生环境。
② 保洁区内发现堆积物，应及时与业主联系并劝其清理；对保洁区内的垃圾，及时进行清理。
③ 了解卫生责任区的设备设施情况，对分管区域内的设备进行日常维护与保养，发现故障及时报修。
④ 负责卫生责任区内水房等的清洁和管理工作。

4. 人员培训的组织与实施

保洁部门在总公司办公室的领导下，对保洁人员进行业务、技术培训并给予考核，确保保洁服务人员满足保洁工作的要求，使业主满意。

培训内容主要有：①物业室内保洁服务的分类；②保洁服务项目及注意事项；③物业保洁服务常用的机器、工具与清洁剂的使用；④外墙清洗的条件、方法及操作要点。

三、保洁服务的实施

1. 保洁程序规定

（1）室内保洁服务

① 大堂的清洁保养。大堂是大厦的进出口，是大厦物业使用者和外来客人进入大厦的第一个场所，是显示大厦等级和门面的重要区域。由于进出大厦的人都要经过大堂，大堂的人流比其他区域多，使用率最高，所以，大堂的清洁保养是最重要的。

日常保洁项目：
a. 清扫地面及入口处脚垫；
b. 抹净玻璃门、玻璃幕和玻璃间格；
c. 抹净各种家具摆设以及装饰物；
d. 抹净墙壁和墙壁上的装饰物；
e. 抹净标志牌、邮箱、服务台；
f. 垃圾桶、烟灰缸的清倒、抹净；
g. 抹净金属柱身、扶手、架子等金属饰物。

保洁注意事项：
a. 为了减少客人将室外尘土带入室内，大堂入口处应铺设防尘脚垫。遇到下雨天，应派专人去大堂入口处为带伞的客人分发装雨伞胶袋。
b. 大堂入口区域应派专人清洁保养，随时擦除客人进入时留下的脚印和其他灰尘。
c. 大堂地面多为花岗岩、大理石、瓷砖、胶地板或地毯应根据不同的建筑装修材料，采取不同的清洁保养方法。

d. 不锈钢、铜、铝合金等装饰物，如柱身、扶手、标志牌等容易受腐蚀，清洁保养时要选用专用清洁剂、保护剂。保养时注意不要留划痕。

e. 注意不要碰倒、撞坏大堂内的各种摆设饰物。

清洁保养安排：每幢大厦的大堂大门不同，清洁保养的要求也不同。如果大堂较大，可安排数名保洁人员，按保洁项目及工作量分工，或按区域分工。如果大堂较小，只配备一个保洁员，可采取定时巡回清扫、依次逐项擦拭的工作安排。

a. 定时巡回清洁。大厦最容易被脏污的地方是地面。大厦内清洁与否，客人首先接触和获得感觉的是地面。有些室内地面每日清洁一两次即可；有些公共区域地面人员来往较多，需每日清洁多次。而大堂的人流量最多，应定时巡回清洁一次，以确保地面经常处于清洁状态。

b. 依次逐项擦拭。大堂日常保洁的其他项目多为每日擦拭一次即可，经常是安排好工作顺序，依次擦拭。规定每30分钟对地面巡回保洁一遍，每巡回一遍的时间一般3～5分钟或再长一些。其余的20多分钟时间，用来依次逐项擦拭其他项目。

② 办公室（写字楼）的清洁保养。办公楼的主要特点是，办公人员多，写字台、文件柜、电脑操作台等家具多，台面上文件、办公用具多，废纸垃圾多。办公室清洁保养最好是在工作人员办公前或下班后进行。

日常保洁项目：

a. 清倒烟灰缸、纸篓等；

b. 清扫地面；

c. 抹净办公桌、文件柜、沙发、茶几等家具；

d. 抹净门、窗、内玻璃及墙壁表面；

e. 抹净空调送风门及照明灯片。

保洁注意事项：

a. 对办公室的日常保洁，由于受时间制约多，需要在规定的时间内迅速完成。因此，必须制订周密的保洁计划，要求保洁人员按计划工作，动作利索快捷。

b. 地拖、抹布等保洁工具，可多备几份，以减少往返清洗的时间，提高短时间内突击作业的效率。

c. 如果是在工作人员下班后进入办公室做保洁工作，最好要求工作人员留1人看守。若工作人员不能留人，最好由2人以上同时进出、共同工作，并注意不做令人怀疑的动作，以免产生误会。

d. 抹办公桌时，桌面上的文件、物品等不得乱动。如发现手表、项链、钱包等贵重物品，应立即向主管报告。

e. 吸尘机噪声大，室内吸尘工作可安排在工作人员上班前或下班后进行。

保洁基本程序：

a. 准备。进入办公室保洁前，一定要准备好保洁所需的清洁工具和物料。

b. 进入。如果是在工作人员上班前或下班后工作，最好每组2～3人，专人持钥匙开门，同时进入，门不要关闭。室内若有人，应先打招呼，得到允许后再工作。

c. 检查。进入办公室后，先查看有无异常现象，有无工作人员遗忘的贵重物品，有无损坏的物品。如发现异常，应向主管报告后再工作。

d. 清倒。清倒烟灰缸、纸篓、垃圾桶。倒烟灰缸时要注意检查烟头是否完全熄灭；清倒纸篓、垃圾桶时，应注意里面有无危险物品，并及时报告处理。

e. 抹净。按一定顺序，依次抹净室内办公用具和墙壁。毛巾应按规定折叠、翻面。

f. 整理。台面、桌面上的主要用品，如电话、台历、台灯、烟灰缸等抹净后应按工作人员原来的摆设放好。报纸、书籍可摆放整齐，但文件资料及贵重物品不要动。

g. 吸尘。按照先里后外，先边角、桌下，后空旷地的顺序，进行吸尘作业。梯子等用具挪动后要复位摆好。发现局部脏污应及时处理。

h. 关门。保洁完成后,保洁人员环视室内,确认质量合格,然后关灯,锁门。

i. 记录。认真记录每日工作情况,主要是指保洁员姓名、保洁房间号码、进出时间、作业时工作人员状态(无人、工作、返回等)、家具设备有无损坏等。

③ 洗手间的清洁保养。大厦内一般每层都设有洗手间,洗手间是大厦内利用最频繁、最易脏污的地方。工作人员不仅在洗手间内大小便,而且在洗手间梳洗化妆。因此,做好洗手间的清洁保养,也是显示大厦清洁保养水平的重要区域。

日常保洁项目:

a. 及时冲洗便池,不得留有脏物;

b. 及时消倒纸篓、垃圾桶,保持纸篓或垃圾桶手纸不超过1/3;

c. 不断拖抹地面,做到洁净、干爽;

d. 定期擦洗云台、面盆、大小便池等卫生洁具;

e. 抹净门窗、天花板、墙壁、窗台;

f. 定期消毒,喷洒除臭剂、室内清新剂;

g. 及时补充洗手液、香球、手纸。

保洁注意事项:

a. 清洁洗手间时应在现场竖立"正在清洁"指示牌,以便客户注意并予以配合;

b. 清洁洗手间所用的器具应专用,使用后应定期消毒并与其他清洁工具分开保管;

c. 保洁人员应注意自我保护,保洁时戴保护手套和口罩,预防细菌感染,防止清洁剂损害皮肤。保洁完毕,应使用药用肥皂洗手;

d. 注意洗手间的通风,按规定开关通风扇或窗扇。

保洁基本程序:

a. 准备。工作前,应备好保洁洗手间的基本清洁工具和清洁物料。

b. 冲洗。进入洗手间,首先放水将卫生洁具冲洗干净。

c. 清倒。扫除地面垃圾,清倒纸篓、垃圾桶。

d. 清洗。按照先云台、面盆,后尿池、便桶的顺序,逐项逐个刷洗卫生洁具。卫生洁具要用专用刷子、抹布、百洁布、海绵块等工具配合专用清洁剂刷洗。

e. 抹净。用抹布抹净门窗、窗台、隔板、墙面、镜面、烘干机。

f. 拖干。用地拖抹净地面,使地面保持干爽,不留水迹。

g. 补充。及时补充手纸、洗手液、香球、垃圾袋等。

h. 喷洒。按规定喷洒除臭剂、空气清新剂。

i. 撤离。收拾所有清洁工具、清洁物料,撤去"正在清洁"指示牌,把门窗关好。

④ 公共通道的清洁保养。大厦内走廊、人行楼梯、电梯、手扶电梯是大厦客户进出的公共通道。由于人员来往频繁,经常处于不间断使用状态,容易被脏污。因此,必须注意公共通道的清洁保养。

日常保洁项目:

a. 清洁走廊和人行楼梯地面的垃圾、尘土;

b. 抹净走廊墙壁、墙壁饰物和指示牌;

c. 抹净走廊垃圾桶、花盆、消火栓等设施;

d. 抹净楼梯扶手及栏杆、挡板;

e. 清扫抹净电梯门、电梯厢及电梯沟槽。

保洁注意事项:

a. 清扫楼梯一般是从上到下倒退着工作,要注意安全,避免跌落事故。

b. 清扫楼梯为主体作业,不能让垃圾、尘土等从楼梯边落下去。拖擦时,地拖不能太湿,不能让楼梯边侧面留下污水迹。

c. 事先了解、确认电梯门、电梯厢、楼梯扶手所用的材质,选用相应的清洁剂。一般应先做试验后再正式使用,以防损坏腐蚀材质。

　　d. 清扫扶手电梯时,应在停止运行时进行,以确保安全。

　　e. 清洁楼梯时,应在楼梯使用量最少时进行,并竖立"正在清洁"的指示牌,用拦护绳拦护,以防行人滑倒跌落。

　　保洁基本程序:

　　走廊的保洁。a. 先用扫帚清扫垃圾尘土,再用地拖拖地(如地毯则要吸尘)。以后视实际情况定时巡回保洁。b. 在巡回保洁过程中,拣去花盆内的垃圾杂物。c. 清倒烟灰垃圾桶,抹净烟灰垃圾桶,将地面拖净后,按原位摆放好。d. 按预定顺序,依次抹净门窗、窗台、墙壁饰物、镜面、指示牌、风口、开关盒、消火栓等。

　　电梯的保洁。a. 地面除尘去污。视电梯厢地面材质,采用相应的保洁方法。b. 扫净及抹擦电梯门表面、电梯内壁及指示板。c. 电梯天花板表面除尘。d. 电梯门缝吸尘、槽底清理垃圾。e. 电梯表面涂上保护膜。

　　手扶电梯的保洁。a. 抹净扶手带表面及两旁安全板。b. 踏脚板表面除尘,再用地拖拖擦,局部污垢附着物等用铲刀、百洁布、刷子去除。

　　人行楼梯的保洁。a. 自上而下一级一级地清扫,把垃圾从两边扫至中央或从外侧扫至靠墙的一侧,再扫到下一级。b. 用抹布抹净楼梯扶手、栏杆、挡板。c. 用抹布抹净墙壁饰物、窗台及门窗玻璃等。

　　⑤ 垃圾的收集处理。垃圾的收集处理是物业清洁保养的重要项目。如果垃圾收集处理不当,不仅影响美观,还容易产生臭味,滋生各种细菌、害虫,严重污染环境,影响物业使用人的健康。许多国家在垃圾收集处理方面已实行垃圾袋装化,不同垃圾分装,并要求对垃圾进行分类、粉碎压缩等中间处理。

　　a. 垃圾的存放。大厦的各个场所应视情况分别设置垃圾桶、垃圾箱、垃圾车、烟灰筒、废纸篓、菜叶筐等临时存放垃圾的容器。大厦中的垃圾应由客户直接收到这些容器内,或由保洁人员清扫后临时存放在这些容器中。保洁人员存放垃圾应注意:

　　(a) 存放容器要按垃圾种类和性质配备;

　　(b) 存放容器要按垃圾的产生量存置在各个场所;

　　(c) 存放容器要易存放、易清倒、易搬运、易清洗;

　　(d) 有些场所的存放容器应加盖,以防异味散发;

　　(e) 存放容器及存放容器周围(地面、墙壁)要保持清洁。

　　b. 垃圾的收集清运。将大厦场所存放容器内的垃圾收集起来,运送到垃圾集中场去,这是垃圾收集处理的第二个环节。这一环节需要注意如下事项:

　　(a) 及时清除大厦内所有垃圾。在正常情况下,垃圾桶内的垃圾不能超过桶容积的2/3;

　　(b) 收集清运垃圾时,用垃圾车或垃圾袋装好,不能将垃圾散落在楼梯和地面上;

　　(c) 收集烟灰、烟头时,必须确认烟头完全熄灭,或在收集起的烟灰、烟头上洒水,以防火灾;

　　(d) 收集清运垃圾时,要选择适宜的通道和时间,只能使用货运电梯,绝对不能使用客用电梯;

　　(e) 保洁人员收集清运垃圾时,应注意卫生,戴口罩和防护手套。工作完毕后要洗手消毒;

　　(f) 收集清运垃圾时,要选择适宜的通道和时间,只能使用货运电梯,绝对不能使用客用电梯。

　　c. 垃圾集中地的管理

　　(a) 大厦内的所有垃圾应集中堆放在垃圾房里,垃圾集中房应设在便于运输、便于分装、便于管理、对客户和客人无妨碍的地方;

　　(b) 垃圾房应配置易清倒、易搬运、易清洗、易封闭,又有防火性能的垃圾箱、垃圾桶;

　　(c) 垃圾有可燃与不可燃、可回收利用与不可回收利用之分,应分类存放管理;

　　(d) 垃圾房及容器应经常清扫、刷洗,定时喷洒除臭剂、杀虫剂、消毒剂等药物,周围不可有散乱垃圾或污水,保持环境卫生。

(2) 外墙清洗

① 气候条件。清洗大厦的外墙是在室外的高空中进行作业的，作业难度大，危险性也大，因此，清洗外墙必须考虑气候因素。根据高空作业的要求，外墙清洗必须在良好的气候条件下进行。作业前，要事先掌握天气预报情况，如果风力超过4级，就不能进行高空作业。作业时，还要密切注意突然的天气变化情况，如遇到突然起风或下雨，应立即通知高空作业的员工停止作业，采取积极安全的保护措施撤下地面。此外，在下雨、有雾、潮湿以及高温（35℃以上）或低温（5℃以下）等气候条件下，不适宜进行外墙清洗。

② 员工条件。从事外墙清洗的员工必须有良好的身体条件和心理素质，年龄应在40岁以下，血压正常，视力良好，无恐高症。员工在进行高空作业前，必须经过严格的身体检查和定期的身体复查，一旦发现有不适合高空作业的疾病，应立即停止工作。同时，身体合格的外墙清洗员工必须经过专门的高空作业培训，取得有关部门核定的高空作业许可证，在有效期内方可上岗。为了确保高空作业的安全，未经高空作业培训和未取得高空作业许可证的人员，不得从事高空清洗外墙工作。此外，员工在从事高空作业前，绝对不能饮酒。主管若发现员工有感冒或其他身体不适症状，应暂停其高空作业。

③ 安全保护措施。外墙清洗是在高空中进行的作业，高空作业与地面作业有许多不同的特点。例如，外墙清洗员工如果是利用吊篮进行高空作业，吊篮移好位置后，一般是从上到下进行作业的；外墙清洗员工如果是利用吊板进行高空作业，则只能通过吊板从上向下作业。清洗外墙的员工完全依靠高空设备吊在空中作业，为了保证清洁员工的人身安全，必须绝对选用符合安全标准的劳动保护工具。而且，外墙清洗员工必须严格遵守高空作业的安全规范。

2. 清洁常用机器和工具的管理

(1) 清洁常用的机器

① 洗地机。洗地机又叫刷地机，由机身、水箱及针刷和针盘组成，它利用马达转动，带动圆形针刷或针盘，对地面进行清洁。

② 抛光机。专用作地面抛光的机器，有普通速度和高速之分。抛光机启动时马达带动底盘作高速旋转，使底盘对地面进行高速软摩擦，达到抛光之目的。适用于花岗石、大理石等各种平整硬质地面的抛光，对于面积大的楼宇，尤为必要。

③ 吸尘器。用于地面、墙面和其他平整部位吸灰尘、污物的专用设备，是清洁工作中最常用的设备之一。吸尘器启动时能发出强劲的抽吸力，使灰尘顺着气流被吸进机内储尘舱，达到清洁地面的目的。吸尘器品种很多，按抽吸力大小有普通型和强力型；按适用范围有吸地面灰尘、吸地毯灰尘、清洁家具污物等不同类型；按功能多少有单一吸尘器和吸尘吸水两用吸尘器等。

④ 吸水机。清除积水的专用设备，主要用于吸取地面积水，对于吸取地毯水分加快干燥也非常有效，是大楼管理中不可缺少的清洁工具之一。有单用吸水机和吸尘吸水两用机，后者由于功能多，较受用户欢迎。

⑤ 地毯机。主要用于协助清洗地毯，分为干洗地毯机、湿洗地毯机和蒸汽抽洗机。在清洁保养工作中，应根据地毯质料、天气、环境等因素来决定干洗、湿洗还是抽洗。

⑥ 高压冲洗机。用于外墙、地面、车场、厨房等。启动时能产生强烈的冲击水流，达到清除灰尘、泥浆和其他污垢杂质的作用。

⑦ 吹风机。又叫吹干机，是利用马达的转动，加速空气流动，使被吹物体尽快干，主要用于地毯清洗吹干或地面打蜡后的吹干。

(2) 清洁保养常用的工具

① 扫帚。扫帚是扫除地面垃圾及灰尘的常用工具。

② 簸箕。簸箕是收集、撮起垃圾的常用工具。一般可以分为两类：带盖式簸箕和敞开式簸箕。带盖式簸箕装垃圾时能封闭垃圾，使垃圾不易被风吹走，也避免客人视野接触垃圾；敞开式簸箕能装较多垃圾。

③ 地拖。地拖是将布条或线绳安装在把柄上，用以擦洗、拖干地面的常用工具。常用的地拖有三种：圆形布条地拖、扁形活动式地拖和除尘地拖（又叫尘推）。

④ 橡胶刮。橡胶刮是用铝合金夹板和橡胶刮条组成的，是清洁保养的主要工具。专门用于擦拭玻璃的橡胶刮叫玻璃刮，一般柄较短，操作时便于用力。用力均匀，擦拭的效果好。用于清洗地面的橡胶刮叫地刮，手柄长，地刮不如玻璃刮质地细。

⑤ 羊毛套。羊毛套必须与羊毛套柄一起使用，是擦拭玻璃的主要工具。清洗玻璃时，先用羊毛套将兑好清洗剂的水涂抹在玻璃上，再用玻璃刮刮净。

⑥ 垃圾车。垃圾车是收集、倒运垃圾的专用车。一般为手推式。

⑦ 压干车。压干车是用于清洗、压干地拖的专用手推车。车上装有水箱和拖布压干器。对于室内工作点离水源较远，往返清洗地拖不方便，可使用压干车。

⑧ 喷雾器。喷雾器是擦拭玻璃、家具、墙壁饰物和喷药消毒用的工具。

⑨ 梯子。梯子是高处清洁保养时的常用工具。现在，梯子一般用铝合金制作，按长短不同有多种型号。

除以上常用的清洁保养工具外，在日常清洁保养过程中还有其他经常用的工具，按不同用途可简单分类如下：①擦拭用品：毛巾、抹布、垫片。②去污用品：刷子、百洁布、胶手套。③开荒工具：刮刀、铲刀、钢丝棉、砂轮。④喷洒工具：喷壶、水桶、瓢。⑤掸尘工具：掸子。

(3) 清洁保养常用的清洁剂。清洁剂的种类很多，不同的清洁剂，性质不同，用途也不同。只有使用得当，才能取得预期的效果；如果使用不当，就可能损坏建筑装修材料，造成不良后果。因此了解和掌握各种清洁剂的性质、作用和使用常识，正确地选用清洁剂，并注意使用方法，如稀释比例，手的保护等，既能达到清洗的目的，又能保护建筑装修材料。

① 去污粉。用于清除污迹、污渍。

② 洁厕灵。用于清洁卫生间的陶瓷制品上的污渍。

③ 起蜡剂。用于清除大理石的地面、墙面上的旧蜡渍。

④ 免抛蜡。用于大理石等物体表面涂蜡保养。

⑤ 玻璃清洁剂。用于清洗玻璃、镜面、瓷片及电镀物品表面的尘埃及污垢。

⑥ 天那水。用于溶解、稀释油漆。

⑦ 地毯清洗剂。用于清洗地毯上的污渍。

⑧ 不锈钢清洁剂。用于清洗不锈钢制品表面的污渍。

3. 清洁卫生应急处理

(1) 暴风雨、梅雨天气清洁的应急处理

① 管理员勤巡查、督导各保洁员的工作，加强与其他部门的协调联系工作；

② 在人员出入频繁的地方放置指示牌，提醒业主"小心滑倒"；

③ 及时关好各楼层的窗户，防止雨水进楼内，淋湿地面，墙面；

④ 加快工作速度，合理调动工作时间，及时清理地面和墙面的水迹；

⑤ 各楼道有裸露的电线，及时处理，并报告上级；

⑥ 安全注意事项：梅雨天气作业宜穿胶鞋以防滑倒。

(2) 楼层内水管爆裂事故应急处理

① 迅速关闭水管阀门，同时迅速通知保安员及维修人员，并关掉有关电源；

② 将水盛到桶里倒掉，再将余水扫净，保持楼内无积水，防止人员滑倒；

③ 打开门窗通风，吹干地面；

④ 安全注意事项：处理水管爆裂时，应防止触电。

(3) 突发火灾事故应急处理

① 及时拨打119火警；

② 不要惊慌，找安全出口，疏散人员；

③ 加强易燃清洁用品的保管;
④ 及时清理干净火灾遗留的杂物;
⑤ 安全注意事项:清理火灾现场要等到现场调查结束,经有关部门批准方能进行。
(4) 乔迁、喜庆应急处理
① 及时清理业主搬家时遗弃的杂物,并清扫场地;
② 对住户结婚抛撒的彩纸、彩带,楼道内绑扎的气球等装饰物,不宜很快清理,应在接新人仪式结束,新人及宾客离开,中午以后清理为宜,捡拾残留的装饰物,清扫场地。
(5) 住户装修污染应急处理
① 各区域保洁员加强保洁,对装修垃圾清运后的场地及时清扫,必要时协助业主将装修垃圾及时上车清运;
② 发现涂料污染外环境地面,应及时采取有效的清洁措施清除污染。

知识目标

了解物业保洁服务方案策划的方法;掌握物业保洁方案工作流程设计;掌握物业保洁服务管理制度与考核方法;掌握物业保洁服务费用的测算。

技能目标

掌握物业保洁服务项目定位分析方法;掌握物业保洁服务方案整体设计方法及流程;能够针对物业定位设计物业保洁服务方案。

 走进实训——"真题真做"

项目二　针对住宅小区物业项目策划保洁服务方案

【实训目标】
1. 结合实际,培养学生收集资料能力、分析资料能力。
2. 结合实际,培养学生保洁服务方案策划能力。

【实训内容与要求】
1. 由学生自愿组成小组,每组14~17人。利用业余时间,针对某企业招标的物业项目进行保洁服务方案投标文件策划。
2. 在策划之前,每组需通过对保洁服务方案策划知识的预习,经过讨论制定策划提纲,具体可参考如下提纲:

物业保洁服务方案策划提纲
第一部分　保洁服务项目描述
0.1　物业项目概况
0.2　物业项目总体定位
0.3　保洁服务项目定位
第二部分　绿化服务体系设计
第一章　物业绿化服务内容
1.1　保洁服务范围
1.2　保洁服务内容
1.3　保洁服务总体目标
第二章　绿化服务管理机构

2.1 保洁部门管理构架
2.2 保洁部门人员组织与选聘
2.3 保洁部门岗位职责
第三部分 保洁服务方案实施
第三章 服务人员培训
3.1 物业项目认知培训
3.2 保洁知识培训
3.3 操作规范培训
3.4 制度培训
第四章 保洁服务方案执行
4.1 保洁服务岗位工作流程
4.2 保洁服务的考核及评价
4.3 保洁服务的成本测算及成本控制
第四部分 小结

 走进理论与方法——"学与导"

一、项目概述

1. 项目概况描述

对项目概况描述的主要内容应包括：项目地理位置，项目类型，建筑物构成，室外道路，广场分布情况及项目总体定位等。

案例

某机关物业保洁招标项目概述

物业基本情况

（一）坐落位置：市嘉宾路1号

（二）公共场地保洁面积57740平方米

1. 绿地面积32360平方米（含生态停车场）
2. 道路广场用地25380平方米

（三）建筑面积35977平方米（保洁部分）

1. 一号办公楼26727平方米（14层以下，含地下室车库）
2. 二号办公楼1650平方米（含三楼景观挡雨棚地面）
3. 三号办公楼7600平方米

（四）设施情况

1. 生态停车场1个
2. 景观水池3处（含凉亭2个）
3. 风雨走廊1处

2. 项目分析

（1）物业类型分析。不同类型功能的物业，对保洁服务的质量要求和保洁工作的范围都不相同，如小区保洁多为室外、楼道、电梯等，而酒店物业、写字楼等多为室内保洁。一般收益类物业保洁质量要求较高，非收益类物业，如居住类物业随物业服务总体定位的不同，其质量要求也不同。

(2) 物业总体构成分析。物业建筑物的分布，道路、园林、绿地及广场的设置等，决定保洁工作的广度和深度，也就是保洁工作量的大小和保洁质量的要求。保洁工作的实施细节随建筑物材料的不同而有不同的要求，所以要对物业总体构成进行分析。

二、项目方案策划

1. 保洁管理流程

（1）根据保洁任务的多少，结合公司的编制，配备保洁管理人员和操作人员；
（2）对保洁人员进行专业的培训；
（3）部门经理组织人员制定保洁管理制度，并上报总经理审批；
（4）制度审批通过后，下发至保洁主管及各班组长；
（5）保洁主管及各班组负责人组织保洁人员学习保洁管理制度，并在工作中贯彻执行；
（6）保洁人员根据制度要求进行工作自检，在自检中发现问题进行改进；
（7）部门经理及各业主对保洁人员的工作随时进行监督，提出存在的问题，保洁人员及时改进工作中的问题；
（8）保洁人员根据业主提出的意见、建议进一步改进自己的工作；
（9）部门经理根据保洁人员的工作情况及业主的意见等，进一步完善保洁制度，不断完善辖区内的保洁工作。

附：在保洁人员的安排上，一般物业保洁工作劳动量统计如下。

① 梯级清扫：14层/（小时·人）；
② 地面清扫：300平方米/（小时·人）；
③ 拖楼梯：13层/（小时·人）；
④ 擦楼梯扶手、通花铁栏、地脚线：12层/（小时·人）；
⑤ 洗地毯：360平方米/（小时·人）；
⑥ 刮玻璃：4平方米/（分钟·人）；
⑦ 清洁电梯轿箱（抹钢油）：1个/10分钟；
⑧ 8层以下楼房（无电梯）10栋/（人·天）；9层以上楼房（带电梯）：8栋/（人·天）。

2. 管理制度的制定与考核

为对物业服务区域保洁作业实施控制，需制定相应的保洁服务管理制度，根据管理对象的不同，管理制度的内容有两大类：一是对人的管理，二是对保洁服务工作标准和程序的管理。根据实际情况，如物业类型和定位等来制定物业管理制度。

保洁服务的考核内容，可以根据考核的时间、频率不同，制定出每日、每周、每月的保洁考核标准。

如某物业每日保洁工作考核表。

姓名：　　　　　　　　　　岗位：　　　　　　　　　　考核日期：

序号	保洁工作项目和内容	保洁方式	频率次/日	项目分数	实际得分
1	指定区域内的道路	清扫、洒水	2	15	
2	指定区域内的绿化带	清扫	1	15	
3	各楼层楼梯(含扶手)过道	清扫、擦拭	1	15	
4	垃圾箱内、生活垃圾	收集、清运	2	10	
5	公用卫生间	冲洗、拖擦	3	25	
6	电梯门、地板	清扫、擦拭	2	20	
综合评语	1 2 3 4		保洁主管签字 考核人签字		

3. 保洁服务管理工作实施

(1) 保洁服务工作计划的制订。保洁服务工作计划是进行保洁工作的主要依据。科学、周密的工作计划，能使管理者、作业者心中有数，能使各项工作有组织、有次序、有节奏地进行，能合理地组织人力、物力、财力，安排时间，提高工作效率和工作成果。

① 确定工作计划的条件。制订工作计划时，首先要根据保洁服务合同规定的服务范围、服务内容、服务次数、服务标准和物业实际情况确定工作计划。

a. 绘制大厦平面图，包括首层平面图、标准层平面图、顶层平面图、环境平面图等。

b. 掌握空间功能。以办公楼为例，构成平面图包括工作空间（办公室、会议室等）、服务空间（茶水间、洗手间等）、通道空间（走廊、楼梯等）。

c. 测量面积，主要包括建筑面积、营业面积、使用面积及大厦外墙、外墙玻璃面积等，以便计算工作量。

d. 弄清装饰材料，包括地面、墙面、天花板及外墙，正确掌握表面材料的性能特征。

e. 判断可行路线，主要判断或测定人流、出入口、行动路线、集中场所等。

f. 确定各区域、各部位的工作内容、工作量、工作时间、工作次数。

g. 确定工作班次，包括早班、晚班、公休日班次等。

② 制订工作计划的程序

a. 熟悉保洁服务合同内容和工作计划的条件；

b. 计算单位工作时间和综合工作时间；

c. 编制班组人员表；

d. 编制工作计划，包括日常日班工作计划、日常夜班工作计划、定期工作计划等；

e. 工作实施记录；

f. 如果原定的工作计划不符合实际，则应改进，重新修订计划。

③ 制订日常保洁服务计划的注意事项。单项工作计划和一次性工作计划比较容易制订，日常巡回保养计划则比较难，关键是如何安排工作人员和工作时间，以及确保大厦各区域、各部位、各项目的保洁服务能够有条不紊地进行。员工安排要合理，责任要明确。每个员工负责哪些区域、哪些部位、哪些项目要明确，要责任到人。

(2) 保洁服务工作的检查与监督。为了确保作业计划、卫生标准、责任制的贯彻和落实，应该实行部门经理、主管、领班三级管理制，各级对上级负责，实行严格的检查监督制度。

① "四查"

a. 员工自查：员工依据本岗位责任制、卫生要求、服务规范，对作业的效果进行自查，发现问题及时解决；

b. 领班作业检查：领班在指定管理的岗位和作业点，实施全过程的检查，发现问题及时解决；

c. 主管巡查：主管对辖内的区域、岗位进行巡查或抽查，应结合巡查所发现的问题、抽查纠正后的效果，把检查结果和未能解决的问题上报部门经理，并记录在交接本上；

d. 部门经理抽查：部门经理应对辖内区域、岗位和作业点安排有计划的抽查，每天不少于辖内30%的区域、岗位、作业点，及时解决问题。

② 检查的内容

a. 员工的言行是否符合行为规范；

b. 员工的仪表仪容是否符合有关规定；

c. 员工的工作质量是否已达到各项卫生标准；

d. 员工的作业操作有无违反操作规程、安全条例；

e. 员工是否按服务规范服务；

f. 辖内区域的公共设施状况。

③ 检查的要求

a. 检查与教育、培训相结合。检查过程中发现的问题,不仅要及时纠正,还要帮助员工分析原因,对员工进行教育、培训,以防类似问题再发生。

b. 检查与奖励相结合。在检查过程中,将检查的记录作为对员工工作表现等的考核依据,依据有关奖惩和人事政策,对员工进行奖惩和有关人事问题的处理。

c. 检查与测定、考核相结合。通过检查、测定不同岗位的工作量、物料损耗情况,考核员工在不同时间的作业情况,更合理地利用人力、物力,提高效率,控制成本。

d. 检查与改进、提高相结合。通过检查,对所发现的问题进行分析,找出原因,提出改进措施,改进和提高工作质量。

(3) 保洁费用测算、核算及控制。物业保洁服务费用主要包括管理人员费用、工人费用、日常保洁工具材料费、保洁用水费用(保洁用水以使用自来水测算)。

各种费用列表如下。

① 工资

人 员	工 资 标 准	人 数	月工资费用
主管			
领班			
保洁工人			
小计			

② 社保及福利

费 用 名 称	费 率	缴 纳 基 金	小 计
养老保险		按工资标准	
医疗保险		按工资标准	
住房公积金		按工资标准	
工会经费		按工资标准	
福利基金		按工资标准	

③ 每人每月保洁用品消耗清单

品 名	单 价	月 均 消 耗	金额/元
肥皂			
洗衣粉			
柔软剂			
清洁刷			
油漆刷			
拖把			
扫帚			
垃圾桶			
毛巾抹布			
喷壶			
……			
小计			

④ 主要材料、易耗品月耗量及价格表

品名	单价	月均消耗	金额/元
保养蜡水			
起蜡剂			
玻璃清洁剂			
抛光垫			
洗涤刷片			
研磨刷片			
光亮剂			
……			
小计			

⑤ 保洁工具材料购置费用表

品名	数量	单价	金额/元	使用期/月
高速抛光机				
洗地机				
吸水机				
吸尘器				
压干机				
洗涤刷具				
……				
小计				

⑥ 保洁用水费。根据实际保洁项目测算。

⑦ 其他。如外墙清洗费用、水箱清洗费用、化粪池垃圾清运费用等。

第四章 物业经营服务

源于物业保值、增值及创收增益的目的,物业服务企业通常根据物业状况和业主需求,开发针对性的经营服务产品。经营服务产品一般有物业租售中介服务、延伸性的专项服务和委托性的特约服务。

第一节 物业中介服务方案策划及其执行

 基础部分

知识目标

掌握物业租赁的含义;理解物业租赁服务中物业服务企业的角色职责;掌握物业租赁服务的含义;理解物业租赁服务的主要内容。

技能目标

理解并能解释说明物业租赁的基本概念;理解并能说明物业租赁服务的含义;理解并能简单说明物业租赁服务的主要内容。

 走进实训——"做"

项目一 调查与访问——学校周边某住宅小区内物业租赁服务的开展情况

【实训目标】

1. 结合实际,加深对物业租赁服务的感性认识与理解。
2. 初步培养提供物业租赁服务的素质能力。

【实训内容与要求】

1. 由学生自愿组成小组,每组14~17人。利用业余时间,选择1~2个学校周边的物业项目进行调查与访问。
2. 在调查与访问之前,每组需通过对物业租赁服务知识的预习,经过讨论制定调查访问的提纲,包括调研主要问题及具体安排,具体可参考下列问题:

(1) 该小区业主的基本情况。
(2) 该小区的基本情况。
(3) 该小区目前物业租赁服务的开展情况。
(4) 该小区物业租赁服务的不足及其改进措施。

【成果与检测】

1. 每人写出一份简要的调查访问报告。
2. 调查访问结束后,组织一次课堂交流与讨论。
3. 以小组为单位,分别由组长和每个成员根据各成员在调研与讨论中的表现进行评估打分。
4. 由教师根据各成员的调研报告与在讨论中的表现分别评估打分。
5. 将上述诸项评估得分综合为本次实训成绩。

走进理论与方法——"学与导"

一、物业租赁服务的概念

随着物业服务二、三级市场的发展，物业租赁服务已经成为物业服务企业重要的业务内容之一。对物业服务而言，其所涉及的物业租赁服务包括两种情形：一是物业服务企业开展"一业为主，多种经营"的战略，将自己所拥有的物业出租并进行管理；二是物业服务企业代为业主进行物业租赁，并提供相应的服务。

物业租赁是指物业的所有者或经营者作为出租人，将物业的使用权出让给承租人，同时向承租人定期收取一定数额租金的一种经营方式。

物业租赁服务是指物业服务企业受业主或非业主使用人的委托，为其寻找承租人，并进行洽谈、签约，以及签约后依据合同规范承租人的行为、收取租金、维护租赁物业等一系列活动。

二、物业租赁服务的主要内容

物业租赁服务主要包括以下一些主要内容。

1. 物业租赁的基本条件

（1）物业出租人必须具备的条件

① 出租人是物业所有权人或是受托管理人，并持有房地产产权证或委托管理证件。

② 出租人若为物业开发经营企业或物业管理公司，还必须持有工商行政管理机关核发的营业执照。

③ 出租人对所出租的物业应具有管理和修缮的能力。

（2）物业承租人必须具备的条件

① 城镇居民承租者，必须具有物业属地常住户口，暂住人口则必须持有有关机关核发的暂住证。

② 单位承租者，必须具有区、县或市级政府批准的证明；单位承租私房，必须事先报房地产行政机关或当地政府批准。

③ 承租人承租物业应当自住自用为主。

④ 承租人必须具有民事行为能力的人。

⑤ 承租人必须具备合理使用房屋和支付租金的能力。

（3）出租人的房屋必须具备的条件。物业租赁的客体就是租赁标的物即房屋，对于出租的房屋也有相关规定。

① 经规划部门批准建设，并已向房地产行政管理机关办理产权登记的房屋，产权和使用权不清，或产权和使用权纠纷尚未处理完结的房屋不能出租。

② 自管房单位和私房业主出租的必须是自住、自用有余的房屋，私房业主不得一方面出租私有房屋，另一方面又租用享受福利性租金的公房。

③ 结构安全、设备齐全，能够正常使用的房屋。危险房屋和违章建筑房屋不得出租。

④ 能够确保在租赁期内使用的房屋，已证明即将被拆迁的房屋不得出租。

2. 租金管理

（1）做好租金的评定工作。出租物不论规模大小，数量多少以及何种方式，都要做到合理准确评定租金。租金的评定，必须符合国家的法律法规，以物业价值为基础，适当考虑承租人支付能力、市场供求状况、房屋质量等因素，同时要兼顾企业的经济利益。

国家对物业租金的管理，主要是对物业租赁价格的评估和审核来实现的。

（2）建立租赁底账。物业管理企业对出租的物业应以承租户为单位建立租金底账，将每月每季和每年应收租金全部登记入账。每期收入的租金，均要逐房与底账进行核对，发现未交租房要及时催交上来。努力提高收租率，清理拖欠租金。

(3) 按时收取租金。物业管理企业要坚持按租赁合同的时间规定收取租金。为此，必须建立健全的规章制度，有效调节与承租人之间的关系，保证租金收缴活动的顺利开展。

(4) 坚持专款专用。为了保持物业的使用价值与增值保值，对收的租金必须专户存储、专款专用。对收取租金中的维修费和管理费，应全部用在房屋及其附属设施的维修管理方面，以提高房屋的完好率和使用功能。

3. 租赁关系管理

租赁关系即租赁合同关系，是出租人与承租人之间的经济合同关系。租赁关系管理就是对体现这种关系的各项活动进行组织、指导、监督和调节，保证租赁关系的建立和正常进行。

其主要内容有：

(1) 按规定的条件和程序组织签订租赁合同，建立租赁关系；

(2) 组织落实租赁合同中出租人享有的权利和履行的义务；

(3) 监督检查承租人行使租赁合同中规定的权利和履行应尽的义务；

(4) 处理协调租赁双方在履行租赁合同过程中出现的矛盾纠纷以及其他意外情况；

(5) 审核租赁关系的变更与终止；

(6) 租赁契约终止时，组织办理停、退租手续。

4. 衡量物业租赁经济效果的主要指标

(1) 租赁房屋总量。租赁房屋总量就是投入出租经营的房屋数量，可以用面积指标或价值指标来反映。该指标反映了租赁经营活动对社会需要的满足能力，是考察物业管理企业经营水平的基础指标。

(2) 租赁房屋结构。租赁房屋结构就是投入租赁经营的房屋中各类房屋所占的比重。类别可按使用性质划分为住宅与非住宅；按使用功能与质量划分别墅、花园公寓、普通住宅、简易房屋；按地理位置划分为中心地段、繁华地段、一般地段和偏远地段等。该指标反映了物业管理企业满足社会不同层次、不同需要的情况，是物业管理企业保持整体平衡的重要指标。

(3) 房屋完好率。房屋完好率就是租赁经营房屋中使用功能与质量完好或基本完好的房屋占租赁房屋总量的比重。该指标反映某一时期内物业管理企业可以满足社会需求的实际能力和存量资产的利用能力，也体现了物业管理企业对房屋建筑的维修保养状况。

(4) 房屋出租率。房屋出租率就是实现出租房屋对投入租赁经营房屋的比重。它以投入租赁经营房屋的总量和完好率为基础，同时反映租赁房屋的市场需求状况和物业管理企业的市场竞争能力，因而是衡量租赁经营效果的最主要指标之一。

(5) 租金收缴率。租金收缴率就是某一租赁期内实收租金总额占同期内应收租金总额之比，体现了租金房屋的价值实现程度。该指标既直接反映了物业管理企业的经营管理水平，也间接表明了其管理服务质量，同时也体现了承租人的配合与支持状况。

提高部分

◆ 知识目标

理解物业租赁服务项目背景的分析——物业项目分析；理解物业租赁服务项目背景的分析——业主分析；掌握物业租赁服务项目定位；理解物业租赁服务项目设计。

◆ 技能目标

能针对物业租赁服务，进行物业项目分析；能针对物业租赁服务，进行业主分析；能根据上述分析，进行物业租赁服务项目定位；能设计物业租赁服务项目（租赁服务、中介服务等）；能进行物业租赁服务项目设计前的问卷调查工作。

走进实习——"真题真做"

项目二　针对某真实物业项目策划物业租赁服务方案

与合作企业合作,针对合作企业中标的物业项目,进行物业租赁服务方案策划。

【实训目标】

1. 结合实际,培养学生收集资料能力、分析资料能力。
2. 培养学生设计调查问卷以及实地调研的能力。
3. 结合实际,培养学生物业租赁服务方案策划能力。

【实训内容与要求】

1. 由学生自愿组成小组,每组 14~17 人。利用业余时间,针对合作企业中标的物业项目进行物业租赁服务方案策划。
2. 在策划之前,每组需进行有关物业租赁服务方案策划知识的预习。

【成果与检测】

1. 每组策划出一份物业租赁服务方案。
2. 策划结束后,组织一次课堂交流与讨论。
3. 以小组为单位,分别由组长和每个成员根据各成员在策划与讨论中的表现进行评估打分。
4. 由教师根据各组成员的策划方案与在讨论中的表现分别评估打分。
5. 每组根据课堂交流与讨论后的反馈信息进行修改,修改后的方案,交给企业,由企业进行评估打分,并决定采纳方案。
6. 将上述诸项评估得分综合为本次实训成绩。

走进理论与方法——"学与导"

一、如何捕捉潜在的客户

一般说来,捕捉潜在的客户有以下几种方法。

1. 发布广告

要挖掘和寻找到最好的潜在租户,物业服务企业就必须使用广告来进行宣传。现实生活中的广告有多种形式,如标志牌,在报纸或广播电视、传单或网址上做广告等。为了能用最少的广告成本招揽到尽可能多的潜在租户,物业服务企业应根据自身租赁业务的规模、代理租赁物业的类型和规模、潜在承租人群体的状况、租赁代理费用等因素,选择最合适的媒体发布广告。

目前,物业租赁服务中采用较多的广告形式主要有以下几种。

① 报刊广告。尤其是各个城市的生活类报纸,如早报、晚报等。

② 网络广告。包括相关的行业网站和各个房产论坛。

③ 宣传海报。在各个小区出入口、各个大公司写字楼的门口或人流量较大的场所张贴宣传海报,甚至可以在人才市场内贴出出租广告。

④ 派发传单。与其他途径相比,广告的时效性更强、效果更明显,但是成本相对较高。物业服务企业应探索适合特定区域市场、特定客户的有效广告方式,以提升广告效果。此外,在发布广告时,还应特别注意采用一些能吸引眼球的关键词,如免税、看海、高装、就读名校等。这些关键词的词汇往往是购房者在购房时的关注点所在。当然,这些关键词必须是物业本身客观存在的,不能随便编造。

2. 利用优惠条件来捕捉潜在租户

物业服务企业可以使用各种优惠条件来寻找潜在的租户。比如物业服务企业可以提供一次免费旅行、免费游泳或网球课程、免费使用俱乐部的机会等。为了刺激和吸引更多的潜在租户光顾,广告中还可以声明：前6位签约者可以免收第一个月的租金，或在一个特定的时期内有某种优惠，比如从广告刊登的第一天起10天为有效期，或在前10天光顾物业的潜在租户都有一个小礼品等。

3. 引导潜在的承租人参观物业

通过引导潜在的承租人对物业进行参观，使其对目标物业及其周边的情况有大致的了解，从而对待租的物业产生兴趣和需求。在现实实践中，这是一个非常有效且常用的方法。在引导潜在租户参观的时候，应突出不同物业的特点，并说明所能提供的服务，并注意时间和路线的选择。

4. 建立租售中心

对于大型综合住宅或商业物业来说，应建立一个组织完善、功能齐全、各类专业人员齐备的租售中心。此外，租售中心必须要有完整的装修并带有极富想象力的家具，以使潜在租户看到物业完工后的基本情况。是否租售，中心应具体情况具体分析。具体而言，应综合考虑租赁的物业数量、希望出租的时间、期望的租赁额以及竞争对手的情况等因素。

二、物业租赁服务的程序

不同物业的租赁服务所适用的程序大致相同。一般而言，主要包括以下一些步骤。

1. 租户资格的审查。

物业租赁的第一步就是对潜在租户的资格进行审查，主要内容是：

（1）潜在租户的登记。可以让每一位前来咨询或参观的租户填写一份来客登记表，这对获取租户的资料非常有用。

（2）潜在租户的身份证明。核查潜在租户的身份是极其重要的，对零售性的商业物业而言，尤其如此，因为在商业物业中，租户做何种生意是很重要的，它关系到与其他租户能否协调。

（3）租赁经历。改变租户的费用一般是高昂的，业主或物业服务企业为了降低风险，有必要了解潜在租户的租赁历史，尽量寻找租赁历史稳定可靠、租赁期较长的租户。

（4）资信状况。从以往租户的拖欠记录中，物业服务企业便可以了解潜在租户的资信状况。一般而言，以往总是拖延、不按时支付租金的租户大多数还是不会改变的。因此，对那些有拖欠、赖账历史的潜在租户可以不予考虑。

2. 租约条款谈判

（1）控制签约进程。要使谈判有所进展，物业服务企业就要有能够驾驭谈判局面、控制签约进程的能力。物业服务企业一般可以不让业主和潜在的承租人进行过早的接触，当谈判快要结束、准备签约时，再让双方见面。

（2）谈判妥协。妥协是指降低原始条款而给潜在承租人的一种优惠，目的是为了让潜在的承租人成为真正的承租人。一般而言，妥协的原则是租用规模越大、租期越长，租金妥协的空间就越大。妥协一般表现为租金折扣，甚至部分免租金，有的也通过提供无偿服务来体现。

（3）租期的确定。潜在承租人的更换都会使物业服务企业承担额外的时间和金钱成本，增加租赁的成本和风险，因此，租期的确定是非常重要的。一般来说，居住型物业的租期以2~3年为宜；办公、商用型物业租期以5~10年为宜；而工业厂房的租期则要长达10~25年甚至更长。

（4）关于改造物业的谈判。承租人在入住前，一般会提出改造或改进物业的要求。由此发生的费用一般是通过租金的形式收回的。

（5）限制竞争承租人条款的谈判。限制竞争承租人条款的谈判是指承租人对物业所享有的排他的、从事某一行业的经营垄断权。该附加限制条款常常出现在商业物业尤其是零售物业的租约中，有时也在服务业的物业租赁中出现。

3. 订立租约

订立租约之前，应按照双方达成的各项条件填写合同，并收集出租人与承租人双方的有效证明文件，然后请双方在租约的相应位置上签名、盖章。

4. 核查物业

租约一经签订就意味着租赁关系的正式产生，对双方当事人便发生法律效力。因此，在租赁开始，物业服务企业应陪同租户核查物业，检查所租物业是否符合租赁条款中的条件，如果双方都认可物业的状况，就应请租户办理接受物业的签字手续。同时物业服务企业和租户都要填写"物业迁入——迁出检查表"。由于在租户离开时要用到该表，所以必须认真填写，以免发生争议。

5. 提供有效的租赁服务

(1) 建立联系途径。通过电话或私人拜访等途径与承租人保持联系，要设法抓住一切机会并创造机会与承租人面谈，征求其对舒适、服务、维修、服务等方面的意见和建议。

(2) 开展租赁服务。在物业租赁服务中，物业服务企业所开展的最重要和最关键的服务便是维修服务，其应确保租户对维修程序、维修范围、收费范围、收费标准和责任划分等有所了解。此外，物业服务企业还应建立一个快速高效的服务系统，使租户的要求能够得到满足。

6. 租金的收取

在租赁开始时，物业服务企业对租金交纳的时间、地点和滞纳金制度都应作出明确具体的规定。一般而言，无论是办公、商业、居住还是工业物业，通行的做法是提前收取租金。同时，在签订租约时，物业服务企业就应友好而严肃地向租户解释缴费要求和罚款制度，要求其熟悉缴费管理程序和有关规定。如有可能，则必须建立一个可行的收缴租金系统。

7. 续签租约

续签租约对业主和物业服务企业都是有利的，因为原承租人对再装修以及更换其他设施的要求没有新承租人那样多，另外也节省了寻找新承租人的费用。承租人是否续约主要取决于对物业服务的满意程度以及新合同条款的内容。通常改变租赁条款的内容主要是指对租赁期限、维修、更换、再装修的程度以及租金的水平等方面的变更。

8. 租赁终止

(1) 租赁终止的情形

① 租户提出的租赁终止。如果物业服务企业的管理不到位或者是租约已经到期，租户有权终止租约。因此，若有租户提出搬迁要求，物业服务企业应立即与其取得联系，确认是否是由于其管理不到位所致。若是，物业服务企业应作出改善服务的承诺，尽量挽留租户。

② 物业服务企业拒绝续签。

③ 强制性终止租约。当租户违反法规、不付租金、参与犯罪或违反租约条款的规定时，物业服务企业有权通过法律强制性的终止租约。

(2) 租约终止的程序。租约终止一般包括以下一些程序。

① 搬迁前的会面。在租户搬迁前，物业服务企业一般要与租户进行一次会面，并填写好搬迁前会面表。

② 相关物业的检查。无论是何方提出终止租约，物业服务企业都应该在租户搬迁后与其一起检查物业，核实物业哪些地方受损以及房间或设施是否处于完好状态。

③ 归还押金。当租约终止时，物业服务企业应当归还租户缴纳的押金，若扣除了押金，应详细说明原因及其数额。若租户有疑义，物业服务企业应给出合理的解释。

第二节　委托性的特约服务方案策划及其执行

基础部分

📖 知识目标

掌握委托性特约服务的含义；理解委托性特约服务中物业服务企业的角色职责；掌握委托性特约服务的主要内容；理解委托性服务的特点。

技能目标

理解并能解释说明委托性特约服务的基本概念；理解并能进行不同服务项目的区分；理解并能简单说明委托性特约服务的主要内容。

走进实训——"做"

项目一 调查与访问——学校周边某住宅小区内委托性特约服务的开展情况

【实训目标】
1. 结合实际，加深对委托性特约服务的感性认识与理解。
2. 初步培养提供委托性特约服务的素质能力。

【实训内容与要求】
1. 由学生自愿组成小组，每组 14～17 人。利用业余时间，选择 1～2 个学校周边的物业项目进行调查与访问。
2. 在调查与访问之前，每组需通过对委托性特约服务知识的预习，经过讨论制定调查访问的提纲，包括调研主要问题及具体安排，具体可参考下列问题。
 (1) 该小区业主的基本情况。
 (2) 该小区的基本情况。
 (3) 该小区目前委托性特约服务的开展情况。
 (4) 该小区委托性特约服务的不足及其改进措施。

【成果与检测】
1. 每人写出一份简要的调查访问报告。
2. 调查访问结束后，组织一次课堂交流与讨论。
3. 以小组为单位，分别由组长和每个成员根据各成员在调研与讨论中的表现进行评估打分。
4. 由教师根据各成员的调研报告与在讨论中的表现分别评估打分。
5. 将上述诸项评估得分综合为本次实训成绩。

走进理论与方法——"学与导"

  委托性特约服务与公共性服务的区别

物业管理的委托性特约服务，是相对于公共性服务而言的。公共性服务在物业服务企业承接运行后便全面提供。无论全部入住还是部分业主入住，不论业主享受与否，服务都需要存在。而委托性特约服务，则是物业服务企业为满足建筑区划内业主的需求，利用物业辅助设施或物业管理的有利条件，为业主提供公共性服务以外的服务，是物业管理公共性服务范围的延伸。

一、特约性服务概述

特约性服务是具有委托代理性质的服务方式，故又称为委托性的特约服务或简称为特约服务。当业主因健康、时间、信息、能力等原因，使生活与工作产生各种困难，而难以自行解决时，便要求花钱买方便、花钱买时间、花钱买服务，物业服务企业便创造条件，有求必应地提供委托性的相应服务。

因此，特约服务是指物业公司接受个别业主委托而提供的或业主根据自身需要而自愿选择的特别约定服务。特约服务使物业管理的综合服务更丰富多彩和富有特色，也使建筑区划的"大管家"更名副其实。特约性服务具有以下几个特点。

1. 代理性

业主根据自身生活和工作上的需要委托物业服务代理某些工作，它不像保洁、安保、消防、绿化等管理项目是以合同形式确定下来的。

2. 个别性

特约性服务通常是物业管理服务合同中未要求和未设立的服务，是应个别业主的特殊需求而设立的服务，因此具有个别性。

3. 不固定性

业主在生活或工作上碰到的困难经常是临时的，不固定的，如当业主因工作忙碌，无法抽出时间去缴纳水电、煤气、电话费时，则可以请物业服务企业代缴，当业主有时间则自行缴纳，因此代缴费用并不是固定包给物业服务企业的。

4. 多样性

特约性服务是业主根据自身需要自愿选择的服务方式，物业服务企业根据业主不同需求，开设多种多样的特种服务项目。

二、委托性特约服务的项目

目前设置的特约性服务项目大概有以下几种：

1. 委托家务服务类

如委托接送小孩；上门清洁；消毒、打蜡；收送衣物；装空调、淋浴器、防盗装置、晒衣架；上门绿化服务等。

2. 代办服务

代缴水电、煤气、电话、电视费；代送牛奶；代订报刊；代买车、船、飞机票；代购、陪购物品；代请家教；代聘各种类型的保姆；代办户口申报和房产证；代办保险；代看管空房和家具；代理物业租赁转让；礼品递送等。

3. 护理服务

如照顾老人、病人、孕产妇和儿童。

三、委托性特约服务开展的注意事项

特约服务是物业管理全方位、立体式服务发展的必然产物，它是常规性服务的延伸和发展。物业服务企业在开展特约服务的时候，应遵循以下原则。

1. 有偿服务、质价相符

特约性服务是有偿服务，社会上很少有可以参照的收费标准，物业服务企业与业主要根据服务标准和要求协商定价，收费要满足维持经营、收支平衡、略有盈余、适可而行、质价相符的原则，不能片面追求经济效益，而应以服务为宗旨，树立自己的品牌，使业主对物业服务企业产生一种亲切感和信任感，达到以经营促服务，以服务促经营的目的。

2. 满足需求，量力而行

根据业主需求和物业服务企业的自身情况，因地、因人制宜，有计划、有步骤的进行。可以先通过问卷调查，热线电话调查和上门走访调查，有针对性地提供服务。首先满足业主的最基本需求，然后量力而行地逐渐满足业主的多样性需求，提供有求必应式服务。决不可一哄而起，全面开花。

3. 有情服务

要注重职业道德，讲究有情服务。要求"人在情在，人不在情在"，让业主感到服务企业员工是实实在在地为她们服务的大管家。

此外，为了为业主提供尽可能周到的委托性特约服务，物业服务企业无论是在硬件上还是软件上都要加强，提高自身的服务水平。主要包括以下几个方面的要求。

（1）必须建立起高素质经营管理团队。

（2）务必量力而行。

（3）要妥善处理好与物业区域内环境之间的关系。

（4）做到收费合理，且公开化。

(5) 应妥善处理好与地区政府、相关部门以及业主委员会之间的关系。

● 知识目标

理解委托性特约服务项目背景的分析——物业项目分析;理解委托性特约服务项目背景的分析——业主分析;掌握委托性特约服务项目定位;理解委托性特约服务项目设计。

● 技能目标

能针对委托性特约服务,进行物业项目分析;能针对委托性特约服务,进行业主分析;能根据上述分析,进行委托性特约服务项目定位;能设计委托性特约服务项目(家政服务、护理服务、代办服务等);能进行委托性特约服务项目设计前的问卷调查工作。

 走进实习——"真题真做"

项目二　针对某真实物业项目策划委托性特约服务方案

与合作企业合作,针对合作企业中标的物业项目,进行委托性特约服务方案策划。

【实训目标】

1. 结合实际,培养学生收集资料能力、分析资料能力。
2. 培养学生设计调查问卷以及实地调研的能力。
3. 结合实际,培养学生委托性特约服务方案策划能力。

【实训内容与要求】

1. 由学生自愿组成小组,每组14～17人。利用业余时间,针对合作企业中标的物业项目进行委托性特约服务方案策划。
2. 在策划之前,每组需进行有关委托性特约服务方案策划知识的预习。

【成果与检测】

1. 每组策划出一份委托性特约服务方案。
2. 策划结束后,组织一次课堂交流与讨论。
3. 以小组为单位,分别由组长和每个成员根据各成员在策划与讨论中的表现进行评估打分。
4. 由教师根据各组成员的策划方案与在讨论中的表现分别评估打分。
5. 每组根据课堂交流与讨论后的反馈信息进行修改,修改后的方案,交给企业,由企业进行评估打分,并决定采纳方案。
6. 将上述诸项评估得分综合为本次实训成绩。

 走进理论与方法——"学与导"

一、如何进行有关委托性特约服务需求方面的调查

一般说来,委托性特约服务需求调查包括以下要点。

1. 需求关系分析

主要就业主、物业及其周边环境等方面的状况对业主就委托性特约服务的需求的影响进行深入的调查和分析。主要包括如下方面。

(1) 业主构成与便民服务的需求。在问卷中,物业管理公司对业主构成情况进行调查。业主构成情况包括年龄结构、知识层次、职业、收入水平、家庭结构等。物业管理公司采取随机抽样问卷调查法的形式,分析社区主流人群情况,并结合该类人群的心理状态和经济承受能力,开展各项便

民服务。

（2）地理位置与便民服务的需求。地理位置的远近与交通情况密切相关。若社区离市中心较远，周围配套设施较少，加上交通短期内可能还不太方便，小区业主对各项便民服务的需求相对就较迫切。物业管理公司在进行调查时，可结合这两个因素的实际情况，因地制宜地开展各项便民服务。

（3）社区规模与便民服务的需求。一般来说，社区规模的大小，入住人员多少与对便民服务的需求系数成正比。

2. 需求调查

（1）业主问卷调查。业主问卷调查是一种简单易行的方法，策划者只要针对调查对象、调查内容及相关事宜编制选择题便可，但选项要考虑得周全些，范围尽量适中，最好在正式调查之前先进行抽样调查，随后再铺开。

（2）热线电话调查。策划者在调查期间可设置热线电话，与业主直接进行对话、沟通，特别是与一些不常住的业主进行联系，采用热线电话调查是个很有效的方法。

（3）上门走访调查。上门走访调查主要是针对老弱病残、无文化、无通信条件的业主而言，策划者应主动关心而不能遗漏这部分对象，通过调查活动也可以把物业管理公司的真诚和关怀带给每一个业主。

特约服务业主调查

1. 您的性别：（　）男　（　）女
2. 您的年龄：（　）18～25岁　（　）26～35岁　（　）36～45岁　（　）46～55岁　（　）56岁以上
3. 您的文化程度：（　）本科以上　（　）大、中专　（　）高中　（　）初中
4. 您的职业：（　）工人、初级职员　（　）政府机关公务员　（　）外资或合资企业中高级职员　（　）国有企业中高级职员　（　）私营企业中高级职员　（　）独立商人　（　）其他
5. 您的兴趣爱好：（　）卡拉OK　（　）交谊舞　（　）乐器　（　）保龄球　（　）乒乓球　（　）康乐球　（　）器械类运动　（　）其他，请列出：
6. 您对物业服务的理解是：（　）公共性服务　（　）公务性服务　（　）有偿个别性服务　（　）无偿个别性服务
7. 您最希望得到的委托服务是：（　）代管户屋服务　（　）上门清洁服务　（　）上门维修服务　（　）上门保安服务　（　）上门绿化服务　（　）照看病人、老人、儿童服务　（　）接送儿童入托、入学服务　（　）装饰装修设计及现场管理服务　（　）老人陪读、陪游服务　（　）文秘与相关商务服务　（　）驳运建筑垃圾　（　）其他特约服务
8. 您对特约服务的要求是：（　）低标准档的　（　）中等标准中档的　（　）高标准高档的
9. 您希望的计费方式是：（　）包干成本加劳务费　（　）协议定价　（　）比照定价
10. 居住在此地，您感到较为不便的是：

填写日期：　年　月　日

二、委托性特约服务项目的策划

1. 特约服务项目策划

特约服务项目策划一般包括以下要点。

（1）总要求。策划者经过广泛的调研之后，应将收集到的资料整理归类，结合本区域、本物业的实际情况进行综合分析，寻找需求较集中，且可以开展的特约服务项目，指定责任部门和落实协办单位。

（2）确定特约服务项目。由于特约服务是一种个性化的服务，需求千差万别，既不稳定也不持久。项目的选择应考虑各地区、各人群和各时期的实行情况，寻找需求较集中、较稳定，且可能开展的特约服务项目。特别是这类服务大多是有偿服务，社会上很少有可以比照的收费标准，容不得

产生费用纠纷，故策划时应考虑先易后难，先简后繁，做到边开展，边总结，边提高，开展一项，成功一项。

（3）落实责任部门。通常，受理和联系工作的责任可落实给负责业主接待工作的业主服务部，具体服务工作请相关部门负责。

（4）确定协办单位。物业管理公司不可能包办特约服务，大量的工作需要由协办单位来做，而协办单位的工作质量代表着物业管理公司的形象，所以协办单位的选择很重要，应积极慎重，可多选择几家进行评审，最后确定一批信誉好、实力强、质量可靠、能适应并胜任的协办单位。

2. 特约服务方案策划

（1）服务方案种类。特约服务方案主要有物业管理处在某物业区域内如何开展特约服务活动的总体方案和某物业管理处在某物业区域内如何具体实施某项特约服务活动的实施方案两种。

（2）策划要求。总体方案的策划要依据该区域物业管理的总体方案就特约服务内容进行细化，用以规定和指导各个具体服务项目的活动。实施方案的策划则是更有针对性和实战性的一种谋划过程。

（3）策划步骤。管理处在进行特约服务方案策划时，可以分成两步走，第一步先由管理处负责人对开展特约服务活动的总体思路、总体目标、项目选择和方法步骤进行策划；第二步再由管理处主管部门针对各个具体的特约服务项目进行实施方案的策划。这样既体现方案的层次感，也有利于方案的科学性和可操作性。

（4）客观分析。同便民服务委托代办服务一样，特约服务方案的策划也需要先对调查资料和实际情况进行客观分析，然后在此基础上做出书面方案的编制。

第二篇

应用服务

基础服务是应用服务的基础，应用服务是基础服务在各种类型物业项目中的应用。具体而言，应用服务主要包含居住物业服务、商业物业服务。物业服务企业能否通过市场化获得物业项目，提供应用服务，关键在物业招投标，因此，本篇除了阐述主要的应用服务，还阐述了物业招投标理论与实务。

第五章 居住物业服务方案策划及其执行

居住类型的物业有大众化的普通住宅和不同级别的公寓（包括别墅）。本章主要阐述这两类型的物业服务。

第一节 普通住宅物业项目服务方案策划及其执行

知识目标

了解住宅物业的定义及特点；掌握普通住宅物业的项目定位及管理目标；掌握普通住宅物业管理要求；掌握普通住宅物业服务的内容；掌握普通住宅物业服务的管理机构设置及人员组织；掌握示范性住宅小区的评定标准。

技能目标

掌握普通住宅物业的项目定位；掌握普通住宅物业的管理要求。

 走进实训——"做"

项目一 项目现场考察

【实训目标】
1. 结合实际，使学生掌握物业考察方法，能够根据普通住宅物业的特点，全面获取物业信息。
2. 能够进行考察任务分析，作出考察计划、设计考察问卷。

【实训内容与要求】
1. 由学生自愿组成小组，每组14~17人。利用业余时间，对某住宅物业进行现场考察。
2. 在调查与访问之前，每组需通过对普通住宅物业项目服务知识的预习，并经过讨论制定调查访问的提纲，包括考察目的及具体时间表安排，通过物业现场考察向物业公司工作人员、小区业主等获取详细物业信息，具体可参考下列问题。
   (1) 物业基本概况，小区业主构成。
   (2) 小区物业服务企业管理机构及人员组织。
   (3) 小区物业设施设备种类及运行、维护、管理资料。
   (4) 小区安保设施及安保服务状况。
   (5) 小区绿化面积、植物种类、数量及养护资料。
   (6) 小区业主评价等。

【成果与检测】
1. 每人写出一份小区物业服务项目实施报告。
2. 调查访问结束后，组织一次课堂交流与讨论。
3. 以小组为单位，分别由组长和每个成员根据各成员在调研与讨论中的表现进行评估打分。
4. 由教师根据各成员的调研报告与在讨论中的表现分别评估打分。
5. 将上述诸项评估得分综合为本次实训成绩。

走进理论——"学与导"

一、住宅物业的含义

1. 住宅物业的定义及其特点

住宅小区物业是城市的有机组成部分,是被一定界限所包围的具有一定规模的生活聚居地,它为居民提供生活居住空间和各类服务设施,以满足居民日常物质和精神生活的需求。在规划设计中,住宅小区按居住户数或人口规模分为居住区、居住小区、居住组团三级。

居住区是人们日常生活、居住、休息,具有一定的人口和用地规模,并集中布置居住建筑、公共建筑、绿地道路以及其他各种工程设施,为城市街道或自然界限所包围的相对独立地区。居住区的合理规模一般为:人口5~6万(不少于3万)人,约10000~15000户。

居住小区是以住宅楼房为主体并配有商业网点、文化教育、娱乐、绿化、公用和公共设施等,被居住区级道路或自然分界线所围合,而形成的居民生活区。居住人口规模7000~15000人,约2000~4000户。

居住组团一般称组团,指一般被小区道路分隔,配建有居民所需的基层公共服务设施的居住生活聚居地。居住人口规模1000~3000人,约300~700户。

住宅物业因其使用功能的特殊性而具有自身的特点,具体如下:

① 以居住功能为主。居住是住宅小区的主要功能,人的一生中有近1/2的时间在家中度过,人们对普通住宅的基本要求是:使用方便,感觉舒适。所以住宅小区的物业管理应围绕这一中心。

② 具备一定规模,配套设施齐全。现在的住宅小区多具备一定规模,人口较为密集,所以住宅小区除满足人们"住"的基本需求外,还要具备社区配套功能。小区内商业、体育健身、文化教育、医疗服务、娱乐休闲等设施齐全,能够满足社区社会服务的基本需求,方便居民的生活。

③ 人口密度高,人口结构复杂。住宅小区建设是一种社会化的住宅开发,一般都具有一定规模,而且建筑密度大,这就形成了住宅小区内人口密度高的特点。小区内的业主和使用人来自城市各行各业、各个阶层,在职业特征、文化素养、传统习惯、生活方式等方面形成了复杂的结构,在长期相互影响中,形成了相对独立的"社区文化"。

2. 住宅物业管理的定义

居住小区物业管理概念可概括为:住宅小区内的房屋建筑及其设备、市政公用设施、绿化、卫生、交通、治安和环境容貌等管理项目的维护、修缮和整治,由物业管理公司依据物业管理合同统一实行专业化管理,并向业主和使用人提供综合性的服务。

普通住宅的业主或使用人多是以家庭为单位,收入中等的人群,所以物业定位多以实用为主。普通住宅小区的环境要围绕居住及舒适性这一核心产品来打造,不能按照"花园模式"来策划和定位。既要满足安全、方便、舒适、优美的基本要求,又要避免过于高档的服务。

3. 住宅小区的物业管理目标及管理要求

(1) 住宅小区物业管理的目标

① 创造舒适、安全、安静、安详、和谐的居住环境;
② 提供便利、快捷的多种服务,方便居民生活;
③ 发挥物业的最大使用价值,保证物业的正常使用;
④ 保证物业的保值增值。

(2) 住宅小区物业管理要求

① 物质环境要求包括:

a. 搞好小区设施配套建设。主要是指治安、消防、卫生、交通、文体、娱乐等公共设施的配套,一般按照"统筹兼顾、添建补缺"的原则,就近方便地配置。

b. 美化环境。保护环境,卫生保洁,保证园区的干净、整洁,主要在绿化美化上下工夫,要绿化空地、规划园区,提供宜人的环境。

c. 做好小区的基础管理工作。尤其是房屋修缮、公共设施保养维护、道路交通管理等工作要做到规范正规、便捷优质,保证居民居住品质。

② 社会环境管理要求

a. 健全机构,形成机制,实行专业管理与业主自治管理相结合的模式。充分发挥业主委员会的作用,调动多方面的积极性,使专业管理与民主管理相结合。

b. 完善制度,协调理顺内、外部各方关系,进行综合治理。

c. 开展社区文化活动,加强精神文明建设,丰富业主和使用人业余文化生活。

d. 加强治安队伍建设,保障社区生活秩序。

二、住宅小区管理的内容

1. 客户服务

(1) 客户服务中心设置　根据物业的规模和物业服务的定位设置相应的客户服务中心。服务中心具有协调、沟通、公关和服务等职能,是物业管理公司对业主服务的执行与反馈并提供多种形式服务的部门。物业管理公司的任务主要是通过服务中心业务程序和服务环节来完成。

服务中心的管理体系、工作程序、应变技巧,乃至员工的仪表、言谈、举止等,对物业管理公司的形象和声誉都会产生直接影响。

服务中心的主要有以下服务内容。

① 提供所辖物业的管理咨询服务,并对客户档案进行管理。

② 受理业主的投诉和回访。

③ 受理业主室内设施报修。

④ 办理业主的入伙手续和各种费用的托收和水电、燃气、有线电视等开户手续。

⑤ 办理业主的搬离手续。

⑥ 办理业主的室内装修及装修验收的申请手续。

⑦ 办理业主大件物品放行手续。

⑧ 办理各种证件,如施工人员出入证、车辆出入证等。

⑨ 办理业主使用会所娱乐的手续。

⑩ 为业主提供物业的各种中介服务。

(2) 社会文化策划

① 针对儿童、老人、购房决策人提供特色文化活动。

② 协助业主自行组织各种活动。

(3) 有偿服务项目设置

根据业主的特点,设置便民服务项目,只收取成本的5%作为利润。

(4) 商业配套方案

① 开发路边商业,周末设置跳蚤市场等。

② 引进菜市场,两家以上的百货店等。

案例

一个业主打来电话说他们家电源的空气开关总是跳闸,希望工程部能帮助他解决这一问题,稍后客服人员就陪同两个工程技术人员去查看原因。经过一个多小时的排查发现房间的插座里面有水,所以导致使用该插座时空气开关跳闸,当拆下插座外壳检查后发现排线的管道里有水,这样就必须将这一根管道拆下来,换上新的管道,并对里面的电线进行更换。问题是拆除这一管道会把这一面墙给拆坏,而工程部的工程技术人员又没有装潢材料与装潢的技术,只能将为业主进行精装修的单位找来,希望他们能积极配合把这个工作做好。在装修公司的积极配合下,顺利完成了维修工作,同时也安抚了业主焦虑、烦躁的心情。

【解析】从这个案例中可以看出,客户服务不单单要面对业主,还要面对工程技术人员、装潢公司等其他一些服务性人员,这时就需要其相互调节、安排进度,当然最终还是要以业主的满意为目标。因此,客服人员要具有一定组织协调能力和冷静的判断能力,要善于与业主沟通。否则,物业管理的工作将变得混乱。通过建立小区客户服务中心,拉近与业主之间的关系,实现与业主面对面沟通,就近解决问题。

2. 环境管理
(1) 社区绿化保洁管理方案制定
① 根据物业管理区的房屋、公共场所及配套设备的特点、制定清洁保洁率。
② 制定物业管理区清洁卫生管理条例、保洁员岗位职责及保洁工作作业流程。
③ 制定物业管理区绿化完好率标准及绿化管理规定。
④ 明确绿化人员的管理规定、岗位职责及作业流程。
(2) 设计自然生态营建方案　如公共健身项目等。

3. 安全管理
安全管理主要以人防和技防相结合。
(1) 安全保卫
① 向当地有关部门了解物业管理区可能存在的治安问题,制定治安案件发生率控制标准。
② 制定物业管理区治安管理条例,保安员岗位职责及保安工作作业流程。
(2) 消防
① 向当地有关部门了解物业管理区可能存在的消防隐患、制定消防设备、设备完善率及火灾发生控制率的标准。
② 制定物业管理区消防管理条例及消防工作内容、明确责任人。
③ 制定消防设备的管理、维护、使用规定及作业流程,确保消防系统符合国家规定要求。
(3) 车辆管理
① 车辆管理包括机动车及非机动车的管理。
② 制定物业管理区内车辆的进出、停放和行驶的管理规定,明确责任人的岗位职责及作业流程。
③ 制定停车场、自行车棚的完好率、维修及时率和合格率标准。

4. 维修管理
(1) 水、电设备的管理、维护
① 了解有关水、电设备可能出现的问题或存在的事故隐患,制定水、电设备的故障率、维修及时率和合格率控制标准。
② 制定水、电设备的使用和维护条例及作业流程,以保证其达到应有的性能标准。
③ 制定水、电设备维护人员的管理规定及岗位职责。
(2) 房屋及建筑公共部分、公共配套设施的维护、管理
① 了解物业管理区内房屋及建筑公共部分、公共配套设施可能存在的问题及事故隐患率,制定相应的完好率、维修及时率及验收合格率指标。
② 制定房屋及建筑公共部分、公共配套设施的使用及管理规定。
③ 制定房屋及公共配套设施维护人员的管理条例、岗位职责及作业流程。
④ 业主自行出租的房屋或公共配套设施,物业管理公司必须要求业主按照当地政府的有关规定完善相应的手续,并制定对承租人的管理规定。

三、住宅小区物业管理人员组织

物业管理是微利行业,国家规定其利润不得超过管理费用收入的15%,并且由于目前市场竞争日趋激烈,一般管理公司的利润目标为管理费的8%左右,在香港有的管理公司利润甚至只有1%～2%。

普通住宅客户人群收入中等,服务以实用、高效为主。管理人员从组织结构要讲求少而精,高效运作。物业管理的组织结构与所管理的物业规模及物业管理品质定位相一致。一般说来有以下三种形式。

1. 大型物业公司组织结构

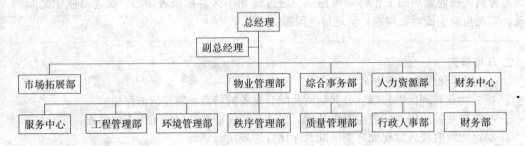

2. 中型物业公司组织结构

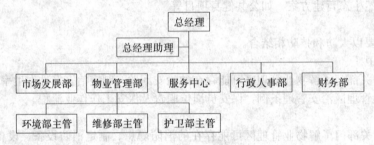

3. 小型物业公司组织结构

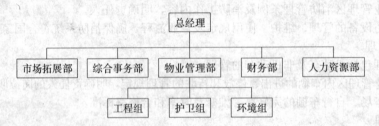

四、住宅小区的费用收取

物业管理服务收费因物业功能、类型、档次不同,所处地区不同,物业服务企业具体管理服务内容、质量、深度等不同而有所差异。广东省物价局根据国家计委和原建设部《城市住宅小区物业管理收费暂行办法》及广东省的具体情况,于1997年1月发布了《关于落实全省城镇住宅小区物业管理服务收费的通知》,1999年5月1日又发布了新的一套物业管理服务收费政府指导价,对有关住宅小区内的公共性服务的收费做出了规定,具体如下:

广东省物业管理政府指导价

等级	多层住宅(9层及以下)	高层住宅	写字楼	商铺
一级按优质优价原则确定				
二级	0.60(有电梯0.8)	1.50	12.00	14.00
三级	0.40	1.20	8.00	9.00
四级	0.30	1.00	5.00	4.00
五级		0.80	3.00	2.00

各市物价部门可结合本地实际情况，在省制定的政府指导价收费标准上下30％的浮动幅度内确定当地的收费标准。深圳、珠海、汕头经济特区的浮动幅度由当地物价部门确定。

各市物价部门可结合本地实际情况，在省制定的政府指导价收费标准上下30％的浮动幅度内确定当地的收费标准。深圳、珠海、汕头经济特区的浮动幅度由当地物价部门确定。

住宅小区（楼宇）内的办公、商业用房的收费标准可高于同类住宅，但提高幅度办公用房不宜超过100％；商业用房不宜超过200％。

各类物业管理服务费不包含小区（楼宇）内的公共水电费用，其公共水电费的分摊办法按国家和省有关规定执行。

获得全国城市物业管理优秀示范称号的物业，其服务收费标准可在当地指导价标准基础上再上浮不超过30％；获得全国城市物业管理优秀称号的物业，可上浮不超过20％；获得省城市物业管理优秀称号的物业，可上浮不超过15％。

各类物业分级参考标准

一、住宅

1. 多层住宅

一级

（1）小区布局合理，设计档次高、质量好，整体环境优美舒适，绿地覆盖率达到30％以上，有较大规模的园林小景，绿化物修剪整齐美观，维护管理良好。

（2）公共配套设施完善，维护良好。道路平整顺畅，水、电、消防设施先进，保障及时、有效。

（3）有住户活动会所，有充足良好的各种文化娱乐、体育等社区文化活动场所和商业等生活服务设施，并能经常开展各种文体活动。

（4）物业管理单位持有二级或以上资质证书。

（5）实行封闭式管理，配备先进保安设备和监控报警系统，保安人员24小时值班、巡逻，区内治安秩序良好。

（6）环境清洁卫生，公共场地每天清扫、保洁，楼内大堂洁净无灰尘，区内无卫生死角、无积存垃圾，无乱堆乱放，下水道、沙井、化粪池通畅，公共用水池定期清洗。

（7）管理人员素质高，文明礼貌，服务周到。

二级

（1）小区内绿地覆盖率达到25％以上，园林绿化维护管理良好。

（2）公共配套设施维护良好，道路平整顺畅，水、电、消防设施保障有效。

（3）有较好的社区活动场所，并能开展文体活动。

（4）物业管理单位持有三级或以上资质证书。

（5）保安人员24小时值班、巡逻，保护小区安全。

（6）环境清洁卫生，公共场地每天清扫、保洁，无积存垃圾，无乱堆乱放，下水道、沙井、化粪池通畅，公共用水池定期清洗。

（7）装有电梯的高层住宅，其每平方米建筑面积收费标准可达到0.80元。

三级

（1）小区内绿地覆盖率达到20％以上，园林绿化生长较好。

（2）公共配套设施完好，水、电、消防设施齐全有效。

（3）有公共社区活动场所，基本适应公共活动。

（4）物业管理单位持有三级或以上资质证书。

（5）保安人员24小时值班，保护小区安全。

（6）环境清洁卫生，公共场地保持清洁，下水道、沙井、化粪池通畅，公共用水池定期清洗。

四级

(1) 小区内绿化维护正常。
(2) 公共配套设施完整，符合设计要求，能有效为小区服务。
(3) 物业管理单位持有资质证书。
(4) 保安人员24小时值班，保护小区安全。
(5) 环境清洁卫生，保持公共场地清洁，下水道、沙井、化粪池通畅，公共用水池定期清洗。

2. 高层住宅（商住楼）

一级

(1) 小区（或大楼）布局合理，设计档次高、质量好，用料上乘，环境优美舒适。绿地覆盖率达到30%以上，有园林小景，绿化物修剪整齐美观，维护管理良好。
(2) 公共配套设施完善，维护良好，道路平整顺畅，电梯、水、电、消防设施先进，保障有效。
(3) 有良好的住户活动会所和先进完善的各种文化娱乐、体育等社区文化活动场所，并能经常开展各种文体活动，商业等生活服务设施配套适用、方便。
(4) 物业管理单位持有二级或以上资质证书。
(5) 实行封闭式管理，配备先进保安设备和监控报警系统。保安人员24小时值班、巡逻，区内治安秩序良好。
(6) 环境清洁卫生，公共场地每天清扫、保洁，楼内大堂洁净无尘，区内无卫生死角、无积存垃圾，无乱堆乱放，下水道、沙井、化粪池通畅，公共用水池定期清洗。
(7) 管理人员素质高，文明礼貌，服务周到。

二级

(1) 小区内绿地覆盖率达到25%以上，园林绿化修剪整齐美观，维护管理良好；
(2) 公共配套设施完善。道路平整顺畅，电梯、水、电、消防设施保障有效；
(3) 有良好的社区文化活动场所，并能经常开展各种文体活动；
(4) 物业管理单位持有二级或以上资质证书；
(5) 保安人员24小时值班、巡逻，区内秩序良好；
(6) 环境清洁卫生，公共场地每天清扫、保洁，区内无卫生死角、无积存垃圾，无乱堆乱放，下水道、沙井、化粪池通畅，公共用水池定期清洗；
(7) 使用高档电梯；
(8) 有先进、完善的消防、供水、供电和防盗系统，维护使用良好。

三级

(1) 小区内绿地覆盖率达到20%以上，园林绿化维护管理良好；
(2) 公共配套设施完善。道路平整顺畅，电梯、水、电、消防设施保障有效；
(3) 有较好的社区活动场所，并能开展文体活动；
(4) 物业管理单位持有三级或以上资质证书；
(5) 保安人员24小时值班、巡逻，保护小区安全；
(6) 环境清洁卫生，公共场地每天清扫、保洁，无积存垃圾，无乱堆乱放，下水道、沙井、化粪池通畅，公共用水池定期清洗；
(7) 使用中、高档电梯；
(8) 有较完善的消防、供水、供电和防盗系统，并维护使用良好。

四级

(1) 有电梯，小区内绿地覆盖率达到10%以上或有盆花，园林绿化较好；
(2) 公共配套设施完好。电梯和供水、供电、消防设施齐全、运作正常，服务良好；
(3) 有公共社区活动场所，基本适应公共活动；
(4) 物业管理单位持有资质证书；

(5) 保安人员 24 小时值班,保护小区安全;
(6) 环境清洁卫生,公共场地保持清洁,下水道、沙井、化粪池通畅,公共用水池定期清洗。
五级
(1) 小区内绿化物管理较好;
(2) 有公共活动场所;
(3) 物业管理单位有资质证书;
(4) 公共配套设施完好,电梯、供水、供电、消防设施齐全、有效;
(5) 保安人员 24 小时值班,保护小区安全;
(6) 公共场地环境保持清洁,下水道、化粪池通畅,公共用水池定期清洗。

3. 高尚住宅、别墅区
(1) 小区(楼宇)的房价在当地属高档水平,购房对象主要是高收入阶层或我国港、澳、台人员;
(2) 小区内绿地覆盖率达到 30%以上,有一定规模的园林建筑小景,绿化物、花草修剪整齐美观,维护良好;
(3) 公共配套设施完善。道路顺畅,电梯、水、电、消防设施先进、维护良好,保障有效,停车场地、生活服务、娱乐、商业设施配套,适用、方便;
(4) 有功能齐全、设施先进的住户活动会所和充足、良好的社区文化活动场所,并能经常开展各种文体娱乐活动,商业等生活服务设施配套、齐全;
(5) 物业管理单位持有二级或以上资质证书;
(6) 小区(楼宇)实行封闭式管理,保安设施先进、完善,配备先进保安设备和监控报警系统,保安人员每天 24 小时值班、巡逻,治安良好,无偷盗案件发生;
(7) 环境优美,清洁卫生,公共场地每天清扫、保洁,楼内大堂洁净无灰尘,区内无卫生死角,无积存垃圾,无乱堆乱放,下水道、沙井、化粪池通畅,公共用水池定期清洗;
(8) 管理人员素质高,文明礼貌,服务周到。

二、办公楼(写字楼)
一级
(1) 大楼周围的绿化物管理维护良好,修剪整齐、美观;
(2) 大楼装修,质量优良用料上乘,大堂与通道宽敞,整层楼面宽广,间隔极具弹性;
(3) 有良好、充裕的载客和载货的高档电梯,维修保养完善、运行良好;不同的楼层使用不同组的电梯;
(4) 大楼设有停车场,泊车设施先进,车位充足,管理良好,停车、取车方便、安全;
(5) 供水、供电、消防、中央空调、保安监控、通讯等设施先进、完善、高效,管理维护良好;
(6) 环境清洁卫生,每天保洁、巡查,做到大堂、楼道、楼梯间等公共场所清洁卫生,无灰尘;
(7) 管理人员全天保安、消防值班和巡逻,严防财物损失,保证安全;
(8) 管理公司持有二级或以上资质证书。
二级
(1) 大楼周围的绿化物管理维护良好,修剪整齐、美观;
(2) 大楼装修质量高,大堂与通道宽敞,整层楼面较宽,间隔弹性好;
(3) 有良好、充裕的载客和载货的高档电梯,维修保养完善、运行良好;
(4) 大楼设有停车场,泊车设施良好,车位充足,管理良好,停车、取车方便、安全;
(5) 供水、供电、消防、中央空调、保安监控、通讯等设施完善、有效,管理维护良好;
(6) 环境清洁卫生,每天保洁、巡查,做到大堂、楼道、楼梯间等公共场所清洁卫生,无积尘;
(7) 管理人员全天保安、消防值班,保持大楼安全;
(8) 管理公司持有二级或以上资质证书。
三级

(1) 大楼周围的绿化物管理维护良好;
(2) 大楼装修用料较好,大堂与通道宽敞,整层楼面适中,有一定的间隔弹性;
(3) 有能满足用户使用的载客中档电梯,维修保养正常、运行良好;
(4) 大楼设有停车场地,停车、取车方便、安全,管理较好;
(5) 供水、供电、消防、保安等设施完好、有效;
(6) 环境清洁卫生,每天清扫,保持公共场所、楼道、楼梯间等干净卫生;
(7) 管理人员全天值班,维护大楼安全;
(8) 管理公司持有三级或以上资质证书。

四级
(1) 大楼周围绿化维护良好;
(2) 大楼装修一般,大堂面积较小,楼层高度较低,整层楼面较小,可以间隔;
(3) 公共配套设施完备,有满足用户使用的电梯,供水、供电、消防等设施完好、正常;
(4) 环境清洁卫生并保持良好;
(5) 管理人员全天保安值班;
(6) 管理公司持有资质证书。

五级
(1) 大楼大堂或门口有盆栽摆设,维护良好;
(2) 大楼装修普通,可以简单间隔;
(3) 公共配套设施基本能满足用户要求,有电梯;
(4) 环境清洁、卫生,并能保持;
(5) 管理人员每天保安值班或营业时间值班;
(6) 管理公司持有资质证书。

三、商铺
一级
(1) 内外装修豪华,设计新颖,设备先进齐全,质量优良、精心管理,运作良好。配备有货梯、高档自动扶梯、中央空调、通讯设备、自动消防系统、防盗监控装置,有较好的绿化或盆栽摆设,节日有灯饰;
(2) 管理人员全天保安值班、巡逻,人员质素高,服务意识强、文明礼貌;
(3) 营业时间全天保洁,地面、公共场所无垃圾、无灰尘,保持商场或大厦内外清洁、干净;
(4) 有停车场地,交通顺畅方便;
(5) 物业管理单位持有二级或以上资质证书。

二级
(1) 内外装修整齐美观,布局合理舒适,配备完善的消防、供水、供电和防盗装置,并运作良好,盆栽、装饰较好;
(2) 配备有高档电梯或自动扶梯、中央空调,维护良好,使用正常;
(3) 管理人员全天保安值班,服务态度好,文明礼貌;
(4) 营业时间巡逻保洁,每天清扫,公共场所保持干净卫生;
(5) 物业管理单位持有三级或以上资质证书。

三级
(1) 内外装修整齐适用,环境较好,配备中档电梯或自动扶梯,能保证水、电供应,消防设备正常,管理运作良好;
(2) 管理人员坚持日常保安值班,服务态度好,文明礼貌;
(3) 注意日常保洁,每天清扫,保持公共场所卫生、清洁;
(4) 物为业管理单位持有三级或以上资质证书。

四级

(1) 布置整齐，环境较好，能保证水电供应，消防设备符合要求，能正常使用；
(2) 管理人员坚持日常保安值班，服务态度好；
(3) 注意卫生，公共场所每天清扫，保持清洁；
(4) 物业管理单位持有资质证书。

五级

(1) 布置有序，环境可以，水、电、消防设备符合要求，使用正常；
(2) 配备保安人员；
(3) 注意卫生，每天保持清洁；
(4) 物业管理单位持有资质证书。

备注：上述各类各级别物业小区（或楼宇），如不能全部达到该级别标准要求的，在具体核定收费标准时应适当降低。

知识目标

了解物业项目服务方案策划的意义、作用；掌握物业项目服务方案策划的方法、步骤；掌握物业项目服务方案策划的主要内容；掌握物业项目服务方案的实施要点。

技能目标

掌握普通住宅物业服务项目分析及定位方法；掌握普通住宅物业项目服务方案策划内容。

 走进实训——"做"

项目二　针对某住宅小区物业项目策划物业服务方案

【实训目标】

1. 结合实际，总结并分析小区物业的整体概况。
2. 结合实际，能够根据小区物业定位进行策划并制定物业服务模式、特点和目标。
3. 能够策划适应物业定位的各项服务内容，包括客户服务、安保服务、工程管理、环境管理、综合经营、社区文化建设等。

【实训内容与要求】

1. 由学生自愿组成小组，每组 14～17 人。利用业余时间，针对某物业项目进行物业服务方案策划。
2. 在策划之前，每组需根据普通住宅小区物业服务方案策划知识的预习经过讨论制定策划提纲，具体提纲可参考如下案例。

案例

某社区一期物业管理服务方案

目录
社区项目概况
顾客群特点及需求分析

物业管理服务模式
服务模式实现计划及要求
社区服务人员配置方案
物业管理费测算

一、社区项目概况

该社区一期规划总建筑面积 393480m² （原方案数据），其中居住产品 372610m²，以4～6层花园洋房、多层住宅为主。公共服务配套 21000m²，其中含较大规模的公共商业服务中心（8000m²）和会所（5000m²）各一处，18班制学校，9班幼儿园各一所；保留并丰富中部的小丘形成一期的公共绿地（脊）和儿童公园。本项目一期规划用地拟分二至三期开发建设。

1. 周边环境及市政配套

武汉××社区位于武汉市城区的东南侧，紧邻城市中环线——即武汉科技新城汤逊湖产业区东部产业组团的北端，南面与武大科技园区相临。东南隔（规划中的）滨湖大道为汤逊湖内湖，距光谷商贸中心5公里、华中科技大学4公里，是连接城市中心、东湖风景区，众多高等学府与光谷科技园区、汤逊湖自然生态区的重要节点之一，集得天独厚的区域位置、浓郁的人文环境、便利的交通和优美的田园风光于一体，是十分理想的"人居"环境。

一期用地呈较为规则的五边形，城市主干道江夏大道、中环线（辅路）分别与用地的西、北侧直接相临，东面为产业区道路——天翔路。用地东北接××物业房地产开发公司用地（现为坡地、农田），西南为郑桥变电站，提供项目施工用电以及生活用电，于江夏大道预留接口。地块给水、雨水、污水均可由江夏大道接驳，正在建设的江夏大道铺设有燃气管道，可为地块提供燃气供应。

2. 项目主要经济指标（设计部提供）

（1）基本情况

物业名称	某社区	物业类型	商住小区	行政区域	江夏区
规划总用地面积/m²				420318	
含待征道路/m²				62118	
居住区用地面积/m²				3582	
总建筑面积/m²				393480	
住宅建筑面积/m²				372610	
公建建筑面积/m²				21000	
总户数/户				3026	
总人口/人				10591	
户均建筑面积/m²				123	
含待征道路容积率				0.94	
不含待征道路容积率				1.1	
建筑密度				25.08%	
停车位				900	
停车位/户数				30%	
住宅建筑面积毛密度				1.04	
住宅建筑面积净密度				1.68	
人口毛密度				296	
人口净密度				479	
绿地率（与占地面积的比率）				36%	
小区道路面积				15.8%	
水体面积				2%	
小广场数量				4～5个	

(2) 户型指标

户 型 指 标				数　　值	
居住区总用地面积/m²				3666	
计容积率总建筑面积/m²				393480	
容积率					
覆盖率(与占地面积比率)					
总户数/户					
总人数/人					
户均面积/m²					
建筑面积			建筑面积		
			总面积/m²		372610
	住宅	其中	独立别墅/m²	—	—	0	0
			联排别墅/m²	32 户	250m²/户	8000	2.2%
			情景花园/m²	992 户	145m²/户	143840	39%
			多层住宅/m²	1980 户	110m²/户	217800	58%
			小高层住宅/m²	初步预计 400 户左右	135m²/户	2970	0.8%
			总面积/m²		21000
	公共服务	1	商业服务/m²		10000
		2	会所/m²		5000
		3	管理/m²		500(最少 800)
		4	小学(1 所 18 班制)		3600
		5	幼儿园(1 所 9 班制)		2500

(3) 配套指标

① 生活给水。给水水源市政保证水压 0.15MPa，给水系统采用变频供水，给水量见下表。

类别	用水定额/[L/(人·d)]	每日用水时间/h	变化系数/k	用水单位人数	日用水量/(m³/d)	最大小时用量/(m³/h)
住宅	250	24	2.5	10591	2643	276
小学	50	10	2.5	444	36	9
幼儿园	50	10	2.5	819	18	4
商业服务	50	10	2.5	1350	67	17
绿化及其他用水	按总用水量的 10%计				277	31
总计					3041	337

注：由城市自来水管网接入给水的管径为 $DN300(Q=400\text{m}^3/\text{h})$ 一根；未计半地下车库及人防（平战结合人防地下室）26700m²。

② 消防给水

a. 室外消防用水：商业区采用室内消火栓式供室外消防用水。

b. 室外消防用水由城市自来水管在室外设室外消火栓供给；室内消防用水由消防水池（72m³）供给。

③ 生活排水。小区污水为生活污水，污废水合流经室外化粪池处理后排入小区污水管网，再直接排入城市污水管。生活排水量生活给水量相同。最高日生活排水量为 $Q_d=2765m^3$。最大时生活排水量为 $Q_h=305m^3$。化粪池选用无动力排放式化粪池。

④ 雨水。小区的雨水和污废水分流，小区雨水管网汇总后排至城市雨水管网。天台、阳台雨水分开独立排放，后接小区雨水排放管网。市政雨水排放与小区雨水分别独立排放。

(4) 电气规划指标

① 供电。为了保证供电可靠，采用两路 10kV 高压供电电缆将目前一期分成两个独立环网配电系统，重要设备分别给出不同的双电源闭环设计，开环运行，小区内皆采用户外箱式组合变电站配电。

② 通信及智能化。住宅每户按语音通信 2 门市话、数据通信一个点；每户考虑 2～3 个有线电视插座；住宅设置完善的通信、网络、有线电视、可视（非可视）对讲、监控安防、报警求助、物业管理等智能化系统，并形成整体网络并由小区智能化控制中心统一管理。

由于小区规模较大，整个总体规划考虑设置一个电话、宽带、有线电视、智能化管制中心在一期会所内。

③ 室外管沟布置。室外管线一律入地。电力系统高、低压主干网络采用 1m 宽电缆沟敷设，通信及智能化主干网采用 12 孔 $D90$ 的双壁波纹管埋地敷设，二者均有较大的发展余地。

室外管沟皆采用集中排水措施，将雨（渗）水引入统一的排水网络，保证管沟内无积水、维护方便。电缆沟上可铺砖或覆土，保持与道路规划风格一致，又不影响本系统的功能；埋地排管统一设置检修人孔，以满足日常维护及美观的需要。

室外主干网络至各楼栋的支线一律采用直埋敷设，电力及通信、智能化网络均分组采用独立式交接箱，以便分段维护和物业管理。交接箱可结合园林小品设置，也可结合建筑外墙或围栏的建造样式，以便与建筑风格协调统一。

二、顾客群特点及需求分析

1. 该项目目标客户群体具有如下共性特征。

(1) 年龄构成。客户以 31～40 岁的中青年为主，这部分人普遍学历高，追求生活的档次。25～30 岁的青年人也占到一定比例，这部分人经济实力有限，但对城市倡导的生活方式非常向往。

(2) 教育程度。80% 的客户受过高等教育，其中有部分受过本科以上的教育，有出国经历。相对于其他项目的客户来说，本项目的客户有更高的教育程度。

(3) 客户来源。客户来自武昌区的高校、各类设计院、研究所、金融和医疗机构，其中又以高校的客户最多，其他的客户则绝大多数分布在武昌区的高新企业，如邮科院等。

(4) 客户分布。来自洪山区的客户占有最大比例，他们主要是高校老师，政府官员和从事信息技术等高科技含量工作的人。武昌区客户所占比例也较大，关山的客户多半生活或工作在光谷附近。来自汉口，汉阳和东西湖的客户多是认准该房地产公司品牌；外地客户所占比例非常小，但其中约有 1/3 来自江浙。

(5) 兴趣爱好。约有六成的人在休息时会选择外出散步，其次是看书或看电视。这可能与他们所受的教育或所处的环境有关系，自然运动的时间会比较少。

2. 客户特点

(1) 中青年人；

(2) 受过高等教育；

(3) 身处在受人羡慕的行业中；

(4) 有较高的收入；

（5）得到较高的社会肯定评价；

（6）追求生活品质。

三、物业管理服务模式

从项目定位和客户需求角度上分析有4大特点，其一、新都市主义建筑风格，具备绿色走廊、都市核心、有层次的开放空间等特点；其二、得天独厚的自然条件，有丰富的水域和植被；其三、身处在优厚且较大压力的职场上，有着对自然、健康、自由生活环境的渴望；其四、便利的商业、高品位生活方式。针对物业特性和顾客群特点，该房地产公司物业将××社区定位为"free"的物业管理模式。

1．"free"的服务模式定位与释义

"free"体现自由的、独立的、随意的、自然的、优美的、空闲的、开放的、任性的为人之本性释放，人的情绪、体力、智力、精力被束缚一定程度后得到深度舒展而产生的愉悦感受，是无限美妙和令人遐想的，"free"强调在自然与人文环境、现代与历史风格、建筑与服务气氛的和谐，突出尊重人为环境营造宗旨，回顾历史折射人文情怀，追求自然建立服务特色。

实现"free"模式需要必备两条件：一是以"一切皆善，善待一切"的价值观，"free"更多的通过顾客自我情操演绎千变的精彩生活，二是具有开放的建筑风格，舒适的交流空间，风格迥异的商业为大背景。

以尊重人文化倡导为前提，在法制、契约、诚信为"free"的底线，相互尊重和理解，共同品位生活。"free"模式主要由三大元素构成：

（1）开放的

① 自由出入的大社区，充裕的公共设施和场所，独立且安全的组团；

② 物业安全管理重点是组团，将居家报警、单元门禁、院落围墙红外线联动对射、组团可视对讲门禁、安全员定点巡逻、24小时控制中心值班机制；

③ 组团外施行"无人化管理"，通过智能化设备对主要场所的监控以及巡视员的交叉巡逻确保公共场所的治安，同时给予顾客充分的自由空间；

④ 社区不再是私家领地，而是具有和政府共同治理的特点，引进综合治理办公室、派出所、居委会等机构。只要遵守法律和社区规范的人员，将充分享受无阻扰的服务，尽情享受丰富的生活方式；

⑤ 社区将无"禁止践踏草地"的标识牌，开辟可直接接触的绿地，拉近人与自然的距离，供客户享受青草芬香和阳光沐浴。

（2）生活的

① 引领庭院文化，丰富组团内社区活动，为每组团设置亲善大使，直接为业主排忧解难，建立快速沟通渠道，让业主在大社区中享受更贴切的服务；

② 营造绿树葱荫的生活环境，丰富社区公共场所的娱乐设施；

③ 对商业业态更具有生活味布局，生活必配备项目、休闲娱乐项目、咖啡酒吧项目、异国情调的跳蚤市场，亲和力的廉价百货项目；

④ 多元的信息沟通渠道，遍布社区的音乐广播、人流密集处的电子屏系统、可随时求助的救援电话、传统的宣传公告栏；

⑤ 缤纷色彩的社区文化，以健康、科学、探险为主题适于各类人群，尤其包括儿童寓教于乐的科教活动。

（3）便利的

① 社区提供便利的商业配套，引进大型购物商家交通车；

② 通畅的交通设计，路边停车方式，缩短步行距离；

③ 物业服务都以业主便利为中心设置快捷的办事流程，在人潮高峰段亲善大使专守庭院服务；

④ 提供家居生活的清洁、育苗、维修、代购物等便民服务；

⑤ 提供房屋租售、转让服务。

"free"服务模式不仅要表现在顾客生活方面的日常业务管理与服务方面，还涉及社区文明建设、会所服务、租赁经营等综合内容。

2. "free"服务实现计划及要求

(1) 客户服务

① 客户服务中心设置。分前台事务办理和亲善大使两大职能。

设置在会所位置，使用面积约 $50m^2$，包括办公、接待、现场资料储存空间、装修家政办理台、洽谈室。

② 亲善大使制

a. 每天 7:00～9:00，17:30～19:00 在大房子处直接承办业主委托事宜；

b. 熟悉组团内每户业主，走访并收集业主意见收集信息汇集服务中心；

c. 组织庭院社区文化活动；

d. 着 CI 职员服（西服式样、蓝色面料、白色衬衣）；

e. 分 3 个区域，3 个专职亲善大使，设 5 个固定办公点（原则徒步 5 分钟内可到达），与外围安全巡逻相结合，在人流高峰期设门童概念；

f. 亲善大使要求 30 岁以下，高中以上文化程度，气质佳，乐于助人，善沟通（结合外围巡逻安全员）。

③ 社区文化策划

a. 以健康、科学、探险为主题，重点突出庭院文化；

b. 针对儿童、购房决策人、老人提供特色文化活动；

c. 以协助业主自行组织为发展方向；

d. 组织各类艺术沙龙。

④ 有偿服务项目设置

a. 根据业主特点，设定便民服务项目，只收取成本的 5% 利润；

b. 方便投资客户群交易，开展租售业务，以赚取利润为目标。

⑤ 商业配套方案

a. 物业公司经营咖啡厅、酒吧业务，开设洗衣房，管理会所；

b. 引进肉菜市场、两家以上百货店、快餐、医疗室、美容理发店、书吧、麦当劳、汽车美容等；

c. 开发路边商业，周末设置跳蚤市场。

⑥ 细微点滴服务

a. 成立贴心协会，提供业主忽略的点滴服务；

b. 开辟服务画廊，寻找服务足迹，提高业主精神文明。

(2) 环境管理

① 现代与历史氛围营造

a. 设置历史回顾凳；

b. 项目开发前后照片对比景点设定；

c. 在集中商业区穿溜冰鞋的保洁，演绎自由、舒适、现代气息。服装为紧身牛仔蓝色衣（轮滑保洁服务）。

② 自然生态营建方案

  a. 开辟亲近绿地，供人休憩；

  b. 修建人造鸟巢；

  c. 建造有机肥基地，供人参观和社区有机肥取用；建设小苗圃培育基地、果树等（共 $10\times 6m^2$）。

③ 社区保洁绿化管理方案（88人）

  a. 环境保洁（60人），家政（10人），绿化（18人）；

  b. 垃圾清运市政化，庭院两个单元一脚踏式双桶垃圾箱（240L/桶），庭院外果皮箱（1个/半径40m）；

  c. 服装有楼内和楼外之别，楼内体现精致，楼外体现专业特点；

  d. 垃圾中转站设置（$60m^2$）

  （a）1台机动垃圾清扫车、1台机动洒水车、1台机动垃圾车；

  （b）每两栋楼设一处保洁取水点（对裸露管口作防冻处理）；

  （c）地下自动喷灌系统选择PPR管材；

  （d）每半径50m绿地设一个电源插座（防水、防触电）；

  （e）尽量考虑雨水利用系统。

其他外围保洁实施外包方式。

（3）安全管理

① 治安管理。本项目的安全管理方案主要以人防与技防相结合；巡逻岗与固定岗相结合；红外报警与小区摄像机联动相结合。

人防采用内紧外松的管理模式循序渐进。

  a. 整个小区分为多个小的片区进行区域化管理；将若干个小的组团化为一个区域设定一个安全巡逻岗（楼内巡逻岗5个），主要是对本区域的安全事务的处理。着公司规定的CI服装安全员楼内巡逻岗（西装），主要是与小区的整个风格相配套。

  b. 在小区的主要地段及繁华区域设置徒步的安全巡逻岗，主要是以提供安全服务为主要的目的（设岗位1个）。

  c. 对于组团外围及小区的次干道设置有单车巡逻岗（单车巡逻岗5个），主要是保证小区次干道及周边的安全事务处理。着装为牛仔服特色的服装，体现自由与开放的小区管理特色。

  d. 在小区的主干道及整个小区的安全防范监控和对小区各岗位的快速支援及整个小区的安全事务处理（摩托车巡逻岗1个）。根据小区的特色着美式的作战服，主要是在小区内起到威慑作用。

  e. 体现城市花园安全管理的风格，在主要的出入口设置安全形象岗位1个（核心路与江夏大道交接处）。着美式作战服。

  f. 在小区的前期对于小区的装修实行集中统一的管理，安全管理方面设置专门的装修巡逻岗（3个岗位）。着安全楼内巡逻岗服装。

技防采取小区智能化与小区控制中心联动的模式。

  a. 在小区的繁华地段和较为偏僻的地段设置及时的招援电话，并与小区的摄像探头和监控中心相互联动。能够对顾客提供便利的服务，从治安管理角度上保证了及时的信息流通。

  b. 小区红外报警系统与摄像、照明综合联动保障小区应急或异常现象的发生能够清晰明了的进行监控、记录。

  c. 组团电动门安装延时自动关闭装置，极大的避免安全隐患的发生，同时为顾客提供安全方便的服务。

d. 红外发射器对装留有间距防跨越，红外线与围墙实体距离35cm。

　　e. 24小时的监控中心值班制度严格对小区的整体状况进行监控，同时及时的调配资源协调现场的事务处理（设置1.5个岗位）。设安全员楼内巡逻岗。

　　f. 设电子巡更系统，确保巡逻获得质量保证。

　② 交通管理

　　a. 车场出入口岗（4个岗位）服装要求：国家统一服装体现小区物业管理的规范化专业化。

　　b. 首期封闭为一个车流出入口（道路宽度可调头）。

　　c. 在小区的主要路段及交叉口设缓冲坡、引进市政红绿灯装置；控制车辆在小区内的速度。

　　d. 针对小区的特点，引进市政干道设咪表的方式，在小区的主干道设置咪表对小区的车辆进行管理。

　　e. 对小区内的车辆停放进行及时引导和检查制度（小区停放车辆实行非固定式管理模式）。

　③ 消防管理。采用谁主管，谁负责。对整个小区实行区域化集中管理的模式。

　　a. 建立责任到人及小区的消防档案，定期地对小区的消防设施进行检查整改。

　　b. 对裸露管口作防冻处理。

　④ 内部管理。采用半军事化的管理模式。

　　a. 安全值班制度为三班四倒，24小时的值班制度。

　　b. 小区安全管理队伍分三班，每班设班长一人，副班长一人。

（4）维修管理

　① 人员。16人，服装着CI标准服（上衣束腰）配多功能腰带。

　　a. 设备设施等公用部位将采用分区管理、责任到人的方式，将该社区以核心路为界划分为两个分区，实行分区管理，同时在各个分区实行责任负责制，每人都有自己的专责区域，同时又要求通力合作、相互监督以保证设备设施的完好如新。体现"各有所专，面面俱到"的用人思想和服务理念。

　　b. 家政维修服务主要体现"专业化，快速化"推行岗位专家、服务明星，来提高服务品质。

　　c. 公共照明采用双电源供电，分区控制。

　　d. 公共部位的路灯要求采用跳跃式双回路控制，在夜深人稀时关闭一半，以利于今后节约公用费用支出。

　　e. 小区的绿化用水要求采用双路供水，和小区的水景相通，充分进行水的重复利用，以节约成本。

　　f. 控制中心闭路录像采用数字录像机，并能保存一个月。

　　g. 内线电话系统（办公室、设备房、岗亭）、警铃连通宿舍。

　② 水电气计量

　　a. 要求前期就能实现抄表到户，节约服务成本，减少物业今后的水、电、气损耗支出成本。

　　b. 箱式变电站的放置地点要考虑今后的检修的方便性，及对业主的影响。

　　c. 合理设计景观照明，尽量减少小区域照明的数量。

　③ 服务特色

a. 组合式工具箱，体现该房地产公司物业的"专业化"。

b. 家政维修体现快速化，接到报修信息后能在约定时间到达现场，提出专业的解决方法，并能快速进行维修处理。

c. 社区的大区域管理要体现快速灵活，将采用自行车代步模式。

d. 公共部位的维护要体现维护的及时性，所有公共部位的维护全部要求在最短的时间完成。

e. 每位技术员都有自己的专门责任区域，所有区域责任化。包括生活、交通、提示标识系统。配合项目制定与项目定位的永久性标识，公共宣传及物业服务标识由物业提供，交通标识按国家规范操作。

3. 社区人员配置方案

人员要求和服务制度编制管理处服务架构：部门经理 1 人；经理助理 2 人；会计 1 人；出纳 1 人；人事行政 10 人；客户中心 11 人；保洁 88 人；安全 93 人；维修 17 人。其余略。

四、财务分析方案

经测算及结合市场情况，确定住宅管理费为：情景花园 1.2 元/平方米；多层住宅 1.1 元/平方米；小高层 1.6 元/平方米；联排别墅 1.8 元/平方米；商铺 2.8 元/平方米；车位租赁费 150 元/月。

以上测算背景为一期全部入伙后的成熟物业管理阶段，主要指标如下：

项 目	标 准	备 注
单方主营业务收入	1.54 元/平方米	
单方主营业务成本	1.45 元/平方米	（测算中已考虑年终奖金）
单方主营业务税金	0.09 元/平方米	
单方主营业务利润	0.00（持平）	
人均管理面积	1735.92 平方米/人	
计划管理费收缴率	95%	
主营业务利润	0.11 万元/年	

本项目周边物业管理费调查情况表

序号	物业名称	物业类型	房价	开发商	物业公司	管理费	备注
1		略					

走进理论——"学与导"

一、物业项目服务方案概述

项目服务方案是物业服务企业对某物业项目的管理服务工作所做总体上的管理服务策划。

1. 物业项目服务方案的种类

（1）两类不同角度的管理服务方案。物业服务企业对项目管理进行管理服务策划，一般有两种情况：一种是物业服务企业在市场拓展过程中，应某物业发展商或物业的业主委员会的要求，编制该物业的营销项目服务方案，附于该项目的投标书、策划书或建议书之中，提交发展商或业主委员会评审。这种方案含营销特征，真正实施还需作必要的完善。

另一种是物业服务企业的物业管理部门或项目管理经理人员对已经实施管理或将要实施管理的项目所进行的管理服务策划，所编制的方案书用于企业内部评审和项目管理的实施依据。这种方案不含营销内容，针对性和可操作性较强。编制这种方案是物业管理项目经理人员应该具备的能力。本节所介绍的主要是这一种情况的管理服务方案策划。

（2）不同类型物业的管理服务方案。由于物业有不同的类型，管理有不同的方式，所以项目服务方案也随之有不同的类型。按照国内目前的实际情况，项目服务方案的分类有以下4种方法。

① 按物业性质分类：普通住宅、公寓、别墅、酒店公寓、办公楼、商场、工业厂房、学校、医院、市政设施等。

② 按时期阶段分：前期介入、前期管理、后期（正常期）管理。

③ 按管理性质分：全权委托管理服务、单项专业管理服务。

④ 按专业类别分：物业管理的维保服务、安保服务、保洁服务、绿化服务、礼仪服务及其他服务等。

项目服务方案的命名通常可以按照上述分类的顺序连起来写，如××公寓前期物业管理服务方案等。

2. 方案策划的作用

项目服务方案实际上是实施物业项目管理服务的策划书和指导书，物业管理方案的拟写是否明了、规范，对于是否成功获得管理项目和有效管理起着至关重要的作用。至少可以达到合理定位、收支有数、规范服务、确保质量的作用。

（1）明确目标，合理定位。通过项目服务方案的策划，首先可以对项目管理的管理目标、管理标准、管理费用作一个合理的定位，以免日后方向不明，操作困难，造成物业服务企业、业主及相关方面产生管理纠纷。

管理目标是指物业服务企业计划在某一时间段内应达到的管理服务水平。管理标准是衡量物业服务企业实现某一管理目标所应达到的尺度。而管理费用则是实现管理目标、达到管理标准等一系列管理服务活动需要的各项费用。

（2）测算成本，收支有度。对物业的项目管理，众人所关心的最终都会集中到费用的收支情况上，每一位业主都希望花最少的钱获得最好的服务。因此，物业服务企业应把管理服务费用的收支情况理清楚，让公司做到心中有数。

策划项目服务方案，编制项目服务方案书，必然要对项目管理服务的费用进行细分和测算，最终得出总的项目管理费和单位面积每年每月所应承担的费用标准。

（3）规范服务，确保质量。项目服务方案策划中要对项目管理的运作实务进行策划，据此可以制定各项服务的运作规范和作业规范，让物业管理服务的每一项活动都有规可依。

运作规范和作业规范是很具体很细致的行为准则，将保障物业服务企业为业主提供的各项服务都实现规范化。

项目服务方案策划除了提出运作规范和作业规范，还要有如何进行质量控制和质量保证的内容。因此，通过方案策划可以解决如何确保管理服务质量的问题。通常，物业服务企业可以策划采用传统质量管理方法或导入ISO 9002质量管理国际标准、ISO 14000环境管理国际标准等方法来实现对物业管理服务的质量控制。

3. 物业项目服务方案策划的主要内容

物业管理服务方案一般由以下几部分组成：

(1) 引言或综合说明（说明物业管理的意图及管理公司概况）；

(2) 物业概况；

(3) 物业服务企业所选择的管理模式；

(4) 管理的宗旨、方针和具体内容；

(5) 公司的组织结构与人员编制计划；

(6) 管理的财务预算；

(7) 物业管理的前期介入内容与经费等。

下面具体介绍几个主要内容：

(1) 物业概况。物业概况是项目服务策划的依据和基础，项目管理的合理定位、费用测算、服务需求、服务要求都与物业概况有关。方案策划的前期调研与资料收集时应尽可能掌握以下三方面的情况：

① 物业项目概况。一般基本概况包括：物业类型；法定地址；坐落位置；占地面积；总建筑面积（地上、地下）；有效建筑面积（其中包括可分摊面积）；绿化面积（包括湖塘面积）；车库面积（包括各类车位数）；道路面积；物业构成等。

② 设备设施概况。设备设施情况的调查与资料收集是一种更为专业和细致的工作。大到物业的各个设备系统和设施布局，小到每个电器的耗电功率和各设备或设施的使用频次，以便为策划设备设施的运行、维修、保养工作和测算运行、维修、保养费用和各种能源消耗提供依据。

③ 业主构成概况。业主构成概况包括业主的层次，年龄构成，职业，地域特点等。它是物业服务企业策划管理目标、管理标准、服务事项、服务方式等的参考依据，也有利于今后进一步作服务需求的细分和延伸服务策划。项目方案策划前应注意收集这方面的资料。

(2) 管理服务事项。物业管理服务事项在各地的物业管理条例或物业管理办法中都有阐明，各物业服务企业在与开发商或业主委员会所签订的物业管理服务合同中也需要明确，项目服务方案应依据当地现行物业管理法规和物业管理服务合同来罗列所策划项目的管理服务事项。以住宅前期物业管理服务项目为例。管理服务事项通常有以下内容。

① 住宅共用部位、共用设备的使用管理、维修和更新；
② 建筑规划内公用设施的使用管理、维修和更新；
③ 电梯、水泵等房屋设备的运行服务；
④ 区域内保洁绿化服务；
⑤ 区域内保安服务；
⑥ 物业维修、更新费用的账务管理；
⑦ 物业档案资料的保管；
⑧ 根据业主需求提供非公共性延伸服务；
⑨ 根据开发商需要提供房屋、设备、设施的验收、整改、完善及保修的配合；
⑩ 应开发商需要，在物业建设中提供物业管理的前期介入服务等。

(3) 管理目标。项目管理目标的内容主要是项目管理服务的定位，通常在物业服务合同中有规定，明确该项目的管理服务在某一规定时间内应达到的管理服务水平，譬如几年内达到部优物业管理大厦或小区，几年内建立和通过 ISO 9000 质量管理体系认证审核等内容。

(4) 管理标准。项目管理标准的内容主要是阐明物业服务企业在实施项目管理的过程中，在某一时期内所采用的物业管理服务的标准。譬如行业规定的物业管理服务标准，地方规定的物业管理服务标准，或企业自己规定的企业标准。

(5) 机构设置与人员配备。这部分内容主要是策划人根据项目管理目标、管理标准和运作模式所拟订的项目管理机构与相应的人员配备方案，由于项目定位不同，各地各企业所采用的运作模式不同，方案也会不同，衡量的原则有三条：一是看是否用较少的人员提供较好的服务；二是看是否用较合理的配备满足较可靠的运作；三是看是否对业主更有利。

(6) 管理制度的制定。项目管理服务的实施办法主要由运作规范和作业规程两部分内容来阐明，运作规范是保障物业项目正常运作的各种办法、制度及规定等。作业规程则是规定各项服务活动的作业流程、作业时间及作业方法等。运作规范和作业规程是物业管理服务活动中实务性很强的内容，在项目服务方案中一般只要阐明总体思路、框架便可。完整的内容可在项目作业文件中分别阐述。

(7) 质量控制办法。质量控制是保证企业提供的服务能稳定和持续改进的手段，在方案策划时应重点阐明项目管理服务的作业标准和检查规程。作业标准是规定各项服务作业人员作业时应达到的质量要求，而检查规程是规定检查人员如何检查作业活动及检查的时间、程序、手段及其方法。项目管理抓住作业标准和检查规程两个环节，质量控制就有了保障。如果企业导入 ISO 9000、ISO 14000、OHSAS 18000 等国际标准，则项目管理服务的质量控制内容会更丰富，项目管理服务的质量会更可靠。

（8）延伸服务办法。非公共性的延伸服务是公共性的专业物业管理服务的延伸，也是现代物业管理服务的闪光点。随着物业管理的市场化进程，已经有越来越多的物业服务企业开始在为业主提供专业管理服务的同时，增加延伸服务的一些内容。因此，项目服务方案策划时可根据合同双方的约定或业主需求等实际情况，提出开展延伸服务的设想或总体方案，作为项目服务方案的一部分内容。

（9）物业服务费用收支预算。这部分是整个管理方案中最重要的内容。预算的合理、正确与否，直接关系到方案是否具有竞争力，是否成功获得管理项目的关键。财务预算所包含的具体内容如下：

① 前期物业管理中发生的费用预算。包括办公设备购置费、工程设备购置费、清洁设备购置费、通讯设备购置费、保安设备购置费、商务设备购置费、绿化设备购置费等。测算时要掌握勤俭节约、最低配置、急用先置的原则。

② 第一年度物业管理费用预算。包括物业管理人员的工资、福利费、办公费、邮电通信费、绿化清洁费、维修费、培训费、招待费等。

③ 年度能源费用预算。包括水费、电费、锅炉燃油费等。

④ 物业服务项目的收入预算。包括各项服务收入、利润分配等。

⑤ 年度物业服务费用支出预算。物业服务费用支出应当根据项目的实际情况，测算具体的人、财、物的费用。包括人员费用、行政费用、公用事业费、维修消耗费等。

根据以上物业服务费用的实际收支情况，在方案书中编制相应的年度物业服务费用收支预算表，来反映物业服务企业提供服务过程中需要的相关费用。

（10）公共能源费用收支预算。公共能源费用的收入主要是依靠向业主收取的物业管理费，这占了公共能源费用中的一部分。另一部分则是从房屋维修基金（费用）中取得，用于公共设施设备的维修和保养。它的支出主要是公共设施、设备在运行过程中的能耗和零星的维修、保养费用。以上的费用收支情况在方案书中都要作如实的反映，并制作相应的公共能源费用收支预算表。

二、物业项目服务方案的编制与评审

1. 项目服务方案的编制

项目服务方案策划的结果是形成一份完善的书面材料。也就是说，策划内容要通过文字描述来表达，策划的过程就是方案编制的过程。通常，项目服务方案的编制可分成6个步骤来进行。

（1）项目调查。项目策划人接到项目服务方案策划的任务之后，首先就要开展对项目的调查工作，以迅速掌握物业概况。项目调查的对象是物业现场、物业开发商和物业的业主，项目调查的结果应形成表达物业概况的文字数据、技术资料及项目相关资料。

（2）方案构思。项目调查过程中和过程后，策划人应对方案的策划编制有一个构思的过程，这个过程除了整理分析物业概况的数据资料外，还可参照本企业或与本项目相仿物业的管理经验，从中吸取有参考价值的东西，逐步勾勒和形成自己的方案构思。

（3）方案定位。方案构思的一个重要内容是要形成项目管理的方案定位，初步形成该项目未来的管理服务目标、管理服务标准及管理服务费用的大致范围，初步感知业主、开发商、公司对这个定位的反应，进而形成项目服务方案的腹稿。方案定位是方案编制的一个很重要的环节，定位的成功与否直接影响到方案实施的成功与否。

（4）方案编写。方案编写是方案策划的文字处理过程。编写时应突出主题，文字通俗规范、内容全面合理、条理清楚，系统性、适用性、实用性强，切忌哗众取宠、东搬西抄。

（5）方案讨论。方案草稿形成之后，编写人应与方案相关人员共同讨论，论证方案的合理性与可行性。共同修改方案、完善方案，尤其是应重点讨论项目管理的机构设置与人员配备和各类费用的测算内容。

（6）形成初稿。方案编写人集中大家的意见和建议，整理编写出项目服务方案的初稿，提交上级评审。

2. 管理服务方案的评审

项目服务方案编制完成后，应该有一个评审论证的过程，以保障方案的合理性和可操作性。为此，企业应根据项目服务方案的要求拟定好方案评审的标准，以便方案评审工作有效进行。通常评审标准包括以下内容。

（1）方案是否符合企业理念、企业目标和企业的管理模式；
（2）方案是否符合现行物业管理的法律法规；
（3）方案是否能保障服务合同的管理目标、管理标准的实现；
（4）各项管理服务费用的设立、测算是否合理；
（5）方案有无创新；
（6）方案是否可操作。

三、物业项目服务方案的实施

1. 选择方案实施的负责人

对物业管理项目而言，方案实施的负责人通常便是该项目的物业管理处主任。他是公司派出的全权代表，按照公司的意志和要求组织实施对该项目的管理服务。

方案实施的负责人应具有良好的品行，懂得房地产相关理论和开发经营、管理等基本知识；熟悉物业管理的基本理论和有关政策法规，了解本地区有关物业管理环境；掌握公共关系的知识；掌握财务管理的知识；掌握物业管理的管理、服务和作业；掌握有关房屋、设备、设施维修保养的基本知识；还要掌握计算机应用等多方面的知识。方案实施的负责人应是真正意义上的复合型高级人才，选择一位好的负责人对于方案的成功实施是至关重要的。

选择方案实施的负责人有多种途径可以考虑：一是可以采取内部选拔，从公司中挑选；二是通过社会招聘；三是公司预先有计划地培养选拔人才，预先建立人力资源库，结合社会招聘，确保每个项目都能找到合适的方案实施负责人。

2. 组织方案实施的工作班子

工作班子是确保整个方案顺利运行的基础，其工作效率很大程度上取决于组建工作班子的人，也就是上面所提到的方案负责人。工作班子的正常运作要靠参与人员的共同努力、相互协调和沟通，参与其中的每个人都要为方案的不断完善而出谋划策并各司其职。因此负责人要按一定的程序慎重选人。

3. 做好方案实施的充分准备

为了方案的实施肯定要作大量的准备，但准备不能是盲目的、无序的，必须是有目的的、有序的。这样的准备才能为方案的实施制造一个十分有利的环境。准备包括资料的准备、人员心理的准备。

第二节 公寓物业项目服务方案策划及其执行

基础部分

知识目标

了解公寓物业项目的定义及特点；掌握公寓物业的项目定位及管理目标；掌握公寓物业管理要求；掌握公寓物业服务的内容；掌握公寓物业的人员组织与管理。

技能目标

掌握公寓物业的项目定位及定位方法；掌握公寓物业的管理要求。

 走进实训——"做"

项目一 项目现场考察

【实训目标】

1. 结合实际，使学生掌握物业考察方法，能够根据公寓物业的特点，全面获取物业信息。
2. 能够进行考察任务分析，作出考察计划、设计考察问卷。

【实训内容与要求】
1. 由学生自愿组成小组，每组 14~17 人。利用业余时间，对某住宅物业进行现场考察。
2. 在调查与访问之前，每组需通过对公寓物业项目服务知识的预习，并经过讨论制定调查访问的提纲，包括考察目的及具体时间表安排。通过物业现场考察向物业公司工作人员、公寓业主等获取详细物业信息，具体可参考下列问题：
(1) 物业基本概况；公寓业主定位，业主构成；
(2) 公寓物业服务企业管理机构及管理人员组织；
(3) 公寓物业客户中心设置及服务内容；
(4) 公寓物业设施设备数量、类型及运行、维护、管理资料；
(5) 公寓安保设施及安保服务状况；
(6) 公寓物业保洁服务内容与管理，公寓业主评价等。

【成果与检测】
1. 每人写出一份公寓物业服务项目实施报告。
2. 调查访问结束后，组织一次课堂交流与讨论。
3. 以小组为单位，分别由组长和每个成员根据各成员在调研与讨论中的表现进行评估打分。
4. 由教师根据各成员的调研报告与在讨论中的表现分别评估打分。
5. 将上述诸项评估得分综合为本次实训成绩。

走进理论——"学与导"

一、公寓物业概述

公寓物业是居住类物业中的一种形式。随着经济的发展，城市吸引了大量的流动人口，尤其是经济发达地区，如长三角，珠三角及沿海地区等。这些流动人口中有求学的，有打工的，也有投资的，有国内的，也有国外的，他们都有一个共同点，就是在某一地只是短期停留，所以在居住的选择上往往倾向于短期租住的形式。在居住需求趋势上，除了以家庭为单位的长期居住需求外，中短期居住的需求快速增加。于是适用于短期租住的物业也应运而生，这就是公寓式住宅。

从公寓式住宅的现状上来看，常见公寓式住宅按其使用功能可分为以下几类。

1. 高级公寓

高级公寓是高档次的住宅，是以外商、国内高级管理人员、国内高收入者、外地经商等为消费对象，其特点是：
(1) 位置好，环境优，多处于中心地区；
(2) 建筑物建筑考究，外面豪华；
(3) 内部结构合理，装修高级；
(4) 户内外设施配套齐全，尤其是对外通信联络设计要求高；
(5) 提供高档的住户服务和物业管理服务，有些提供酒店式物业服务；
(6) 租金或售价较高。

2. 工厂公寓

工厂公寓主要居住对象是城市外来打工者，其设计建造比较简单，位置较偏，靠近工厂区，面积较小，每套约 20~40 平方米，造价低，提供基本的服务设施。

3. 学生公寓

学生公寓的位置一般在校园区内，设计简单，楼层多为 6~10 层，每室面积约 20~40 平方米，可住 2~4 人。设有学生活动室，洗衣间等服务设施。

4. 职工公寓

青年教师、政府工作人员、企事业单位职工租用的公寓。

5. 老年公寓

随着我国逐步迈向老年社会，大家庭迅速减少，对老年人的照顾呈现社会化的趋势，因此，老年公寓就成为社会的一种需要。这种公寓针对老年人的生活习性而设计，强调安全设施良好，面积不大，装修简单；配备良好的老年人服务项目和服务人员；配有老年保健室，体养室，娱乐文化室等。与医院联系密切，随时提供良好的医疗卫生服务。

二、公寓物业服务

目前我国公寓物业的种类名目繁多，良莠不齐，关于公寓的规范标准尚未统一。针对各种公寓物业如何进行更有效的服务与管理也在不断探讨和改进之中。

在所有公寓物业中，高级公寓由于其房屋环境品质好，业主或使用人对物业服务的品质要求高，所以物业服务人员必须具备更高的专业素质。本书所讨论的公寓物业管理就主要是针对高级公寓物业的服务与管理。以下内容中，凡没有特别指明公寓类型的，均是指高级公寓。

1. 高级公寓的类型

高级公寓类型按其产权类型、使用特点、物业服务要求来分常见的有以下三种。

（1）普通公寓。也叫居住型公寓。这类公寓的用地性质为住宅用地，产权年限70年，一般分散产权型公寓，所以就其产权特性上和普通住宅没有区别，并且就其用途来说，也主要是居住，水电收费按民用标准收费。一般情况下，针对大部分客户的经济能力和居住特点，公寓在户型设计上，多为小户型，面积一般在30～60平方米，精装修交房，配套设施完善，从物业管理上来说，聘请专业的物业服务企业进行管理，提供高于普通住宅的额外优质服务。

（2）商务公寓。这类公寓的用地性质以前多为住宅用地或综合用地，产权年限为70年或50年，首付成数及按揭年限要求与普通住宅相同。就其用途来说，既能用做居住，也可以办公。一般处于城市核心地段及商务中心区，具备写字楼的功能，价格相对写字楼低。物业服务聘请专业公司进行管理，要求较高，物业收费低于写字楼，所以市场潜力很大。

现在很多城市规范了土地使用并作出规定，在住宅用地上所建的居住类物业，不可以用做商业用途。

注：目前有很多商务公寓的用地性质是商业用地，这类公寓主要以出租为主，物业收费较高，水电费按商用性质计。

案例

陈女士在城西某品牌房产购买近300平方米的高层住宅，共花费200多万元。购房时，她询问能否作办公楼用，得到肯定答复，并告知其他许多用户也作办公楼用。为让她吃"定心丸"，开发商还在购房合同附件上加上"同意业主将此房作写字楼、商务楼用"。然而房屋交付后，有关部门不同意她改变房屋用途，并告知住宅和写字楼的用地性质是完全两样的。由于不能做写字楼，陈要求退房，遭到开发商的拒绝。开发商认为，当前没有法律规定住宅里不能办公，自己没有过错。

点评：这个案例引起纠纷的主要过错在开发商，它误导了消费者，内容"同意业主将此房作写字楼、商务楼用"是违背现行法律的。《城市房地产管理法》第17条规定：土地使用者需要改变土地使用权出让合同约定的土地用途的，必须取得出让方和市、县人民政府规划行政主管部门的同意，签订土地使用权出让合同变更协议或重签土地使用权出让合同，相应调整土地使用权出让金。在这里，开发商无权变更土地使用性质，陈女士也有权退房并要求赔偿损失。

(3) 酒店式公寓。这类公寓的用地性质一般是商业用地，产权年限为40年，大多为单一产权型，只租不售。主要客户群为收入较高，生活节奏快，中短期居住的人群。从公寓设计上，面积较小，主力户型主要在90平方米以上，装修档次较高。大多位于城市核心繁华地带、商圈周边，交通方便并且按照星级酒店的设施标准进行建筑的外部及内部设计，体现档次与舒适性。

大多聘请国际知名品牌物业管理公司，专业酒店管理集团提供专业、细致、科学的酒店式服务，因此物业管理费也较高。

用地性质

土地出让一般分五类：商业用地、综合用地、住宅用地、工业用地和其他用地。根据《中华人民共和国城镇国有土地使用权出让和转让暂行条例》，各类用地出让的最高年限为：居住用地70年；工业用地50年；教育、科技、文化、卫生、体育用地50年；商业、旅游、娱乐用地40年；综合或其他用地50年。商业用地水电费按商用算，土地使用年限为50年，不可以迁户口。住宅水电费按民用算，土地使用年限为70年。

其中，土地使用性质为"商业用地"或"综合用地"的，可拿房产证办理工商登记，可租给开办公司的客户，但土地使用性质为"住宅"的，就只能作居住物业。

案例

×××大厦位于深圳罗湖区繁华的嘉宾路与和平路的交界处，由深圳××投资有限公司兴建。其业主90%为香港人，大部分在2002年以前便已置业。公开信息显示，深圳××投资有限公司是一家以房地产开发经营为主的公司，年营业额约1亿元。

今年2月，×××大厦开始进行房产产权的初始登记。据悉，很多业主早在2000年前后就购买了×××大厦的房屋，可是由于各种原因，过去几年都没有能办下产权证。后来出现了更为惊人的情况，业主们发现"买下的是商业楼，但办理产权证时却是普通居民住宅"。

有业主表示，当初购买房产时以写字楼的价格购买，价格远比周边普通公寓的价格高。以2002年写字楼10000元/平方米价格计算，高出周边一般住宅超约3000元/平方米。

据悉，商务写字楼的土地出让金是2900元/每平方米，而普通居民住宅是2500元/平方米，该案共涉及4.8万平方米，有业主计算，因为用地性质不同，该开发商共逃避了近2000万元土地出让金。

2. 公寓与普通住宅的区别

公寓普遍的特点是位置属于中心地段，一般以小户型全装修出现，居住人群主要以长住的商务客群为主，具有暂时居住性和工作便利性这种选择趋向，注重公寓便利的位置和准酒店式的居住体验，同时比酒店低的租金。由于带有部分的投资属性，所以小户型，低总价就是很重要的特点。

但也有极个别的是不同的产品，如上海的王子晶品，是大户型超豪华的产品，但是客群只是层次更高，以家庭一起过来居住的长住商务客。这类人群通常只住一年半载的，所以对于酒店式的享受很在乎，同时对于有无燃气供应，水电是否平价并不在乎。

普通住宅，一般是以家庭为单位居住，2居3居为主力，品质档次高低不同。居住人群要看中居住环境、绿化、学校等配套。由于是长期居住，因此要关心物业费，水电费等开支，交通便利也很重要，但是较之商用人群还是有一定容忍度，允许新盘之后再完善相关的生活配套设施。

3. 公寓物业服务特点及要求

(1) 公寓物业服务特点

① 公寓物业要求全方位多项目的服务。物业服务企业除了要提供日常服务项目外，需提供个性化的特约服务，如各种代办服务，中介服务，房屋清洁，钟点服务等，同时要为业主提供全方位的信息服务，如咨询，订票等。

② 公寓物业日常服务的质量要求高。高级公寓的住户对居住条件和环境要求比较高，因此对物业管理企业的管理水平和房屋质量的要求就很高，特别是对保安、保洁和日常服务等方面的要求更是如此。要保证住户安全，进出口设有保安值班岗位，非居住人员不得入内，来客要登记等。实行 24 小时全封闭、智能化和全天候的保安服务及 24 小时及时周到高效的维修服务。努力地为住户创造出一个安全、静雅、优美、温馨的良好生活环境。同时要提供如购物中心、餐饮、洗衣、文化娱乐、代订报纸杂志等项目。

③ 公寓管理服务人员素质要求高。由于公寓入住者有一部分是外籍人士，因此对于入住手续、产权证的办理，投诉的处理都具有涉外性，不少问题要同外事部门共同解决。而对服务人员来讲，此时作为一个国家的形象出现，所以应十分注意仪表态度。作为物业公司来说，公司管理服务要求规范化，各项管理要求制度化。要求员工上岗接待客人服务规范、亲切周到。

(2) 公寓物业服务的要求

① 重视前期的物业管理。公寓物业特别重视前期介入、接管验收、住户入伙三个环节。由于此类物业的质量和配套要求高，且开发商比较重视，早期介入成为普遍重视的工作之一。住户入住工作除了办好一切应办的手续（包括涉外手续）外，要做好签约、制度宣传、清洁、保安等服务。还要热情做好住户接待工作，耐心回答住户提出的所有问题，尽力协助住户解决困难。

② 日常管理服务的重点

a. 房屋和设备保养维修要及时到位；

b. 配套建设要逐步完善；

c. 特约性服务力求项目多，服务全；

d. 保安、消防服务管理措施得当，制度要严；

e. 关注业主和使用者的公共交往。

三、公寓物业服务内容

公寓物业项目的高标准，决定了物业服务水平的高要求，从而适应客户群的需求。所以公寓物业的管理服务要求具备高水准的专业化服务。除了像普通住宅所提供的日常管理外，在物业服务的广度和深度上都有所增加。

1. 双语服务

公寓的一部分客户群为外籍人士，这就要求窗口部门的管理人员不但具有良好的物业管理知识和服务意识，还要具备较高的英语水平，有时甚至还需了解住户国家的风土人情。因为与国内住户有明显不同，外住户不仅对物业管理服务水平要求高，而且还更依赖于物业管理公司，以保持他们来中国后全家生活的安全方便，舒适便捷。

同时，物业管理服务中需要撰写大量的通知、公告及管理文件，也需要较高的英文写作水平。直接面对客户的部门员工掌握简单的口语交谈能力，可减少由于语言不通所带来的工作麻烦，也可产生亲和力。

2. 保安服务

公寓物业的客户群由于其自身的特点，对物业的安全及管理极为重视。公寓物业在建造期间，保安设施的投入也极为重视，设置几道防线确保业主安全。

(1) 周边防越系统：周界安装防越系统，防止人员跨越；

(2) 闭路监控系统：在大堂、楼梯、电梯、出入口及重点监控部位安装闭路监控系统，在做好安全防范的同时，要注意保证业主或客户的个人隐私；

(3) 门禁，可视对讲系统；

(4) 紧急求救系统；

(5) 安保巡逻系统。公寓物业的安保服务可聘请专业的保安公司来负责。

3. 入室保洁、维修服务

公寓物业保洁服务除了日常公共区域的保洁和维修外，对于高档公寓来说，由于是精装修全家电交房,所以还需要提供入室保洁、家居维护和维修服务,因此物业服务企业要成立专业的室内保洁和维修服务队伍,按行业的专业化,酒店的标准化,用户个性化的要求,配备专门的设备器材,选聘专业人才,对从业人员进行高标准指导培训,对使用人提供全天24小时、节假日不中断的服务。

4. 保值增值服务

公寓物业的业主一部分为投资型业主。相比较于居住型业主,他们更关注物业的保值与增值。在租务市场中,客户的去留很大程度上取决于物业管理的质量,物业服务企业的服务水平直接影响到物业经营状况。良好的服务品质是物业稳定收益的前提,是产品的附加值的保证,直接关系到物业今后的租金和收益回报。

物业服务企业的高品质服务能带来不间断的、高租金价位的房客,使投资带来高额回报。所以这就注定了公寓物业的物业服务品质的要求,要比普通住宅高出很多。很多公寓物业聘请对酒店式管理有着丰富经验的物业公司,同时积极与各大酒店预定机构合作,保证客源的稳定。

同时,物业管理公司要组建业主管委会,协调好双方的权益,定期与住户代表开恳谈会,研究管理服务存在的问题,并按住户的合理要求与建议提出改进方案,并以简报的形式下发物业公司各部门,保证贯彻执行。

5. 社区活动

可成立公寓社区俱乐部,除了给住户提供安全舒适的居家生活服务,还需提供高层次的精神文化生活享受。世界上每个国家都有自己与众不同的文化与传统。高档的物业管理要针对各国文化的特点开展有意义的社区活动,增进业主相互了解,同时也可以增进文化交流。

6. 家庭服务中心

服务中心除了日常服务外,根据需要提供叫醒服务;室内清洁服务;家务助理服务;儿童接送服务;洗衣熨衣服务;洗车服务,家用电器及房屋维修服务等。

7. 商务服务中心

可开展有偿商务、复印、传真、咨询、秘书或代订机票、代为叫车等服务。

8. 空房维护

即空房看管。业主居住了一段时间,可能有更新的需要,或业主工作比较忙,流动性相对比较大,有住所重新出租的需求,物业服务企业可针对这一需求对空房间进行重新整理、重新维护,代为出租。

以上服务项目物业服务公司可根据约定,决定有偿或无偿服务。

四、公寓物业的人员组织

公寓物业作为住宅类物业的一种形式,其管理架构与普通物业有类似之处,特别是普通公寓,也叫住宅公寓,所以这类公寓的物业服务机构设置与普通住宅基本一致,只是对人员的素质要求更高,特别是一些高档住宅公寓,推出"一站式"服务,即指定一个窗口部门接受住户的各种要求与投诉,然后再派送各相关部门予以落实完成。这样对人员的综合素质及业务素质要求就非常高。

对于商务公寓或酒店式公寓来说,由于业主多属于投资性质,所以除了日常管理部门外,还要租赁部或市场拓展部等,以增加入住率,从而保障收益。

酒店式公寓根据服务水平要求还会设置礼宾部,负责迎来送往,接待来访等。

对于租赁部人员的要求一般较高,要求大学本科学历,主管要求5年以上相关工作经历,工作人员要求1年左右相关工作经验,有良好的沟通和协调能力,具备市场营销或房地产专业知识。

提高部分

知识目标

掌握公寓物业项目服务市场定位方法;掌握公寓物业项目服务业主群分析定位;掌握公寓物业

项目服务方案策划方法及内容；掌握物业项目服务方案的实施要点。

 技能目标

掌握公寓物业项目服务项目分析及定位方法；掌握公寓物业项目服务方案策划内容。

 走进实训——"做"

项目二 针对某公寓物业项目策划物业服务方案

【实训目标】

1. 结合实际，总结并分析公寓物业的整体概况。
2. 结合实际，能够根据公寓物业定位进行策划并制定物业服务模式、特点和目标。
3. 能够策划适应物业定位的各项服务内容，包括客户服务、安保服务、工程管理、环境管理、综合经营、特约服务等。

【实训内容与要求】

1. 由学生自愿组成小组，每组14～17人。利用业余时间，针对某公寓物业项目进行物业服务方案策划。
2. 在策划之前，每组需通过对公寓物业服务方案策划知识的预习，经过讨论制定策划提纲，具体提纲可参考理论知识中的案例。

走进理论——"学与导"

一、公寓物业项目的市场分析

1. 公寓物业项目典型特点

（1）完善的服务和管理 各类公寓借鉴豪华酒店的服务及管理模式，提供酒店式服务，主要包括家政服务、安全服务、交通服务等，比酒店更进一步的体现出一种家庭式服务，例如24小时送餐、社区聚会、幼儿看护等。酒店服务式公寓更融合了酒店式星级服务和家庭式温馨服务，较普通高档公寓更完善，服务内容更多，更加人性化。

（2）家庭式的居住布局 公寓与普通住宅相比，具备酒店式的硬件，同时提供了家庭式的居住布局。有居家的格局和良好的居住功能，厅、卧室、厨房和卫生间，具备较大的空间，以及比较个人的环境和家居化的家具，再加上酒店式的服务，大大提高生活品质。

（3）目标客业主要为中高端客户。

2. 目前公寓市场需求特点

（1）小户型公寓热销，成为公寓市场的亮点；
（2）大户型豪华公寓受到高收入人士追捧；
（3）中档公寓的特点不突出，难以在激烈的市场竞争中脱颖而出；
（4）投资购买踊跃，个人投资比重逐渐上升；
（5）买房者对公寓的整体素质投以更多关注；
（6）商住公寓的需求依然很大，尤其是在写字楼相对短缺或价格较高的位置。

3. 公寓物业面临的机遇与挑战

（1）建筑质量是基础，管理水平是关键；
（2）人才储备是瓶颈；
（3）经济发展孕育商机；
（4）体制保障保驾护航。

二、公寓物业项目的客户群定位分析

1. 酒店服务式公寓客户群

（1）国内有经济实力的高层管理者，可承担的购房总价在 100～200 万元（人民币，以下相同）。如私营企业主、三资企业中方高级管理人员、各类所有制单位的负责人，其中也包括外地企业家的置业者。

这类客户经济实力雄厚，对于位置优越、大户型高档公寓的需求依然旺盛，对住宅的综合品质要求高，基本是二次、三次置业以改善居住条件。

（2）从海外归来的人士，或有国外生活经历的人士，可承担的购房总价在 100 万元左右。这类客户崇尚自然休闲的居家生活，注重生活品位，看中社区环境，不仅是小区的自然环境、交通环境，更看中人文环境，他们会选择自己喜欢的环境和氛围的项目，既不奢侈也不放弃自己的追求。

（3）中国港、澳、台以及东南亚商人，可承担的购房总价在 200 万元以上。这类客户购房置业一方面是为自住，显示身份地位；另一方面是为投资，为物业的保值增值。黄金位置的高档、豪华公寓以及具有外资背景的开发商开发的公寓项目是他们的首选。

（4）年轻高级白领和中产阶级，可承担的购房总价在 50～100 万元左右。随着经济的快速发展，逐渐形成了一个高学历、高收入，具有生活新观念和较强消费能力的青年群体，如从事金融、保险、证券、通信等行业的年轻白领和律师、会计师等中产阶级。小户型符合年轻购房者低积累、高收入、收入上升预期稳定的经济特点，同时繁忙高效的工作，较大的工作压力，使他们对住宅的配套服务功能提出更高要求，因此他们中意小户型、中高档次的服务式公寓。

（5）外地短期或长期工作的年轻白领，可承担的租金在 2000～5000 元/月。这类客户以租用公寓为主，他们的需求特点将直接影响投资者。他们希望租用临近工作地点，周围配套设施完善，靠近繁华商业区的小户型中档公寓。同时对于投资型客户，小户型公寓的首付低、回报快，易出租，成为大多数投资者的需求指向。

（6）外资公司的外籍雇员，可承担的租金在 5000 元/月以上。外籍雇员会根据公司给予的住房预算来安排自己的住房，他们仍以租用服务式公寓为主。

2. 商务公寓客户群

商务公寓客户群主要集小型文化、商贸、咨询服务公司和自由职业者人群，可承担的购房总价在 100 万元以上。

小型企业在创业初期缺乏资金，主要从事脑力劳动，同时企业性质及规模也不需要大面积工作间，购买商住公寓符合他们的需求特点。临近商贸区，交通便利的商住公寓是这类客户的首选。

三、公寓物业项目的服务策划案例

1. 物业项目概述

××公寓的×××首席酒店式服务公寓；项目总建筑面积近 5 万 m²，总高 32 层，5 部电梯，其中景观电梯两部；精致星级小户型，42～66m² 简约一室、72m² 时尚二室、93m² 风景三室 10 种，人性、多样化实用户型。

全新居住理念吸引忙中偷闲的您，引领住宅革命。本案东邻××大街西安主动脉，南接明德门商圈，西临百亩广场，北靠城南客运站，交通便利，地理位置优越；做到 1 分钟出行、2 分钟休闲、3 分钟购物、4 分钟教育；是××地产精心打造的高档酒店式服务公寓。

2. 本项目物业服务的定位

（1）本项目业主对物业服务的要求

① 本项目业主对物业服务的基本要求。本项目的物业主要为居住类物业，故此要求物业服务具备以下功能：

a. 维护与维修。即对物业维护和维修，对日常使用环境和生活、工作秩序的维护。

b. 组织和协调。对日常相关物管及社区活动进行组织和协调，对业主之间及业主与开发商、物业公司的交流进行组织和协调。

c. 经营和管理。对物业的使用、出租、出售进行经营，对客户档案和物业档案进行管理；展开相应的物业服务经营活动。

d. 服务。向业主和住户提供必要的各类生活服务、增值服务及商务服务。
　　② 本项目业主对物业服务的特殊要求。除了对物业服务基本常规的要求外，本项目还对物业服务提出了一些特殊要求。主要有：
　　a. 在销售期中为销售工作提供相关的配合性服务；
　　b. 在项目其中配合提供物业服务文件和法律文书；
　　c. 在销售期中向客户展示项目物业管理水平，配合提升项目品质。
　　(2) 本项目物业服务的定位
　　① 本项目物业服务档次。本项目物业服务的主要客户群为收入较高的人群，由未来可能的使用者可以看出，其对物业管理在服务水平和服务质量各方面均有较高要求，故此物业管理不能以一种常规的水平来要求，而是要求有一定的品牌性。
　　② 本项目物业管理形式。采用公寓化的管理模式，提供人车分流的地下车库、24小时保安、服务区监控系统、保证了居住与出行安全。同时采用优质的酒店式服务，配备五星级酒店大堂、光纤入户、24小时便利店、洗衣店、咖啡厅、茶秀、餐厅、集成终端服务系统等设施，还为客户提供24小时秘书、24小时上门维修、订餐送餐等服务，一切均为给您提供一个温馨舒适的生活环境。
　　③ 本项目物业管理的定位。按照以上要求本项目物业管理定位应该是复合式高档物业管理。
　　3. 本项目物业服务的总思路
　　本项目物业服务的总思路是：全程介入，系统动作，有机衔接。借用品牌服务提升档次，以服务促品牌，以品牌带动服务。整个物业服务体系的核心在于：以品牌奠定基础，促进销售，带动服务，高水平服务和高效益经营互动，最终强化品牌，获得利润。
　　4. 本项目物业服务体系的建立
　　(1) 本项目物业服务的模式构想。按照物业服务的总思路，结合本实际和物业服务运作的要求，提出本项目物业管理基本模式为：引入品牌，委托管理，专业化动作，全程式服务。以品牌促进销售、以经营支撑服务，以服务增进经营。
　　(2) 本项目物业服务的组织构架。本项目物业虽然服务的物业规模不大，但物业服务的内容广，品质要求高，因此本项目物业管理的组织构架较为特殊。
　　① 基本组织机构建立的模式。本项目根据以上实际运作要求和运作模式要求适合于直线职能模式。
　　② 项目物业服务各部门工作职责及人员结构
　　a. 品牌物业顾问。由品牌物业管理及酒店经营管理公司委派资深顾问担任。主要职责为定期分析客户群所提供的经营状况报告，不定期地抽查各部门的工作，并根据最终结果向总经理提交根本任务评价书及建议书。品牌物业顾问也直接接受总经理及客户部经理的咨询。该部门一般需1~2名资深顾问。
　　b. 客户部。主要负责对本项目物业的客户档案管理，负责处理客户的咨询及投诉，解决客户提出的各种问题，并下达各部门落实。负责信息的收集与反馈。设置主管1名，工作人员5~6名，主要在前台及迎宾工作。
　　c. 工程部。主要是执行本项目物业及设施的维护、保养和维修任务，直接接受物管部经理领导。该部门设主管1人，水电、土建、机电、空调暖通等专业工人，每个工种1~2人。
　　d. 绿化保洁部。主要负责本项目公用、共用部位绿化，环境卫生的清洁和保洁，直接接受物管部经理领导。该部门设主管1人，保洁员7~8人，绿化人员1~2人。
　　e. 保安部。主要对本项目物业日常秩序进行维护，负责项目业主及使用者的生命及财产安全，并对周围影响楼区生活的噪声及设施清除，直接接受物管部经理领导。该部门设主管1人，安保人员7~8人。
　　f. 商业部。主要负责对项目在交房后对物业进行招商和出租，空置物业及客户档案的建立及管理，直接接受经营部经理领导。设工作人员1~2名。

g. 多经部。负责本项目在交房后对有偿服务项目的实施，如家政、装修、商务秘书、维修等，接受经营部主管领导。设工作人员2名。

h. 财务部。主要负责本项目的管理运行日常财务工作，同时负责经营部的财务手续办理。直接接受总经理领导。部门设置会计1人，出纳1人。

(3) 本项目的物业运作条件

① 在销售现场提供物业管理场所；

② 明确本项目定位以制定前期物业管理服务协议；

③ 一定数量的启动资金；

④ 明确后期物业管理制作方案。

5. 物业服务介入时机和介入方式

(1) 本项目物业服务介入时机。物业管理前期介入，可以把物业服务公司自身积累的一些物业设计、管理及专业经验融入到项目的设计中去，这样可以弥补物业开发中的各种缺陷，进一步满足业主的需求，使难点提前得到妥善解决。还可以全面了解物业，并为以后的管理做好准备。为了提高项目质量，打造良好的楼盘品牌，物业管理在项目开发前期及销售期就介入，让消费者真切感受到开发商对物业服务的重视。

(2) 本项目物业服务介入方式。物业服务在项目开发前期介入，介入方式大致分为3种：一是在现场销售中，销售人员对客户的接待服务；二是保安服务；三是提供专门关于物业的咨询台。

6. 常规服务和特约服务

(1) 常规服务。客户交纳物业服务费后，所享受的服务包括：清洁卫生、安全保卫、房屋维修、房屋管理、电梯升降、报刊发放和文件传递。

(2) 特约服务。为了提升本项目物业服务品质，物业公司多经部开展一些有偿服务，如餐饮、商务办公、家电维护、家政助理、装修、儿童接送、医疗保健等服务。

7. 本项目物业服务运行成本收益估算

(1) 物业服务运行成本。可参考下表。

项目名称	金额	备注
物业公司人员年工资总支出	（略）	人员共____名，其中高级管理人员____名，一般管理人员____名，员工____1名
物业公司人员年资金总支出		年工资总支出的20%～30%
物业管理及福利总支出		总人数乘以____元
服务运行成本		总户数____户，以____元/(户·月)支出
合计		

(2) 收益计算（略）。

项目名称	金额	备注
物业管理费	（略）	总户数____户，按每月____元/平方米收取
车位出租费		总车位____个，按____%出租，按____元/(车位·月)收取
一层商铺出租费		一层商铺按____%出租，按____元/平方米收取租金
二层商铺出租费		二层商铺按____%出租，按____元/平方米收取租金
合计		

(3) 利润计算（略）。

利润＝收入－物业管理运行成本

第三节　别墅物业项目服务方案策划及其执行

知识目标
了解别墅物业项目的定义及特点；掌握别墅物业的项目定位及管理目标；掌握别墅物业管理要求；掌握别墅物业服务的内容；掌握别墅物业人员的组织与管理。

技能目标
掌握别墅物业的项目定位及定位方法；掌握别墅物业的管理要求。

 走进实训——"做"

项目一　项目现场考察

【实训目标】
1. 结合实际，使学生掌握物业考察方法，能够根据别墅物业的特点，全面获取物业信息。
2. 能够进行考察任务分析，作出考察计划、设计考察问卷。

【实训内容与要求】
1. 由学生自愿组成小组，每组14～17人。利用业余时间，对某住宅物业进行现场考察。
2. 在调查与访问之前，每组需通过对别墅物业项目服务知识的预习，并经过讨论制定调查访问提纲，包括考察目的及具体时间表安排。通过物业现场考察向物业公司工作人员、别墅业主等获取详细物业信息，具体可参考下列问题：
（1）物业基本概况，别墅业主定位，业主构成；
（2）别墅物业服务企业管理机构及管理人员组织；
（3）别墅物业客户中心设置及服务内容；
（4）别墅安保设施及安保服务状况；
（5）别墅物业设施设备种类及运行、维护、管理资料；
（6）别墅物业保洁服务内容与管理，别墅业主评价等；
（7）别墅物业会所经营情况。

【成果与检测】
1. 每人写出一份别墅物业服务项目实施报告。
2. 调查访问结束后，组织一次课堂交流与讨论。
3. 以小组为单位，分别由组长和每个成员根据各成员在调研与讨论中的表现进行评估打分。
4. 由教师根据各成员的调研报告与在讨论中的表现分别评估打分。
5. 将上述诸项评估得分综合为本次实训成绩。

 走进理论——"学与导"

一、别墅物业的含义

1. 别墅物业的定义

居住类物业分为：一般住宅、公寓、别墅三种。与普通住宅相比较而言，别墅有着更大的居住面积和优美的环境，从建筑档次和管理定位上都属于最高档次的住宅。别墅住宅随市场经济的发展日益增长，成为房地产业的"宠儿"，备受消费者青睐。因此对别墅的管理也成为物业服务企业的一个重要课题。

"别墅"现代汉语所给定义为：在郊区和风景区建造的供休养用的园林住宅，中国古代称别业、别馆。所谓"别"的意思就是第二，"墅"就是野外的房子，"别墅"就是另外的房子，也就是第二居所。在中国的传统建筑中，别墅多数表现为私家园林。

当今常说的"别墅"的含义与书上的定义已大不相同。目前，作为一种建筑形式，国家对别墅并没有出台明确的法律定义，国土资源部关于别墅的界定是指独门独院、两至三层楼形式。这与市场上独栋别墅的概念是一致的。除此之外，以别墅名义出现的物业还有以下几种。

（1）联排别墅。又称 Townhouse，有天有地，独门独院，设有 1 至 2 个车位，还有地下室。它一般由几幢小于三层的单户别墅并联组成，每几个单元共用外墙。有统一的平面设计和独立的门户。建筑面积一般是每户 250 平方米左右。

Townhouse 别墅比较注重绿化、水系、空间感，交通比较方便，价位较低，为中产阶级中上层人士及新贵阶层度身定造。

（2）双拼（毗邻）别墅。双拼（毗邻）别墅是联排别墅与独栋别墅之间的中间产品，由两个单元的别墅拼联组成的单栋别墅。在美国被叫作"Two family house"，直译为两个家庭的别墅。双拼别墅往往出现在低密度社区，采光面增加，通风性强，室外空间比较宽阔。低层小楼加上私家花园，相对独立，特殊的建筑形式不同于独栋、联排兵营式的社区排列。

（3）叠加别墅。它是 Townhouse 的叠拼式的一种延伸，也有点像复式户型的一种改良，叠加式别墅介于别墅与公寓之间，是由多层的别墅式复式住宅上下叠加在一起组合而成。一般有四至七层，由每单元二至三层的别墅户型上下叠加而成，这种开间与联排别墅相比，独立面造型可丰富一些，同时一定程度上克服了联排别墅窄进深的缺点。

从以上看来，我国目前的别墅实际上涵盖了国外的两种物业类型：一种是 HOUSE，一种是 VILLA。如果直译过来，HOUSE 应该是"房子、住宅"；而 VILLA 才应当是"别墅"。事实上，我们国内目前房地产市场中所销售的大部分别墅，并不是 VILLA，而是 HOUSE。那么，如何区分 VILLA 和 HOUSE 呢？简单地说，VILLA 是 SECONDHOME，即第二居所；而 HOUSE 则是第一居所，是一个家。如果从用途上细分，那么，HOUSE 是生活型别墅，就是把别墅作为第一居所需求。这类别墅一般面积适中，交通便利，适合少量经营实体或贸易人，从事金融、证券、保险业的高收入人士。VILLA 是度假型别墅，购买这类别墅的人基本上有两套房，一套在市区，一套在郊区。这类别墅适合人群比较散，既有私营企业老板，也有文化界成功人士，还有持外国护照的内地做生意的华人等。在用途上，除了以上两种类型外，常见的别墅类型还有以下三种。

出租性别墅：这类别墅价格较高，环境优美，管理水平高，一般出租价格不低，很适合投资，租客大都是外资企业的高级职员或高层管理人员。

经营性别墅：是在旅游风景区或度假区建造的带有经营性质的别墅。一般来说，别墅不仅仅是度假区的一个组成部分，还有如酒店、娱乐设施等相关营业性配套建筑共同组成，而且，通常不公开出售，每栋不分割产权。

商住型别墅：一般是一个大公司把一栋别墅买下来自用，既有了花园式的办公环境，又有了高级管理人员的寓所。

2. 别墅物业的特点

各类别墅虽然建筑形式不同，用途各异，但既然称之为别墅，必有其共同之处。

（1）环境优美。别墅造型外观雅致美观，庭院视野宽阔，花园树茂草盛，有较大绿地。有的依山傍水，景观宜人，使住户能享受大自然之美，有心旷神怡之感，所以对物业的环境管理要求较高。

别墅是满足人们对高端住宅的需求，购买别墅的人群大多为二次置业，他们重视生活品质、偏爱自然环境，别墅要与自然融于一体，在设计上以休闲、大气、舒适为主，空间分割上，功能区界线明确，生活设施齐备。而普通住宅用于满足人们"安居"的愿望，住宅结构较为简单，所以设计以实用为主，要求面积适中，空间设计实用率高。另外，别墅住宅强调"地平线的生活"，即生活空间向地面层集中，并尽量保证地面层室内外生活空间的私密性。别墅属于低密度，低容积率的住宅，别墅住宅的间距应在 6 米以上，利用树木绿篱等元素提高私密性；使相邻住宅开窗的错位更明显，以提高私密性。人们选择别墅，也就是选择了一种新的生活方式。

（2）住户层次较高。别墅的业主或使用人大多是经济实力较强，有较高收入的人群，或是外企高层管理人员及外事单位人员等。这一部分人群中的多数是文化层次和社会经济地位较高，对居住条件和居住环境比较讲究，自然对物业管理和服务要求高。

（3）物业服务品质要求高。别墅的业主或使用人对生活品质要求较高，物业必须从高标准、严要求出发，提供高品质的服务。特别是消防安保、环境绿化及多种项目服务方面要有可靠的保证。如别墅物业绿化用地与占地面积的比例不低于 1∶1，各建筑之间距离大，道路宽阔，要求环境优美并且富于个性，绿地无杂物、杂草，人行道和机动车道无损坏。园林绿化区域的设计，在风格上需与别墅的建筑相符，在绿化养护上要保持四季常青，造型整齐有序，怡养心性。另外在安保管理模式上要实行封闭式管理，在特约服务的选择上要根据业主的特点提供有针对性的服务等。

（4）物业管理收费标准高。高档住宅及别墅的物业服务收费标准按优质优价的标准来制定，一般是由委托方与受托方共同协商确定，一般收费较高，以北京为例，物业管理费一般是每月每平方米人民币 16～40 元。

二、别墅物业管理的要求

1. 保护别墅区整体规划的完整性

别墅项目的建筑在建设方面独具特色，无论是联排式别墅还是独栋别墅，都有自己的建筑风格，如美式别墅，注重建筑细节、有古典情怀、外观简洁大方，融合多种风情于一体的特点；对于中式别墅，四合院和园林宅院是中国文化融合的表现，它既很好地保持了传统建筑的精髓，又有效地融合了现代建筑元素与现代设计因素。管理别墅区的物业管理企业，应按照规划设计的要求保护区内整体的建筑风格和特点。

注：这一点对物业服务企业是比较困难的，因为很多业主认为自己买下了别墅，就对别墅及附送的花园拥有绝对的处置权，可以随意进行改造。但事实上住户只享有花园的使用权，并不能随意对花园内的建筑或环境进行随意改造。尤其是物业周围的绿地更是不可侵占的。

在业主入住时，物业服务企业应与业主签订《物业管理公约》，并在《物业管理公约》上双方明确约定："禁止未经政府有关部门、管委会、物业管理公司批准，擅自改动房屋结构、外貌、外墙颜色、设计用途功能及增建其他建筑物等"，并要求业主参照执行。

案例

位于西四环四季青桥附近的某别墅区，近日由物业和部分业主联合发起"拯救我们的家园"整治违章搭建行动。该小区由于长期缺乏有效制约管理，一半以上的业主私自改扩建自家房屋现象极其严重。在阳台上加盖阳光房，占用公共绿地现象非常普遍。更有甚者，甚至将原有房屋除主框架外全部拆除，以原有房屋面积的数倍乃至 10 倍重新"盖房"；颇有创造性和艺术感建造出古典风格亭台楼阁或罗马式城堡建筑，种种大胆"构思"令人瞠目结舌。违章业主与物业之间摩擦不断，一直无法有效解决矛盾。

【解析】律师说法：业主购买联排或独栋别墅，通常就所购房屋会取得房屋所有权证，由此也一并取得房屋所占土地的土地使用权，另就院落土地，有的业主已取得土地使用权证，有的可能未取得，但即使未取得的，通常买房时开发商是将围栏内院落一并卖给业主的。由此，业主认为既然所购房屋和院落属于自己所有，自己就有完全、自由的处分权，因此出现了别墅业主在院落范围内加盖房屋、大面积改造房屋或甚至推倒原房屋重盖的情况。

对此，律师认为：一方面业主对合法拥有的房屋所有权和土地使用权享有相应物权，业主有权在法律范围内进行使用和处分，也有权排除开发商或他人的侵害，这一点随《物权法》的颁布实施已比较深入人心。但另一方面，业主行使物权不是也不可能是随心所欲任意为之的，任何权利的行使都应当是在法律许可范围内的。比如加盖房屋，首先要受到土地使用权性质的约束，不是所有的土地使用权都可以用于修建房屋；其次，修建房屋需要取得规划、建设部门的批准，否则是违法建筑应予以拆除。改造房屋如涉及房屋主体及安全性等问题，也是需要设计、审批等手续。有关管理部门也应建立健全对别墅增改建的报批程序，从法规上约束以己利益出发的短视者，以确保大多数别墅居住者应享有的生活品质。

建筑是有统一规划的，只有符合法定手续的建筑物才受法律保护。总之，权利的行使不是任意的，如果超出法律范围，其将损害他人和社会公共利益，最终个人利益也会受到损害。

2. 别墅养护和设备设施的维修工作

按照国际标准的管理要求，对别墅区每隔 5～7 年就要进行一次装修，更新设施，以保持全新面貌。对社区内的设施设备进行保养和维护，保证设备设施的良性运行，有问题及时检修，要做到下面两点。

（1）物业服务人员在确保别墅区设备设施正常运行外，对住户房屋及设备、设施的报修要及时快速进行处理，随请随到，马上就办，并做到保质保量。针对这一要求，很多别墅物业服务企业推出管家式服务、一对一服务等，确保业主 24 小时专人服务，有问题及时解决。

（2）管理维修部门应当 24 小时有人值班，以保证随报随修，及时排除各种故障，确保不影响住户的正常生活秩序，并严格按收费标准收取费用。

3. 消防与保安工作

对于别墅区的管理，应具有高度的私密性、安全性和技术性。加强消防与保安管理工作，实行封闭式管理，建立一套治安防范应急反应系统，以人防和技防相结合，利用先进的安防设施设备对社区周边、出入口、车库、公共场所、重点区域进行 24 小时全面巡逻、全面监控；对来访客人，要在电话里征得住户的同意后，方可放人。要采取一切有效措施，确保住户的人身安全和财产安全。

在做好以上工作时，要特别注意避免过多的盘问、烦琐的登记、严格的控制，有时会使业主丧失住宅舒适和方便的感觉，取而代之的是麻烦和约束，壁垒森严的感觉。如何做好安全又方便，这是安保部门在实施安保服务时要特别注意的问题。

4. 环境管理工作

别墅区的环境管理的重点就在于园林绿化和养护，小区内实现一年四季常青，提高生态环境质量。绿化设计营造与建筑风格融为一体，相得益彰，尽量营造一个花香鸟语、温馨和谐的居住环境。在搞好环境绿化的同时，清洁卫生也是确保环境质量的一个重要方面。生活垃圾要及时清运，道路、庭院以及草丛中的垃圾要及时清除。此外，别墅区内要设置明显的交通标志，实行车辆的限速行驶及禁止鸣号的规定。别墅区内的车辆应是定点停放，有车库的要入库停车，禁止乱停乱放。

5. 全方位多项目服务

为了方便住户的工作和生活，物业管理企业要在保证设备设施安全正常运行、卫生保洁达到标准要求、礼貌服务符合规定标准的前提下，尽量满足业主的各种要求，物业服务人员一定要本着业主至上，服务第一的工作精神，主动地和业主交朋友，了解他们的需求，有针对性地开展特约服务，如入室保洁、儿童接送、老人护理等。另外，物业服务企业可以开展一些经营性服务，满足业主休闲、娱乐、会谈、健身等需求。

三、别墅物业服务内容

别墅从建筑形式上来说，属于居住类物业中最高档次。业主们的高投资，希望的是拥有高品质的生活，物业服务的内容与水准是决定高品质生活能否真正实现。别墅物业服务的基本内容与普通住宅物业相同，但作为高端物业，别墅物业服务的品质要求更高，并且重视业主的个性化需求，所以除了常规的建筑物、设备维护，安保服务，绿化保洁外，别墅物业还要做好以下工作。

1. 社区活动开展

别墅建筑间距大、道路宽、人口密度小，造成了人与人之间情感沟通的不畅。积极开展各项社区活动可以增加业主与业主之间情感交流，同时也可增加业主与物业服务企业间的情感联系。社区活动的组织形式，也代表了别墅群的一种文化，可根据业主群的定位不同，开展具有特点的活动，如中式的中秋赏月活动，冬至主题活动等，西式的圣诞派对，万圣节活动，化装舞会等。具体活动形式大致有如下几种。

（1）展览类活动。如摄影展览、书画展览、业主家庭装潢设计图片展览、家庭盆景展览、家庭插花展览等。如果业主有一专项收藏者，还可举行个人收藏展等。

（2）比赛类活动。如拔河比赛，篮球、排球比赛，亲子运动比赛，家庭烹饪比赛等。

（3）游戏类活动。该类活动趣味性、娱乐性较强，如蒙眼绑腿踩气球，全家接力游戏等。

（4）表演类活动。该类活动一般以节日联欢会形式举行（可以公众节日，也可以以物业的名义定义自己的节日），组织社区内有文艺专长和爱好的居民参加演出，节目形式多样，器乐、声乐、舞蹈、小品、戏剧、朗诵等。

（5）学习类活动。这类活动主要指各种经常性的带有技艺性的，能寓教于乐的文化活动，如社区组织的烹饪学习班、花卉园艺班、老年合唱团等。

2. 特约服务

别墅物业的业主大多对生活品质要求高，对物业服务质量要求高，尤其特约服务要求全面、周到、严格。物业服务企业应精心策划服务内容，为业主提供优质的生活服务。

（1）私家花园的养护。别墅业主早出晚归，生活节奏较快，一般也无暇照料自家花园，这就有必要由物业服务企业来对私家花园统一进行日常浇灌，修剪，清理，养护等，以保持植物的良好生长和枝叶繁茂，以及社区环境的优美和统一。

（2）代办代购服务。别墅区多位于郊区，生活设施成熟度不及市区，难免会给业主带来不便。代办代购服务则可以帮助业主解决问题。如代请保姆、家教，代办订购车票、机票，代购零星小件物品，提供净菜服务。这些代办服务为业主提供便利。

（3）小区邮政代理。如挂号信件，包裹邮寄等。

（4）定时定点班车。物业服务企业可经营别墅专线车。定时定点发车，为业主出行，子女上学提供便利。

（5）医疗保健室。为业主提供基本简单的医疗保健服务，设置家庭病房，上门服务，护送危重病人去医院，及时进行现场急救，为患者生命争取时间等。

（6）小型超市。别墅区内必须设置一家小型超市，以满足业主的基本生活需求。

（7）洗车服务。别墅业主大多有汽车，物业服务企业可提供全天候的洗车服务。

（8）租赁代管服务。物业服务企业可接受业主房屋租赁和空房代管的委托，保证物业的保值增值。

（9）代办宴会，庆典等。

四、别墅物业的人员组织

别墅物业作为住宅类物业的一种形式，其管理架构与普通物业有类似之处，但是对人员的素质要求更高，特别是中高级人员的管理水平要很高，需具备非常广的知识面，如物业知识，管理知识，服务意识以及建筑风水方面的知识等。

提高部分

知识目标

掌握别墅物业项目服务方案策划方法及内容；掌握物业项目服务方案的实施要点。

技能目标

掌握别墅物业项目服务项目分析及定位方法；掌握别墅物业项目服务方案策划内容。

 走进实训——"做"

项目二　针对某别墅物业项目策划物业服务方案

【实训目标】

1. 结合实际，总结并分析别墅物业的整体概况。
2. 结合实际，能够根据别墅物业定位进行策划并制定物业服务模式、特点和目标。
3. 能够策划适应物业定位的各项服务内容，包括客户服务、安保服务、工程管理、环境管理、综合经营、特约服务等。

【实训内容与要求】

1. 由学生自愿组成小组，每组 14~17 人。利用业余时间，针对某别墅物业项目进行物业服务方案策划。
2. 在策划之前，每组需通过对别墅物业服务方案策划知识的预习，经过讨论制定策划提纲，具体提纲可参考理论知识中的案例。

 走进理论——"学与导"

一、别墅物业服务方案制作要求

1. 基本要求

不同特点、不同性质、不同档次的居住类物业，物业管理方案会有很大区别，但基本上遵循以下要点。

(1) 根据物业项目的总体定位，业主群体特征，确定物业服务档次；

(2) 确定服务模式，服务标准，提出服务承诺和具体指标；

(3) 根据开发计划，施工进度，确定前期介入时机，接管计划；

(4) 根据服务模式，服务标准及承诺，确定组织架构，人员配备，编制岗位责任制；

(5) 根据物业环境分析，定位分析，规划配套等，制订有针对性的日常管理措施；

(6) 编制费用测算，确定服务收费标准。

2. 特殊要求

针对别墅物业的特点，突出体现别墅物业服务的要点。

(1) 环境管理。要求物业服务能维护规划建设的整体性。定期进行检查维修，通过《物业管理公约》的约束和宣传教育，禁止业主随意改动房屋结构或乱搭乱建行为，保证业主居住环境及居住安全。

(2) 卫生绿化管理。加强社区内绿化养护，保持绿化与建筑风格相一致，做到四季常青，造型优美。派专业人员管理绿化环境。定时对物业区域内的公共场所进行清扫保洁，及时清运垃圾，并对公共区域进行清洁消毒。

(3) 安保管理。别墅物业建筑物间距大，空间区域大，安全隐患多，同时业主财富较多，生活私密性要求高，所以别墅物业的安保服务尤其重要。采取人防、技防、物防相结合的方式，确保业主的正常生活秩序和生命财产安全。

(4) 设施设备管理。设施设备的维护维修要及时高效，返修率低，如有停水停电等要及时通知，做好应急准备。

(5) 人员培训。别墅物业对人员素质要求高，服务品质好。所以要做好人员的培训工作，尤其是服务意识及相关知识水平的培训。

(6) 优质生活服务。为方便业主生活开展各种特约服务。

二、别墅物业服务方案策划案例

1. 项目概述

(1) 项目基本情况。该物业属于外销别墅型住宅小区。占地面积55388平方米，建筑总面积26335平方米，由双环型的88栋独立式花园别墅组成。共有8种房型，建筑面积由226平方米至530平方米不等，另有服务中心建筑一幢。

(2) 项目环境及配套。地处上海十大景观之一的古北新区，其环境优美、氛围优雅、交通便利。

(3) 居住人群分析。作为较具规模的高档别墅区，别墅区内居住着中国、日本、新加坡、印度、马来西亚、英国、美国、丹麦等多个国家的人士。各色人种融汇各方风情，身份也上至领事下至主妇。

2. 物业管理服务模式

(1) 模式选择。个性化服务。

(2) 特色。管理部工作由部门经理统一调配，下设行政组，维修组，保洁组和保安中队，共设35名员工，全天24小时为住户提供力求完善、周到的服务。

独立花园别墅是该物业的特色，每一幢、每一户即为一个相对独立的物业，各业主、使用人又具有不同的文化背景。因此，管理部在提供服务的同时强调个性化，最大程度地满足每一位业主、使用人的合理要求。在物业管理的方法上兼容吸引国外物业管理先进经验和国内物业的管理实际情况，力求将综合性的全方位服务和系统性的专业化管理有机地结合在一起。

3. 管理方案的实施

(1) 物业处筹备

① 人员素质及要求（略）；

② 人员分配表（略）；

③ 上岗人员技能培训（略）。

④ 物资装备（略）

a. 管理用房。物业管理用房_____平方米；员工用房（员工宿舍、休息室、员工餐厅）_____平方米。

b. 工具、设施的配备（略）。

(2) 物业管理服务项目分类

① 常规性公共服务。物业处履行物业管理合同，为全体业主提供的经常性服务，是所有辖区内业主都可以享受到的。它贯穿于物业管理之中。如：清洁卫生服务、治安保卫服务、维修居住区环境服务等。将以专业、细微、优质的服务提供给业主。

② 委托性特约服务。将以物业专业的服务为业主提供舒适便利的生活环境。

③ 经营性多种服务。通过向业主提供高效、多样的"贴心"服务，形成温馨、和谐的社区环境，营造一种悠闲、便捷的生活。真正从业主的日常生活细节考虑，以点点滴滴的积累和平凡的小事，体现管家式服务的全面性和专业性。

特色贴心服务列表（略）。

特约贴心服务列表（略）。

(3) 常规性公共服务管理。治安、消防、车辆管理工作是别墅区内重点管理工作之一。采取内外互防的管理方式对所辖物业区域的治安和消防、车辆工作进行全面的管理。

① 安全管理服务。安全管理是为了保障所管物业区域内正常生活工作秩序，为业主营造一种安全、无干扰的生活环境。

a. 安全管理内容

（a）负责维护辖区内部治安秩序，预防和查处治安事故；

（b）维护区域内车辆及来往人员的管理；

（c）实行封闭式 24 小时保安制度，突发事件第一时间到达现场。

b. 安全管理实施措施

（a）实施"半军事化"管理，实施住宿和 24 小时备班制，建立业务、绩效考核与工资晋升挂钩，实现 10%的淘汰率，保证保安人员的高素质和战斗力；

（b）落实保安各岗位职责、管理制度；

（c）明确责任区域及重点部位，实行分片管理同时定岗与巡查相结合的辖区式管理；

（d）实行 24 小时保安巡逻制度，各项记录完整；

（e）利用智能化技术安全防范的方法与人防有机结合；

（f）根据各管理阶段的情况，制定相应的管理方法及工作重点；

（g）制定突发事件处理程序，具备处理能力。

② 消防管理。对消防工作实施管理，预防物业火灾的发生。最大限度地减少火灾损失，为住户的生活提供安全的环境，保护小区业主、住户的人身和财产安全。

消防管理的主要内容：

a. 保安部内设置专职负责管理，并做好义务消防队的建立和培训工作。

b. 防火档案制度。建立防火档案对火险隐患、设备状况（位置、功能、状态等）、重点消防部位、前期消防工作概况等都要记录在案，以备随时查阅。还要根据档案记载的前期消防概况，定期进行研究，不断提高防火、灭火的水平和效率。

c. 消防岗位责任制度。建立各级负责的逐级防火岗位责任制，从经理到员工，都对消防负有一定的责任。

d. 定期进行消防安全检查制度，各种记录完整。

e. 兼职消防员的定期训练和演习制度。

f. 管理好区域内设施、设备，通过对各种消防设备设施的保养与维修，保持消防设备设施的完好，专业合格状态。以多种宣传形式提高区内住户消防意识。

③ 车辆交通管理。对小区内各类车辆（汽车、摩托车、自行车等）进出、行驶、停泊实施管理工作，确保车辆安全、交通畅通、组织有序，停放整齐，创造优美的辖区环境。

车辆交通管理实施措施：

a. 车辆分类管理：按照车辆类型分为汽车、摩托车、自行车管理，其中摩托车、自行车分区域存放，汽车存入专用车库及指定的道路停放；

b. 小区保安有效组织车流和车辆停放；

c. 车凭 IC 卡，经电脑读卡进入小区；

d. 往来人员及车辆进出由出入口保安员明确来访人员的身份或得到业主确认后引领车辆停放指定地点（区域外），并进行登记，同时通知内保人员引领来访人员进入小区，经业主再次确认后，保安方可离去。如业主不在或业主不愿接见访客，保安员将劝其离开。

④ 环境卫生管理。环境卫生管理是对房屋公共部位的清洁、卫生、垃圾的收集清运，达到环卫设施齐全，实行标准化清扫保洁，垃圾日清，按计划消毒、灭鼠、灭虫。通过对小区的清洁卫生、区域管理的过程控制，确保向住户提供高档次的服务水准及高质量的生活场所。

a. 制定作业指导书

(a) 清洁工管理规定；
(b) 清洁工卫生区域划分表；
(c) 主管巡检制度。
b. 管理方法
(a) 清洁工必须着装上岗，规范作业。根据《清洁工作作业指导书》，进行日常的清洁工作。
(b) 管家部主管按照《清洁工作质量标准作业规程》的规定，对所辖区域卫生状况进行全面的巡视检查，每天不少于2次。发现问题及时对相关人员予以纠正，并在《日常工作检查记录表》上做好记录。作为对清洁工的工作结果评定依据。
(c) 管家部根据《卫生消杀管理标准作业规程》对消杀的实施过程进行控制。每月不少于2次检查小区的虫鼠情况，详细记录填写《保洁消杀工作记录表》，每月抽查消杀施工记录，落实消杀次数和监控消杀效果。
(d) 健全各项记录。
c. 保洁各项服务标准
(a) 道路的清洁标准：目视地面无杂物、积水、无明显污渍、泥沙；道路、人行道无污渍、每200平方米痰迹控制在1个以内；行人路面干净无浮尘、无杂物、垃圾和痰渍；路面垃圾滞留时间不能超过10分钟。
(b) 广场、花园的清洁标准：地面洁净无积尘、无污渍、无垃圾；花坛外表洁净无污渍；广场、花园里的垃圾滞留时间不能超过15分钟。
(c) 绿化带的清洁标准：目视绿化带无明显垃圾、落叶、漂浮物；每100平方米烟头控制在1个以内；花坛外表洁净无污渍。
(d) 人工湖的保洁（略）。
(e) 游乐设施清洁标准（略）。
(f) 路灯的保洁（略）。
(g) 雕塑装饰物、标识、宣传牌的清洁（略）。
(h) 楼顶（露台）的清洁（略）。
(i) 果皮箱的清洁（略）。
(j) 信报箱的清洁（略）。
(k) 监控探头（略）。
(l) 楼梯间的保洁（略）。
⑤ 共用设施、设备的管理（略）。
⑥ 共用设施和附属建筑物、构筑物的养护和管理（略）。
⑦ 智能化设施设备（略）。
4. 管理费用测算（略）

第六章 商业物业服务方案策划及其执行

商业物业主要包含两个主要大类,一类是写字楼,一类是工业物业。商业物业服务主要通过经营、管理、服务达到提高其品牌价值,以带来价值增值,从而获得利益。本章主要阐述相关内容。

第一节 写字楼物业项目服务方案策划及其执行

知识目标

掌握写字楼的含义;理解写字楼物业的分类标准及其分类;掌握写字楼物业的特点。

技能目标

理解并能辨别何谓写字楼物业;理解并能对写字楼物业进行分类。

 走进实训——"做"

项目一 调查与访问——学校周边的某一大型写字楼

【实训目标】

1. 结合实际,加深对写字楼的感性认识与理解。
2. 初步养成市场调研的能力以及习惯,能设计符合目的要求的调研方案。

【实训内容与要求】

1. 由学生自愿组成小组,每组10~15人。利用业余时间,选择1~2个学校所在地周边地区的写字楼物业进行调查与访问。
2. 在调查访问之前,每组应根据需要制定较为详细的调研计划或方案,具体可参考下列问题:
(1) 该写字楼的建筑面积、楼层数、地理位置等物业基本情况。
(2) 该写字楼所面对的业主或租户是什么类型。
(3) 该写字楼内配备有什么现代化的办公设备。
(4) 该写字楼与普通的住宅小区有何区别。

【成果与检测】

1. 每人写出一份简要的调查访问报告;
2. 调查访问结束后,组织一次课堂交流与讨论;
3. 以小组为单位,分别由组长和每个成员根据各成员在调研与讨论中的表现进行评估打分;
4. 由教师根据各成员的调研报告与在讨论中的表现分别评估打分;
5. 将上述诸项评估得分综合为本次实训成绩。

 走进理论与方法——"学与导"

一、写字楼的含义与分类

写字楼是指供政府机构的行政管理人员和企事业单位的职员办理行政事务和从事业务活动的大

厦。其主要由作为办公空间的办公室部分和公用部分（如电梯、楼梯、卫生间、饮水间和走廊等）构成。

写字楼是我国目前高档物业的重要组成部分，是随着经济的发展，政府、公司、金融、律师、保险等行业对现代办公场所的需求而产生的。改革开放以来，我国的写字楼建设发展迅速，逐渐成为现代社会生活和经济发展中不可或缺的组成部分。有的写字楼已经成了该城市的标志性建筑，如上海市的"金茂大厦"；深圳"地王大厦"；广州的"中信广场"等。

写字楼的分类是对写字楼进行物业管理的基础，在进行物业管理之前，物业服务人员应通过对写字楼市场的调查分析并结合写字楼本身的状况对写字楼进行市场定位。目前，我国对写字楼的分类并未制定统一的标准。实践中经常采用的分类方法有以下几种。

1. 按照建筑面积的大小划分

写字楼可以划分为以下几种。

(1) 小型写字楼。其建筑面积一般在1万平方米以下。

(2) 中型写字楼。其建筑面积一般在1万平方米至3万平方米之间。

(3) 大型写字楼。其建筑面积一般在3万平方米以上。

(4) 超大型写字楼。其建筑面积在十几万甚至几十万平方米以上。

案例

> 美国纽约原世界贸易中心、香港的中环中心大厦等都属于超大型写字楼。此外，位于美国芝加哥市、2004年建成并投入使用的南迪波恩大厦也属于超大型写字楼，楼高达609.75米，建筑面积达1765平方米，共108层，其中最高的13层为数字电视设备楼，32个层面为办公区，40个层面为公寓套房，11个层面为停车场，其余是购物区及商务区。

2. 按照使用功能划分

写字楼可以划分为以下3种。

(1) 单纯型写字楼。即写字楼只有一种功能，而不提供诸如展示厅、餐饮等其他功能。

(2) 商住型写字楼。是既提供办公又提供住宿的写字楼。这种写字楼又有两种形式：一种是楼的一部分是办公，楼的另一部分是住宿；另一种形式是办公室内有套间可以住宿。

(3) 综合型写字楼。即以办公为主，同时也提供其他功能的写字楼。在现实生活中，许多写字楼还提供公寓、餐饮、商场、展示厅等其他功能。但无论其提供的其他功能有多少，用作办公用途的面积是最多的。

3. 按照其所处的位置、自然条件、质量状况和收益能力等综合因素为依据划分

写字楼可以划分为甲、乙、丙3个等级。

(1) 甲级写字楼。具有优越的交通状况与地理位置，建筑物的物理状况优良，建筑质量达到或超过有关建筑条例或规范的要求，收益能力与新建的写字楼相媲美。甲级写字楼一般有完善的物业管理服务，包括24小时的设备维修与保安服务。

(2) 乙级写字楼。具有良好的地理位置及交通状况，建筑物具有良好的物理状况，建筑质量达到有关建筑条例或规范的要求，但建筑物的功能不是最先进的，存在自然磨损，其收益能力也低于新建成的建筑物。

(3) 丙级写字楼。写字楼已经使用了较长的年限，建筑质量在某些方面已经不能满足新的建筑条例或规范的要求，存在比较明显的物理磨损和功能陈旧，但仍能满足低收入承租人的需求。因此，租金虽然比较低，但仍然能保持合理的出租率。

4. 以现代化程度为依据划分

写字楼可以分为以下两种。

(1) 智能型写字楼。即高度自动化的写字楼，基本实现通信自动化、办公自动化、消防报警自动化、建筑设备自动化以及安全监控自动化等。

(2) 非智能型写字楼。即基本未实现自动化的普通写字楼。

二、写字楼的特点

与住宅小区、传统的办公楼等物业相比，写字楼在建筑设计及使用功能等方面具有一些与众不同的特点。

1. 地理位置优越、交通便利

写字楼的价值在很大的程度上取决于其所处的地理位置，为了吸引尽可能多的潜在租户，写字楼多位于城市中心的繁华地段，与公共设施和商业设施相邻。此外，为了方便办公人员的上下班以及贸易的谈判和开展，写字楼一般建在交通条件便利的地方。

2. 建筑规模大、机构和人员相对集中

写字楼大多为高档次的高层建筑，楼层多，建筑面积大，一般面积为几万至几十万平方米之间。由于建筑面积大，业主或租户的数量也多，且办公单位集中，往往需要容纳成千上万的政府或公司职员在其中办公，人员相对集中。

3. 建筑档次高、设备先进

与住宅小区等物业相比，写字楼具有良好的建筑和现代化的设备，不仅在外观上有自己独特的线条、格局、色彩和装饰等建筑风格；而且在内部一般都配备有现代的设备，如中央空调、高速电梯、高度灵敏的系统化通信等，以便为业主或租户提供一个舒适的工作环境。

4. 使用时间集中、人员流动性大

写字楼的使用时间相当集中，上下班与办公时间人来人往、川流不息；相反，下班后人走楼空，显得相当冷清。

5. 功能齐全、设施配套

为了给业主和租户的生活和工作提供便利，满足其高效办公的需要，现代的写字楼都提供前台服务、大小会议的承办、酒吧、饮食、娱乐、健身以及泊车等各种功能；综合型的写字楼还配有商场、商务中心、银行及邮电等配套服务场所和设施。

知识目标

理解写字楼物业管理的内容与要求；理解写字楼物业管理的目标；掌握写字楼物业管理的组织与实施。

技能目标

能对写字楼进行业主或租户分析；能针对具体写字楼物业的不同特点，初步拟定其物业服务方案；能设计有效的措施以提高写字楼的出租率与收益率。

 走进实习——"真题真做"

项目二　针对某真实写字楼物业设计物业服务方案

与合作企业合作，针对合作企业中标的写字楼物业，进行物业管理方案的策划

【实训目标】

1. 结合实际，培养学生收集资料能力、分析资料能力。
2. 结合实际，培养学生物业服务方案策划能力。
3. 结合实际，加深对写字楼物业管理组织与实施的理解。

【实训内容与要求】

1. 由学生自愿组成小组，每组 10~15 人。利用业余时间，针对合作企业中标的写字楼物业项目的物业管理现状以及租户与业主的需求进行深入的调研、分析。

2. 在收集到初步的信息之后，在深入分析的基础上，与合作企业协作，共同完成中标写字楼物业管理方案的设计，要求具有鲜明的特色与实用性。

【成果与检测】

1. 每组策划出一份物业服务方案。
2. 策划结束后，组织一次课堂交流与讨论。
3. 以小组为单位，分别由组长和每个成员根据各成员在策划与讨论中的表现进行评估打分。
4. 由教师根据各组成员的策划方案与在讨论中的表现分别评估打分。
5. 每组根据课堂交流与讨论后的反馈信息进行修改，修改后的方案，交给企业，由企业进行评估打分，并决定采纳方案。
6. 将上述诸项评估得分综合为本次实训成绩。

走进理论与方法——"学与导"

一、写字楼物业管理的内容

写字楼的物业管理主要包括以下几项内容

1. 营销推广

写字楼大部分是用于出租或出售的，营销推广自然成为写字楼物业管理的主要工作之一。物业服务企业应做好写字楼整体形象的设计与宣传；办公空间的分割；与买受人、租户的联络、谈判、签约；接受和处理客户的投诉和要求，及时通知有关部门做好协调工作。

2. 前台服务

写字楼物业管理中的前台服务的内容主要包括接待内外客人，为其提供咨询等服务；打字复印、代订车船机票；办理客户留言、发布各种通告等。

3. 设施设备管理

写字楼主要是办理行政事务与从事商务活动的场所，因此，应确保写字楼的网络通信、供电、供水、排水、空调、电梯以及停车场等设施设备的正常运行，否则将会给租户造成极大的损失。

4. 安保管理

写字楼人员流动性强、进出频繁且情况复杂，因此安保工作非常重要且任务艰巨。实践中主要采取中央监控、前后大门安排警卫、对大楼进行定时或不定时的巡查来排除安全隐患。

5. 消防管理

作为主要从事商业活动的场所，写字楼内的电气设备比较多，发生火灾的隐患多。因此在管理服务中一定要完善消防设备系统、建立消防队伍、落实消防责任制以及制定完善的应对突发消防事故的措施等。

6. 清洁卫生管理

写字楼的业主与租户多、人员相对较多且流动性很强，因此，清洁卫生的工作量大而艰巨。物业服务企业应制定严格的清洁卫生方面的规章制度，时刻保持电梯、过道、大厅等公共场所的清洁卫生。

二、写字楼物业管理的要求

写字楼作为具有办理行政事务、从事商业活动场所的性质，对其物业管理也提出了与其他物业不同的要求。

1. 确保设施设备的正常运转、使用

写字楼内的设施设备，如电脑、传真机、打印机、复印机及通信设备等，都是全天使用的。因此，应保障供电系统的正常运行，否则将给客户带来重大的损失。

此外，电梯、中央空调等都是写字楼的重要设备，应经常进行检修、维护，以保障其正常运行，不影响办公人员的日常使用。

2. 加强安全管理、消除安全隐患

进入写字楼从事商业活动的人员众多、流动性也大，且存在诸如电梯间、楼梯间、通风口、竖井等隐蔽死角，安保人员应加强巡逻检查，同时建立完善的监督机制。

此外，写字楼内的电气化设备相当多，引起火灾的因素很多，而且一旦发生火灾将产生相当严重的后果。因此物业服务公司人员应采取各种预防措施，保证消防设施的完好以及消防通道的畅通。如遇发生火灾，则应及时采取措施，控制损失的进一步扩大。

3. 做好清洁工作，保持环境的优雅、整洁

由于人员出入频繁，写字楼很容易出现脏、乱和建筑损坏等问题。为了保持环境的干净、整洁，应组织专业的保洁人员对写字楼内、电梯间、楼梯间、卫生间、走廊、大堂等公共区域的卫生状况进行定时、定期的检查与维护。同时，为了保持写字楼的美好外观，应定期清洁大楼外墙。

由于写字楼内人员接触比较频繁，因此应定期进行消毒以防止疾病的传播。

三、写字楼物业管理的目标

由写字楼物业的特点所决定，在进行写字楼的物业管理过程中，应实现宏观目标、常规目标与微观目标的统一。

1. 宏观目标

写字楼，尤其是超大型写字楼往往是一个城市或国家的标志性建筑。管理好这些写字楼，不仅可以为业主或租户带来可观的经济效益，更可以为国家创造巨大的社会效益。因此，写字楼物业管理的宏观目标就是充分发挥写字楼的标志性作用。

2. 常规目标

写字楼物业管理的常规目标可以分为3个方面，即经营目标、管理目标和服务目标。

(1) 经营目标。写字楼物业管理的经营目标是使收益部分的使用率最大化。

以是否能直接带来收益为标准，写字楼的空间可以分为收益部分（即专用部分）和非收益部分（共用部分）。前者主要是指办公室、店铺和停车场等，而后者是指洗手间、开水间、物业管理用房、设备机房等。

写字楼的有效使用率一般按照如下的公式进行计算。

① 标准层的有效使用率＝专用部分面积/标准层面积；

② 写字楼整体有效使用率＝专用部分面积合计/总建筑面积（停车场除外）。

写字楼物业管理的经营目标就是使上述使用率最大化。

(2) 管理目标。写字楼物业管理的管理目标是使写字楼的保值率和升值率最大化。

虽然地产价值的自然增长是导致写字楼升值的一个重要原因，但不可否认的是优质的物业管理服务在促进写字楼价值升值的过程中所起的主要作用。高质量的物业管理服务可以使写字楼获得良好的社会形象，历久常新的楼宇质量和相对延长的使用寿命，从而使其在产权的多次转移中为业主创造出远远超过其本身难以估量的价值。这种价值往往远远大于销售和租赁所产生的资金回报率。

从管理的角度，写字楼物业管理的目标就是做好房屋和设备的维护工作，以使其保值率和升值率最大化。

(3) 服务目标。写字楼物业管理的服务目标是使得写字楼所有人或使用人的满意最大化。

业主和租户的满意是写字楼取得收益的主要保障，物业服务企业应不断提高服务的质量，以满足业主和租户的办公和商业需要，为写字楼吸引尽可能多的业主和租户。这是服务目标的主要内容。

3. 微观目标

所谓微观目标，也就是写字楼物业管理处各部门的岗位目标。原建设部制定的《全国物业管理

示范大厦标准及评分细则》中总共为写字楼的物业管理提出了9个方面的要求。即基础管理、房屋管理及维修养护、共用设备管理、共用设施管理、保安及车辆管理、环境卫生管理、绿地管理、精神文明建设和管理效益。

四、写字楼物业管理的组织实施

写字楼物业管理的组织实施应注意以下主要内容。

1. 使用前的准备工作

在前期的准备阶段，主要进行以下各项工作。

（1）与写字楼的业主（业主委员会）签订物业服务合同，并制定业主公约或用户公约；

（2）编制物业服务方案，包括拟定写字楼的服务质量标准、各项管理制度、各项工作岗位的考核标准、奖励办法等；

（3）编制物业管理维修公约，并根据楼宇各部分所占的管理份额，计算出各业主或租户所应交纳的物业服务费及专项维修资金的数额；

（4）根据写字楼自身的特点，编制出争创全国或省、市、自治区物业管理示范大厦的计划和具体的实施方案；

（5）做好写字楼的接管、验收工作。

2. 写字楼的装修管理

业主或使用人在进行装修之前应通知物业服务企业并与之签订装修协议，同时，物业服务企业会将装饰装修中的禁止行为及注意事项告知业主或使用人；在装修过程中，物业服务企业应对施工过程进行定期的检查与必要的监控，装修结束后，物业服务企业还应进行检查和验收。

3. 设施设备的使用与维护

这方面的工作主要包括设备的管理与设备维修保养两项内容。

（1）设备管理。在设备管理中，首先应建立健全设备档案，写字楼各项设备的验收文件都应存档；其次，建立各部门及工种的岗位责任制，完善监管制度，监督检查有关公司及个人的工作；再次，加强对物料采购、供应及消耗的监管，控制成本；最后，完善工程部的组织架构。

（2）设备的维修与养护。设备的维修包括两种类型：一是自检报修；二是客户报修。

对设备的保养应建立如下三级保养制度：日常保养（也称为例行保养）、一级保养和二级保养。

编制设备的维修计划时应注意以下各方面：①编制计划时是否已对设备进行了分类；②维修周期的确定是否科学合理（所谓周期是指两次大修之间的时间间隔）；③确定的维修方法是否恰当。

设备维修时采用的方法一般包括：①强制维修法。即不管设备的技术状况如何，均按照计划定期进行维修；②定期检修法。是指根据设备的技术性能和要求制定维修周期，然后进行定期的检修；③诊断维修法。是指根据使用部门提供的报告和技术资料，对设备进行检查诊断，然后对确定要维修的项目或部件进行维修；④全面维修。是指当设备出现严重磨损、损耗或故障时，对主体和部件进行全面的修理。

4. 安保管理

安保管理包括保安与消防两个方面的工作。

（1）保安管理 保安管理的基本原则是：①宾客至上、服务第一；②预防为主；③谁主管、谁负责；④群防群治、内紧外松。

在进行保安管理时，首先，应建立健全保安部的组织机构；其次，应制定严格的保安规章制度，明确本部门各类人员的岗位职责；最后，应加强治安防范。主要是落实保安措施，配备专门的保安人员与保安设备，加强写字楼内部及外围的保安巡逻，加强对停车场的监控与交通指挥，防止人为地破坏治安秩序，杜绝各类事故的发生。

（2）消防管理 消防管理的指导思想是：预防为主，宣传先行，防消结合。

写字楼的消防系统主要包括以下几种。

① 干式消防系统：联动总控制屏、BTM气体灭火系统、自动报警系统；

② 湿式消防系统：自动喷淋系统、消防栓系统；
③ 消防联动机构：消防送风与排烟风机的功能和联动试验、空气系统鲜风机与排气机的功能和联动试验、消防电梯的功能试验；
④ 火灾报警系统：自动报警系统（包括感温式火灾报警、感烟式火灾报警、感光式火灾报警）和手动报警系统（如电铃报警、破碎玻璃报警与紧急电话报警）。

一般而言，在写字楼开展消防工作，主要包括以下内容。
① 进行消防宣传。可以综合运用消防轮训、利用标语或牌示、发放消防须知等形式进行有关消防工作的原则、消防法规以及消防须知等方面的宣传。
② 建立三级防火组织，并确认相应的防火责任人。即物业服务公司总经理、部门经理以及班组长。
③ 把防火责任分解到各业主和租户。由各个业主和租户承担所属物业范围内的防火责任。
④ 明确防火责任人的职责，并依据相关法律法规的规定，制定防火制度。
⑤ 定期进行消防检查，并对查出的火险隐患发出消防整改通知书，确定整改期限。
⑥ 制定防火工作措施，预防火灾事故的发生。
⑦ 配备必需的消防设施设备。
⑧ 及时消除火灾苗头和隐患。
⑨ 建立自防、自救组织。即建立专职和义务的消防队，抓好消防训练，每年至少组织一次写字楼全体人员的消防演习。
⑩ 制定火灾紧急疏散程序。随时做好疏散的准备工作；建立健全消防档案；制定灭火方案及重点部位保卫方案，每个房间必须安装消防走火示意图。

5. 清洁管理

清洁既是对写字楼进行保养的需要，也是衡量其物业管理好坏的重要尺度。清洁工作的重点包括以下方面。
（1）制定清洁细则，确定需要清洁的地方、所需的材料、次数、检查方法等，并严格执行。
（2）在各部门实行岗位责任制。
（3）建立清洁卫生的检查制度，主要包括以下5方面。
①定期巡查法；②每日抽查；③会巡制度；④食用水质以及排污处理的检查。
（4）保持写字楼内公共场所（如大堂、洗手间及公共走道等）的清洁。
（5）提供全面的清洁卫生美化服务。

6. 绿化管理

绿化管理具有明显的季节性与阶段性的特点。绿化管理工作必须按照绿化的不同品种、不同习性、不同季节、不同生长期的特点，适时确定不同的养护重点，安排不同的落实措施，保证写字楼内的绿化无破坏，四季常绿。

7. 前台服务

写字楼前台服务提供的项目主要包括：问讯服务和留言服务；钥匙分发服务；信件报刊收发、分拣、递送服务；个人行李搬运、寄存服务；汽车出租预约服务；旅游活动安排服务；航空机票订购服务；全国及世界各地酒店预订服务；餐饮、文化体育节目票务服务；文娱活动安排及组织服务；外币兑换、代售磁卡、餐券服务；花卉代购、递送服务；洗衣、送衣服务；代购清洁物品服务；公司"阿姨"服务以及其他各种委托代办服务。

8. 商务服务

作为主要从事商业活动的场所，写字楼的商业服务具有特殊重要的地位。
（1）硬件配置。写字楼的商务中心需配备一定的现代化办公设备，如电话、电脑、传真机、打印机、复印机、电视及其他的办公用品等。商务中心人员在使用时应严格遵守操作程序，并定期对设备进行检查与维修，随时保证设备的良好运行。

(2) 商务中心工作人员的要求。商务中心的工作人员应该具有良好的品德修养和服务意识；具有流利的英语听、说、读、写能力；具备熟练的中、英文录入能力以及熟练操作各种现代化办公设备的能力；必须懂得一些商务管理、文秘、设备维修保养方面的基础知识。

(3) 商务中心的服务项目。写字楼商务中心的服务项目应该根据客户的需要进行设置，主要包括以下项目：各类文件的处理打印服务；传真、信件的保管、代转服务；电视、电脑、录像、投影仪等办公设备的租赁服务；文件、名片等的印刷服务；商务会谈、会议的安排服务；翻译服务；电话、传真、电信、互联网服务；邮件、包裹、快递等邮政服务；商务咨询、商务信息查询服务等。

(4) 商务中心的工作流程。写字楼商务中心的工作流程如下：

① 接待客户并了解其所需的服务项目、服务要求和服务时间；

② 向客户说明收费情况，开具收费通知单，并按照规定收取押金；

③ 按照要求提供及时、准确的服务；

④ 填写《商务中心费用收据单》，并陪同客户到财务部结账。

写字楼内部工作人员因工作需要使用商务中心的设备时，应填写《商务中心设备使用申请单》，经所在部门同意后方可使用，并于使用后在《费用结算单》上签字。

9. 租赁管理

写字楼属于收益性物业，其大部分都是用于出租。因此，接受业主的委托代理物业的租售业务便成为物业服务公司的一项重要工作内容。

要做好营销服务，提高写字楼的出租率和收益率，物业服务公司应积极开展以下工作：制订营销计划、进行市场调研；设计写字楼整体形象并进行宣传和推广；引导潜在的承租人考查现场；积极联络潜在承租人，与其谈判签约；协助潜在承租人与业主沟通业务。

第二节　工业物业服务方案策划及其执行

知识目标

掌握工业物业的含义；理解工业物业的分类标准及其分类；掌握工业物业的特点。

技能目标

理解并能辨别何谓工业物业；理解并能对工业物业进行分类。

项目一　调查与访问——学校周边的某一大型工业物业

【实训目标】

1. 结合实际，加深对工业物业的感性认识与理解。

2. 初步养成市场调研的能力以及习惯，能设计符合目的要求的调研方案。

【实训内容与要求】

1. 由学生自愿组成小组，每组10～15人。利用业余时间，选择1～2个学校所在地周边地区的工业物业进行调查与访问。

2. 在调查与访问之前，每组应根据需要制定较为详细的调研计划或方案，具体可参考下列问题：

(1) 该工业物业的建筑面积、楼层数、地理位置等物业基本情况。
(2) 该工业物业所面对的业主或租户是什么类型。
(3) 该工业物业内配备有什么现代化的办公设备。
(4) 该工业物业与普通的住宅小区、写字楼等物业有何区别。

【成果与检测】
1. 每人写出一份简要的调查访问报告。
2. 调查访问结束后，组织一次课堂交流与讨论。
3. 以小组为单位，分别由组长和每个成员根据各成员在调研与讨论中的表现进行评估打分。
4. 由教师根据各成员的调研报告与在讨论中的表现分别评估打分。
5. 将上述诸项评估得分综合为本次实训成绩。

走进理论与方法——"学与导"

一、工业物业的含义

所谓工业物业是指对自然物质资源、农产品、半成品等进行加工、生产，以制造出生产资料、生活资料等生产活动的房屋及其附属的设施设备及其他相关场所。通常所说的工业物业包括工业厂房、仓库以及工业园区等。

工业厂房是指供生产企业、科研单位安置生产设备、实验设备，以进行生产活动或科学实验的物业及其附属的设施、设备。工业厂房通常都包含不同的车间。

仓库是指储存原材料、半成品和储备制成品的建筑物及其他场所。

工业园区是指在一定的区域内建造的，以工业性生产用房为主，并配有一定的办公楼宇、生活用房（住宅）和服务设施的地方。工业园区不同于一般的工业厂房，有其自身的一些特点。

二、工业物业的特点

工业厂房与其他类型的物业相比，具有以下明显的特色。

1. 容易对周边的环境产生污染

作为供生产企业进行生产活动或科研单位进行试验活动的场所，工业物业容易对周边的环境产生较大的污染。对环境造成的污染主要分为以下几种情况。

(1) 空气污染。对空气造成污染的主要有：燃烧煤所排放的二氧化硫、二氧化碳气体；机动车辆排放的尾气；强紫外线照射所形成的光化学烟雾；基建扬尘所造成的污染等。

(2) 噪声污染。工业物业所产生的噪声污染最主要的是机动车辆产生的噪声、生产时所使用的机器产生的噪声等。

(3) 水污染。无论是工业企业进行生产活动，还是科研单位所进行的实验活动中都会产生大量的废水排放物。这些废水中含有大量的有毒、有害的污染物，排放到水体后便产生严重的水污染。

(4) 固体废弃物污染。固体废弃物主要是生产或试验中所扔弃的固体物质。

(5) 电磁波污染。在工业生产或科研实验中都会用到大量的电子设施设备及电气化设施设备，这些设施设备都会产生电磁波，发生辐射，产生无形的污染。

2. 投资规模大，回收期限长

工业物业的建造成本一般非常高，需要很大的投资。而从工业物业的投资决策、规划设计、土地征用、施工建设，到厂房建成并投入使用，再到投资的收回，这一过程往往会经历较长的时期。

3. 流动性差

进行不同的工业生产或不同的科研实验对工业物业的要求是不一样的，再加上工业物业所具有的规模大、投资大的特点，这些因素使得工业物业在房地产市场中的交易受到限制，市场流动性不高。

4. 工业设备的功能容易过时，折旧快

现代科学技术的发展日新月异,对原有的技术设备造成很大的冲击,这往往促进了功能更为先进的设备的产生与更新;同时,工业生产与科研实验的发展也产生对功能先进的设备的需求。设备更新换代的速度非常快。

5. 基础设施完善、建筑独特

为了满足工业生产与科研实验的要求,工业物业一般采用框架结构的大开间建筑形式,室内的通风、采光良好。房屋的抗震性、耐腐蚀性和楼层面的承载能力都很强。在工业物业内往往会有高负荷的变电站及污水处理厂,邮电和通信设施也相当完善。

三、工业物业的分类

在现实中,一般按照对环境产生影响的不同,将工业物业划分为以下几种类型。

1. 无污染工业物业

在此类工业物业内所进行的生产活动或科研实验不会产生空气污染、水污染、噪声污染、电磁波污染以及固体废弃物污染等。

2. 轻微污染工业物业

在此类工业物业内所进行的生产活动或科研实验不会产生有毒、有害的物质;不会产生废水、废渣;噪声污染也小;在物业内无燃煤、燃油锅炉等设施设备。

3. 一般工业物业

因在此类工业物业内所进行的生产活动或科研实验会对周边的环境产生一定程度的污染与影响,因此必须设置放置污染的设施。

4. 特殊工业物业

在此类工业物业内所进行的生产活动或科研实验会使用到大量有毒、有害的化学品,必须设置完善的污染防治设施。

知识目标

理解工业物业服务的内容与要求;理解工业物业服务的目标;掌握工业物业服务的组织与实施。

技能目标

能对工业物业进行行业主或租户分析;能针对具体工业物业的不同特点,初步拟定其物业服务方案;能设计有效的措施以提高工业物业的出租率与收益率。

 走进实训——"真题真做"

项目二 针对某真实工业物业设计物业服务方案

与合作企业合作,针对合作企业中标的工业物业,进行物业服务方案的策划。

【实训目标】

1. 结合实际,培养学生收集资料能力、分析资料能力。
2. 结合实际,培养学生物业服务方案策划能力。
3. 结合实际,加深对工业物业服务组织与实施的理解。

【实训内容与要求】

1. 由学生自愿组成小组,每组 10~15 人。利用业余时间,针对合作企业中标的工业物业项目的物业管理现状以及租户与业主的需求进行深入的调研、分析。
2. 在收集到初步的信息之后,在深入分析的基础上,与合作企业协作,共同完成中标工业物业服务方案的设计，要求具有鲜明的特色与实用性。

【成果与检测】

1. 每组策划出一份物业服务方案。
2. 策划结束后，组织一次课堂交流与讨论。
3. 以小组为单位，分别由组长和每个成员根据各成员在策划与讨论中的表现进行评估打分。
4. 由教师根据各组成员的策划方案与在讨论中的表现分别评估打分。
5. 每组根据课堂交流与讨论后的反馈信息进行修改，修改后的方案，交给企业，由企业进行评估打分，并决定采纳方案。
6. 将上述诸项评估得分综合为本次实训成绩。

走进理论与方法——"学与导"

一、工业物业服务的要求

作为一种进行工业生产或科研实验活动的场所，对工业物业服务的要求与其他类型相比应有所不同。工业物业服务的要求主要包括以下几方面。

1. 安保与消防的要求严格

无论是用于工业生产，还是科研实验，工业物业内都存放着许多的原材料、半成品或制成品，所有这些都具有相当大的价值；此外，进行工业生产的企业往往拥有属于自己的商业秘密，而进行科研实验的科研单位也有需要保密的数据和资料，一旦这些保密资料丢失或泄漏，将会带来重大的损失。因此，物业服务企业应制定有效地管理措施，加强防范。

在工业物业内不仅配置有一些现代化的设施设备，而且会接触或使用到一些易燃、易爆品。若管理不到位，极易发生火灾、爆炸事故，后果不堪设想。因此，物业服务企业应加强对上述危险品的监管，定期检查，消除安全隐患。

2. 重点设施设备的管理要求高

不同于生活用水、用电，工业用水、用电量是非常大的，一旦发生停水、停电事故，所造成的损失是巨大的，尤其是对连续生产的企业而言。因此，物业服务企业应加强对供电系统、供水系统的管理、维修与保养，保证供水、供电的连续性。如确有需要维修、抢修造成临时断供时，应事先发出通知、公告，并做好相应的安排。

3. 物业服务的专业性高

工业生产与科研实验所使用的设施设备是不同的，即使是生产企业之间、科研单位之间，也有其各自的生产设施和设备，专业性比较高。折旧要求物业服务企业对不同的行业及部门有所了解，根据所使用设施设备的不同特点，制定出适用性强的管理规章制度，确保辖区内生产活动或科研实验的正常进行。

4. 保洁、绿化等服务标准高

不同的生产企业与科研单位对物业保洁的要求也是不一样的。有的保洁工作难度大，有的工业物业对清洁的要求相当高，甚至要求车间应保持一尘不染。对保洁要求不同的工业物业，物业服务企业应制定不同的保洁制度和方法。对于保洁难度比较大的工业物业应加强清洁、清扫、清理的频率；对要求比较高的工业物业应采用高新的保洁技术。同时，对于工业垃圾与生活垃圾应区别对待，制定不同的分离与处置措施，尤其是对有毒、有害的工业废弃物更加应该做好妥善的处理工作，使其不对环境产生危害。

二、工业物业服务的组织与实施

工业物业的使用功能不同于其他类型的物业，其物业服务的组织与实施也与其他物业不同，应采取不同的方式组织与实施。

1. 安保管理

工业物业内通常储存有大量的工业原料、半成品、制成品、生产设备或实验设备，一旦发生偷盗后果非常严重。因此，物业服务企业应做好安全保卫工作。

（1）建立严格的值班守卫制度，对进出的人员、物品等都要进行细致的检查与登记；

（2）禁止闲杂人员进入厂房和仓库重地；

（3）在下班后，厂房和仓库应制定和执行严格的值班、巡逻制度，采取一切积极的安保措施；

（4）严格执行两人以上进入仓库、锁门等制度。

除了以上的安保措施以外，物业服务企业应采取积极的消防措施，消除消防隐患，确保工业物业的消防安全。

（1）制定严格的消防制度，配备专业的消防人员。

（2）消防通道应保持畅通无阻，一旦发生火灾能及时疏散人群。

（3）加强消防知识教育和宣传工作，并定期组织消防演习，提高业主、租户的消防意识与技能，发生火灾事故后能临危不乱。同时应制定出应急措施和方案，发生紧急情况时能立即启用。

（4）加强对消防器材的管理、检查、维修和养护工作，确保其正常使用，并配有先进的报警设备和工具等。

2. 车辆管理

工业物业内的车辆来往相对频繁，应做好有关的交通疏导和车辆的管理工作。

（1）建立健全车辆管理制度。

（2）分设机动车和非机动车停放区，并配置专人看管。

（3）对进出大门的车辆进行严格的检查与登记。

（4）与车主签订书面的车辆停放管理合同，明确双方的责任。对工业区的车辆应实行统一管理，对外来的车辆实行严格的检查。

（5）安装相应的监控、录像、防盗设施和装备。

3. 环境管理

工业物业的使用功能决定了其对环境必然会产生一些危害和不良的影响，物业服务企业应采取积极的措施做好环境保护工作，主要是环境污染的防治。

（1）空气污染的防治。硬化地面，尽可能消除扬尘；减少工业物业内的二氧化硫及汽车尾气等有毒、有害气体的排放；引导工业企业改善能源结构，减少直接燃煤的比例；种植树木净化空气；限制进出的车辆数量，控制尾气排放。

（2）水污染的防治。禁止随意倾倒工业废水；在工业物业辖区的沟渠、排水管道饲养水草、种植荷花等以净化水体。

（3）噪声污染的防治。限制进入工业物业的车辆数量；在主路区域设计曲线形车道以限制车速；种植一些树木、防护林达到消声、防噪、美化环境的目的。

（4）固体废弃物污染的防治。工业物业内生产出来的垃圾应分类收集与处理，有能力的应自己采取措施及时处理，无处理能力的应将工业物业内的垃圾及时运输至城市垃圾处理中心集中处理。

（5）电磁波污染的防治。种植花草树木和草坪防止和阻碍电磁波的直接辐射，减轻其危害。

4. 保洁绿化管理

物业服务企业应做好工业物业内的保洁绿化工作，改善气候，创造出优美、舒适的生活、工作环境。

（1）工业物业内的道路应天天打扫、洒水，在公共场所必须设置垃圾桶、垃圾箱，分类回收垃圾，并做到日产日清；保洁人员应按分配区分片包干，实行严格的责任制；做好保洁绿化的宣传和教育工作，提高职工的保洁意识、文明程度和自觉性，纠正不良的卫生习惯。

（2）严格禁止在工业物业内的违章搭建。违章搭建破坏整个工业物业内的和谐环境，既对美观产生影响，也给生活、生产等带来安全隐患。

（3）在工业物业内构建新型的人文环境。物业服务企业应采取措施在工业物业内构建和睦共处、互帮互助、温馨文明、轻松有序的人文环境。

5. 设施设备的管理

工业物业内的设施设备主要包括3种类型：一是工业生产的专用设施设备；二是工业生活的共用设施设备；三是工业物业的附属设施设备。其中，工业生产的专业设施设备由工业企业自己进行管理；而工业生活的公用设施设备和工业物业的附属设施设备则由物业服务企业实行统一的管理。

（1）维护工业物业内各种公共标识的完整性。公共标识的目的在于为进入辖区内的人员和车辆提供向导和警示作用。因此，物业服务企业应对这些公共标识进行定期的检查、维护与核查，发现有损坏的，应及时组织有关人员进行维修或更换。

（2）工业物业内的地下管线，诸如热力管线、燃气管线、生活污水管线、生产废水管线、电力管线、自来水管线以及雨水管线等，其所经过的上方都应设置有明显的标志，防止重载车辆的碾压或施工对这些管线带来破坏。同时，物业服务企业人员也应定期对这些管线进行检查、测试和维护，确保这些管线的正常使用。

6. 工业物业公用部位的管理

工业物业公用部位的管理应注意以下几个方面。

（1）工业企业不得在厂房和仓库的公共场所随意堆放物品；

（2）加强宣传教育，提高工业企业员工爱护公共部位及维护公共场所清洁的自觉性；

（3）工业企业不得以任何理由和形式占用公共部位和园林绿地；

（4）为了确保厂房和仓库的建筑安全、消防安全和人员安全，在规定的范围内，工业企业不得在地基上、屋顶、外墙或技术层随意搭建和安装设施设备。如需要在外墙或屋顶设施企业标志和广告牌，工业企业应先向物业服务企业提出申请，经批准后方可实施。

7. 工业物业内部的管理

对工业物业内部的管理，主要有以下方面的要求。

（1）因生产需要，工业企业需对厂房和仓库进行分割改造或在内部安装设备时，施工前应向物业服务企业提出申请、提供图样，获得批准后方可施工。在施工过程中不得损坏楼面结构和超过楼面允许的载荷，并接受物业服务企业的监督和管理。

（2）工业企业应按照楼层所能承受的负荷要求放置设备和货物。若有超载，物业服务企业有权要求其恢复到正常状态，由此造成的损失和相关费用由责任企业承担。

（3）未经允许，工业企业不得擅自改变物业的使用用途和功能。除经公安部门批准同意设立专用库房外，禁止在场内堆放易燃、易爆或有危害性的危险品和危害品。

（4）由工业生产所产生的工业废弃物要妥善处理，工业垃圾不得随意倾倒和排放，可以由物业服务企业集中收集和处理。

第七章 物业招投标方案策划与执行

物业服务企业要通过市场化获得物业服务项目,关键在把握物业招投标的能力。通常情况下,市场中存在两类招投标:前期物业招投标和物业招投标。本章主要阐述相关内容。

第一节 前期物业招投标方案策划及其执行

 基础部分

📌 **知识目标**

了解前期物业管理招标的概念;掌握调研的基本任务、流程等;掌握前期物业管理招标的流程。

📌 **技能目标**

掌握调研问卷的设计以及调研活动中应注意的技巧;学会如何编制前期物业管理招标公告和投标邀请书。

 走进实训——"做"

项目一 物业调研——开发商已建成但尚未办理入住手续的物业

【实训目标】

1. 通过实训,培养学生的沟通、协调技能与市场调研能力。
2. 培养学生整理、分析和利用调研活动中所获取的第一手资料的能力,为编制招标文件做好准备。

【实训内容与要求】

1. 由学生自愿组成小组,每组成员10~15人,推举1名学生为小组负责人,利用周末的时间,对开发商业已建成的物业进行调研。
2. 在调研之前,应根据调研的目的设计好调研方案,主要对物业的基本情况、物业规划建设指标以及公建配套服务与商业用房等事项进行调研。

【成果与检测】

1. 调研结束后,以小组为单位提交调研报告。
2. 各小组负责人根据各小组成员在调研过程中的表现进行评分;同时,任课教师根据提交调研报告的情况进行评分。
3. 学生的最终得分为小组负责人评分与教师评分的加权平均,并作为该门课程期末成绩的衡量指标。

项目二 制作招标公告或招标邀请书

【实训目标】

1. 通过实训操作,加深对前期物业管理招投标流程的认识。
2. 掌握招标公告或招标邀请书的主要内容以及编制技巧,能在实际的招标活动中编制招标公告或邀请书。

【实训内容与要求】
1. 学生自愿组成小组,每组成员 10~15 人,推举 1 名学生作为小组负责人。
2. 经过小组讨论,根据实训项目中所获取的资料,为建设单位编制一份招标公告或招标邀请书。

【成果与检测】
1. 由各个小组分别提交一份招标公告或邀请书;小组负责人根据小组成员在编制活动中的表现给予评分。
2. 由任课教师组织课堂讨论,学生们相互交流编制心得,并根据学生在课堂讨论及提交作业中的表现进行评分。
3. 学生此次实训的综合得分为小组负责人与教师评分的加权平均。

 走进理论与方法——"学与导"

一、前期物业管理招标

1. 前期物业管理招标概述

是指物业的建设单位在为物业选择管理者时,通过在媒体上发布招标公告或招标邀请,发布招标信息,有意向的物业服务企业参与竞标,招标人从中选择最满意的企业并与之签订前期物业服务合同的过程。根据我国《前期物业管理招标投标管理暂行办法》的规定,前期物业管理招标投标应该遵循公开、公平、公正和诚实信用的原则。

2. 前期物业管理招标的招标人

是指依法进行前期物业管理招标的物业建设单位。根据《前期物业管理招标投标管理暂行办法》第九条的规定:"招标人可以委托招标代理机构办理招标事宜,有能力组织和实施招标活动的,也可以自行组织实施招标活动。"因此,在实践中,招标人可以自行设立招标机构,也可以委托招标代理机构招标。

(1) 招标人自行设立招标机构。招标人可以自行组建专门的招标委员会或小组作为招标工作的最高权力机构,下设秘书处和专业技术部。

(2) 委托招标代理机构。招标代理机构是指依法成立的、专门从事招标代理业务的社会中介组织。招标代理机构在招标人委托授权的范围内进行招标活动,但是,其并非招标活动的最高权力机构,而只是负责招标、开标、评标以及向委托人提交评标报告和中标候选人名单。确定中标者的权利在委托人手中。代理招标结束以后,招标人应向招标代理机构支付一定的报酬。

3. 前期物业管理招标的方式

我国《前期物业管理招标投标管理暂行办法》中规定前期物业管理招标的方式有 3 种:公开招标、邀请招标和议标,这与国际通用的方式一致。

(1) 公开招标。所谓公开招标是指在新闻媒体上发布招标公告,邀请所有愿意参加投标的物业服务公司参与竞标的招标方式。这种方式最能体现招标的公开、公平和公正的原则,适用于大型基础设施和公共物业管理的招标。

(2) 邀请招标。简称为邀标,是指不在新闻媒体上刊登招标公告而是以投标邀请书的方式邀请 3 家以上的具有相应资质的物业服务公司参与投标的招标方式。这种招标方式预先限定了投标人的范围,可选择的余地小,且易产生违规现象。

(3) 议标。又称为协议招标或谈判招标,是指同时找几家物业服务公司到现场考察,然后进行谈判协商,最终选定符合要求的物业服务公司的招标方法。其采用必须满足一定的条件并依法经过相关部门的批准。

特别提醒

公开招标、邀请招标、议标这3种招标方式本身并不存在优劣之分，而是各自有其适用的范围。在实践中，应根据招标项目本身的特点与招标人自身的需要来决定具体采用何种招标方式。

4. 前期物业管理招标的程序

前期物业管理招标是一项系统的工作，必须严格按照一定的程序来进行，主要包括以下几个步骤。

（1）准备阶段。准备阶段主要有两项工作：一是成立招标机构；二是相关文书的制作。

① 成立招标机构。物业的开发商既可以自行成立招标委员会，也可以委托专门的招标代理机构进行招标事宜，负责拟定招标章程和招标文件；组织开标和评标活动等。

② 编制招标文件。招标文件是投标人编制投标书的依据，也是招标人与中标人签订合同的基础。因此，编制招标文件是招标准备阶段最重要的工作。一般而言，招标文件的主要包括以下内容。

　a. 招标公告或邀请书；
　b. 投标企业资质审查表；
　c. 投标须知；
　d. 招标章程；
　e. 招标项目说明书；
　f. 合同主要条款；
　g. 技术规范；
　h. 其他有关内容。

③ 确定标底。标底是招标人对招标项目的一种预期价格或预算价格，其可以作为衡量投标单位报价的准绳，也是评标和确定中标人的重要依据。因此，确定标底是招标准备阶段的重要工作。且标底确定后，在开标之前需招标人及相关人员的严格保密，不得向任何无关人员泄露。

（2）实施阶段

① 招标人向社会发出招标公告或投标邀请书。采用公开招标方式的，招标人应通过新闻媒体向社会发布招标公告，介绍招标项目的有关信息，以便那些有投标意愿的潜在投标人能知悉有关情况。一般而言，前期物业管理招标公告应包括以下主要内容。

　a. 标的。主要介绍招标项目的名称、建筑面积、坐落位置等。
　b. 招标的对象。规定对参与投标的企业的要求。
　c. 组织机构。是根据项目大小成立的招标领导小组或工作小组。
　d. 有关招标的说明。主要就资质预审、开标的时间和地点、评标方法以及提交投标书的截止日期等事项所作出的说明。

案例

某物业前期物业管理招标公告

为了加快住宅建设，扩大内需，带动国民经济增长，北京市政府制定了《关于加快经济适用房建设的若干规定》，在市政府确定的19片经济适用房小区中，北京××集团公司开发建设的×××的文化居住区是最大的一个项目，其规划总建筑面积850万平方米，是北京市跨世纪重点建设项目。该小区在规划设计、施工建设、物业管理等方面全面实行品牌战略。为切实搞好该居住区的物业管理，真正体现出物业管理的竞争机制，经集团公司研究决定，×××的（一期）81.66万平方米（含住宅和其他配套设施）居住区物业管理在全国范围内以公开招标的形式，选聘物业管理单位。如有意参加的企业，可来电来函联系，索取有关资料。

（1）招标对象：有工商行政机关颁发的营业执照和市级以上物业管理资质的物业管理企业。

（2）有关事宜

① 凡符合条件的物业管理企业投标时请提交营业执照复印件、物业管理资质证书复印件、投标申请书、物业管理情况的简要介绍。

② 评审小组将选择6家技术力量较强、管理服务水平较高、社会效益较好的物业管理企业参加竞标。未确定投标的单位不另行通知。

③ 报名时间：××年××月××日起至××年××月××日止。

④ 通信方式：北京市海淀区××路××号　　邮编：100036

联系电话：略

联系人：林先生　黄小姐

E_mail：略

北京××集团公司
××年××月××日

采用邀请招标或议标方式的，招标人应向一定数量的特定的物业服务公司发出投标邀请书，邀请其参与投标。物业管理投标邀请书的基本内容包括：招标人、标的基本情况、招标范围、发售招标文件的时间和地点、参加投标的要求事项等。

案例

投标邀请书范本

为配合城市综合管理，使本物业在专业化物业管理的基础上保值、增值，让业主和使用人享有良好的生活、工作环境，经业主（代表）大会讨论决定，同意邀请你单位参加投标，请接到本邀请书后速来领取招标文件。

1. 物业名称
2. 产权性质
3. 面积
4. 类型
5. 坐落
6. 联系人　　　　　　　　　电话
7. 报名截止日期：××年××月××日

招标单位名称：

××年××月××日

② 组织资格审查。资格审查对保障招标人的合法权益与招投标活动的顺利进行具有非常重要的意义。其主要包括以下两个方面的内容：一是要求投标人提供与其资质能力有关的证明材料；二是对投标人是否具有相应的资质能力进行评审。

一般而言，招标人对投标人的资质审查可以分为资质预审和资质后审两种。但资质预审具有减少正式招标的工作量、提高效率、降低成本与节约时间等优点，在实践中，其被招标人采用的较为普遍。

③ 发售招标文件、召开标前会议。

④ 组织开标、评标和定标。

（3）结束阶段。在这一阶段，招标人与投标人之间一对多的选择与被选择关系转变为一对一的合同关系。包括合同的签订、资料的整理与归档等。

二、前期物业管理投标

前期物业管理投标是指符合招标文件要求的物业服务企业，根据招标文件中确定的各项管理服务要求和标准，根据国家有关法律法规并结合自身的管理水平和条件，编制投标书，积极参与竞标的整个活动过程。

投标活动是物业服务企业能否取得相应物业管理权的关键，尤其是物业管理书编制的好坏直接关系到物业服务企业参与投标竞争的目标能否得到实现。因此，投标人在这一阶段必须进行充分的准备工作。由于这一部分内容的特殊性与重要地位，本书将在提高部分中对其进行详细的介绍。

知识目标

了解前期物业管理投标的基本概念以及流程等内容；掌握投标之前进行可行性分析的重要性。

技能目标

掌握如何进行投标的可行性分析以及分析潜在竞争对手的优势与自身的优势；学会编制投标书的技巧。

 走进实训——"做"

项目二 为某一物业服务企业编制物业管理投标书

【实训目标】

1. 通过实训，应掌握如何进行投标的可行性分析，并就某一招标项目分析自身的优势与竞争对手的优势。

2. 了解物业管理投标书的主要构成内容，掌握制作投标书的技巧，能独立制作投标书。

【实训内容与要求】

1. 学生按自愿分成若干小组，每个小组的成员控制在 10～15 人，并指定 1 人作为小组的负责人。

2. 按照要求设计一定的调查问卷或其他方案，进行投标的可行性分析。

3. 搜集本地物业管理市场中潜在竞争对手的信息，并与自身的特点等进行比较。

4. 制作一份完整的投标书，提交给任课教师。

【成果与检测】

1. 实训结束时，以小组为单位提交某物业管理的投标书，并组织学生进行课堂讨论。

2. 先由各组的负责人根据小组成员在实训中的表现给予评分，然后由任课教师根据提交投标书的情况进行评分。

3. 学生的最终成绩为二者的加权平均。

走进理论与方法——"学与导"

前期物业管理服务投标的实施要经历3个步骤，分别是投标前期工作、投标实施步骤与定标后的工作。

一、投标前期工作

物业服务企业在进行正式的投标活动之前，必须依法取得投标的资格、获取有关的招标信息以及进行投标可行性分析等工作。

1. 取得投标资格

取得投标资格是物业服务公司参与投标业务所必须具备的基本条件，因管理规定不同，物业服务公司从事国内与国际投标业务的资格要求也不相同。

（1）从事国内投标业务的资格要求。首先，物业服务公司必须取得有关工商行政管理部门所颁发的营业执照，才能从事相关的营业活动。

其次，物业服务企业必须具有有关政府部门核准颁发的资质证书。我国对物业服务企业施行资质管理制度，物业服务企业被划分为一级、二级、三级3个资质等级和临时资质。不同资质等级的物业服务企业只能在相应的范围内从事投标业务。

（2）参与国际投标业务应履行的手续。在参与国际投标业务时，物业服务公司应该根据物业所在国的规定，履行以下手续：一是在物业所在国注册，取得该国政府核准颁发的营业执照；二是选择代理人，承办注册、咨询等业务。

此外，物业服务公司的财力状况是衡量其实力的一个重要因素，对成功中标与否起着很大的作用。因此，物业服务公司应当根据招标物业管理所需资金，综合权衡自身的盈利状况、融资能力以及信用状况，做好资金筹措工作，以满足投标全过程及中标后管理的需要。

2. 获取前期物业管理招标信息

与招标相关的信息是进行投标可行性分析所不可或缺的重要依据。因此，在投标之前，物业服务公司非常有必要获取包括目标物业、招标人以及其他潜在投标人在内的有关详细信息。一般而言，获取有关资料的途径主要有以下几种。

（1）通过报纸杂志、电视、网络等媒介发布的招标广告或公告来发现投标目标，这是获取公开招标信息的主要方式；

（2）搞好公共关系，派业务员深入各个建设单位和部门，广泛联系，收集信息；

（3）通过有关政府部门，如发改委、房地产行政主管部门、行业协会等获取信息；

（4）取得老客户的信任，承接后续物业或接受邀请而获取信息；

（5）通过咨询公司等获取信息；

（6）通过有业务往来的单位和人员以及社会知名人士的介绍中获取信息。

3. 进行投标可行性分析

参与前期物业管理投标是一项庞大的工作，需要大量的人力、物力和财力支出，一旦竞标失败，则所进行的各项工作都将前功尽弃，损失是巨大的。因此，在进行投标之前，物业服务公司一定要运用已经获取的各种情况和资料进行投标的可行性分析。主要分析以下内容。

（1）招标物业的条件。主要就物业的性质、规模、类型；技术难度、特殊服务要求；配套建设情况、租售情况、人文景观以及物业开发商的情况等进行深入的分析。

（2）投标竞争形势。主要是考虑以下几点：其一，根据招标项目的性质，预测投标竞争的形势，特别不能忽略新进入者的潜在威胁；其二，预计参与投标的竞争对手的优势，包括特殊服务优势、技术优势、人力资源优势、组织机构优势、地域优势及管理经验优势等；其三，分析潜在竞争对手的投标积极性。

（3）本企业在投标该物业时的优势。主要就以下几个方面进行考虑。

① 是否需要较少的前期费用；
② 是否具有技术、服务、价格等方面的优势；
③ 是否具有以往类似物业项目管理的经验与信誉；
④ 是否具有资金、劳务、物资供应、设备、管理等方面的优势；
⑤ 项目的社会收益是否良好；
⑥ 与招标人的关系是否良好；
⑦ 投标的资源是否充足；
⑧ 是否有理想的投标伙伴联合投标，是否有良好的分包人；
⑨ 物业经营的方式是否先进。

> **特别提醒**
>
> 在进行投标的前期工作时，还必须考虑到的一点是风险分析。物业管理投标所面临的风险因环境的不同而不同：在国内从事物业管理投标，面临的风险主要有通货膨胀风险、经营风险、自然条件风险及其他风险；进行国际物业管理投标时，则还必须考虑到面临的政治风险以及汇率风险等。因有这些要求物业服务企业在投标前须全盘考虑，并结合自身条件制定出最佳方案以使风险最小化。

4. 申请资质预审

物业服务企业在进行上述投标可行性分析初步确定可以参与投标之后，则可以按照要求提交相应的文件材料申请资质预审。

二、投标实施步骤

提交资质预审的申请通过以后，物业服务企业便取得了投标资格，此时也就进入了正式的投标阶段。这一阶段主要包括以下步骤。

1. 购买与研究招标文件

通过资质预审的物业服务企业应该按照规定的时间和地点购买招标文件。获取招标文件之后，物业服务企业应该仔细阅读并分析招标文件。在阅读过程中若发现其中有含糊不清或前后不一致的地方，可在投标截止日期之前以口头或书面的形式向招标人提出疑义与澄清要求。同时，还应注意招标文件中的各项规定，如有关时间方面的要求、有关保函或担保的规定以及有关投标人资质方面的要求等。

此外，还必须注意的是评标时所使用的评标办法。评标办法是招标文件的重要组成部分，投标人最终中标与否完全是按照评标办法的要求决定的。在实践中，有多种评标办法可供使用，每种评标办法的侧重点与要求是不一样的，物业服务企业应明确招标文件中确定的评标办法，以便做有针对性的准备。

> **特别提醒**
>
> 有些情况下，在招标文件中会附有物业服务委托合同文本。此时，物业服务企业就应认真研究合同的条款，熟悉合同的构成。主要考虑以下几个方面。
> (1) 合同的形式是总价合同还是单价合同，价格是否可以调整，如何调整。
> (2) 弄清付款方式（包括支付时间、方法及保证）、货币种类与违约责任等。
> (3) 研究不可抗力、合同有效期、合同终止、保险、争议解决方式等条款。

2. 考查物业现场，参加标前会议

为了帮助投标人充分了解物业的基本情况，以便合理计算标价，开发商通常会根据需要组织所有参与投标的物业服务企业对物业现场进行考察，并召开标前会议，就有关问题进行统一的说明。标签会议的记录及对有关问题的答复均被视为招标文件的组成部分，当其与原招标文件的规定不一致时，以会议文件为准。因此，考察现场和参加标签会议对物业服务企业而言相当重要，一定要认真对待。

3. 确定管理服务方法、内容及工作量

参加投标的物业服务企业应该根据招标文件中确定的物业基本情况和管理服务范围、要求等，详细列出完成管理服务的方法与工作量。不同的物业性质，管理服务的侧重点及要求也不相同，物业服务企业在投标时应根据物业的性质采用不同的管理服务方法。

4. 制定资金计划

在确定了管理服务的内容、方法及工作量以后，物业服务企业应制定完整的资金计划。制定资金计划的目的有：一是复核投标可行性分析的结果；二是做好在议标阶段向开发商做承包答辩的准备。一般而言，资金计划应保证资金流入大于流出。

5. 标价试算

要试算标价，就必须先计算或复核服务的工作量以及掌握标价计算所需的各种单价、费率、费用。然后用服务单价乘以工作量，就可以得出管理服务费用。但是在确定单价时，不可机械地套用统一收费标准。一方面是因为不同物业的情况不同，必须具体问题具体分析；另一方面是因为确定单价时根据竞争对手的状况进行战略上的调整。

6. 标价的评估与调整

对于试算结果，投标人必须经过进一步的评估与调整才能确定最终的标价。主要是进行两个方面的工作：其一是价格类比；其二是竞争形势的分析。分析之后就可以进行标价调整，最后得出最终标价。

7. 办理投标保函

前期物业管理招投标是建立在双方之间信任的基础之上的，为了防止投标人中标后不能履约而给招标人造成经济上的损失，招标人通常要求投标人出具投标保函。投标保函通常由投标单位银行或其主管部门出具，承担的主要担保责任包括以下内容。

(1) 投标人在投标有效期内不得撤回投标书及投标保函；

(2) 中标后，投标人必须按中标通知书中规定的时间前往物业所在地签约；

(3) 签约后的一段时间内，投标人必须提供履约保函或履约保证金。

一旦投标人违反上述规定，招标人就有权向出具保函的银行索赔其担保金额。若投标人未中标或没有任何违约行为，在通知投标无效或未中标或投标人履约后，招标人应及时将投标保函退还给投标人，并解除银行的担保责任。

投标保函的主要内容包括：担保人、被担保人、受益人、担保事由、担保金额、担保货币、担保责任、索偿条件等。

> **特别提醒**
>
> 除了投标保函，投标人还可以以保证金的形式为违约提供担保。此时，保证金将作为投标书的组成部分之一。投标保证金可以银行支票或现金的形式提交，但是必须于投标截止日前交至招标人指定的地点，否则，其投标书将被视为无效投标。中标后，投标人的保证金在双方签订合同并履约后5日内予以退还；未中标的投标人的保证金，将在定标后5日内予以退还，但是两种情况都不用支付利息。

8. 编制投标书

投标书是对前述准备工作的总结，是投标人投标意图、报价策略与目标的集中体现，其编制质量的好坏将直接关系到竞标的成败。因此,一份优秀的投标书必须满足以下 3 个条件:一是要符合招标书的要求;二是要符合本物业管理的实际要求;三是要充分反映本企业的管理特点与长处。通常,投标书包括以下内容。

(1) 本企业基本情况的介绍;
(2) 管理质量目标与承诺;
(3) 管理运作机构设置;
(4) 人员配置和编制;
(5) 管理费用;
(6) 管理规章制度;
(7) 中标后的工作计划等。

> **特别提醒**
>
> 编制投标书的时候应特别注意以下几个方面的问题。
> ① 投标书中的每一空白都必须填写,如有空缺,则认为是放弃意见;重要数据未填写,则可能被作为废标处理。
> ② 提交的全部文件每页都应签字,若填写时发生错误而不得不修改,则应该在修改处签字。
> ③ 不得不改变投标书的格式时,可以另附补充说明。
> ④ 最好用打字方式填写投标书,或者用墨水笔正楷字填写。
> ⑤ 投标书应字迹清楚、整洁、纸张统一,装帧美观大方。
> ⑥ 计算数字要准确无误,无论单价、合计、分部合计、总标价及其大写数字均应仔细核对。

9. 提交投标书

投标书编制完成以后,投标人就应该派专人或通过邮寄的方式将其在规定的时间内提交到招标人指定的地点。

封送投标书的一般惯例是:投标人应准备正本 1 份和副本 2 份,正本和每一份副本都应分别包装,而且须用内外两层封套分别密封和包装,密封后打上"正本"或"副本"的标记,两层封套上都应写明投递地址及收件人,并标明投标文件的编号、物业名称、"在某日某时之前不要启封"等。内层封套是在退还投标文件时用的,因此,应写明投标人的名称和地址,若是外层信封上未按照上述规定密封及做标记,招标人对于投标文件放错地方或过早启封均不承担责任。由于上述原因被过早启封的投标书,招标人将予以拒绝并直接退还给投标人。

10. 参加开标会议和答辩

提交投标书以后,投标人必须在规定的时间和地点参加由招标人组织的开标会议。在评标委员会的专家对投标人提交的投标书进行了评审以后,一般还会组织投标人进行现场答辩。原因有二:其一是专家对投标书中的一些提法有疑问,或者发现错误,有必要对这些错误或疑问作进一步的澄清;其二是进一步了解投标书的真实性、可操作性和客观性。为了给评标委员会的专家留下好的印象,提高中标的机会,投标人在答辩的过程中应注意以下一些细节。

(1) 精心组织答辩班子,挑选熟悉业务、口才好、应变能力强的人员参加答辩;
(2) 准备好答辩会上的公司介绍与应答准备;
(3) 参加答辩的人员应统一服装、按照规则答辩、注意礼貌和礼仪,用语恰当等。

三、定标后的工作

定标后的工作也就是投标结束阶段的工作,在这一阶段主要包括中标后合同的签订与履行、未中标的总结及资料的整理与归档等工作。

1. 中标后合同的签订与履行

经过评标与定标以后，招标人将向中标人发出中标通知书，接到通知书后，中标人应按招标人的要求完善其方案，为签订合同做好准备。

一般而言，前期物业服务合同的签订需要经过签订前谈判、签订谅解备忘录、发送中标函、签订合同协议书几个步骤。前期物业服务合同自签订之日起生效，物业服务公司与业主都应该按照合同的约定履行义务。

2．未中标的总结

未中标的物业服务公司在收到通知后应及时分析本次投标失利的原因，吸取经验教训。一般而言，可以从以下几个方面查找原因：一是准备工作不充分；二是估价不准；三是报价策略失误。

3．资料的整理与归档

在前期物业管理招投标过程中，会产生一些重要的文件。诸如招标文件；招标文件附件及相关图纸；对招标文件进行澄清和修改的回忆记录和书面文件；投标文件及投标书；同招标人的来往信件和其他重要文件资料等。对于这些资料，无论中标与否，投标人都应进行分类整理与归档。主要原因有二：一是可以为中标人解决在合同履行中产生的争议提供原始依据；二是为竞标失利的投标人分析失败原因时提供资料。

第二节　物业招投标方案策划及其执行

知识目标

了解物业管理招标与前期物业管理招标之间的联系与区别；掌握物业管理招标的基本概念与流程。

技能目标

掌握招标文件的内容构成与编制技巧；学会如何编制一份完整的招标文件。

 走进实训——"做"

项目一　对某一小区进行调研，并编制一份招标文件

【实训目标】

1．通过实训，让学生掌握调研的方法与技巧，培养学生的沟通能力。

2．使学生掌握招标文件的主要内容与编制的技巧，实训结束后，能独自完成一份招标文件的编制。

【实训内容与要求】

1．学生自愿组成小组，每组成员 10～15 人，并推举 1 人做小组长，负责此次实训活动中该小组的管理与组织。

2．在调研之前，根据调研的目的设计好调查问卷，并利用课余的时间对特定小区进行调研，取得初步的材料。

3．根据所取得材料，模拟招标活动，为该小区的招标编写一份招标文件。

【成果与检测】

1．实训结束后，以小组为单位，提交一份调研报告和一份招标文件。

2．小组负责人根据本小组成员的表现进行评分，任课教师则根据提交的调研报告以及招标文件的情况进行评分。

3. 学生的综合得分为两者的加权平均。

 走进理论与方法——"学与导"

物业服务招标

物业服务招标的基本工作流程如图 7-1 所示：

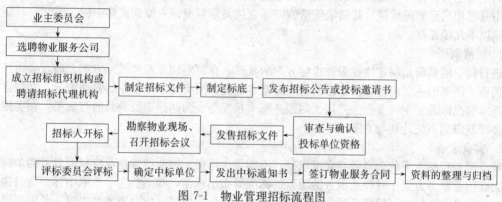

图 7-1　物业管理招标流程图

从以上流程图可以看出，物业管理招标的流程与前期物业管理招标是一样的，在此不再赘述。只是物业管理招标的主体由物业的开发商变成了业主（业主委员会）。

⊙ 知识目标

了解物业服务方案的基本概念；掌握物业服务方案编制的基本原则与程序、步骤。

⊙ 技能目标

掌握如何进行业主物业服务需求方面的调研；掌握物业服务方案的编制技巧，能独立完成物业服务方案的编制。

 走进实训——"做"

项目二　为某一物业服务企业编制物业服务方案

【实训目标】

1. 通过实训，能掌握物业服务方案的主要组成内容。

2. 掌握物业服务方案编制的基本原则以及编制的程序，实训结束后，基本能独立完成一份物业服务方案的编制。

【实训内容与要求】

1. 将学生分成若干小组，每组成员大约 10～15 人，并选定 1 人作为本次实训的负责人。

2. 以小组为单位，对某一物业业主的物业服务需求的档次等进行调研。

3. 实训结束时，提交完整的物业服务方案。

【成果与检测】

1. 实训结束后组织学生进行课堂讨论，由学生选出本次活动中表现最优秀的小组。

2. 任课教师根据学生的评价并结合所完成任务的情况进行评分，并将评分作为该门课程考核成绩的权衡指标。

 走进理论与方法——"学与导"

物业服务投标方案的制定

一、制定物业服务投标方案的原则

制定物业服务投标方案的原则是制定物业服务投标方案的指导思想。物业服务投标方案在投标过程中具有相当重要的地位，其制定质量的好坏直接关系到投标人能否成功中标。因此，其制定必须遵循以下几项原则。

1. 规范调研

进行科学的调研是制定物业服务投标方案的基础，在制定物业服务投标方案之前，必须经过规范的调研。调研的主要内容包括：标的物业的基本情况、同类竞争性物业的管理情况、潜在竞争对手的基本情况以及业主与非业主使用人的服务需求状况等。为达到调研的目的与效果，在实施调研之前必须制定周密的计划与方案。

2. 实事求是

物业服务投标方案的内容务必实事求是，不能弄虚作假。物业服务企业应根据自身的条件和管理能力在物业服务方案中对物业服务的质量的标准等做出承诺，却不能为了争取中标而盲目提高物业服务的质量，否则中标后达不到约定标准也易发生纠纷。此外，物业服务的内容、范围与深度等的设计必须根据业主或使用人的需求与支付物业服务费用的能力、愿望等，切不可贪大求高。

3. 扎实细致

物业服务投标方案的内容应设计的尽可能细致，以便于操作执行。

4. 科学适用

物业服务投标方案初步拟定之后，还应经过反复的论证、修改。在具体实施的过程中还要不断的充实和完善。只有这样，所制定的物业服务投标方案才符合标的物业的实际情况，做到科学适用。

二、物业服务投标方案的内容

不同物业的特点以及管理服务的侧重点不同，其物业服务投标方案的内容和体例自然也就有所差别。一般而言，物业服务投标方案应主要包括以下内容。

1. 管理服务的总体设想与策划

包括物业项目的基本概况，如物业的名称、开发商、物业的性质、物业的坐落位置、物业的建筑面积、物业的规划用途与物业的配套设施设备等；物业项目的分析，如物业所在地的交通状况、社区配套设施等；客户需求分析、服务指导思想、物业服务档次、物业服务的总体范围、物业服务质量及物业服务措施等内容。其中，确定物业服务档次非常重要，服务档次不同，服务的项目、服务质量及收费标准也将不同，所编制的物业服务投标方案也就肯定有所差别。

2. 物业管理服务的模式

主要包括物业服务模式的设计、工作流程、组织机构的构建以及信息的反馈与处理机制等方面的内容。

3. 服务所需人力资源的管理

主要包括目标物业服务所需工作人员的配备、培训以及管理等方面的计划和措施等。

4. 管理制度建设

包括物业服务企业的各项内部管理规章制度。

5. 物业服务的具体内容及质量标准

物业服务的内容及质量标准是物业服务方案的主要内容，主要是关于业主投诉处理；物业公共部位与共用设施设备的管理、维修、养护；车辆停放、交通管理、消防管理及安全保卫；保洁、绿化及环境美化管理；特约服务等方面的服务内容、服务方式、服务方法、物资装备、特色服务、服务承诺及质量标准等。

6. 物业服务的财务收支预算

财务收支预算也是物业服务方案的主要内容之一。其内容主要是关于专项维修资金的收集、管理及运用；物业服务费的构成与收支预算等方面。其中，物业服务费的测算包括服务总价和分项服务单价，各项费用都必须列明测算明细表。

三、制定物业服务投标方案的程序

物业服务投标方案是物业服务企业对物业管理服务的总体思想与措施、规划等方面的反映，其制定必定是一项复杂庞大的系统工程，因此需要各方面的积极配合并按照严格的程序来实施。

1. 成立工作小组

在物业管理招投标中，编写物业服务投标方案的任务由组建的投标工作小组承担。工作小组的成员包括熟悉管理、财务、工程、安保、保洁与绿化等方面业务知识的人员所组成。在必要的时候也可以聘请企业外部的高水平的物业管理专家担任顾问，为制定物业服务投标方案提供指导。

2. 工作人员培训

在工作小组成立以后，就需要对参与物业服务方案制定的工作人员进行必要的业务知识培训。培训的主要内容包括：标的物业的基本情况、制定物业服务投标方案的方法、程序、要求以及内容、优秀物业服务投标方案范例的学习与考察等。

3. 资料、设备和经费的准备

主要是准备与制定物业服务投标方案有关的政策法规、参考书、必要的文件表格、以往制定的其他同类物业项目的服务投标方案、调查研究与制定方案所必需的交通工具、设施设备以及经费支出等。

4. 标的物业基本情况的调查分析

在制定物业服务投标方案之前，物业服务企业应通过各种途径了解标的物业的基本情况。这些途径包括：阅读标的物业项目的设计方案、施工图样和文本资料；实地考察、座谈、收集各种媒体上的公开信息；向政府有关部门了解情况等。在对物业的基本情况进行调查时，主要应调查以下内容。

（1）物业的位置。物业的坐落位置以及东、南、西、北的毗邻。

（2）物业的性质、特色及权属状况。

（3）物业规模。主要包括物业的占地面积、各类用地面积比例、规划建筑面积、已建成面积、各类建筑面积所占的比例等。

（4）项目建筑情况。如建筑结构、质量、技术、标准、管线的布置等。

（5）物业的配套设施及附近的交通情况。附近的交通状况及已经开通的公交车次、地铁的状况等。

（6）安保、消防、保洁及绿化清洁等设施状况。

（7）周边环境状况。

（8）开发商的有关情况。如企业的规模、技术力量、资金条件、信誉状况、以往管理业绩、社会影响、高级管理人员的情况等。

（9）物业的设计单位、施工单位和监理单位的情况等。

5. 业主与使用人需求的调查

可以通过综合运用座谈会、访问、电话调查、发放调查表、实地考察与小规模试验等手段，调查业主和非业主使用人的基本情况以及其对物业服务的需求状况。主要为获取以下情况。

（1）业主和使用人的自然情况。包括人口总数、总户数、业主与使用人的职业、受教育程度、年龄、性别、民族构成等。

（2）业主和使用人的收入状况和经济支付能力。

(3) 业主和使用人对各项物业服务内容、服务档次的现实需要与潜在需求的情况。

6. 同类物业管理状况的了解

主要了解本地区同类型物业的管理服务状况、管理模式、提供的物业服务项目、物业服务收费水平等状况。

7. 调查资料的分析与研究

将调查收集的资料进行整理、分析与归纳，形成简单的调查报告。

8. 物业服务投标方案要点的初步确定

主要就物业服务档次、服务项目、服务模式、服务目标、费用测算、服务措施等要点形成初步的想法。

9. 进行可行性分析

主要是从经济和技术这两个角度对物业服务投标方案的可行性进行分析。如果发现某些要点不可行，则需要经过反复多次的调整与修改，直至具有可操作性。

10. 草拟方案文本

经过反复检验发现物业服务投标方案的所有要点都具有可行性之后，接下来就应开始着手编写物业服务投标方案的初稿。

11. 修改完善

物业服务投标方案的初稿形成以后，还应广泛征求专家、顾问以及本企业相关物业服务人员的意见和建议，对不合理的地方进行讨论修改。

12. 领导审阅

经过反复论证修改的物业服务投标方案还必须提交公司领导审批。

13. 文本定稿

经过领导的阅读、审查、签字，并对相关的地方作出修改以后，便形成物业服务投标方案的最终稿。

14. 方案的实施与完善

物业服务投标方案定稿后便可以付诸实施，并根据实践的情况不断修改和完善。

第三篇

创新服务

　　随着人们生活水平的提升，对物业服务品质的要求越来越高，同时，竞争也越来越激烈，物业服务企业如何能够满足人们日益增长的需要，提供卓越的品质服务，在竞争中取得优异的地位，关键在于物业服务创新和物业服务品质管理。本篇主要阐述这两方面的内容。

第八章 物业服务创新

物业服务企业如何根据物业实际情况及业主的状况,采取什么样的创新模式,如何开发创新服务,以满足业主和市场竞争的需要,本章阐述相应的内容。

第一节 物业服务创新概述

知识目标
理解物业服务创新概念;掌握物业服务创新的分类;了解物业服务创新的必要性。

技能目标
能够对物业服务创新进行分类;识别物业服务创新形势。

走进实训——"做"

项目一 调研校园物业服务创新的必要性

【实训目标】
1. 结合实际,加深对物业服务创新的理解。
2. 初步培养物业服务创新识别。

【实训内容与要求】
1. 由学生自愿组成小组,每组 9~12 人,一个班若干组。利用业余时间,对校园物业服务进行调查与访问。
2. 在调查与访问之前,每组需通过对物业服务创新的相关知识的预习,经过讨论制定调查访问提纲,包括调研主要问题及具体安排,具体可参考下列问题。
(1) 目前校园物业服务的困难在哪里或者说难处在哪里?
(2) 这些困难或难处的根源在哪里?
(3) 针对这些困难或难处及其根源,物业管理处有办法解决吗?
3. 通过调研与访问,了解其中的问题及其原因,针对此,请各组自愿选择其中一个问题(注意相互间不要重复)进行分析,并提出创新性的设想。

【成果与检测】
1. 每组写出一份简要的调查访问报告及相应问题的创新解决方案。
2. 完成后,组织一次课堂交流与讨论。
3. 以小组为单位,分别由组长和每个成员根据各成员在调研与讨论中的表现进行评估打分。
4. 由教师和校园物业管理处经理根据各成员的调研报告与在讨论中的表现分别评估打分。
5. 将上述诸项评估得分综合为本次实训成绩。

走进理论与方法——"学与导"

一、物业服务创新概念

物业服务创新是指物业服务企业为取得经济效益、环境效益和社会效益,向业主提供更高效、更完备、更准确、更满意的服务包(由支持型设备、辅助性物品、显性服务、隐性服务等组成的一系列产品和服务的组合),并增强业主满意度与忠诚度的活动。

物业服务创新已经成为当今物业服务企业的重要竞争手段,服务创新管理是在物业服务企业整体战略的指导下,对服务创新的决策、过程、模式、要素和产出等进行管理的原则、方法与工具的总称。

二、物业服务创新的类型

对物业服务创新可以从多种角度进行分类,下面着重介绍两种分类:按创新的对象分类和按创新的性质分类。

1. 按创新的对象分类

按照创新对象的不同,可以将物业服务创新分为:产品创新、过程创新、组织创新、市场创新和技术创新,如图8-1所示。

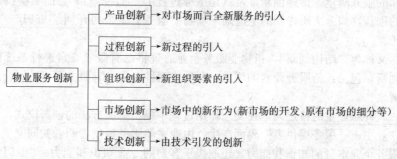

图 8-1　按物业服务创新的对象分类

产品创新:指对市场而言的全新服务产品的开发和引入,如由物业服务企业设计、开发的停车场车辆管理服务系统就是物业服务产品创新的例子,又如广州粤华物业有限公司开发了国家和政府机关物业中的会务服务包(包括会场布置、街道、灯光音响控制等)。

过程创新:指服务生产和传递的过程创新,可分为后台创新(服务辅助体系创新)和前台创新(传递过程创新)。如上海陆家嘴物业服务有限公司开创了96916——物业信息平台,对业主投诉的处理有一套完整的解决、跟踪系统,使公司从传统的物业服务走向现代物业服务,既节约了经营成本,又方便了业主。

组织创新:指服务组织要素的增减,组织形式和结构的改变,管理方法和手段的引入、更新等。如深圳市长城物业服务有限公司在公司总部、分公司以及管理处之间建立的品质监控体系,按照"分级管理,逐步提高"的原则,对物业中的关键岗位、关键流程环境通过公司CEM系统实施即时监控,提高服务品质,更好地满足了业主的需要。

市场创新:指物业服务企业在市场中的新行为,包括开辟全新市场,在原有市场内开发新的细分市场,进入另一个行业和市场,以及在市场上与其他行为主体间关系的改变等。如广州粤华物业有限公司在医院后勤服务领域中,创立了一套适用于医院的物业管理模式,成功地将物业管理与医院(整体)后勤社会化互为融合,开辟了物业管理服务的新领域,并在多家大型医院进行多年的实践,取得了相当好的成效。

技术创新:指在服务组织中引入并应用已有技术或新技术。如广州粤华物业有限公司在20世纪90年代中后期,组织成立了医院临床支持系统调研部,开始对国外医院临床后勤管理进行学习与研究,期间并与中国各地一批有丰富医院管理实践的管理人员、医师、护士合作,对国内医院的后勤工作做了深入的研究和实践,创立了适用于中国医院的两大后勤支持系统,即物业管理及临床后勤支持两大系统。通过该项技术创新,不但自己开辟了新的市场领域,而且为社会做了贡献,使得医护人员专心从事专业工作。

2. 按创新的性质分类

按照服务创新的性质不同,可将物业服务创新分为:传递创新、重组创新、专门创新、形式创新,如图8-2所示。

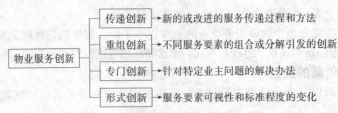

图 8-2 按物业服务创新的性质分类

传递创新：指物业服务企业的传递系统或物业服务行业传递媒介的创新。传递创新充分反映出服务创新的业主参与和交互作用特性。物业服务传递方式的优劣和效率的高低直接影响服务提供的结构和业主感知的服务质量。传递创新常常就是服务过程的"前台创新"，而某些技术创新也导致服务传递界面的创新，如上文所提到的上海陆家嘴物业服务有限公司开创了96916——物业信息平台就是一个例子。

重组创新：又称为"结构创新"，指物业服务企业通过将已有服务要素进行系统性重组或重新利用而产生的创新，包括：新服务要素的增加；两种或两种以上已有服务要素的组合或重组；已有服务要素的分解。

专门创新：只针对业主的特定问题在交互作用过程中提出解决方法的创新模式，如物业客服前台服务创新在"业主——服务提供者"界面产生，由业主和服务提供者两者共同完成，因此创新效果不仅依赖于服务企业本身的知识和能力，还取决于客户的专业知识和能力。"专门创新"是一种"非计划性"的"进行"中的创新，不能事先计划和安排。"专门创新"是一种与累积性的学习过程密切相关，它会产生新的知识并被解码，解码后的知识能够在不同环境中被重复使用。"服务提供者——业主"界面的存在有助于限制创新的可复制性，在一定程度上对创新起到保护作用。如广州粤华物业有限公司在机关物业的会务服务中，要求接待员不仅要懂得常规性的接待礼仪，还要把工作做到细处，体现个性化服务，如上茶水时要考虑到不同的领导所喜爱的茶叶的品种的不同，喝茶速度的快慢及茶杯的摆放要方便取用等。

形式创新：以上各类创新中的服务要素都发生了质或量的变化。"形式创新"不发生量或质的变化，而是各种服务要素的"可视性"和标准化程度发生变化。其实现方式包括：服务要素变得更加有序；赋予服务要素以具体形式等。"形式创新"会使服务要素的标准化程度提高，这为"重组创新"提供了条件。深圳市长城物业服务有限公司通过全员参与的 TSC 小组活动、管理提案制度等，不断优化长城物业的各项业务流程，就是一种形式创新。

三、物业服务创新的必要性

物业服务行业从20世纪80年代初开始，经历了将近30年的发展历程，尽管取得了显著的成绩，但也存在许多问题，需要物业服务企业进行服务创新。

（1）物业服务行业不可替代的行业作用和地位的核心竞争力的缺乏。物业服务行业在人们心目中一直是劳动密集型行业的形象，人们通常认为物业管理就是清洁安保而已，其工作人员就是阿姨和下岗工人，没有什么核心竞争力，只要谁乐意去从事该行业都可以。因此物业管理行业必须要通过创新，摆脱劳动密集型的形象，向知识型过渡，从根本上提升行业的专业管理水平，确立行业不可替代的核心竞争力。

（2）物业服务行业中诸多行政管理和社会管理职能与责任的障碍。物业服务行业中的社区建设和社会治安防范等具有行政管理和社会管理职能与责任色彩的"灰色"界限不清晰，导致物业服务行业的服务范围及其服务品质在业主心目中的印象不好。为此，需要物业服务智慧创新，建立起创新管理，如业主管理机制等，从而让"灰色"不"灰"，塑造良好的社会责任形象。

（3）物业服务产品的公共产品属性，导致其定价以政府指导价形式，同时，人们的生活水平的提升，对物业服务品质的需求高，从而造成物业服务行业只有微薄利润，甚至导致一些物业服务企业生存困难。

（4）物业服务企业虽然数量庞大，但没有规模经济效益。以上海为例，2008 年，上海有 2500 余家物业服务企业，管理服务约 2.9 亿平方米建筑面积的各类物业，平均每家仅管理不到 12 万平方米，这和先进发达地区和国家的物业管理相比存在极大的差距，不符合市场化、规模化、专业化发展的趋势和要求。从物业企业的角度说，较小的管理规模，一方面无法承受公司层面的管理成本，经营效益无法实现和提高，另一方面无法从人力资源、管理资源、技术资源等各方面保障管理项目的优秀服务品质；从广大业主的角度说，相似的物业管理费收取标准和小区规模及物业档次，却存在着管理服务状态的较大差异；而要提高管理服务品质，不少物业小企业由于缺乏科学的管理体系和经济、技术的背景支持就显得力不从心。因而这对于物业企业本身和广大业主来说都是迫切需要改变的现状。

第二节　物业服务创新模式

知识目标
理解物业服务创新 3 种模式的概念；掌握物业服务创新 3 种模式的本质。

技能目标
能够结合实际，运用物业服务创新模式的思想内容核心；理解并能够识别分析现实中物业服务创新案例。

走进实训——"做"

项目二　替校园物业服务处创新一个校园物业服务方案

【实训目标】
1. 结合实际，加深对物业服务创新模式的认识与理解。
2. 初步培养物业服务创新设计能力。

【实训内容与要求】
根据本章第一节的项目一结果，运用本节知识重新进行分析，综合设计 1 个物业服务创新方案。具体要求，根据数据资料的情况，可以几组联合设计，也可以单组设计，但 1 个班级至少要有两个方案。

【成果与检测】
1. 设计完成后，组织 1 次课堂交流与讨论。
2. 以方案设计组为单位，分别由方案负责人和每个成员根据各成员在整个过程中的表现进行评估打分。
3. 由教师根据各成员的方案及在讨论中的表现分别评估打分。
4. 将上述诸项评估得分综合为本次实训成绩。

走进理论与方法——"学与导"

特别提醒　　　　**物业服务创新的 3 种模式**

物业服务创新模式可以从"创新驱动力"、"创新纬度"和"创新参与者"3 个角度描述，相应地形成了 3 类创新模式：物业服务创新的驱动模式（这类模式重在识别驱动物业服务企业开展服务创新的内外部要素，发现物业服务业独特的创新驱动要素组合）、物业服务创新的纬度模式（这类模式重在阐述物业服务企业创新的可能纬度，探讨实现不同纬度创新的物业服务企业中各职能的发展与整合）、物业服务创新的参与者模式（这类模式重在阐述各参与者如供应商、物业服务企业、业主、专业公司等，在创新中的不同角色和相互直接关联的差异）。

一、物业服务创新的驱动模式

物业服务创新的驱动模式很多，这里只介绍3种比较常见的物业服务创新的驱动模式：新工业模式、服务专业模式、有组织的战略创新模式。

1. 新工业模式

新工业模式源于制造业中的传统R&D模式。该模式用灵活性代替了传统R&D模式的标准化，满足了服务创新的交互特性要求，如图8-3所示。

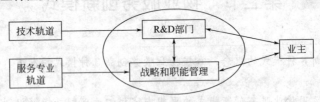

图8-3 新工业模型示意图

"新工业模式"中，创新通过互动源或行为者产生，创新驱动力是技术轨道、服务专业轨道以及业主，其中技术轨道更重要。战略和职能管理部门也扮演着重要角色，R&D部门的作用相对较弱。业主是积极的参与者，并与服务企业的各部门发生交互作用。

2. 服务专业模式

服务专业模式向业主提供的是不同专业领域中的问题解决方案。这种模式没有专门的创新组织，其创新过程主要是一种集体性活动，灵活性强，所有专业人员都参与进去，创新过程遵循某些共同的专业标准和方法。服务专业模式的主要驱动力是服务专业轨道，专家的专业能力对创新具有关键作用。创新的重点是交互作用界面，业主对创新的顺利实施和最终结果有重要影响。如图8-4所示。

图8-4 服务专业模式　　　　　图8-5 有组织的战略创新模型示意图

3. 有组织的战略创新模式

"有组织的战略创新模式"是物业服务中的典型创新模式，如图8-5所示。其显著特点是：整个创新过程在物业服务企业战略和管理指引下开展。该模式设计和开发的创新产品具有较高的"可复制性"。在"有组织的战略创新模式"中，几乎所有的内外部创新驱动力都会对创新产生影响，但战略和管理发挥了主导的控制和调节作用，创新是企业战略指引下的一种有意识的系统性活动。

二、物业服务创新的四维度模式

物业服务创新的四维度模式是一个在微观产品层面对物业服务创新的关键纬度进行识别、并对实现不同纬度创新的物业服务企业各职能进行整合的概念模型，如图8-6所示。物业服务创新与新技术的运用、物业服务本身的特性、新的销售方式、新的"业主——生产者"交互作用方式、新的服务生产方法等纬度密切相关。大多数创新都不是某一要素单独导致，而是各种要素综合作用并包含不同程度变化的混合体。

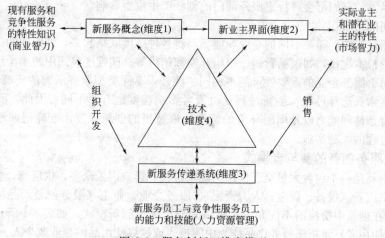

图 8-6 服务创新四维度模型

维度 1：新服务概念

"新服务概念"要求物业服务企业对自身和竞争者提供的已有服务和新服务都有准确的认识，尤其要准确把握创新的特性。通过对"新服务概念"的理解，物业服务企业可以根据市场变化、业主要求以及竞争者行为开发新的服务并改进原有服务，形成企业的"商业智力"。服务创新的"新概念"维度与其他3个维度密切相关。概念创新可能以新的技术机会为基础，可能来自新的服务生产过程，还可能来自业主在服务提供中扮演的新角色（如自我服务）。针对业主理财需求的金融产品管理服务、针对客户在线交易需求的电子商务服务、针对老年人特点推出的"夕阳红"旅游产品等都是"新服务开发"的例子。

维度 2：新业主界面

该维度涉及服务提供给业主的方式以及与业主间交流合作的方式。服务提供者在设计业主界面时应考虑以下问题：如何与业主进行有效交流？企业的潜在业主是谁？企业有能力让业主在创新中扮演"合作生产者"的角色吗？例如家庭电视购物服务、电子商务网络购物的实施都显著改变了服务提供者和业主间交互作用的界面形式和关联方式。

业主界面的创新可能导致整个创新过程的变化和重组。一个典型例子是ATM的引入。ATM的引入不仅使前台银行员工的位置发生转移而且使他们将更多的时间投入到与业主面对面的、更加专业化的交流与交互作用中去，以向业主销售复杂的金融产品。人们常将ATM看作技术创新，但事实上它更重要的是一种银行与业主间关联与交互作用方式的创新。

维度 3：新服务传递系统

该维度指生产和传递新服务产品的组织结构、服务人员和传递方式。服务传递系统维度的创新要求企业通过恰当的内部组织安排和管理，促使员工开发并能以恰当的方式传递新服务产品。该维度的中心是强调现有的组织结构和员工能力必须适应新服务开发和传递方式的需要。如不适应，就要通过新组织结构的设计和员工能力的培训促使创新顺利进行。"服务传递系统"纬度和"业主界面"纬度间密切关联，两者相互交织并相互支持。一个明显的例子是，在企业中引入电子商务网络交易要求有较大的商业过程重组，它不仅改变了现有实际交易发生与传递的方式，还改变了交易前后的过程，企业的内部组织和员工技能也都要发生相应的改变。

维度 4：技术

技术在服务创新中扮演了重要角色。大多数服务都可以通过使用某些技术而使运作过程变得更为高效（如银行运用ICT技术、超市使用购物车以及仓储系统等）。除了在众多服务部门被广泛采用的ICT等通用技术外，还有很多针对特定服务部门的专业技术，如健康服务中的医疗技术、环境服务中的清洁和监测系统技术、公共饮食服务中的食品加工技术、零售服务和运输服务中的冷藏和温度控制技术等,它们都会对特定服务部门的创新产生重要影响。

不同纬度间的关联:

在实际创新过程中,需要不同的企业职能活动将各种维度联结起来,纬度间的"职能关联"是纬度发挥作用的根本途径,如市场营销、组织开发和销售等。四维度模式中的单个维度以及纬度间的不同关联对每个服务企业的重要性可能不相同。此外,不同类型服务所需的资源输入有所差异,对输入资源的搜索和选择过程、创新过程受决策者影响程度也有所不同。因此,服务企业在创新时,要根据自身条件和能力以及周围环境的特点选取适当的创新维度,准确把握不同维度间的关联,推动创新过程的顺利实施。

三、物业服务创新的参与者模式

物业服务创新是一个包含大量交互作用的复杂过程,影响因素众多,供应商、企业和业主都参与进来。根据供应商(设备、资金、人力资源)、服务企业、业主(服务创新产品使用者)之间的"关联"类型和在创新中扮演的不同角色,可以划分出 7 类创新模式,如表 8-1 所示。其中,业主(服务创新产品使用者)是指把服务产品作为中间投入或最终使用品的企业或个人。

表 8-1 服务创新的参与者模式

创新模式	供应商角色	服务企业角色	业主角色	举例
供应商主导型创新	创新来源	创新实施者	创新使用者	专业化服务创新,如安保公司智能监控
服务企业主导型创新	(专项)服务(设备)提供者	创新实施者	创新使用者	便利服务
业主主导型创新	(专项)服务(设备)提供者	创新实施者	拉动创新/创新使用者	面对面服务
服务企业协助型创新	(专项)服务(设备)提供者	对创新有影响	创新实施者	医疗后勤保障系统
服务功能内部化型创新	(专项)服务(设备)提供者	(专项)服务(设备)提供者	创新使用者	工程电工维护
服务功能内部化型创新	(专项)服务(设备)提供者	创新实施者	拉动创新/创新使用者	垃圾清洁服务
基本范式创新	(专项)服务(设备)提供者	创新实施者	创新使用者	中海"1 拖 N"模式

在这 7 类模式中,服务企业、供应商以及业主分别扮演了不同的角色,从模式 1 到模式 6,业主(服务创新产品使用者)对创新过程的影响逐渐增强。

第三节 物业创新型服务开发

知识目标

理解新物业服务开发的定义、特点及原则;掌握新物业服务开发的类型和服务再设计的含义。

技能目标

基本能够运用 3 种不同的方法进行初步设计。

走进实训——"做"

项目一 替某一新建物业项目的物业服务企业针对新建物业项目的入伙服务进行创新设计

【实训目标】

1. 结合实际,加深对物业服务创新设计的认识与理解。
2. 初步培养服务创新设计能力。

【实训内容与要求】

由学生自愿组成小组,每组 9~12 人,1 个班若干组。利用业余时间,每组选择 1 个物业项目进行调查与访问，并针对其设计进行入伙服务创新。

【成果与检测】
1. 每组设计一份入伙服务创新方案。
2. 设计完成后，组织一次课堂交流与讨论。
3. 以小组为单位，分别由组长和每个成员根据各成员在整个过程中的表现进行评估打分。
4. 由教师根据各成员的方案和在讨论中的表现分别评估打分。
5. 将上述诸项评估得分综合为本次实训成绩。

 走进理论与方法——"学与导"

一、新物业服务开发的概念

1. 新物业服务开发的定义、特性与原则

新物业服务开发是指物业服务企业在整体战略的指导下，根据市场需求或战略安排，为现有业主或新业主开发出全新物业服务产品或现有物业服务改进型产品的活动。其结果是形成现有物业服务的价值增值或新物业服务的价值创造。

新物业服务开发具有如下特性。

(1) 新物业服务开发是在物业服务企业整体战略和创新战略指导下的一种开发活动，因此有意识、有组织和系统性的开发活动占据了主导地位；但不排除偶然性的、非系统性的开发活动，如某些员工或某一部门为解决某个问题或在外界环境的影响下提出创新概念并进行的开发活动。研究表明，有组织、系统性的开发活动更有助于提高新服务开发的效率。

(2) 新物业服务开发活动既可以是在企业统一规划下的正式活动（配置有专门的资金、人力、设施等资源），也可以是基于某个部门或个人创新思想的非正式活动（无专门的资金、人力、设施资源配置）。

(3) 新物业服务开发不是单纯的线性过程，新物业服务开发活动不一定必须经历开发过程的每一个阶段，它可以根据需要跳过某些阶段，或是几个阶段同时进行，因此具有较大的灵活性。

(4) 由于物业服务的提供与消费同时进行，员工与业主之间存在互动，因此将员工与业主包含进新物业服务开发过程非常重要。例如，万豪国际酒店物业服务因其让客户参与酒店房间设计而闻名，该酒店客房中家具的布置、设计不只基于设计者的思想或为了服务的方便，而主要目的是要受到住客欢迎。

2. 新物业服务开发的类型

新物业服务开发的范畴较广，不同类型的新物业服务开发具有不同的创新水平，表8-2列出了新物业服务开发的6种基本类型。

表8-2 不同创新度的新物业服务开发

类 型	描 述
突破型创新 1. 重大创新 2. 启动新业务 3. 在当前的服务市场中引入新服务	1. 对市场而言的全新服务，如将物业服务企业角度转换成服务集成商 2. 在现有服务市场中引入新的服务，如保险业务引入物业服务中 3. 对现有业主和组织提供的新服务（即使该服务在其他公司也可能得到）
渐进型创新 1. 服务产品线扩展 2. 服务改善 3. 风格和形式变化	1. 现有服务的扩展，如增加新的家政服务、洗衣服务，引入新的过程 2. 当前被提供服务的特性在某种程度上的变化，如出入的刷卡服务替代原有的门岗服务 3. 对业主感知、感情和态度有影响的形式上的一定程度的可见变化，不改变服务基本特性的风格变化或者外形变化

3. 物业服务再设计

除全新物业服务开发，对现有物业服务进行再设计也是一种可行的物业服务开发。物业服务过程的再设计是指对现有的物业服务过程的更新，科技的发展、业主需求的变化、物业服务功能的增加等，都会使现行的物业服务过程发生变化。物业服务过程再设计的目标是：减少物业服务失误的数量；缩短从物业服务开始到物业服务完成的循环时间；提高物业服务产出；提高业主满意度。

基于提高业主利益或降低业主成本考虑，物业服务再设计包括表 8-3 列出的 5 种类型，其中列出了每种类型为物业服务企业和业主带来的潜在收益和潜在挑战。

表 8-3　5 种类型的物业服务过程再设计

方法和概念	物业服务企业的潜在收益	业主的潜在收益	管理挑战
前台流程简化服务（消除服务过程中无价值的多余环节）	1. 提高服务效率 2. 增加服务产出 3. 提高业主化服务的能力 4. 企业业务多样	1. 提升服务速度 2. 提高服务效率 3. 将服务从业主转移到企业 4. 分离业主活动 5. 业主化服务	需要额外的业主培训与员工培训以推动服务过程的有效实施
自助服务（业主扮演服务生产者的角色）	1. 成本降低 2. 提高服务产出 3. 强化技术 4. 企业业务多样化	1. 提高服务速度 2. 增强服务可获得性 3. 节约成本 4. 增加控制感	1. 需要业主为自助进行准备 2. 限制面对面的互动 3. 难以获得业主认同 4. 难以建立业主忠诚
直接服务（将服务传递到业主家中）	1. 消除空间位置的局限 2. 扩大业主群 3. 企业业务多样化	1. 提升服务便利性 2. 业主化服务	1. 易造成物流负担 2. 需要高额投资 3. 需要信用支持
捆绑式服务（同一服务过程提供多种服务）	1. 企业业务多样化 2. 巩固业主对服务的支持 3. 增加单位服务的利润	1. 提升服务便利性 2. 业主化服务	1. 目标业主需要关于服务的详细知识 2. 业主会感觉服务捆绑造成浪费
实体环境服务（与服务有关的有形物的使用）	1. 提供员工满意度 2. 增加服务产出 3. 企业业务多样化	1. 提升服务便利性 2. 强化功能 3. 培育业主兴趣	易被模仿

（1）流程简化服务。流程简化服务指前台流程的简化提高服务的活动，例如，业主入住服务中快速入住服务（预约、分流分类）、诉求快速解决服务。前台服务的效率提升能在服务传递中改善业主的体验。

（2）自助服务。自助服务是指将业主转变为生产者的模式。物业服务企业通过服务流程再设计能够在利用率、准时性和人员控制方面提高业主收益，如物业服务企业通过银行进行收费服务就是自助服务的实例。

（3）直接服务。直接服务指无须到达服务提供商所在地，企业直接在业主所在地提供服务，如上门接送小孩服务等。

（4）捆绑式服务。捆绑式服务指将现有服务分组或将多种服务组合在一起提供给业主。这样能为业主带来便利性，较单独购买每项服务有更大价值。

（5）实体环境服务。实体环境服务指改变与服务相关的有形物体或服务的物理环境来改善业主体验，例如，在客服前厅摆放秋千座位及物业项目说明书及物业相关使用类书籍，如装修杂志等。

二、物业服务设计

1. 物业服务设计概念

物业服务设计是指物业服务企业根据自身特点和运营目标，对物业服务运营管理作出的规划和设计，其核心是完整的物业服务包与物业服务传递系统的设计。物业服务设计的要素可以划分为结构性要素和管理要素，它们向业主和员工传递了预期服务与实际得到服务概貌。

（1）结构性要素。传递过程设计：前台和后台、流程、服务自动化与标准化、业主参与。设施设计：大小、艺术性、布局。地点设计：地点特征、业主人数、单一或多个、竞争特征。能力设计：业主等待管理、服务者人数、调节一般需求与需求高峰。

（2）管理性要素。服务情景：服务文化、激励、选择和培训员工、对员工的授权。服务质量：评估、监控、期望和感知、服务承诺。能力和需求管理：需求/产能计划、调整需求和控制供应战略、业主等待的管理。信息设计：竞争性资源、数据收集。

2. 工业化设计法

（1）工业化设计法的思路。工业化设计法又称生产线法，它试图将制造业对生产过程的控制理念引入物业服务业务，运用系统化、标准化原则，将小规模、个性化和不确定性的服务系统改造为大规模、标准化和稳定的服务系统。生产线方法可以保证物业服务企业提供稳定的质量和高效的运作，所有工作是在受控的环境中完成的。

（2）工业化设计法的内容

① 服务包的标准化。这是指通过对服务包的分析，尽量减少其中的可变因素使服务包的各个要素实现标准化，为业主提供稳定、一致的服务。标准化服务的一致性是生产线方法的优势所在，也是业主关注的中心。

② 物业服务系统的标准化。这是指通过分析服务运营的各个阶段，在适当的地方采用机械化和自动化设备来替代劳动密集型劳动，以提高标准化程度和效率，减少人为差错。

③ 设计和控制的标准化。这是指运用系统化的方法，使运营过程的各个阶段得到精密的组织和控制，以此增加系统运转的稳定性，提升系统的运营效率。具体包括：通过精确的分析和计算确定设施的选址与布置、分析工作流程进行工作设计提高人员的工作效率、在系统分析的基础上建立明确的劳动分工、制定明确统一的服务人员标准操作规范和服务标准程序。

从技术应用的角度看，工业化设计方法的实施包括"硬技术"和"软技术"两方面的应用。硬技术的应用是指用机械和自动化设备、信息系统等替代传统的人工劳动。软技术的应用是指对服务组织和管理系统进行精确、严密的规划和设计以实现标准化。

3. 定制化设计方法

（1）定制化服务设计法的思路。工业化设计法适用于技术密集、标准化和大规模的服务类型，而在许多服务类型中，业主需要非标准化、个性化的服务。在这种情况下物业服务企业要运用定制化方法，考虑业主的偏好、特点和需求，将业主作为一种积极的生产资源纳入服务系统，以此提高服务系统的运作效率。具体来说，采用定制化服务设计方法可以为企业带来如下好处。

① 满足业主的个性化需求，提高业主满意度。业主主动参与服务系统的设计而非被动接受，使其能更自由地控制服务过程，从而满足自身的需求，有助于业主对服务形成良好的感知、提升业主满意度。

② 提高服务的运营效率。首先，将业主作为生产资源，业主能主动调节需求，使之与供给相适应，这有助于供需平衡，提高设施、人员的利用率。其次，业主承担一部分工作之后，能减少员工的操作时间、降低服务的人力成本。最后，业主的主动参与有助于业主接触服务系统中的新技术和设备，加快业主对服务过程的熟悉，有助于管理者对新技术的使用效果和优缺点作出评价和及时调整。

（2）定制化设计法的内容。定制化服务设计方法主要有以下内容。

① 把握业主需求，确定服务流程中的业主参与程度，充分理解和把握业主的个性化需求；分析业主在服务提供过程中的行为，考虑可能出现的各种情况；分析服务提供的整个流程，确定哪些工作可以由业主承担，是否可以让业主拥有更大的控制权；最终确定业主在不同服务提供环节的参与限度。

② 注重服务传递系统的灵活性和业主学习，根据以上分析，重新设计或改进服务传递系统，

使其为业主参与和控制留下更大空间，推动业主化服务高效、保质地进行；安排业主学习，要使业主在更多参与服务提供过程并行使自主权和控制权，就必须巧妙地使业主快速、简单地掌握所需的技能和知识，避免由于业主参与而造成服务系统运营效率的降低；举办有关活动和采取一定措施吸引、帮助业主主动参与服务提供过程。

③ 在服务提供过程中给予员工更大的自主权，为员工制定相应的服务措施、操作规范和授权方式，使其在业主化的服务设计中发挥积极、有效的作用。

④ 动态监控和评价服务绩效。不同业主的服务要求有很大差异，因此必须随时关注服务提供的过程和结果，并及时评价，才能不断改进服务系统和提高服务水平。

相对于工业化设计法，定制化服务设计法能通过提供更加个性化的服务来满足业主偏好，并通过业主的参与和主动调节供需平衡而在一定程度上改善服务效率。但总体来说，服务的个性化必然会影响服务系统的运营效率，因此，必须合理确定业主的参与环节与参与程度，以实现满足个性化需求和提高服务效率的目的。

服务标准化程度与业主参与程度对服务效率的影响见图 8-7。

此外，要顺利实施定制化设计法，还必须在充分了解业主、硬服务设施（包括新技术和自动化设备）、软服务设施（如管理体系、信息系统）

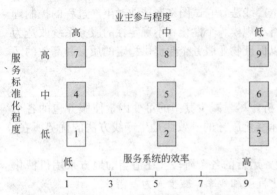

图 8-7　标准化与业主参与对服务系统效率的影响

的基础上，将三者融合在一起，使业主参与和服务传递系统产生协同作用，以此改善服务水平和效率。

4. 技术核心分离设计法

(1) 技术核心分离设计法的思路。技术核心分离设计法的思路又称业主接触设计法，它将服务系统分为高业主接触部分（前台）和业主低解除部分（后台）。"业主接触"指业主亲自出现在服务中的过程与活动，"业主接触程度"可以用业主出现在服务活动中的时间的百分比表示。在高接触度系统中，业主通过直接接触服务过程而决定需求时机和服务性质。在低接触系统中，业主不会对生产过程产生直接影响。

高接触程度的前台采用业主化的设计思想和方法，满足业主的个性化需求，灵活处理各种具体问题；低接触的后台类似于制造工厂，按照工业化的方法设计"技术核心"，通过使用自动化设备、标准化流程和严格分工，达到较高的运营效率。前、后台之间的衔接部分用于信息和物料交换，对前台的个性化工作进行初加工，以利于后台的批量处理。因此，技术核心分离法既能满足业主对服务的多样化需求，又能充分利用工业化方法的批量生产实现规模经济。

(2) 技术核心分离设计法的内容

① 确认、划分高接触部分与低接触部分。按照接触度，将服务系统划分为高接触子系统与低接触子系统；找出两个子系统的关键运营目标，确认子系统及下属各单元的工作任务；建立两个子系统之间的衔接，使其能良好地协同运作。

② 设计高接触部分。仔细评估与业主接触各个环节的重要程度和不同环节业主的真正需求；充分利用业主化设计方法进行服务系统设计，尽量减少可能影响服务效率的不必要的接触，如用自动化服务替代部分人工服务。

③ 设计低接触部分。遵循工业化设计的概念，采用新技术和自动化设备，制定时间、费用标准，对服务系统的资源、流程和产出进行精确控制；分离前台与后台，整合后台工作，以此降低费用、提高效率。

④ 考察和评价。以整合性观点对各个部分进行全面考察和评价，找出衔接不良或未能使系统

综合运营水平达到理想目标的环节,全面改善整个服务系统。

技术核心分离设计法的关键是对高接触部分和低接触部分的设计以及在低接触作业中分离核心技术的能力,因此必须对各自的设计特点有清楚的认识。其中,高接触服务活动要求员工有较强的人际关系处理技能,其服务水平和行为不确定性程度高。低接触服务作业可以与高接触服务作业在实体上分离,后台活动按工厂方式作业而高效使用生产能力,由此可凸显前台与后台分离的好处。见表 8-4。表 8-5 是高接触作业与低接触作业的不同控制特点。

表 8-4 高接触与低接触服务作业的设计思想差异

设计思想	高接触作业	低接触作业
决策过程	受既定策略影响较大	根据现场状况灵活决策
任务类型	业主、员工和技术 3 个因素间的互动	员工与技术的互动
人力资源	较高的人际沟通能力与服务技巧	较高的生产技能
组织目标	最佳服务水平	最高运营效率
设施地址	接近业主	便于操作
实施布局	考虑业主的生理、心理需求及期望	提高生产能力
产品设计	环境和实体产品决定了服务的性质	业主在服务环境之外
过程设计	生产环节对业主有直接影响	业主不参与大多环节
进度表	业主包括在生产进度中	业主不参与大多处理环节
生产计划	订单不能被搁置,否则会使业主流失	生产可能顺利,也可能出现障碍
人工技能	员工与业主之间接触频繁,必须能够具备良好的人际关系处理能力	员工只需要一种技能
质量控制	质量标准取决于评价者,可变	质量标准可测量、固定
时间标准	由业主需要决定,时间标准不严格	时间标准严格
工资支付	易变的产出要求,按时计酬	固定的产出要求,按件计酬
能力规划	为避免销售损失,生产能力以满足最大需求为准设计	储存一定的产品以使生产能力保持在平均需求水平上
预测	短期预测,以时间为导向	长期预测,以产品为导向

表 8-5 高接触与低接触服务作业的不同控制特点

控制系统特征	高接触作业	低接触作业	控制系统特征	高接触作业	低接触作业
工作表现的衡量标准	主观、可变化	客观、固定	反馈信息的明确程度	较难	较易
缺点衡量标准	不精确	较精确	缺点的改变	必须立即进行	可稍缓

第九章 物业服务品质管理

物业服务品质管理主要包含物业服务企业质量管理体系的导入及整合管理体系的建立,从而为物业服务企业提供市场选择品质标准,最终为卓越品质创造基础。

第一节 质量管理体系建立实施

  知识目标
　　了解质量管理体系概念;掌握质量管理体系的建立实施过程。

　　技能目标
　　能够把握质量管理体系的导入;能够编制质量管理体系文件及将其实施。

走进实训——"做"

项目一　为校园物业管理建立质量管理体系

【实训目标】
1. 结合实际,加深对质量管理体系的认识与理解。
2. 初步培养建立质量管理体系的能力。

【实训内容与要求】
1. 由学生自愿组成小组,每组9~12人,1个班若干组。利用业余时间,为校园物业服务项目建立质量管理体系。
2. 根据校园物业项目实际情况及质量管理体系建立实施所需完成的内容进行分工,每人负责一部分,组长协调。
3. 以本节前面章节所完成的实训内容为资料,运用本章知识进行分析修正完善。

【成果与检测】
1. 每组完成校园物业服务项目的质量管理体系对应内容。
2. 结束后,组织一次课堂交流与讨论。
3. 以小组为单位,分别由组长和每个成员根据各成员在过程中的表现进行评估打分。
4. 由教师根据各成员的报告与在讨论中的表现分别评估打分。
5. 将上述诸项评估得分综合为本次实训成绩。

  走进理论与方法——"学与导"

一、质量管理体系(QMS)简介

　　ISO 9000族质量管理保证标准是国际标准化组织(ISO)不断修改完善而成的质量管理领域的系列标准。它于1987年发布,已经历1994版和2000版等的修改。2008版ISO 9001标准已于2008年11月15日正式颁布。本次修改的原则之一是继承性与进一步完善相结合,虽然没有像2000年那样有重大的结构性的变化,但是,ISO 9001:2008标准是根据世界上170个国家大约100万个通过ISO 9001认证的组织的8年实践,更清晰、明确地表达了质量管理体系要求,并增强与ISO 14001:2004的兼容性,新标准特别强调了实施管理体系的有效性。

ISO 9000 族标准适用于各种类型、不同规模、不同产品的组织，是世界上许多经济发达国家质量管理实践经验的科学总结。目前世界上 100 多个国家和地区正在积极推行 ISO 9000 系列标准。

2000 版 ISO 9000 族标准包括一组密切相关的质量管理体系核心标准：ISO 9000：2000《质量管理体系　基础和术语》、ISO 9001：2000《质量管理体系　要求》、ISO 9004：2000《质量管理体系　业绩改进指南》、ISO 19011：2002《质量和（或）环境管理体系审核指南》。

我国等同采用 ISO 9001：2000 标准，等同转换为 GB/T 19001—2000 标准。

实施 ISO 9000 族标准，可以促进组织质量管理体系的改进和完善，对提高组织的管理水平能够起到良好的作用。具体而言，组织实施质量管理体系可以获得如下收益：增强顾客满意；增强顾客的信任感；有助于扩大市场占有率；激发员工工作热情；减少无效的重复劳动；减少出错机会；更有效地利用时间和资源；提高工作效率；减少各种浪费；节约成本；加强内部沟通；有助于组织内部的持续改进；提高组织的经济效益；增强组织竞争力。

根据 ISO 9000：2000 标准中"产品"的定义可知，服务是与硬件、流程性材料、软件并列的 4 种通用产品之一，可见，物业管理服务是产品。ISO 9000 族标准适用于物业服务企业。

二、物业服务企业导入 ISO 9000 族标准质量管理体系的作业规程

1. 作业规程目标

作业规程规范物业服务企业导入 ISO 9000 族标准质量管理体系，确保物业服务企业正确、顺畅地导入 ISO 9000 族标准质量管理体系，并通过认证，适用于物业服务企业导入 ISO 9000 族标准质量管理体系工作。

2. 企业内部不同级别部门的职责

企业总经理负责领导物业服务企业导入 ISO 9000 族标准质量管理体系工作。企业管理者代表具体组织 ISO 9000 族标准质量管理体系的文件编制、控制、发布实施、运行、认证，以及质量体系的维持、评价、改进工作。其主要权限是：处理与质量管理体系建立、运行有关的问题，任命内部质量审核组长。公司品质部负责组织实施 ISO 9000 族标准质量管理体系文件的编写、控制、发布实施、运行、认证，以及质量体系的维持、评价、改进工作。

3. 程序要点

物业服务企业导入 ISO 9000 族标准质量管理体系一般经过以下步骤。

（1）聘请 ISO 9000 专业顾问。导入 ISO 9000 族标准质量管理体系是一项专业性、理论性均较强的工作。物业服务企业初步导入 ISO 9000 族标准质量管理体系，应聘请精通 ISO 9000 族标准质量管理体系，同时又有一定的物业服务知识经验的人士作为导入 ISO 9000 族标准质量管理体系的专业顾问。其作用是指导公司的导入工作，协助建立物业服务文件化的质量管理体系，指导质量管理体系在公司的有效运行、培训员工。

（2）任命管理者代表。物业服务企业在导入 ISO 9000 族标准质量管理体系时，应当首先由公司总经理任命一位管理者代表，协助自己领导 ISO 9000 族标准质量管理体系的导入和维持改进工作。导入 ISO 9000 族标准质量管理体系，领导力量至关重要，因此管理者代表一般都是由副总经理或总经理助理担任。

（3）成立品质部。ISO 9000 族标准质量管理体系的导入和维持改进是一项长期的工作。为使质量管理体系在公司的运行得到有效维持，应当在导入 ISO 9000 族标准质量管理体系之初成立专门的 ISO 9000 族标准质量管理体系控制、实施部门——品质部，规模较少的物业服务公司可由办公室兼。品质部的成员由公司管理者代表从各部门的业务骨干中抽调 1～2 名组成。抽调的人员要求具有较高专业理论水平和文化知识，熟悉本部门专业工作，思维敏捷，原则性强。品质部主要作用是：在建立文件化质量管理体系阶段，负责编写质量管理体系文件；在运行阶段，负责质量管理体系文件的发放，运行质量的审核、控制、维持和改进，员工的培训和质量管理体系的对外联系工作及员工的绩效考核实施工作。

（4）品质部员工和公司主要干部外送培训。导入 ISO 9000 族标准质量管理体系，首先需要公司主要干部和从事 ISO 9000 族标准质量管理体系专业管理人员熟悉理解 ISO 9000 族标准质量管理

体系的基本理论。公司导入 ISO 9000 族标准质量管理体系之初,应当组织公司的主要干部和品质部员工接受 ISO 9000 族标准质量管理体系基本理论的培训,便于更好地理解 ISO 9000 族标准质量管理体系在物业服务中的重要意义,更好地支持 ISO 9000 族标准质量管理体系的导入。培训的内容通常包括服务意识、质量意识、ISO 9000 族标准质量管理体系基本理论及如何编写本公司的质量管理体系文件。

(5) 建立文件化的质量管理体系。文件化质量管理体系的建立是公司 ISO 9000 族标准质量管理体系的文件的编制工作。ISO 9000 族标准质量管理体系文件主要包括质量手册、程序文件和作业规程。其编写要坚持基本原则,符合基本要求。

(6) 质量管理体系文件的审核。质量管理体系文件初步编制完成后,公司管理者代表应立即着手将文件送达各实施主要负责人手中,请他们对文件规定的内容展开全面、自由无限制的论证,论证的内容:是否适宜,是否全面,是否正确。品质部应将讨论结果加以汇编后报总经理和管理者代表,最后依据合理的审核意见对质量管理体系作一次全面修改。在质量管理体系编制完毕后,公司应及时送品质部员工和管理者代表、总经理和公司的其他主要干部外出接受 ISO 9000 内部质量审核员的培训,为质量体系的有效运行打好基础。品质部员工应当参加完培训,并参加考试合格后获得国家技术监督局颁发的企业《注册内部质量审核员证书》。公司总经理应当以文件的形式在质量管理体系试运行前正式任命品质部成员为物业管理公司内部质量审核员。

(7) 员工培训。在质量管理体系试运行之前,公司总经理应主持召开员工贯彻 ISO 9000 族标准的动员大会,先从思想上、意识上为 ISO 9000 族标准在物业管理公司的推行做好准备。管理者代表再将 ISO 9000 文件下发到各部门后应立即组织公司员工进行全方位的执行质量体系文件的培训,培训应注意多层次、全方位的展开,直至员工基本都能理解和掌握文件的要求方可。

(8) 质量管理体系试运行。质量管理体系的文件培训完成后,开始进入试运行阶段。试运行阶段的时间一般在两个月左右,其目的一是为了检验质量管理体系的适宜性和有效性;二是为了让员工严格按文件执行而养成良好的工作习惯,为质量体系在物业管理公司的正式推行打好基础。试运行的要求:按文件要求作业,严禁随意操作;按文件要求记录,严禁弄虚作假;反映问题要通过正式渠道向品质部反映,严禁诋毁文件。为保证质量管理体系的有效试运行,公司应当制定严厉的惩罚措施来确保执行的严肃性(此阶段也称作强制执行阶段)。

(9) 进行第一次内部质量管理体系审核。在质量管理体系试运行一段时间(通常为一个月左右)后,管理者代表应安排公司品质部对质量管理体系的运行进行第一次内部审核。审核目的:评价质量管理体系试运行的质量;评价文件化质量管理体系本身的质量;有针对性地帮助员工解决推行质量管理体系时出现的问题;严肃纪律,确保推行的真实性和有效性。第一次内部质量审核应当邀请外部专家和顾问协助进行。

(10) 修改完善质量管理体系。在质量体系试运行完毕后,管理者代表应当组织品质部对公司的质量体系进行一次全面的修改。经修改后的质量体系文件,应操作性强,与物业服务企业的实际相符合,完善周到、详细明了、严谨规范,可检查、可评价性强。

> **特别提醒** 修改的内容
>
> 去掉不适宜的作业规程,增加遗漏的作业规程,修改不适宜、可操作性差的作业规程。

(11) 质量体系的运行与维持。总经理在文件化质量体系基本完善后,正式通知质量体系开始在公司进行全面运行。质量体系按照实施运行的基本要求推行。品质部和各部门干部是 ISO 9000 质量体系得以有效推行的保障。品质部通过随时的抽检和定期的内审,纠正、预防推行中出现的问题;各级干部则通过随时随地的工作检查和批评教育、行政处罚来保证质量体系的有效执行。

质量体系实施运行的基本要求

"做你所说"——严格按照文件工作，严禁随意作业，不按规程工作；
"记你所做"——严格依照工作的实际情况进行记录，严禁弄虚作假；
不允许抵触 ISO 9000 族标准

（12）第二次内部质量审核。在质量体系运行两个月左右后，管理者代表应开始着手安排第二次内部质量审核。内审的目的：发现执行中出现的不合格的情况，发现文件体系中的不合格的情况，有针对性地帮助员工解决推行中的各类问题。内审后审核组应该召开内审会议，分析出现不合格的情况的原因，进一步完善文件化质量体系，惩处主观故意抵制质量体系推行的员工，提高员工的工作水准。第二次内审后，品质部应依据审核结果和员工的合理建议进行修正、完善质量体系。

（13）预审。当质量体系实际有效平稳地运行了一段时间（至少 3 个月以上）后，物业服务企业可以向 ISO 9000 质量认证机构提请认证并预约好认证前的预审核。认证预审由企业提前两个星期向认证机构报送企业质量体系的一级文件（质量手册）、二级文件（程序文件），经认证机构审核通过后，双方约好预审的时间。预审时认证机构在正式审核之前对申请认证单位进行的一次预备审核。其目的是为了事先充分了解申请认证单位的质量体系实际情况，以便作出是否进行正式审核的决定。预审时间由企业管理者代表负责安排，全体员工均应在预审时恪守职责、认真工作，以确保预审的顺利进行。预审完毕后，企业品质部应当依据认证机构审核员的审核意见，进一步地认真修改质量体系文件，并监督执行。

（14）现场认证。预审通过后，企业应根据认证机构正式进行现场认证的安排，积极迎接现场认证。为迎接认证机构的现场认证，应作如下准备：整理好所有的原始记录，整理好所有的文件，按文件规定管理好所管理物业的硬件设施，以良好的精神风貌和工作状态迎接认证。企业总经理应亲自组织安排迎接认证的准备工作。企业在认证机构进行现场认证时应积极配合做好认证工作。

（15）通过质量认证获取《质量体系认证证书》。如果现场认证获得通过，一般情况下经过认证机构对现场审核的批准后，企业将获得《质量体系认证证书》。认证的通过，标志着企业推行的 ISO 9000 质量体系是适宜的、有效的，对提高企业的声誉、规范管理、服务水准都具有重大意义。

（16）质量体系的维持与改进。认证机构在企业认证后，每隔一段时间（一年左右）将对企业进行复审，以维持质量体系的有效性。企业品质部是企业维持质量体系的日常管理部门。品质部依据《内部质量审核管理标准作业规程》和《品质部日常抽检工作标准作业规程》来有效地维持 ISO 9000 质量体系在企业的运行。质量体系是一个持续改进的体系，品质部应当根据物业管理工作的发展变化和工作实际，不断地改进和完善物业服务企业的 ISO 9000 质量体系。质量体系文件每年至少应修改一次。

三、物业服务企业导入 ISO 9000 质量管理体系的实施要点

1. 制定符合物业服务企业、业主和社会要求的适宜的质量方针和质量目标

物业服务企业所提供的产品，就是向业主提供物业服务。物业服务企业的最高管理者应研究、识别、确定业主的需要和期望，结合物业服务行业和本企业的特点，制定质量方针和质量目标。

质量方针与质量目标

① 质量方针与质量目标应被全体员工广泛接受。
② 质量方针与质量目标应被业主和社会广泛认可。
③ 质量方针、质量目标的内容，应体现企业对物业服务质量的承诺，强调业主至上。
④ 质量方针、质量目标应尽量量化。

对质量方针/质量目标的实施，应大力宣传，不仅使组织的所有员工理解和贯彻，还应向业主或业主委员会和社会公开，体现组织的服务承诺和社会义务。

在质量目标的进一步细化、分解问题上，可以根据企业的具体情况，设置"质量指标"的概念，对目标分阶段、分层次、分项目地开展，最终分解到班组直至个人。这样做，可以使每一个员工都清楚地知道自己的工作目标和努力方向，也可以使服务的业主深刻感受到物业服务的持续改进。

2．明确组织内部的职责、权限和相互沟通的形式、方法

物业服务企业内部的机构设置、人员配置、职责分配以及服务提供，要根据服务对象业主的需求和期望及企业实际情况进行。同时，物业服务企业要规定各自的工作内容应达到的水准，尤其应注意接口衔接，避免遇事谁都不管或谁都去管的极端做法。

特别提醒　接口衔接

组织设计应注意协调管理处与企业、专业班组（部门）与管理处、各班组之间的关系，明确各自的职责和相互间的接口。

物业服务企业需要与社会各个方面打交道，从某种意义上说，每个员工都是公关人员。ISO 9000：2000标准强调内部沟通。物业服务企业应建立内部沟通机制和程序，将其纳入质量管理体系，明确范围、内容和管理工具等。同时，质量管理体系是一个全员参与的体系，及时进行有关企业的发展、方针/目标、服务理念等信息的传递和沟通，使员工之间相互了解、相互信任。

3．服务理念应体现"以顾客为关注焦点"的原则

"以顾客为关注焦点"是物业服务企业的行动准则，物业服务企业首先应考虑识别和确定业主的需求和期望。业主的需求和期望既包括在《物业服务行业规范》、《物业服务合同》、《管理规约》中已明确的服务内容，还应包括业主未来的、潜在的需求和期望。同时，这些也是处在动态变化之中。

特别提醒　顾　客

顾客包含外部顾客也包含内部顾客，外部顾客主要是业主及一些相关利益者，如大众媒体、当地居委会、派出所、城建等单位，内部顾客是指服务流程的下游。

物业服务企业应不断调整自己的质量目标、提升服务档次、完善服务内容，不断规范、完善内部管理职责、权限，以适应这种发展。

4．质量管理体系的文件应体现行业特点

ISO 9001：2000标准建立的物业服务企业的文件化结构，以3～4个层次为宜，即第一层次：质量手册；第二层次：程序文件；第三层次：各种工作规程、作业指导书、质量记录、表格、报告等（第三层次可以进一步扩展到2～3个层次）。整个文件应根据标准要求、行业特点、顾客（业主）需求和期望，以及企业的实际情况设计，必须具有严肃性、权威性、可行性、先进性和灵活性。

对文件的具体内容，必须按照"结合实际、量体裁衣"的原则，将其作为组织内部的"法律"。文件既是指导员工开展工作的指南，又是评价、考核员工工作绩效的规范和要求。

除建立6个强制程序文件（即文件控制、质量记录控制、不合格控制、内部审核、纠正措施、预防措施）外，物业服务企业还应根据行业特点和人员素质、技能，建立一些确实需要的程

序文件。

> **特别提醒** 量"需"裁"件"
>
> ① 为了识别、确定业主的需求并分析、判断自身是否具有满足业主需求的能力,可以根据7.2.2条款建立"物业服务程序要求的评审程序",对物业服务项目、服务等级、服务收费、服务承诺等进行综合性评审。
> ② 可以按照7.4条款建立"原材料采购和服务分包管理控制程序",控制原材料供方和服务分包方的质量,以满足组织和业主的要求。
> ③ 可以按照7.1条款建立"物业服务方案策划控制程序",对投标书、物业服务方案的编写和审核、新服务项目的策划和开展进行规范。
> ④ 对物业服务的提供,根据7.5.1、7.5.2条款建立"物业服务实施控制程序",根据7.5.3条款建立"服务标志和可塑性控制程序"等进行管理;同时,与第三层次文件紧密结合,对物业服务的全过程进行有效控制。
> ⑤ 对物业服务实施过程的监控,可以根据8.2.4条款建立"物业服务的检查、监督控制程序";按照8.3条款建立"不合格服务控制程序",按8.5.2条款建立"纠正措施控制程序"等进行监控、改进和完善。
> ⑥ 对业主投诉处理、回访、沟通等活动,可根据7.2.3条款建立"业主沟通、回访和投诉处理控制程序"。
> ⑦ 对物业服务企业的开发式信息调查系统,可按8.2.1条款建立"业主满意度调查控制程序",按规定的周期对业主进行服务信息调查。

程序文件的数量由企业自己决定,质量管理基础好的企业根据情况减少,质量基础较差的企业可根据情况增加。

文件化的质量管理体系一旦建立,应该采取强制性手段推行,涉及质量责任的任何部门、员工(包括最高管理者)都不能例外。这样做,才能真正将质量管理体系文件作为企业内部的法律,走上法治管理的轨道。

5. 应注意资源管理和服务提供的控制

物业服务企业的资源管理的对象,可以是员工、行业信息(包括业主信息、社会信息等)、供方(原材料供应商、物业服务分包房等)、基础设施、设备、工作环境以及财务资源等。

控制的关键在于利用资源使业主满意。可以根据业主的需求和合同的要求配置、调整资源。

对于人员,尤其要注意岗位技能的培训、质量服务意识的培养。物业服务是一项涉及多种专业的行为,从业人员应具有良好的专业技能并胜任本职工作。对员工的服务意识、质量意识的培养更是物业服务企业不能忽视的。企业可以建立相应的程序(如按6.2.2条款建立"培训控制程序")来控制、满足资源的要求。

物业服务可以划分为常规性的公共服务(如房屋建筑主体的管理、房屋设备设施管理、环境卫生和绿化管理、治安和消防管理、车辆和道路秩序管理等)、公共性的代办服务、专项服务等。对各类服务过程的控制,除了建立"物业服务实施过程"程序文件外,还应根据服务的内容和过程,编制各类作业规程(作业指导书)。

在作业指导书中,应运用过程方法,首先研究各服务过程,识别服务过程和子过程,明确这些过程的输入和输出,识别所需的资源(包括人员、设备、场所、资金等)。在具体实施中,应控制关键过程,设置过程的监控点。对过程控制,应规定相关的质量记录。

6. 设置适宜的物业服务监控点

ISO 9001:2000标准更突出"动态监控"的特点。

对物业服务企业来说,如何设置适宜的监控点,是需要很好考虑的问题。监控点设置应从物业管理服务的策划（7.1）开始，在物业管理服务的实施过程（7.5.1）、日常检查机制的策划（8.1）、服务质量的检验（8.2.4）中予以明确。

例如，对某小区的公共环境卫生环境管理，可在小区"物业服务方案"中明确要求管理服务商的服务承诺与集中检查；在小区"环境卫生考核制度"中，明确检查的安排和评定准则；在具体的清洁卫生过程中，落实这种检查和考核（如开展日检、周检、月检等），并对检查情况予以记录，对问题及时采取整改或纠正措施等。

相关质量记录包含的信息和数据是发现问题、改进体系、提高企业管理水平的主要依据之一。

7. 坚持强调"持续改进"

对物业服务企业质量管理体系的改进，应首先建立自我完善机制，如按5.6管理评审、8.2.2内部审核、8.5.1持续改进、8.5.2纠正措施、8.5.3预防措施等条款的要求建立相应的文件化程序。

企业应建立开放式的信息收集、沟通系统，对收集到的各类信息和数据，根据8.4条款"数据分析"的要求进行统计分析。

企业应注意利用在各类检查活动、服务提供过程、内审、业主投诉等记录中的信息和资料，分析服务的开展情况、水准、内部管理水平。"持续改进"要求企业对员工提供适宜方法和手段进行培训，使每一个员工将服务、服务过程、体系改进作为自己的目标。

在企业内部沟通中，应确定改进的目标，及时通报改进情况，从而使质量管理体系不断改进、提高、完善。

四、物业服务企业质量管理体系文件编写

1. 质量管理体系文件结构

质量体系文件主要由质量手册、质量体系程序和作业程序、表格、报告等质量文件构成。ISO 9000族标准中所要求的质量体系文件，具有明显的结构层次。第一层次为质量手册。质量手册是组织根据ISO 9000族标准规定，确定组织的质量方针、质量目标，描述与之相适应的质量体系的基本文件。这些基本文件提出了对过程和活动的管理要求。第二层次是质量体系程序文件。它是根据质量手册所提出的管理和控制要求，对如何达到这些要求的具体实施办法作出规定，为完成质量体系中所有主要活动提供了方法和指导，分配了具体的职责和权限，包括管理、执行、验证活动。第三层次为作业指导书。作业指导书是表述质量体系程序中每一步更详细的操作方法，指导员工执行具体的工作任务，如完成或控制加工工序、搬运产品、校准测量设备等。如图9-1所示。

图 9-1 质量体系文件的结构

特别提醒

质量体系各层次文件可以分开，也可以合并。当各层次文件分开时，有相互引用的内容，可以附所引用内容的条目。下一层次文件比上一层次文件更具体、更详细，但内容不应与上一层次的内容相矛盾。

（1）质量手册的结构与内容。在通常情况下，质量手册应规定各项质量管理活动的过程和程序

内容，具体内容如下。

① 有关质量管理活动控制的目的、范围、要求等。

② 明确与质量管理活动有关的各主管部门、职能部门及其人员的职责，各协调部门及其人员的工作职责。

③ 确定相应的控制要求及方法。

组织应根据自己对质量管理体系的要求，确定自己应进行的各项质量管理活动。并按顺序列出需要的各项控制工作及方法，同时还需要规定有关的程序文件及支持性文件，并对控制结果进行记录。此外，还要规定对表格和记录的填写、保管和控制的要求。

④ 在有些质量手册中，每章节都列出与手册相关的程序或相关文件。

为了体现质量管理体系文件的规范和对各种质量管理活动控制的规范性，质量手册中每个章节的内容结构都应尽量协调统一。

ISO 9000族标准并未对质量手册的章节结构提出规范性要求，因此各组织在编写质量手册时，可结合本组织的具体情况和行文特点，灵活地确定自己的质量手册章节结构。

在一般情况下，为与ISO 9001：2000标准的章节顺序相呼应，组织编写的质量手册的章节结构，最好也与ISO 9001：2000标准的章节结构保持一致。

基于ISO 9001：2000标准的结构，再结合组织的实际情况，建议组织编写的质量手册按本章附件1的内容编写。

（2）程序文件的结构和内容。程序文件是质量手册的具体实施的一个层面，是质量手册实施的保障。程序文件的结构和内容视物业服务企业的具体情况而确定。通常情况下，其内容和结构如表9-1所示。

表 9-1　程序文件的内容与结构

序号	结构	程序文件内容	序号	结构	程序文件内容
1	封面	①组织的名称和标志 ②文件编号和文件名 ③编号、审核、批准人及日期 ④发布和实施日期 ⑤版号/修改状态 ⑥受控状态 ⑦分发编号等	7	工作程序	①按活动的逻辑顺序写出开展该项活动的各个细节 ②规定应做的事情 ③规定每一活动的实施者 ④规定活动的时间 ⑤说明在何处实施 ⑥规定具体实施办法 ⑦所采用的材料、设备、引用的文件等 ⑧如何进行控制 ⑨应保留的记录 ⑩例外特殊情况的处理方法等
2	刊头	组织标志和名称 文件编号和名称 版号及修改状态 受控状态 页码等
3	目的	说明该程序控制的活动、控制的目的
4	范围	①程序所涉及的有关部门和活动 ②程序所涉及的有关人员和产品	8	相关或支持性文件	列出与本程序有关的相关文件和支持性文件，这些文件可以是程序文件、作业指导书或管理规定等
5	术语	有关的术语、缩写符号的定义和含义
6	职责	①实施该程序的主管部门及人员的职责 ②实施该程序的相关部门及人员的职责	9	记录	给出有关记录名称并附上相应的空白表格

> **特别提醒**
>
> ① 程序文件的结构设计。每个程序文件在编写前应先进行结构设计，设计方法是：
> 列出每个程序中涉及的活动对应的要素要求；
> 按活动的逻辑顺序展开；
> 对组织的具体活动方法进行分析，并写入相应的结构内容中；
> 考虑动作程序时，应留下记录。
> ② 程序文件的编写方法。编写方法如下：
> 根据类似的程序文件结构的流程图进行展开；
> 流程图中的内容作为文件中主要考虑的构架（或条款）；
> 根据上述的构架增加具体的内容细则即结构内容，将结构内容作为条款中的分条款；
> 结构内容中应主要描述谁实施这些工作，如何实施的步骤及实施后应留下什么记录等。
> ③ 具体常用程序文件的内容要点及其格式见本章附件2。

（3）作业指导书的结构和内容。作业指导书内容应满足"5w-1h"原则，即任何作业指导书都需要用不同的方式表达出下列内容：①what：此项作业的名称及内容是什么；②where：在哪里且具备什么样的条件使用此作业指导书；③who：什么样的人使用该作业指导书；④when：什么时间使用该作业指导书；⑤why：此项作业的目的是什么；⑥how：如何按步骤完成作业。

按照其对应的工作性质进行分类，作业指导书有管理性作业指导书和技术性作业指导书。具体而言，技术性作业指导书的内容一般包括以下几点。①作业条件；②操作步骤；③作业要求；④所选择的作业参数；⑤安全事项；⑥注意要点；⑦必要的简图。管理性作业指导书，一般称作管理规定，其格式类似于程序文件，但内容是程序文件的细化。

作业指导书没有固定的格式。用文字表达的指导书可套用程序文件格式，多采用表格或流程图形式，也可采用图文并茂的形式。

> **特别提醒**
>
> 作业指导书的典型案例示范见本章附件3。

2. 质量管理体系文件的编写原则

质量管理体系文件的编写通常要遵循如下几个原则。

（1）文件编写一致性。要保持从质量管理手册到程序性文件和支持性的质量管理作业指导书的一致性。手册的编制要覆盖标准的全部要素，而具体要素的贯彻落实应靠程序文件来支持。如果手册中描述了组织的质量管理方针并做了承诺，在程序文件中就应体现出如何去实现其承诺的规定，而在第三层质量管理作业指导书中就应反映出其方针承诺实现的支持保证和实施的证据。要避免各层文件之间的要求、内容不一致等情况发生。文件应形成系统，保证上下一致，融会贯通，逐层细化，相互补充。

（2）文件编写可行性。建立质量管理体系的目的是为了保障人类健康与质量不受其产品活动或服务所带来的潜在危害，并为维护和改善质量提供帮助，向社会和相关方证实自己有能力取得质量效益。所以，建立质量管理体系不能只图华丽而失去可行性，要适应于组织的特点、适宜于社会和相关方需要，要在采用实用的办法、手段，实施有效的控制活动，以实现可达到的指标，证实可兑现的承诺。

（3）文件编写协调性。质量管理体系是以实现质量管理、实现质量管理方针、满足质量管理目标需要为准，配置所需要的组织结构、程序、过程和资源。一个组织为了使其体系有效，就要做到协调一致。在一个共同的方针、目标指导下，共同去实施一个大质量管理方案。在机构部门、职责权限、过程活动之间做到协调和相容，即处理好接口关系，在组织和信息沟通方面形成一个整体。

（4）文件编写可变性。质量管理体系文件规定了实施管理控制的"根"和"序"，文件一旦形成就要遵守和执行，否则，就会失去意义。但是文件化的目的，归根结底是为了使体系持续改进，螺旋式上升。对在运行过程中发现的不合适、不完善、不合理的地方或缺陷要及时按有关的要求去更改修正。文件是为体系运行服务的，所以文件是随体系的需要而变化的，是为体系运行的有效、体系素质的提高而建立而变化的。

（5）文件编写严肃性。文件是体系运行的基础，是评价有效性的依据，文件要有权威性、严肃性。作为组织的纲要、规范、指令、法规，应由组织的最高管理者按规定发放、保管，强制执行。文件中的各项规定要措辞严谨，表达明确，语气肯定，成为约束和规范体系正常运行的准绳。

3. 质量管理体系文件的编写方法及注意事项

（1）质量管理体系文件的编写方法。质量体系文件因物业服务企业的规模、行业属性、原有质量管理基础等因素的不同，编写方法也有不同。可以采用的编写方法有以下3种。

① 自上而下的编写方法。按质量方针、质量手册、程序文件、作业程序（规范）、质量记录的顺序编写。此方法有利于上一层次文件与下一层次文件衔接。对文件编写人员，特别是质量手册编写人员的 ISO 9000 族标准知识和生产知识要求较高。文件编写所需要时间较长，一般为 4～6 个月；此方法伴随着反复修改。

② 自下而上的编写方法。按基础文件、程序文件、质量手册的顺序编写。此方法适用于管理基础较好的组织。此方法如无文件总体方案设计指导，则容易出现混乱。

③ 从程序文件开始，向两边扩展的编写方法。先编写程序文件，再开始质量手册和基础性文件的编写。此方法的实质是从分析活动，确定活动程序开始。此方法有利于 ISO 9000 族标准的要求与组织的实际紧密结合。此方法可缩短文件编写时间（2～3 个月）。

特别提醒

某组织质量体系文件的编写步骤如表 9-2 所示。

表 9-2

文件类型	建立步骤	人员安排	基 本 要 求
程序文件	确定程序文件草稿	2～3 人·天	由撰写人员依据标准要求和实际情况同本公司的顾问讨论后，由公司确定程序文件草稿，并进行分组讨论
	程序文件讨论定稿	1～2 人·天	经讨论完成后的程序文件，通过文件控制系统规定完成会签、审核和批准定案
	程序文件发行及试运行	2～5 人·天	文件控制单位进行程序文件发行作业
	程序文件培训与宣传	1～2 人·天	对相关程序文件通过各种方式进行宣传
质量手册	确定手册草稿	1～2 人·天	根据程序文件与标准确定管理手册草稿
	手册讨论定稿	1～2 人·天	经讨论完成后的手册，通过公司文件控制系统完成审核和批准定稿
	手册发行	2～3 人·天	文件控制单位进行文件发行作业

续表

文件类型	建立步骤	人员安排	基 本 要 求
作业指导书	编写作业指导书草稿	1～3人·天	由撰写责任人员依据标准要求和实践管理情况编写和修订作业指导书草稿,并讨论其适宜性、充分性
	作业指导书讨论定稿	1～2人·天	经讨论完成后的指导书,通过公司文件控制系统审核和批准定稿
	作业指导书发行及试运行	2～5人·天	文件控制单位进行文件发行作业
	作业指导书培训与宣传	1～3人·天	对相关指导书通过各种方式进行宣传
表格、窗体汇总、整理	汇总整理表格、窗体总表	1～2人·天	整理程序文件、作业指导书制订阶段引用、修改或新订相关表格,并汇总整理表格
	确定保存期限	1～3人·天	根据质量记录特性和实践管理需要,规定适当保存期限

（2）质量体系文件编写过程中需要注意的几个问题。ISO 9001：2000 标准，虽然对文件编写没有进行过分的强调，但是，组织在建立质量管理体系的过程中，编写文件仍然是首先要做的工作。《质量手册》和《程序文件》在质量管理体系有效运行方面起着重要的作用。

① 编写文件的方法及适用性。文件最好是由管理者代表组织各部门负责人编写。

组织决定贯彻实施 ISO 9000 族标准后，一般从各部门抽调管理人员组成编写小组，从事文件编写工作。

首先编写《程序文件》，初稿编写完成后，送交各有关单位进行审阅并提出意见。然后再根据《程序文件》确定的内容，提炼形成《质量手册》。经最高管理者批准，文件生效后，质量管理体系开始运行。在质量管理体系运行的实践中，如果发现文件不好用，则进行修改。于是编写小组又进行修订，反复修改的结果可能使文件被改得面目全非。这样的情况之所以出现，是因为编写文件的人对组织的管理过程及各个接口了解得不够清楚，写出的程序自然不清楚、不好用。

比较合理的文件编写方法是"先纲后目"，即先将组织各个管理的要素和接口识别清楚，编写出《质量手册》，然后根据《质量手册》再编写《程序文件》。

具体方法是：首先将组织的各种文件、规定搜集齐全，由领导组织编写人员进行学习。接着召开座谈会，让部门领导将自己分担的工作讲明白，然后要编写人员深入实际了解情况。经过充分的准备，编写人员对管理过程及接口已经了解得比较清楚了，这样动手写出的《程序文件》就会比较切合实际。当然，由于对标准的认识不断提高，对文件反复修改也是常有的事情。

② 程序文件的内容及形式设计。质量管理体系是由许多小体系和过程组成的，每一个过程又涉及许多管理职能、技术因素。这些过程在体系中分布在不同的管理层次里面。在编写程序时，要根据程序所在的使用者的具体情况，确定程序设计的内容和形式。

编写程序文件有两种方法：一种是将程序文件尽量简化，使文件一目了然，程序中的一些更细致的问题，用相关文件来支持；另一种方法是将程序文件尽量详细。

如果程序是上层次、管理性质的，可以写得简明一些；如果程序是技术性、下层次的则应尽量细致，有利于操作。

在编写程序的过程中要注意防止出现"文件套文件"的情况。例如一个单位编写一个项目的操作程序，每当写到一个重要的过程时，便加以旁注："具体操作要点，请查看××规定"，一个程序中引用了几个文件，工人进行操作需要找出几个文件才行。这种程序会很不好用。当然，如果程序比较复杂，写得很细致，会造成篇幅较长，看起来会比较困难。遇到这种情况，建议采用在程序文件后面增加附件的方法。这样的程序文件既简单明了，又不用再去找其他文件。

③ 文件的结构及语言。目前，在贯彻国际质量标准的工作中，存在着注重形式的现象。在编

写文件的过程中，过于重视文件的结构和语言的"标准"化。具体表现为，在编制文件的过程中，非常重视文件的结构、编号、样式等形式上的东西。在写作的语言上也是采用一套"标准"语言。

实际上，文件的形式要视具体情况而定，应该灵活掌握，没有必要强调统一。在文件的语言上有些名词，如组织、供方需要按原样引用，虽然开始比较难懂，但时间长了也就习惯了。但是描述文件的语言，应该尽量通俗，不要生搬硬套，照引"标准"的语言会使人费解。

④ 文件的编号及覆盖面。为便于查询，文件需要进行编号。但要注意，在编号中可能带来的麻烦，以及有可能造成体系覆盖面的问题。例如，某单位将程序文件按标准要素进行编号，然后把相关文件与程序文件相连，相关记录又与相关文件相连。这样使组织的质量管理体系的文件，通过统一的编号形成了一个网络。设计者设想得很好，从任何一个地方拿到的任何一张记录，都可以知道是来自哪个程序和相关文件。但是，这样编号也带来问题。程序文件是动态的，要随质量体系运行环境的变化而变化，相应的，程序文件的编号也要作相应的调整。当某一天程序文件需要进行改动时，相关文件的编号、记录的编号都要进行相应的改变，造成很大的麻烦。

另外，还会造成质量管理体系覆盖面不全的问题。用以上的编号方法，许多文件会编不进去，如组织的红头文件、一些工作汇报、通知等文件，就难以纳入范围。

因此，对文件编号时最好不要将程序文件和相关文件相连。另外，可以将总结、通知之类的文件，归纳为"一次性文件"进行管理。应该明确，文件的有效性与否是看文件是否有相关人员的签字、文件的有效日期或版本号。至于文件是否编号，不应作为文件是否有效的条件。

⑤ 文件管理要注意与其他管理文件的整合。目前，在贯彻实施 ISO 9000 族标准的一些单位中，存在着这样一种现象：质量管理体系的文件和其他管理体系的文件完全分离，组织对其他管理体系的文件仍然按原来的方法管理，没有进行科学有效的管理。

在质量管理体系外审时，领导会强调，尽量少拿文件给审核组看，以减少不合格发生的概率。按照贯彻国际质量标准的要求，只要组织按照标准要求对质量体系的文件进行了管理，那么应该说组织就已经符合要求了，可以通过认证了。但是从更高的要求讲，组织贯彻 ISO 9000 族标准，同样地提高其他管理工作。组织应该将其他管理文件也采取按标准的要求加以管理，通过文件的统一管理，达到与其他管理体系的整合，使组织的管理体系水平上升到一个新的高度。为了外审方便，可以将质量管理体系的文件，在有效的文件目录中予以标注，以示区别。

附件1　质量手册各部分的内容简介

基于 ISO 9001：2000 标准的结构，再结合组织的实际情况，建议组织编写的质量手册按表 9-3 所示章节顺序编写，并包含以下内容。

表 9-3　质量手册编写顺序及内容

序号	内容	序号	内容
	质量手册封面	4	质量管理体系
	质量手册颁布令	4.1	总要求
	质量方针批准令	4.2	文件的要求
	质量管理者代表任命书	5	管理职责
	目录	5.1	管理承诺
	前言	5.2	以顾客为中心
1	范围	5.3	质量方针
2	引用文件	5.4	策划
3	术语和定义	5.5	职责、权限与内部沟通

续表

序号	内　　容	序号	内　　容
5.6	管理评审	7.5	生产和服务的运作
6	资源管理	7.6	监控和测量装置的控制
6.1	资源的提供	8	测量、分析和改进
6.2	人力资源	8.1	策划
6.3	设施	8.2	监控和测量
6.4	工作环境	8.3	不合格控制
7	产品实现	8.4	数据分析
7.1	产品实现过程的策划	8.5	改进
7.2	与顾客有关的过程	附录1	程序文件目录
7.3	设计和(或)开发	附录2	质量记录清单
7.4	采购		

注：1. 质量手册的目录可紧跟在质量手册封面的后面，也可如表9-3所示，组织自行选择；

2. 前言的内容主要是公司基本情况的介绍和关于质量手册的一些简单说明，因此，也可分别介绍这两个部分，来取代前言，由组织自行决定。

下面按表9-3中的顺序编号逐条介绍各条目的具体内容。

质量手册封面：

在封面上，列示下列内容。

① 公司名称和有关信息；

② 文件编号和版次；

③ 发布日期和编号；

④ 审核和批转人员。

质量手册颁布令：

由最高管理者签发颁布。颁布令中说明以下内容。

① 质量手册的编写依据；

② 质量手册的地位及其编写目的；

③ 质量手册的使用范围；

④ 最高管理者的批准签字；

⑤ 质量手册的批准和实施日期。

质量方针批准令：

① 明确各组织的质量方针；

② 要求各级人员认真执行；

③ 最高管理者的批准签字；

④ 质量方针政策的批准和实施日期。

质量管理者代表任命书：

① 任命质量管理者的目的；

② 任命的质量管理者代表的名字；

③ 质量管理者代表的职责；

④ 要求公司其他人员配合的其他工作；

⑤ 最高管理者的批准签字；

⑥ 批准和实施日期。

目录：整份质量手册包含的全部内容的目录。

前言：

① 简介组织的基本情况，如组织的规模、性质、组织机构、质量管理历程和现状、产品特性、工艺特点、资源配备等。

② 对质量手册管理的简单说明。如对质量手册编写、装订、发布、发放、修改、再版等情况的控制。

1. 范围

① 明确质量手册的编写依据是 ISO 9001：2000 标准。

② 简述质量手册规定的内容：包括质量方针、质量目标和其他具体要求。

③ 确定质量手册使用的范围：整个公司内部和公司提供的所有产品和服务。

2. 引用文件

① ISO 9000：2000《质量管理体系——基本原理和术语》或等同适用标准；

② ISO 9001：2000《质量管理体系——要求》或等同适用标准；

③ ISO 9004：2000《质量管理体系——业绩改进指南》或等同适用标准；

④ 有关的行业标准和国家标准及相关的法律法规的要求，指出标准或法律法规的名称及编号。

3. 术语和定义

① 主要的通用术语 ISO 9000 族标准或等同适用标准中规定的术语和定义；

② 主要的专用术语；

③ 组织内常用的缩略语。

4. 质量管理体系

4.1 总要求

① 确定组织依据的标准。建议质量管理体系及其文件，有效贯彻执行 ISO 9001：2000 标准或等同标准。同时通过持续改进保证其有效性和效率。

② 确定组织按 ISO 9001：2000 标准或等同标准的要求，对质量管理体系所需的过程进行管理。这包括识别过程、确定这些过程间的相互关系、确保过程有效运行和控制所需的方法和资源、获取必要的信息对过程进行监控、分析监控结果并实施必要措施对过程加以持续改进。

③ 组织对过程管理的目的是保证质量体系的有效运行、实现组织的质量方针和质量目标。

④ 明确对外包过程也要进行有效控制。

4.2 文件的要求

4.2.1 总则

① 确定组织的质量管理体系文件的结构，即组织的质量管理体系文件主要包括哪些文件，如质量手册、程序文件、其他支持性文件和质量记录等。

② 确定质量管理体系文件的基本编写要求，如规定文件编写的原则和步骤等内容。

4.2.2 质量手册

① 确定质量手册的编写要求，明确质量管理体系的范围，包括任何的剪裁及其原因，质量管理体系中的过程及其相互关系。

② 确定质量手册中规定的程序文件，如不合格控制文件、内部控制文件、质量记录控制文件、设计和（或）开发控制文件等。

4.2.3 文件控制

① 确定文件控制的目的和范围。文件控制的目的是促使整个质量管理体系的有效运行，因而被控制的文件就是与质量管理体系要求有关的文件。

② 确定归口管理各种文件的部门和人员的职责，如质量部、办公室、各技术部门及其有关人员应管理的文件、应做的工作等。

③ 根据已确定的组织质量管理体系文件的结构，明确各种文件的编写、审批、发布及修改和

更新等控制要求,如规定各种文件具体由哪个部门负责编写由谁负责文件的审批,何时,以何种方式发布,出现何种情况时需对文件进行修改或更改的文件如何以原文件加以区别等内容。

④ 确定如何对文件进行编号和建立文件目录,以及文件收发记录和归档管理要求。

⑤ 如何保证有关部门能及时得到相应的有效文件,即发布后的文件由谁负责管理,由谁负责送达现行的有效文件,以保证文件的有效传达等。

⑥ 对外来文件的识别、分发进行控制。

⑦ 如何及时回收并有效识别已作废文件。

⑧ 确定与文件控制有关的记录的填写、传递及保管的要求。

⑨ 确定《文件控制程序》的编写和实施要求。

4.2.4 质量记录控制

① 确定质量记录控制的目的。对质量记录进行控制时为了证明产品、过程符合要求及质量管理体系有效运行,同时为保持和改进质量管理体系提供信息。

② 组织内所有有关部门均应妥善保管并按时传递有关的质量记录。

③ 确定质量记录,包括各项管理记录、操作记录、监视记录等的分类。

④ 规定质量记录的编号原则和方法。

⑤ 规定质量记录表的印刷、领取和保管的要求。

⑥ 规定质量记录的填写、传递、保存、借阅、保管期限等要求。

⑦ 对需要统一归档的记录,提出归档管理的要求。

⑧ 确定质量记录的处置和销毁的要求。

⑨ 确定《记录控制程序》的编写和实施的要求。

5. 管理职责

5.1 管理承诺

① 确定组织最高管理者的管理承诺是建立、实施管理体系,并使质量管理体系有效和高效运行,进行持续改进的保证。

② 最高管理者可通过开展以下活动证实其履行上述承诺。

a. 向组织的全体员工及时传达顾客要求和法律法规要求,并让他们充分认识到这些要求的重要性;

b. 确定适合组织自身要求的质量方针和质量目标;

c. 最高管理者应通过管理评审,对质量管理体系的适宜性、充分性和有效性进行评价,并据此对组织的质量管理体系进行持续改进;

d. 为保证组织的质量管理体系有效和高效地运行,最高管理者有责任为组织准备适宜和充足的资源。

5.2 以顾客为中心

① 最高管理者必须以实现顾客满意为组织的根本追求。

② 确定顾客的各种需求和期望,包括明示、习惯上隐含的或必须履行的需求和期望。

③ 确定通过何种方法将顾客的需求和期望转化成组织具体的质量要求。

④ 确定组织通过何种方式和方法来满足顾客的要求。

5.3 质量方针

① 确定组织制定质量方针的原则,即组织制定的质量方针应达到以下要求。

a. 与组织的宗旨和总体经营方针相适应、相协调;

b. 对满足顾客要求作出承诺;

c. 对持续改进作出承诺;

d. 为确定和评审组织的质量目标奠定基础。

② 在上述原则的基础上,确定组织的质量方针。

③ 保证质量方针在组织内部得到沟通和理解的措施和方法。
④ 确定对质量方针的控制要求。质量方针是组织重要的质量管理体系之一，因此有必要不断对质量方针进行评审、改进和控制，以保证一直符合质量管理体系的要求。

5.4 策划

5.4.1 质量目标

① 确定组织制定质量目标的原则，即组织的质量目标应结合组织自身的特点，并建立在质量反馈基础上。质量目标应有助于不断改进、提高质量，使顾客满意。质量目标应只对组织内各个层次，并且是可测量的。
② 阐述组织的质量目标。
③ 确定在组织内分解质量目标的方法。

5.4.2 质量策划

① 确定进行质量策划的目的是为了实现质量目标，规定所需资源和过程。
② 确定组织所需的过程及有关的剪裁要求。
③ 确定质量策划的过程，包括明确质量策划的输入和输出。
④ 确定对质量策划的更改如何进行控制。

5.5 职责、权限与内部沟通

5.5.1 职责和权限

① 确定组织机构图。
② 确定有关的质量职责分配表。
③ 确定主要质量管理者和质量职员的责任和权限。
④ 确定其他部门和人员的部门质量职责和岗位质量职责。
⑤ 确定各部门及其人员的相互关系及如何进行沟通。

5.5.2 管理者代表

① 确定由谁授权，任命谁为组织的管理者代表及其任职期限。
② 确定管理者代表的职责和权限。具体包括：保证质量管理体系的过程得到建立和保持，向组织的最高管理者及时报告质量管理体系的业绩和改进需要，在整个组织范围内让全体员工意识到满足顾客的重要性，负责与质量管理体系有关的外部沟通联络等。

5.5.3 内部沟通

① 建立内部沟通机制，确保达到有效沟通的目的。
② 内部沟通的内容，包括顾客要求、质量目标、质量管理体系有效性等。
③ 内部沟通形式，如会议、简报、内部刊物、网络等。

5.6 管理评审

5.6.1 总则

① 确定管理评审的目的是：确保质量管理体系的适宜性、充分性和有效性。
② 确定管理评审的时间间隔，组织管理评审的负责人和参加成员。负责主持管理评审的应是组织的最高管理者之一。
③ 确定管理评审的内容。评审内容包括评价质量管理体系改进和变更的需要，评价质量方针和质量目标及其变更需要。
④ 确定管理评审计划的编写与审批的要求。
⑤ 确定管理评审过程和结果记录的填写、传递和保管的要求。

5.6.2 管理评审输入

管理评审的输入应包括与当前的绩效和改进机会有关的内容。即管理评审的审核结果；顾客反馈意见；相关职能部门和过程的运行情况；产品质量的符合性；预防和纠正措施的状况；对以前管理评审结束后采取措施的跟踪情况；可能影响质量管理体系的变化，包括组织的内外部环境的变化；改进的建议等。

5.6.3 管理评审输出

管理评审输出应包括：对质量管理体系及某些过程进行改进的决定和措施；对产品进行改进的决定和措施，包括是否需对产品进行评审等；资源的需求；对质量管理体系，包括质量方针和质量目标的评审结果等。

6. 资源管理

6.1 资源的提供

① 确定组织获取必需资源的目的是：保证实施和改进质量管理体系的过程满足顾客需求，达到顾客满意的目的。

② 资源主要是指人力资源、设施、软件、硬件、工作环境、技术、信息、财务等有形资源和无形资源。

③ 确定由谁定期负责测评组织所需的资源。

6.2 人力资源

① 对从事质量活动并承担规定职责的人员提出总体要求。

② 规定由谁负责这些人员的选用、培训和考核，以及考核的基本依据。

③ 根据从事各种质量活动的人员职责的不同，分别确定其应具有的能力和培训要求，包括确定培训目的、范围、主管和配合部门、培训计划的编写和审批、培训方式和具体内容等。

④ 确定由谁以何种方式或方法评价培训的有效性。

⑤ 确定其他用以提高人员能力的方法和要求，及对这些方法有效性的评价。

⑥ 采取措施，确保员工充分意识到这些活动的重要性。

⑦ 对员工的教育、经历、培训和资格作适当记录，并规定记录的保存和控制方法。

6.3 设施

① 确定组织识别、提供和维护设备的目的是：实现产品的符合性，满足顾客和法律法规的要求。

② 确定组织应提供、维修和保养的设施是指：工作场所（包括办公和生产场所）和相应设施（如办公设备），为提供产品和服务所需的设备和硬件、软件（如机器、计算机软件），其他的支持性服务（如售后服务网点、通讯）。

③ 规定由谁及如何对设施进行管理、维修和保养，包括如何确定新设施的配置，建立设施目录和档案，制定设施配置、维修和保养计划，对维修保养记录进行控制等。

6.4 工作环境

① 确定识别和管理必要的工作环境的目的是：实现产品符合性的支持条件。

② 规定工作环境包含的内容是指人员工作时所处的一系列条件，包括人的因素（如安全性、心理等）和物的因素（如温度、湿度、清洁度等）。

③ 规定如何识别、控制各作业过程的工作环境是否符合标准和法律法规的要求。

7. 产品实现

7.1 产品实现过程的策划

① 确定进行产品实现过程策划的目的和总要求。产品实现过程策划的目的是使产品达到质量要求，该策划应与组织的质量管理体系的其他要求相一致，并以适合组织运作的方式形成文件。

② 规定产品实现过程策划的主要职能部门和配合部门，各部门相应的职责，实现的期限要求。

③ 规定产品实现过程策划应包括以下内容，即明确产品或项目、合同的质量目标和要求，保证产品达到质量要求所需建立的过程和文件，以及所需的资源和设施如何开展对产品或过程的验证和确认活动，标准是什么，如何对有关的质量记录进行控制等。

④ 确定何时需要编制质量计划及编制的要求。

7.2 与顾客有关的过程

7.2.1 顾客要求的识别

① 识别顾客要求是为了更好地满足顾客要求。

② 明确顾客的要求包括3个方面,即顾客明确规定的要求(明示要求,如产品的安全性、可用性等),顾客虽未作规定,但预期或规定用途所必须达到的要求(习惯上隐含的要求),法律法规规定的要求(必须履行的要求)。

③ 确定识别顾客要求的过程或方式,如合同中一般会规定顾客的明示要求,组织可通过市场调研等方法,获取顾客对产品的隐含要求,对必须履行的要求则要求组织必须熟悉有关法律法规的规定。

④ 若有可能,组织可对产品提出自己的附加要求。组织为了吸引顾客,增强市场竞争力,通过调研,可主动提出符合顾客要求的附加要求,但这些附加要求必须是组织有把握实现的。

7.2.2 产品要求的评审

① 确定评审的范围——组织已识别的顾客要求,和组织自己提出的附加要求。

② 确定进行评审的人员、评审人员的职责,应采用的方法等内容。

③ 规定评审的时间,应在向顾客提供的产品和服务作出承诺之前。对产品和服务作出的承诺是评审的基本依据之一。

④ 确定评审的对象。如标书、合同、订单及对其修改,对产品预期或规定用途所需的要求,法律法规的要求,组织上提出的附加要求等。

⑤ 明确评审的目的是保证组织已准确了解产品要求,并能实现这些要求。具体包括:组织已准确理解顾客的要求(包括明示的、习惯上隐含的和法律法规规定的),对这些要求做出了明确的规定,即形成了相应的文件(如合同、订单、开发书等),并且这些文件的表述是符合要求的(对于没有形成文件的要求,在组织接受前应得到顾客的确认),组织内部确信通过必要的策划,组织有能力满足这些要求。

⑥ 对评审结果和评审进程提出的跟踪措施,对结果的修改应予以记录,并对记录进行控制。

⑦ 规定当产品要求发生变更时,如何保证相关文件得到修改并将变更结果及时通知到有关人员。

⑧ 确定对整个评审过程记录的填写、传递及保管的要求。

7.2.3 顾客沟通

① 确定与顾客沟通的目的是充分准确地了解顾客要求,掌握顾客对组织的产品或服务的满意度,并以此作为实施持续改进的输入。

② 确定与顾客沟通的责任部门及其有关人员。

③ 确定与顾客进行沟通的时机、内容、方式方法,以及沟通结果的处理等。

④ 明确与顾客沟通的具体内容,如了解顾客对产品和服务要求方面的信息。顾客的问讯,对合同或订单的处理(包括修改),以及对顾客反馈(包括顾客投诉)的处理等。

7.3 设计和(或)开发

7.3.1 设计和(或)开发策划

① 规定设计和(或)开发策划的有关部门及其人员的职责和权限。

② 明确设计和(或)开发包括产品设计开发和(或)过程设计开发,因而策划亦应包括这两个方面。

③ 根据设计和(或)开发的任务及其目标,由有关部门对设计和(或)开发的计划进行编制、审核及批准。

④ 设计和(或)开发策划,包括如下内容。

a. 根据产品特点、组织能力和以往的经验,明确对设计和(或)开发过程的阶段的划分,并规定每个阶段的工作内容和时间安排。

b. 明确规定每个设计和(或)开发阶段所需开展的评审、验证、确认等活动,并对这些活动的时间、参加人员提出要求。

c. 明确规定每次设计和（或）开发项目中各有关部门及其人员的任务分工，以及各个部门之间在技术等方面的接口关系，以保证协调合作和信息正确交流。

d. 设计和（或）开发策划的输出可能是以设计开发计划的形式出现，因此当设计开发要求发生变化时，应规定如何保证对设计和（或）开发策划的输出进行及时、有效的修改。

7.3.2 设计和（或）开发输入

① 明确设计和（或）开发输入的作用，即保证设计开发质量和明确对设计开发输入进行验证的依据。

② 明确设计和（或）开发输入的内容：产品功能和性质的要求（包括合同、订单或开发计划书中规定的要求，顾客或市场的预期，法律法规规定的要求和组织自己提出的附加要求等），以往类似设计的经验和其他要求等。

③ 对上述与产品要求有关的输入应予以规定，并形成文件。

④ 规定对所有与产品有关的输入进行评审，以解决那些含糊、不完整、不明确的要求。

⑤ 规定如何对与该过程有关的记录进行填写、传递及保管。

7.3.3 设计和（或）开发输出

① 明确规定设计和（或）开发输入的形式和内容：任何设计开发输出都必须形成文件，当然不同类型和不同阶段的设计活动可以形成不同的文件，但对其内容必须作出规定。通常这些文件可以是规范、图纸、要求等。

② 明确无论何种形式的设计和（或）开发输出，都必须满足设计和（或）开发输入的要求，为今后有关生产和服务的运作提供适当的信息和依据，包含对产品或服务进行验收的准则，规定产品安全、正常使用过程中的重要特性。

③ 规定设计和（或）开发输出由谁进行批准，以及如何发布实施。

7.3.4 设计和（或）开发评审

① 规定组织开展设计和（或）开发评审的时间，要求在适当的阶段进行。

② 确定设计和（或）开发评审的范围、内容要求、方式和参加人员及其责任。

③ 明确设计和（或）开发评审应达到的目的：对设计和（或）开发结果满足要求的能力进行评价，识别开发中的问题和不足，并提出跟踪或解决措施。

④ 规定对设计和（或）开发评审的结果和决定，以及所采取的解决和跟踪措施要进行记录，并规定对记录的填写、传递及保管的要求。

7.3.5 设计和（或）开发验证

① 明确设计和（或）开发验证的目的：确定设计、开发的输出是否满足输入的要求，并对此提供客观证据。

② 规定开展设计和（或）开发验证的时间、验证内容、验证方式及验证人员及其职责。

③ 规定对验证结果和采取的跟踪措施进行记录，并规定对记录填写、传递及保管的要求。

7.3.6 设计和（或）开发确认

① 明确开展设计和（或）开发确认的目的是：确定设计开发的产品满足预期使用要求的证据。

② 规定开展设计和（或）开发确认的时间。

③ 确定开展设计和（或）开发确认的方式、条件，以及进行设计和开发确认的方法。

④ 规定对确认过程、确认结果和有关措施进行记录，规定对记录填写、传递及保管的要求。

7.4 采购

7.4.1 采购控制

① 采购控制的目的是确保采购产品符合要求。

② 确定组织采购控制的方式和程度：结合采购产品对组织后续过程及其输出的影响，决定采购控制的范围、对象等。

③ 确定组织选择供方及对其进行控制和评价的准则和方法。
④ 对组织选择、评价和跟踪供方的信息予以记录，并对记录的填写保存加以控制。

7.4.2 采购信息
① 确定由谁负责制定、公布采购信息。
② 明确规定采购信息可采用的表现形式，如采购计划、采购合同等。
③ 规定采购文件中应规定的采购信息的内容，如采购物资信息、供方信息、对采购人员的要求等。
④ 规定对体现采购信息的有关资料或文件的审批和发布的要求。
⑤ 组织确定采购信息时，与供方沟通的要求。

7.4.3 采购产品验证
① 对采购产品验证的目的是保证采购产品的符合性。
② 规定对采购产品验证的地点、方式和方法，如是在供方现场，还是在组织进库前；如何进行抽样检验，是否检查供方提供的合格文件等。
③ 规定对有关记录的填写、传递及保管的要求。

7.5 生产和服务的运作

7.5.1 运作控制
① 运作控制的目的是保证向顾客提供的产品或服务的符合性。
② 明确运作控制的范围是：对有形产品（硬件和流程性材料）包括加工、制造直到交付后的服务。对软件包括软件实现、交付、安装、维护等服务。对服务来说，包括服务提供的全过程。

7.5.1.1 生产和服务提供过程的策划
① 识别生产和服务提供的各过程。
② 保证生产和服务提供的各过程处于受控状态，在策划过程中组织应识别如下内容。
a. 获取关于规定产品特性的信息，它们通常是一些文件，如产品图样、服务规范等；
b. 若需要，还应取得作业指导书；
c. 使用和维护适当的设备；
d. 配置并使用合适的监视和测量装置；
e. 对重要的产品特性形成过程实施监控；
f. 对产品的放行、交付使用过程，及交付后的活动进行规定和控制。

7.5.1.2 生产和服务提供过程的确认
① 确定实施过程确认的情形。是指那些不能由后续测量和监控加以验证的输出过程。
② 实行过程确认的目的：证实实现特殊过程的语气结果的能力。
③ 确定过程确认的内容如下：
a. 识别和确定哪些需要进行过程确认的特殊过程；
b. 对设计这些特殊过程的识别能力和人员资格的识别和确定；
c. 过程确认时使用的方法和程序；
d. 实施过程确认时应有必要的确认记录及其控制；
e. 若需要，还应规定再确认的要求。

7.5.1.3 生产和服务提供过程的实施和监控
① 确定生产和服务提供过程的批准、实施分别由谁负责。
② 确定在生产和服务提供过程的实施中，各部门及其人员应遵循的要求。
③ 规定对生产和服务提供过程的监控要求。

7.5.2 标志和可追溯性
① 确定组织在生产和服务运作的全过程中，对产品使用适宜的标志。
② 规定对产品使用标志的方法，即如何对不同状态的产品使用不同的标志。以利于对产品的

识别。

③ 规定可追溯性要求的使用范围和实现可追溯性的方法。

7.5.3 顾客财产

① 确定顾客财产的内容，如顾客提供的用于产品的组件和构建，顾客直接提供的包装材料，顾客的知识产权等。

② 规定如何识别、验证、储存和保管顾客财产。

③ 在发生顾客财产丢失、损坏或不适用时，规定如何及时与顾客取得联系的方法。

7.5.4 产品防护

① 明确产品防护涉及的范围；在产品交付给顾客接受之前的全过程，组织都有责任对产品进行防护。

② 确定产品防护对象应包括成品及其组成部分，即包括原材料、零部件、成品及其包装材料等。

③ 确定产品防护的内容包括：建立并保持适当的防护标志（如放置表示），运用适当的搬运方法，提供符合产品特点的包装，对产品进行适宜的储存等。

7.6 监控和测量装置的控制

① 识别应进行的测量及所需的测量和监控装置。

② 对测量和监控设备应采取如下的控制措施：

a. 制订校准或检定计划，定期或在使用前，按照国际或国家基准或有关的依据对设备进行校准或检定；

b. 对装置采取措施，防止在正常使用时校准失效；

c. 对装置建立目录，进行有效标志（包括对装置编号、运用标志识别不同状态的装置，如是否校准、是否能使用等）；

d. 在搬运、维护和储存期间防止损坏或失效。

③ 确定当发现装置不符合要求时采取的处理措施。

④ 规定如何对校准和检定结果进行记录，并对记录进行有效控制。

⑤ 对计算机软件用于监控和测量时的控制措施。

8. 测量、分析和改进

8.1 策划

① 确定组织实施测量、分析和改进的目的——及时发现问题，为持续改进提供信息。

② 通过策划，确定组织测量和监控活动的内容、频次、方式、方法和记录，包括使用恰当的统计技术，对记录进行控制等。

8.2 监控和测量

8.2.1 顾客满意

① 确定如何获取顾客满意或不满意的信息，如通过顾客抱怨、市场调研、有关媒体的报道等来获取。

② 规定应获取的信息的内容，包括产品质量、服务等方面的顾客反映、顾客需求和市场需求的变化等。

③ 规定如何对收集的信息进行分析、利用。

④ 明确规定对顾客满意程度的监控和分析方法。

8.2.2 内部审核

① 确定组织进行内部审核的目的、范围和频次。

② 规定内部审核的审核方案的策划。

③ 确定从事内部审核的审核部门及其人员，包括职责和资格。

④ 规定审核计划的编写、批准和实施的要求。

⑤ 成立审核小组，确定审核依据。

⑥ 实施审核,包括现场审核。
⑦ 规定审核结果的记录要求和审核报告的编制、批准和发布的要求。
⑧ 规定对审核结果的处理和纠正措施及其验证的要求。
⑨ 确定编制文件——《内部审核程序》。

8.2.3 过程测量和监控
① 确定过程测量和监控的使用范围。
② 规定实施过程测量和监控的方法,如使用统计技术等。
③ 规定对测量和监控结果进行记录并保管的要求。
④ 明确何时以及如何实施纠正以及纠正措施。

8.2.4 产品测量和监控
① 确定产品测量和监控的适用范围。
② 规定实施产品测量和监控的方法。
③ 规定对测量和监控结果进行记录,并保管有关证据。
④ 明确产品放行的验收准则,并形成文件。
⑤ 必要时,规定对顾客让步接收的要求。

8.3 不合格控制
① 明确不合格品控制的目的、范围及控制要求,如目的是防止不合格品的非预期使用或交付。
② 规定实行不合格品控制和处置的部门及其人员的职责和权限。
③ 规定如何对不合格品进行识别及对其标志的要求。
④ 规定对不合格品进行评审和处置的要求及方法。如采取纠正措施,消除不合格品;经顾客同意和有关人员批准,对不合格品让步接收;采取措施,预防不合格品的使用等。
⑤ 对采取纠正措施后的不合格品,应规定进行重新验证。
⑥ 明确对不合格品的识别、控制、纠正和验证的记录、保管的规定。
⑦ 确定在产品交付使用后发现不合格品时的控制措施。
⑧ 明确编制并执行《不合格品控制程序》。

8.4 数据分析
① 确定进行数据分析的目的——评估质量管理体系的适宜性和有效性,并识别持续改进的机会。
② 规定进行数据分析的数据来源和收集方法。
③ 确定进行数据分析的要求和方法。
④ 明确组织进行数据分析可获取的信息,包括对顾客满意度的了解,产品符合性情况,对过程、产品特性及其发展趋势和供方的了解等。

8.5 改进

8.5.1 持续改进的策划
① 明确持续改进的目的——不断提高组织质量管理体系的有效性和效率。
② 确定组织进行质量管理体系持续改进所必要的过程。
③ 规定组织如何进行质量管理体系的持续改进,如利用质量方针、质量目标,通过内部审核、数据分析、实施纠正及预防措施进行改进,再通过管理评审评价改进效果,最终达到持续改进。
④ 规定组织如何进行项目改进,如确定改进项目的目标、确定改进方案、实施改进、评价改进效果、进行再改进等。

8.5.2 纠正措施
① 明确组织采取纠正措施的目的是消除不合格的原因,防止不合格的再发生。
② 规定如何识别和评审不合格(包括顾客抱怨)。通常不合格的信息来源有:不合格报告、内部审核报告、顾客抱怨和投诉、管理评审记录、数据分析结果、监控和测量结果等。
③ 确定发生不合格的原因。

④ 规定采取何种措施消除不合格的原因。
⑤ 如何对拟采取的措施进行评价。
⑥ 如何确定并实施所应采取的措施。
⑦ 记录并评审实施措施后的结果。
⑧ 评审所采取的纠正措施。
⑨ 明确制定并执行《纠正措施程序》。

8.5.3 预防措施

① 明确采取预防措施的目的是消除潜在不合格的原因，防止不合格的发生。
② 规定如何识别潜在的不合格及其原因。不合格的信息来源通常有：管理评审记录、数据分析结果、监控和测量结果、顾客的需求和期望、市场调研结果等。
③ 规定如何设计、评价、确定和实施需采取的预防措施。
④ 确定对采取措施后的结果进行记录并保管。
⑤ 规定如何评审所采取的预防措施。
⑥ 明确制定并执行《预防措施程序》。

附件2 常用程序文件的内容要点及其格式

程序文件的内容应视组织的具体情况而确定。在此列出的内容要点仅是一种通用的、原则性的提示。

组织在编写程序文件时，可对以下所列内容进行增删，并结合组织的实际情况，具体确定各程序文件的内容。特别需要注意的是，每一个组织需编写的程序文件的数量和范围，应依据质量管理体系文件的编写原则并结合组织的实际需要确定。下面给出了8个程序文件的案例。这8个程序文件分别是：ISO 9001：2000 中规定的6个程序文件，加上管理评审程序文件和质量计划编制程序文件。8个程序文件几乎是每个要建立质量体系的组织都会涉及的程序文件，具有普遍意义。

1. 文件控制程序

文件控制程序文件的案例见表9-4。

表 9-4

×××物业管理公司程序文件	文件编号：QWJ-01
	版本号：1
文件控制程序文件	修订号：0
	页次：第 页/共 页

（1）目的

对与质量管理体系有关的文件进行控制，保证与质量管理体系有关的所有文件得到有效使用和管理。

（2）范围

适用于与质量管理体系有关的所有文件的控制，包括组织自己制定的文件、外来文件或顾客提供的文件。

（3）术语（略）

（4）职责

明确由谁负责质量手册、程序文件等质量管理体系文件的编写和评审，明确由谁负责质量管理体系文件的审批和发布，明确由谁负责质量管理体系文件的归档、发送和处理，确定各相关职能部门及其他人员的职责，组织内的所有有关部门均应参与文件的控制工作。

（5）程序内容和控制

文件的分类和保管；文件的编号；文件的编写、审批和发放；明确文件的基本格式，负责编制各类文件的部门及其人员应如何编写文件；明确文件的审批人员及审批程序；规定如何对文件进行修改、更新和再审批；规定不同类别和状态的文件的识别方法，受控与非受控文件的区分方法；规定建立文件控制目录和档案，对文件进行归档管理；规定对文件进行归档管理的部门及其人员；确定文件的发放、领用、借阅、复制、保存和处理方法；对文件破损、丢失如何处理；对外来文件的控制；明确如何与《文件编写的基本规定》、《档案管理办法》、《质量记录控制程序》等相关/支持性文件接口；对各项记录的填写、传递和保管作出具体规定。

（6）相关/支持性文件

《文件编写的基本规定》，《档案管理办法》，《质量记录控制程序》等。

（7）记录表格

发布文件登记表；文件发放、回收记录表；文件借阅、复制登记表；文件制（修）订申请表；文件销毁记录表等。

2. 质量记录控制程序

质量记录控制程序文件的案例见表9-5。

表 9-5

×××物业管理公司程序文件	文件编号：QWJ-02
质量记录控制程序文件	修订号：0
	页次：第　页/共　页

（1）目的

对质量管理体系所要求的记录进行有效的控制与管理，以证明产品具有符合性，组织的质量管理体系是有效的，能高效运行，同时为制订、验证纠正措施和预防措施提供依据。

（2）范围

适用于与质量管理体系有关的所有质量记录的管理和控制，包括来自外部（如供方）的质量记录。

（3）术语（略）

（4）职责

确定与质量记录的填写、整理、监督、保管和保管期限、处置等管理和控制有关的职能部门及其人员的职责和权限。

确定所有应参与质量记录管理和控制的部门及其人员。

（5）程序内容和控制

确定各部门进行质量记录控制的人员及其职责；规定质量记录的识别方法及对标志的管理要求；确定质量记录的控制范围及其分类；规定对质量记录的填写、表格印制、传递、整理汇总、归档管理的要求；明确质量记录的编号原则和方法；规定质量记录的保管、保护方法和保管期限；规定编制质量记录清单的要求；确定对质量记录方法、借阅、复制和处置的控制要求；明确如何与《档案管理办法》、《文件控制程序》等相关/支持性文件接口；对与质量记录控制有关的记录的填写、传递和保存作出具体规定。

（6）相关/支持性文件

《文件控制程序》；《档案管理办法》等。

（7）记录表格

质量记录清单；文件借阅、复制登记表；文件销毁记录表等。

3. 管理评审程序

管理评审程序文件的案例见表9-6。

表 9-6

×××物业管理公司程序文件	文件编号：QWJ-03
	版本：1
管理评审程序文件	修订号：0
	页次：第　页/共　页

(1) 目的

按计划的时间间隔质量管理体系,确保其适宜性、充分性、有效性,保证质量管理体系持续满足标准的要求,并通过评审寻求持续改进的机会,不断对质量管理体系进行改善,同时保证质量方针和质量目标持续适应组织发展的需要。

(2) 范围

适用于对质量管理体系的评审,寻求持续改进的机会,并评价组织的质量方针和质量目标。

(3) 术语(略)

(4) 职责

确定组织的最高管理者负责管理评审活动,包括审批管理评审计划和管理评审报告;确定管理者代表负责向最高管理者报告质量管理体系运行情况,提出管理和改进建议,并负责编制管理评审报告;确定质量管理部门负责管理评审计划的编制,收集有关资料,跟踪和验证评审后实施的改进措施,并报告质量方针和质量目标的实施情况;确定各相关职能部门负责准备工作,提供与本部门工作有关的评审报告和资料,并负责实施评审确定的对质量管理体系的改正措施。

(5) 程序内容和控制

规定管理评审的时间间隔及何时应增加评审次数和由谁负责审批;确定管理评审计划的编制要求;确定管理评审的参加人员及其职责;确定管理评审的准备工作和管理评审的输入、输出要求;确定管理评审的审批、发放和实施要求;确定管理评审的任务、内容和形式要求;规定管理评审报告的内容及其编写、提交和审批要求;明确负责管理评审会议记录和部门及其人员;确定管理评审报告的发放范围及负责部门;规定改进措施的提出、实施和验证要求及其负责部门;明确如何与《质量记录控制程序》、《文件控制程序》、《内部审核程序》、《数据分析程序》、《预防措施程序》、《纠正措施程序》等相关/支持性文件接口;对各项质量记录的填写、传递和保管作出具体规定。

(6) 相关/支持性文件

《文件控制程序》;《质量记录控制程序》;《内部审核程序》;《数据分析程序》;《纠正措施程序》;《预防措施程序》等。

(7) 记录表格

管理评审通知单;管理评审计划书;管理评审报告;改进措施实施和验证报告等。

4. 质量计划编制程序

质量计划编制程序文件的案例见表9-7。

表 9-7

×××物业管理公司程序文件	文件编号:QWJ-04
	版本号:1
质量计划编制程序文件	修订号:0
	页次:第 页/共 页

(1) 目的

确定对产品质量形成全过程的控制要求,保证有关产品、过程、项目或合同符合标准或规定的要求。

(2) 范围

适用于某具体产品、过程、项目或合同的质量计划的内容、编制、审批、实施及改进。

(3) 术语(略)

(4) 职责

规定质量计划编制和审批部门及其人员的职责;规定质量计划实施部门及其人员的职责;规定对质量计划改进和审批、验证部门及其人员的职责。

(5) 程序内容和控制

确定质量计划的编制原则;规定质量计划的类别和内容、格式的要求;确定编制质量计划的部门及其人员的职责；规定质量计划的编写步骤和方法；确定计划的审批权限和审批手续；规定质量计划的发放部门和发放手续；规定质量计划的修改原则，以及修改审批、实施和验证的要求；明确如何与《文件控制程序》、《质量记录控制程序》等相关/支持性文件接口；对各项记录的填写、传递和保管作出具体的规定。

（6）相关/支持性文件

《文件控制程序》；《质量记录控制程序》等。

（7）记录表格

质量计划编制任务书；质量计划实施通知书；质量计划修改通知书等。

5. 内部审核程序

内部审核程序文件的案例见表9-8。

表 9-8

×××物业管理公司程序文件	文件编号：QWJ-05 版本号：1
内部程序程序文件	修订号：0 页次：第　页/共　页

（1）目的

确保组织的质量管理体系不断满足标准和规定的要求，及时发现机会以改进组织的质量管理体系，并保证质量管理体系能高效运行，实现组织的质量方针和质量目标。

（2）范围

适用于组织内部所有质量体系覆盖的活动、过程和程序。

（3）术语（略）

（4）职责

明确最高管理者的职责，包括审批年度审核方案、审核计划，批准审核报告等；确定质量管理者代表的职责，包括全面负责内部审核计划的实施，任命审核组组长和成员，审核年度内每次审核的方案、计划和报告等；确定质量管理部门的职责，包括提出审核方案，编制审核计划，组织、协调内部审核活动的开展，保管有关内部审核的文件，对审核活动后实施的有关改进措施进行验证等；确定内部审核组组长的职责，包括负责实施确定的审核计划和方案，对内部审核全过程的活动进行组织和管理，编写审核报告等；明确内部审核组各成员的职责，包括配合审核组组长的工作，负责具体实施自己职责内审核活动，编制审核检查表，提出自己的审核报告和改进措施等；确定各受审核方的职责，包括认真按照审核方案和计划的要求配合审核组的审核活动，并负责实施审核报告提出的对不合格项目的改进措施等。

（5）程序内容的控制

明确由谁负责编制和审批年度内审核方案和计划；确定年度内审核方案和计划的编写要求和审批原则；确定除通常审核外，当出现何种情况时，应补加内部审核；规定内部审核的范围、原则和频次；确定年度内审核方案和计划的内容，包括审核目的，审核对象，审核方法，受审部门和审核时间等；规定由谁负责任命审核组组长和审核组的其他成员；确定审核组组长和审核组的其他成员的资格、职责和任务分工；确定每次具体内部审核实施计划的内容及其编写要求；确定由谁及如何编写内部审核检查表；规定实施内部审核的步骤，包括首次会议、现场审核、审核报告和末次会议等的安排；确定每个步骤的内容、参加者、组织者、应形成的内部审核文件等的要求；规定编制审核报告的要求，包括由谁负责编写、内容、格式等；确定审核报告审批和发布要求；确定如何对内部审核提出的改进措施加以实施和验证，如确定实施部门，由谁负责验证，如何验证等；明确如何与《管理评审控制程序》、《质量记录控制程序》等相关/支持性文件接口；对各项质量记录的填写、传递和保管作出具体规定。

（6）相关/支持性文件

《管理评审控制程序》;《质量记录控制程序》;《纠正措施控制程序》等。

(7) 记录表格

年度内部审核计划;内部审核实施计划;内部审核检查表;内部审核不合格报告表;内部质量审核报告表等。

6. 不合格控制程序

不合格控制程序文件的案例见表9-9。

表9-9

×××物业管理公司程序文件	文件编号:QWJ-06
	版本号:1
不合格控制程序文件	修订号:0
	页次:第 页/共 页

(1) 目的

对不符合要求的产品进行有效的识别和控制,防止不合格品的非预期使用或交付。

(2) 范围

适合于对外购产品、生产中间产品、产成品在生产、制造和使用过程中及产成品交付使用后所发现的一切不合格进行控制。

(3) 术语(略)

(4) 职责

确定负责对外购产品的不合格进行识别、记录、分离,以及进行跟踪控制和处理的部门及其人员的职责,如采购部门;确定负责对生产中间产品的不合格进行识别、记录、分离,以及进行跟踪控制和处理的部门及其人员的职责,如质量管理部门和生产部门;确定负责对产成品出厂前的不合格进行识别、记录、分离,以及进行跟踪控制和处理的部门及其人员的职责;确定负责对产成品交付使用后的不合格进行记录、评审、处理的部门及其人员的职责,如售后服务部门。

(5) 程序内容和控制

合格品的分类及其分类标准,通常可分为严重不合格和一般不合格,前者为批量不合格,能造成较大的经济损失,直接影响产品的主要性能指标,后者为少量不合格;如何进行识别、记录、分离;如何对已识别、分离的外购产品、生产中间产品、产成品的不合格进行跟踪控制和处理;不合格品的处理方式,如让步接收、返工、返修、降级、报废等;不合格品选择不同处理方法的原则、手续和负责人;确定发生不合格后应通知何部门;确定对不合格的处理决定由谁负责审批;确定对处理后的不合格如何进行验证;确定如何对交付使用的产成品进行控制;明确在何种情况下需要采取相应的纠正措施;明确如何与《质量记录控制程序》、《过程和产品的测量和监控程序》、《纠正措施控制程序》等相关/支持性文件接口;对质量记录的填写、传递和保管作出具体规定。

(6) 相关/支持性文件

《质量记录控制程序》;《过程和产品的测量和监控程序》;《纠正措施控制程序》等。

(7) 记录表格

外购产品不合格报告单;生产中间产品不合格处理单;让步接收申请表;售后产品不合格记录表等。

7. 预防措施控制程序

预防措施控制程序文件的案例见表9-10。

表9-10

×××物业管理公司程序文件	文件编号:QWJ-07
	版本号:1
预防措施控制程序文件	修订号:0
	页次:第 页/共 页

(1) 目的

有效地识别、制订和实施，以消除产生不合格的原因，防止不合格的再次发生，促进整个组织质量管理体系的持续改进。

(2) 范围

适用于针对整个组织的质量管理体系发生的不合适而采取的纠正措施的识别、制订、验证等过程的控制。

(3) 术语（略）

(4) 职责

确定负责识别产生不合格的原因的部门及其人员的职责；确定负责提出、制订、审批和实施消除不合格原因的纠正措施的部门及其人员的职责；确定负责验证、评审纠正措施的实施情况和效果的部门及其人员的职责。

(5) 程序内容的控制

确定出现何种情况时应采取纠正措施；规定如何识别产生不合格的原因，包括收集哪些信息和资料，如不合格报告、管理评审报告、顾客投诉和抱怨、测量和监控结果等，规定采用何种方法及由谁对信息和资料进行分析和处理，如何对这些信息和资料进行传递等；确定分析产生不合格的原因时应使用的统计技术和方法；规定针对不合格原因应采取的纠正措施的原则；规定提出、审批、实施纠正措施的要求；规定对实施的纠正措施的验证、评审要求；明确若采取的纠正措施未达到预期的目的，如何重新确定应实施的纠正措施；规定若需要，如何对现有的质量管理体系文件进行改进；明确如何与《生产和服务提供控制程序》、《管理评审程序》、《内部审核程序》、《顾客满意度测量控制程序》、《过程和产品的测量与监控控制程序》、《数据分析程序》、《统计技术应用管理办法》、《文件控制程序》、《质量记录控制程序》等相关/支持性文件接口；对各项质量记录的填写、传递和保管作出具体规定。

(6) 相关/支持性文件

《生产和服务提供控制程序》；《管理评审程序》；《不合格控制程序》；《顾客满意度测量控制程序》；《数据分析程序》；《统计技术应用管理办法》；《文件控制程序》；《质量记录控制程序》等。

(7) 记录表格

信息汇总分析表；纠正措施计划；纠正措施实施、验证情况表；纠正措施报告等。

8. 预防措施程序

预防措施程序文件的案例见表 9-11。

表 9-11

×××物业管理公司程序文件	文件编号：QWJ-08
	版本号：1
纠正措施控制程序文件	修订号：0
	页次：第　页/共　页

(1) 目的

使组织能及时识别、制订和实施有效的预防措施，以消除潜在的不合格原因，防止不合格的发生，帮助组织质量管理体系的持续改进。

(2) 范围

适用于组织质量管理体系运行过程中为防止不合格的发生而制订和实施的预防措施及对预防措施的验证和评审。

(3) 术语（略）

(4) 职责

确定负责识别潜在不合格原因的部门及其人员的职责；确定负责提出、审批、实施预防措施计划的部门及其人员的职责；确定负责验证、评审预防措施的实施情况和效果的部门及其人员的职责。

(5) 程序内容和控制

规定如何识别潜在的不合格原因,包括收集哪些信息和资料,如不合格报告、管理评审报告、顾客投诉和抱怨、市场调研结果、数据分析记录、测量和监控结果等,规定采用何种方法及由谁对信息和资料进行分析和处理,如何对这些信息和资料进行传递等;确定分析、识别潜在的不合格原因时应使用的统计技术和方法;规定针对不合格原因应采取的预防措施的原则;规定提出、审批、实施预防措施的要求;规定对实施的预防措施的验证、评审要求;明确若采取的预防措施未达到预期的目的,如何重新确定应实施的预防措施;规定若需要,如何对现有的质量管理体系文件进行改进;明确如何与《生产和服务提供控制程序》、《管理评审程序》、《内部审核程序》、《顾客满意度测量控制程序》、《过程和产品的测量与监控控制程序》、《数据分析程序》、《统计技术应用管理办法》、《文件控制程序》、《质量记录控制程序》等相关/支持性文件接口;对各项质量记录的填写、传递和保管作出具体规定。

(6) 相关/支持性文件

《生产和服务提供控制程序》;《管理评审程序》;《不合格控制程序》;《顾客满意度测量控制程序》;《数据分析程序》;《统计技术应用管理办法》;《文件控制程序》;《质量记录控制程序》等。

(7) 记录表格

信息汇总分析表;预防措施计划;预防措施实施、验证情况表;预防措施报告等。

附件3 常用作业指导书等的典型案例介绍

案例一:某物业管理企业的保洁科运行规范作业指导书(表9-12)

表 9-12

×××物业管理公司 作业指导书	文件编号:QWJ-12
	版本号:1
保洁科作业指导书	修订号:0
	页次:第　页/共　页

1. 目的

本文件规定了物业管理的保洁科的运行规范。

2. 范围

适用于本物业管辖范围内的商场和住宅的保洁运行管理。

3. 清洁工具及用品的使用

针对不同卫生区域和对象,采用不同的清洁用品及工具。

3.1 天花板

包括烟感器、灯管、不锈钢灯槽、监视器等。

清洁方法:切断电源,清洁电子产品注意防水和擦拭力度,用抹布轻拭灰尘(不锈钢制品用金属上光剂擦拭)。灯管上难擦拭的污渍(昆虫粪便、虫卵等)可使用玻璃清洁剂。

3.2 窗户

包括玻璃、百叶窗帘、不锈钢窗轨等。

清洁方法:取下窗帘,泡在加有中性清洁剂的水中用软刷刷洗。用湿布擦洗不锈钢窗轨。玻璃用甲醛溶液(18毫升醋加在5升热水中)擦洗,再用无毛布拭干。去除顽固污渍用玻璃刷,平时可用玻璃清洁剂清洁污渍。

3.3 家具

包括木制家具、皮制家具、布制家具等。

清洁方法:木制家具可用湿布拭去灰尘,顽固污渍(墨水、印泥)使用中性清洁剂。皮制家具:①可用软布醮上皮具清洁剂或护理剂来清洁;②清洁后用家具蜡涂抹,15分钟后再擦拭进行上光处理。布制家具可使用干洗剂清洁。

3.4 地板

包括地毯、大理石地面、瓷砖等。

清洁方法如下。

(1) 地毯

① 用吸尘器定期吸尘，可减少对地毯的清洗。及时发现、清除污渍可避免污渍渗透扩散。否则清洁费时费力、损伤地毯纤维。

② 清洗：使用干泡法、旋转揉擦法、湿水抽吸法，半年或一年清洗一次。

③ 如果沾上口香糖，则可喷上香口胶剂或柠檬化油剂，待其硬化后将其剥落。

(2) 大理石地面

① 打蜡：用打蜡机将封地面蜡打在底层，而后每3个月再打上一层磨光洁蜡（保洁蜡）以修补旧蜡，打蜡后应注意保护。

② 清洁：用中性清洁剂湿拖，禁止使用酸性清洁剂和肥皂水。

③ 保养：用装上尼龙刷的高速磨盘抛光，每月用低速磨刷磨去地面上的逐渐增厚的上光剂及污渍，再涂上两层上光剂或水基蜡（液体蜡也可），每年重新涂上一次密封剂和上光剂。地面不应放置橡胶垫，因为橡胶会与蜡粘连而出现污迹，不易清理。

(3) 瓷砖地面

① 用地拖醮上稀释的碱性清洁剂清洗，避免使用劣质的粉状清洁剂，因为它会磨损瓷砖表面和光洁度。

② 清洁锈迹使用特殊清洁剂（含除锈剂）。

3.5 卫生间

它包括：便桶、便池、洗手盆、水龙头、水管、废物筐、隔板、瓷砖墙壁等。

清洁方法如下。

便池、便桶、去水口：使用洁厕或瓷洁剂、漂白水去污，对顽固污渍使用马桶刷，堵塞时使用橡胶疏通器。

洗手盆及瓷砖墙壁：使用瓷洁剂清洁，对顽固污渍可用软刷刷洗。

水龙头：用金属上光剂除锈及上光。

废物筐：用塑胶袋包好，每小时清空一次。

木制隔板：用湿布擦拭。

3.6 换气、杀虫

喷洒除臭剂、空气清新剂改变室内异味并能杀菌。喷洒杀虫剂杀死携带病菌的爬虫（蟑螂、蚂蚁、苍蝇、蚊子等）。

注意事项如下。

杀虫剂使用时切勿靠近火源，不能放置在高于50摄氏度的地方，忌直接向食物喷射。

各类清洁剂使用过多，都会产生一定的副作用，所以应使用适量，按说明书要求调配的比例，进行稀释。

各类清洁剂都有不同的适宜使用对象，例如柠檬化油剂（碱性）用于除油垢，但不能清洁地毯；玻璃水（酸性）专门用于清洁玻璃类，使用时不能先喷在抹布上，然后再擦拭污处，这样会使玻璃变花，可将其直接喷于污处，再用抹布擦拭，方可使其光亮；洁厕精或瓷洁精一般使用碱性溶液，如使用酸性溶液时须稀释，否则长期使用会腐蚀釉面。

4. 保洁工工作规程

保洁工按各自岗位工作程序具体实施日常清洁工作，保证大厦公共环境的清洁卫生，班长负责检查监督。

着装规范：统一着公司定制的季节制服，着装必须清洁、整齐，无破损无皱痕，纽扣齐全，并佩戴工号牌于左上衣口上方，达到平直无斜度。

交接班规范：接班人员应提前10分钟到达岗位办理交接手续。交接人应详细介绍并说明哪些事尚未完成需继续办理，以及领导交办的事项。带班之间的交接与上同。

文明礼貌：遇到上级领导及来参观的社会各界人士，应主动礼让。服务时，应主动热情向业主询问所需的服务项目。

语言规范：遇到住户主动问候："您好。"接电话时要用规范语言："您好，某物业公司。"语气平和。

工具携带：清扫专用工具及保洁材料应按规定放置，便于外出携带。外出保洁服务时必须携带保洁工具箱。

公共部位的清洁分别按《清洁卫生标准》、《清洁工作计划》、《商场保洁班工作流程》、《公寓保洁班工作流程》执行。

垃圾站清洁：每天环卫处收走垃圾后，对垃圾站进行冲洗。每月定期对垃圾站进行消毒。每月定期对其他需消毒的环境进行消毒。

5. 保洁科工作监管处罚细则

为加强公司管理，规范保洁科工作职责，提高商场、公寓公共场所卫生质量，增强保洁人员工作责任心，特制订该细则。

遵守公司各项管理规章制度，敬岗爱业，服从工作安排。

按时交接班，严禁串岗、脱岗、私自调班，严禁与他人嬉笑打闹及闲聊，违者处以警告并罚款20元。

广场和车场地面应保持无污迹、纸袋、垃圾，连续有两处以上大面积污水及3处纸袋、垃圾，所属班次人员罚款20元。

各楼道地面应清洁、光亮，单一楼道连续有两处大面积污迹及5处垃圾者，罚款10元。

公共通道应保持清洁、光亮，保洁人员应勤巡场，发现污迹、纸屑、垃圾应及时清理，商场单一楼层（公寓6至20层）公共通道连续有3处污迹及5处垃圾、纸袋者，罚款20元。

各楼层卫生筒、纸篓需随时检查、清理，单一楼层发生1处卫生筒和纸篓溢满而未清理者，罚款20元。

各楼层饮水间、卫生间应做到地面、镜面清洁、光亮，卫生洁具洁亮，卫生间无异味。有违上述一项者，罚款10元。

各楼层清洁用具应摆放整齐有序。

所属楼层玻璃墙面，门应清洁、明亮，不可有污迹、灰尘。违者罚款10元。

对垂直电梯、货梯、电扶梯随时巡视，遇有垃圾、污迹及时清理。违者罚款10元。未尽事项，参照公司规定及员工手册，予以相关处罚。

附：部分物业管理质量记录表格

1. 清洁监督流程图（图9-2）

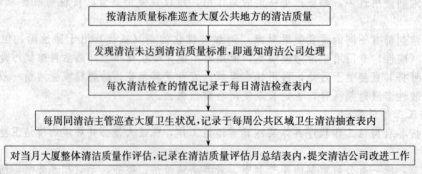

图9-2

2. 清洁承包商的选择和评审记录（表9-13）

表 9-13

分承包商	名称：	评审日期：
	联络人：	电话：
	联络地址：	
	承包范围及项目：	
选择内容	1. 必须持有合格的营业执照 2. 必须是具有多年清洁经验的大型专业公司 3. 必须提供公司的资质证明、公司架构、合理的人力资源安排计划 4. 必须拥有先进的机械装备，自动化程度高 5. 清洁承包商的员工必须统一着装、佩戴统一胸卡，必须有良好的素质 6. 必须有齐全的清洁工具和物料，有严谨科学的配料工艺和规范的清洁操作程序 7. 必须有详尽的清洁服务计划，提供符合物业管理公司和用户要求的满意清洁服务 8. 必须服从物业管理公司的管理和监督	
部门评价		
管理者代表意见：	总经理意见：	

3. 每日清洁检查评估表（表 9-14）

表 9-14

项目/日期	1	2	3	4	5	6	7	8	9	…	…	…	…	…	31
礼貌仪容															
服务态度															
定时清洁完成情况															
洗手间															
茶水间															
公共地方															
每日小评															
巡楼管理员签名															

每月总评：＿＿＿＿＿＿＿＿＿＿＿＿＿＿＿ 主任签名：＿＿＿＿＿＿＿

备注：① 每项按实际情况评分，满分为 5 分。
② 每日小评（当日各项累加）：A：25 分以上；B：20～25 分；C：20 分以下。
③ 每月小评（每日小评累加）：优：25 个 A（含 25 个）以上；良：20 个 B（含 20 个）以上；一般：20 个 B 以下。

4. 每周公共区域卫生情况抽查表（表 9-15）

表 9-15

地　　点		卫生状况	备　注
一楼	公共地方		
	茶水间		
	男洗手间		
	女洗手间		
二楼	公共地方		
	茶水间		
	男洗手间		
	女洗手间		
一周清洁质量小结：			

5. 清洁质量月总结表（表9-16）

表9-16   年   月

公共区域	
指示牌、灯箱	
重大清洁操作	
杀虫、灭蚊	
其他	
总经理批准	

报告人：   部门主管签名：

6. 保洁班（商场、公寓）排班表（表9-17）

表9-17

日期：_____—_____ 班长：_____

工作时间	星期日	星期一	星期二	星期三	星期四	星期五	星期六

7. 班长巡查记录表（表9-18）

表9-18

日期：_____ 班长：_____

巡查项目	：_____	：_____	：_____
……	……	……	……

8. 清洁用品耗用登记表（表9-19）

表9-19

月份：_____ 班长：_____

品名	第一周	第二周	第三周	第四周	合计
……	……	……	……	……	……

案例二：某物业管理公司各岗位工作考核细则

1. 部门经理的工作考核细则（表9-20）

表 9-20

项目	工作内容	分值	检查考核细则
1	每天上班后阅读各主任的工作记录、用户投诉记录、事务跟进簿,对有关工作采取措施并组织落实	2	①未阅读每次扣2分 ②不了解当班发生的情况每次扣1分 ③对发生的问题未指示处理每次扣1分
2	每天巡查各工作岗位最少一次,检查当班员工的工作纪律	5	①未巡查每次扣5分 ②少巡查一个岗位每次扣1分 ③巡查未发现存在的违纪行为每次扣2分
3	每天召开班后工作例会,总结当班的工作和今后工作的注意事项	2	无故不召开每次扣2分
4	每天对部门的各项日常工作进行抽查,发现错误要及时纠正,使日常工作能按部门要求进行	5	①未抽查每次扣5分 ②未发现存在问题每次扣2分 ③对工作错误未及时纠正每次扣2分
5	每周参加公司例会,总结部门上周的工作和部署本周的工作计划,执行公司的工作指示,做好"上传下达和下传上达"	5	①无故不参加每次扣5分 ②没有工作总结每次扣2分 ③没有工作计划每次扣2分 ④未向员工传达公司工作指示每次扣2分 ⑤未向公司反映员工的工作意见每次扣2分
6	每周全面检查楼层最少一次,监督巡楼工作质量	10	①未检查每次扣10分 ②少检查一层每次扣1分 ③未发现存在问题每次扣2分 ④检查未记录每次扣2分
7	每月5日前向公司提交部门上月的工作总结和当月的工作计划	5	①未交工作总结和计划每次扣5分 ②每次缺少一样扣3分 ③每次无故迟交一天扣1分
8	每月组织员工进行业务知识培训,并向人事部提交培训小结	5	①未组织培训每次扣5分 ②无培训记录每次扣2分 ③未提交培训小结每次扣2分
9	每月对清洁、绿化工作质量进行一次评估,并向公司提交评估记录	5	①未评估每次扣5分 ②每次评估少一项扣3分 ③无评估记录每次扣2分 ④未提交评估记录每次扣2分
10	每次回访用户不少于15家,听取用户对大厦管理工作的意见和建议,及时向总经理报告	10	①未回访每次扣10分 ②回访少一家用户每次扣1分 ③未记录用户的意见和建议每次扣2分 ④没有报告每次扣5分 ⑤报告不及时每次扣2分
11	每月至少召开两次部门工作会议,部署部门工作和传达公司工作指示	5	①无故不召开每次扣5分 ②少召开一次扣3分 ③未部署部门工作扣3分 ④未传达公司工作指示每次扣3分
12	每半年对员工工作进行一次考核	5	①无故不考核扣5分 ②无考核记录扣3分
13	每年对大厦清洁、绿化承包商的工作质量进行一次评估,并向公司提交对承包商续聘或解聘的建议	6	①没有评估扣6分 ②少评估一项扣3分 ③无评估记录扣3分 ④未提交建议扣3分
加分	工作认真负责,成绩突出受到部门或公司表扬,每次加1分		
	服务态度和服务工作出色,做好人好事等受到用户来信表扬,每次加2分		
	为部门争取荣誉使部门受公司表扬,每次加2分		

2. 主任岗位的工作考核细则（表9-21）

表 9-21

项目	工作内容	分值	评分细则	得分
1	每天上班后认真阅读上一班的工作日记簿和工作事务跟进簿,清点日常办公物品,进行两班的工作交接	4	①不清楚上一班工作情况每次扣1分 ②未落实上一班未完成的工作每次扣1分 ③工作交接不清,每次扣2分	
2	早班在8:00前,中班16:00前检查本班上班人数,监督员工签到	2	①未查清本班上班人数每次扣1分 ②未监督员工签到每次扣1分	
3	督促员工按时到达工作岗位	2	①未督促员工准时到岗位每人扣1分 ②员工未准时到岗每人次扣1次	
4	每天审阅各岗位的当班工作记录	2	①未审阅记录每次扣1分 ②未发现存在问题每次扣1分	
5	在8:30至9:30,17:30至18:30,到大堂迎送用户	4	①未到大堂迎送每次扣2分 ②未主动向用户问好每次扣2分	
6	每天4次检查员工在岗位的工作表现和仪容仪表,并作评估记录	4	①未检查扣4分 ②少检查一次扣1分 ③检查时未及时发现问题每人扣2分 ④缺评估记录每人次扣1分	
7	每天检查一次大厦共用设施,确保正常动作	6	①未检查每次扣6分 ②未及时发现故障每次扣3分 ③未能跟进报修每次扣3分	
8	每天全面检查监督一次清洁、绿化工作,确保其工作达标	5	①未检查每次扣5分 ②未及时发现问题每次扣2分	
9	每天至少巡查10层楼,并有巡查记录	5	①少巡查一层楼扣1分 ②未及时发现问题每次扣2分 ③欠缺巡查记录每次扣2分	
10	每天至少巡查3次重点区域:设备层,更衣室,大堂,用户信箱处,大厦外围以及后围,仓库,楼层平台等	5	①未巡查每次扣5次 ②少巡查一次扣2分 ③巡查不到位,每漏查一项扣1分 ④未及时发现问题每项扣2分	
11	每天一次检查、监督装修余泥和生活垃圾的装运情况,确保垃圾在当天内得到清理	2	①未检查监督每次扣2分 ②未及时清理每次扣2分	
12	妥善处理用户投诉,对用户的合理要求在1小时内给予答复	6	①处理不当引起用户投诉每次扣4分 ②超过1小时答复每次扣2分	
13	每天抽查一次巡楼记录和工程验收报告,抽查量不少于30%	6	①没有抽查每次扣3分 ②抽查量少于30%每次扣2分	
14	及时处理日常突发事件,重大事故在12小时内提交事故处理报告	6	①未及时处理每次扣3分 ②处理不当引起投诉每次扣3分 ③超过12小时未交事故处理报告每次扣1分	
15	按健身中心的开放时间,每天安排健身中心的值班工作	2	未安排值班每次扣2分	
16	中班每天给对讲机电池充电	1	未及时充电每台扣0.5分	
17	中班每天按公共设施开关时间表关闭茶水间的热水器	2	未按时关闭热水器每台次扣0.5分	
18	将当班未能完成的工作和需要通知下一班跟进的事项记录在事务跟进簿上	2	①没有记录每次扣2分 ②当班事务班不清楚每次扣1分	
19	每天召开班前班后工作例会	2	无故不召开每次扣1次	
20	每周参加部门工作例会	2	无故不参加每次扣2分	
加分	工作成绩突出受到公司表扬,每次加2分			
	用户来信表扬,每次加5分			
	为部门争取了荣誉使部门受到公司表扬,每次加2分			

3. 文员的工作考核细则（表9-22）

表 9-22

项目	工 作 内 容	分值	评 分 细 则	得分
1	每天在早上8:00前更换好工作服，在部门签到表上签到	2	①上班迟到每次扣1分 ②上班不签到每次扣1分 ③未在上班时间前换好工作服每次扣1分	
2	阅读上一班的工作日志簿和事务跟进簿，将需要本班完成的工作报告主任	2	①未报告主任每次扣1分 ②未阅读每次扣2分 ③未发现记录的问题每次扣2分	
3	每天一次整理办公室的文件	2	①未整理文件每次扣2分 ②整理不认真每次扣1分	
4	每天根据每次的巡楼报告填写工程维修单	6	①未填写工程维修单每次扣6分 ②漏填每项扣1分 ③未及时报修每次扣3分	
5	每天上午、下午各一次安排巡楼管理员进行工程验收	6	①未安排验收每次扣6次 ②少安排一次，每次扣3分	
6	每周一次清查未完成的工程维修项目	6	①未清查每次扣6分 ②漏查一项扣1分	
7	每周一次向部门经理提交上一周的工程维修报告	2	①未提交报告每次扣2分 ②超过一天每次扣1分	
8	受理用户投诉和服务要求，每次做好记录	6	①没有受理用户的合理要求每次扣6次 ②无记录每次扣3分 ③记录不清楚每次扣1分	
9	每月3日前统计上月用户投诉情况	6	①没有统计每次扣6分 ②没超过一天扣0.5分 ③统计缺一项扣1分	
10	每月一次整理部门保管的各种钥匙	4	①没有整理每次扣4分 ②整理缺一项扣1分	
11	每月10日前对部门财物进行一次盘点	4	①没有盘点每次扣4分 ②每超过一天扣0.5分	
12	每月30日前提交部门下月领取物品的预算报告	4	①未提交报告每次扣4次 ②每超过一天每次扣0.5分	
13	每月一次整理员工档案资料	4	①未整理每次扣4次 ②缺一项扣1分	
14	每月15日前核对所有用户资料	6	①没有核对每次扣6分 ②漏核对每户扣1分 ③每超过一天扣0.5分	
15	按时悬挂、检查用户公司水牌	2	①悬挂不及时，每次扣2分 ②未定时检查、整理，一次扣1分	
16	每月一次整理部门文件档案	4	①未整理档案每次扣4分 ②整理缺一项扣1分	
17	每天下班时参加班后例会	2	无故不参加每次扣2分	
18	每周参加部门工作例会，作好会议记录	2	①无故不参加每次扣2分 ②会议记录不清晰每次扣1分	
加分	工作成绩突出受公司表扬每次加2分			
	用户来信表扬，每次加5分			
	为部门争取了荣誉使部门受到公司表扬，每次加2分			

4. 信报岗的工作考核细则（表 9-23）

表 9-23

项目	工作内容	分值	评分细则	得分
1	每天 8:00 前更换好工作服,在部门签到表上签到	2	①上班迟到每次扣 1 分 ②不签到每次扣 1 分 ③未在上班时间前换好工作服每次扣 1 分	
2	每天检查上一班信报派发,发现漏派报告主任	2	①未检查每次扣 2 分 ②未及时发现漏派每件扣 1 分 ③知情不报每次扣 1 次	
3	日报在 9:00 前,晚报在 17:00 前派至用户信箱	8	①遗失报纸每份扣 4 分 ②每件次超过 5 分钟扣 1 分 ③错派报纸,每件次扣 1 分	
4	每天派发各类邮件,当天的邮件在当天内派发完毕	8	①当天没有派发每次扣 8 分 ②遗失邮件,每件次扣 4 分 ③每超过一天扣 1 分 ④错派邮件每件次扣 0.5 分	
5	每天收到的杂志,在当天内送交用户签收	6	①当天没有送交用户每次扣 6 分 ②遗失杂志每件次扣 4 分 ③每超过一天扣 1 分	
6	每天处理地址不详或无人认领的邮件,在当天内退回邮局	8	①当天没有办理退邮每次扣 8 分 ②遗失邮件,每次扣 4 分 ③每超过一天扣 1 分	
7	受理用户对信报的查询或投诉,对用户的合理要求马上解决	6	①服务态度差,每次扣 3 分 ②超过一小时未解决,每次扣 1 分	
8	在节假日,将暂时派发不出的邮件用专柜放置,妥善保管,在上班后两天内派完	8	①遗失邮件每件次扣 4 分 ②每超过一天每次扣 1 分	
9	每月一次整理用户的报刊订单	6	①未整理扣 6 分 ②遗失订单,每张次扣 3 分 ③整理每缺一户扣 1 分	
10	在年终(中)时,联系邮局核对用户的报刊订单	8	①未核对扣 8 分 ②遗失订单,每张次扣 3 分 ③核对每缺一户扣 1 分	
11	在年终(中)时,通知用户提交新的报刊订单	6	①未通知每次扣 6 分 ②遗失订单,每张次扣 3 分 ③通知每缺一户扣 1 分	
12	每天参加班前班后工作例会	2	无故不参加,每次扣 1 分	
加分	工作成绩突出受到公司表扬每次加 2 分			
	用户来信表扬,每次加 5 分			
	为部门争取了荣誉使部门受到公司表扬,每次加 2 分			

5. 巡楼岗的工作考核细则（表9-24）

表9-24

项目	工作内容	分值	评分细则	得分
1	女巡楼在8：00前，男巡楼在9：30前更换好工作服，在部门签到表上签到	2	①上班迟到每次扣1分 ②上班不签到每次扣1分 ③未于上班时间前换好工作服每次扣1分	
2	每天巡楼要携带对讲机、钥匙、记录表、工程维修情况报告	4	①未携带扣4分 ②每漏带一项扣1分	
3	每天按规定的时间巡查指定的楼层 女巡楼在上、下午各巡查两次 男巡楼上、下午各巡楼一次，每次巡查有记录	8	①未巡查每次扣8分 ②未按时巡查每次扣2分 ③每少巡查一层楼扣1分 ④每少巡查一次扣2分 ⑤缺巡查记录每次扣2分	
4	每次巡楼都要在楼层签到表签到	2	①没有签到扣2分 ②伪造签到每次扣2分 ③每签漏一层扣0.5分	
5	每次巡楼按巡楼检查的设备设施内容检查公用设施，对有故障的设施在两小时内保修	5	①未检查每次扣8分 ②巡查不到位每次扣2分 ③减少一项每项扣1分 ④超时报修每次扣2分 ⑤未发现存在问题每次扣2分	
6	每次巡楼要检查所有公共地方的清洁，发现问题及时处理	5	①未检查每次扣5分 ②检查不到位每次扣2分 ③处理不及时每次扣2次 ④未发现存在问题每次扣2分	
7	每次巡楼要检查装修单位，监督装修操作，对违规者按违约标准处理	5	①未检查监督每次扣5分 ②监督不力引起投诉每次扣1分 ③处理不当每次扣1分 ④未发现存在问题每次扣2分	
8	禁止推销活动，在接报后5分钟内到达，现场处理推销人员	2	①不制止每次扣2分 ②超时处理每次扣1分 ③处理不当每次扣1分	
9	保持各楼层电房、管井房、风机房、电讯房房门锁闭	4	未锁闭房门每次每扇扣1分	
10	每次巡楼过程中，观察用户室内是否出现纠纷、聚众闹事、搬家等情况，出现情况马上报告主任	2	①未能及时掌握每次扣2分 ②知情不报每次扣2分	
11	劝离在电梯厅、走廊、休息间等非吸烟区的吸烟者，并指引其去走火梯	2	①未劝告每次扣2分 ②未指引走火梯每次扣1分 ③处理不当引起投诉每次扣2分	
12	在每天上、下午各一次验收当天的维修工程	6	①未验收每次扣6分 ②验收少一次扣3分 ③验收少一项扣1分	
13	当班巡楼工作结束后，把维修工程的验收报告交回部门文员	2	①未交回报告每次扣2分 ②遗失报告每次扣2分	
14	在每次巡楼工作结束后，15分钟内向部门文员递交巡楼报告	2	①未递交报告每次扣1分 ②超时递交每次扣1分 ③报告填写不清每次项扣1分	

续表

项目	工作内容	分值	评分细则	得分
15	在每天上、下午各一次协助信报员派发用户的挂号邮件	3	①未派发每次扣3分 ②少派邮件每件次扣1分 ③派错邮件每件次扣1分 ④遗失邮件每件次扣3分	
16	每月派发用户的各种缴费通知单	3	①未派发每次扣3分 ②错派单据每件次扣1分 ③遗失单据每件次扣3分	
17	每月一次核对用户的联系资料	3	①未核对每次扣3分 ②漏核一户扣1分 ③核错一户扣1分	
18	在非办公时间关闭茶水间热水器	3	未关闭热水器,每台次扣0.5分	
19	男巡楼在每天16:30至18:00接替大堂岗位	2	①未接岗扣2分 ②超时接岗扣2分	
20	每天参加班前班后的工作例会	2	无故不参加每次扣1分	
加分	工作成绩突出受到公司表扬每次加2分			
	用户来信表扬,每次加5分			
	为部门争取了荣誉使部门受到公司表扬,每次加2分			

6. 大堂岗的工作考核细则（表9-25）

表 9-25

项目	工作内容	分值	评分细则	得分
1	在每天早上8:00前更换好工作服,然后在部门签到表签到	2	①上班迟到,每次扣1分 ②上班不签到,每次扣1分 ③未于上班时间前换好工作服每次扣1分	
2	每天8:00准时到达岗位	2	①没有上岗每次扣2分 ②上岗迟到每次扣1分	
3	在每次接岗要清点岗位物品,作好记录	2	①没有清点每次扣2分 ②缺少记录每次扣1分 ③清点不清楚每次扣1分	
4	接岗后,检查岗位范围内各项公用设施是否运行正常,地面清洁是否符合标准,发现问题要即时处理	4	①未检查每次扣4分 ②检查不到位,每次扣2分 ③处理不及时每次扣1分 ④未发现存在问题每次扣2分	
5	着装要整洁,精神饱满,站岗服务	6	发现不符合要求每次每项扣2分	
6	当班时在大堂迎送用户,要主动向用户问好,为用户按电梯	6	发现不符合要求每次每项扣2分	
7	在周一至周五每天8:45至9:20,17:20至18:10,将电梯实行高低层分区,并摆放指示牌	4	①未对电梯分层每次扣4分 ②操作错误每次扣2分 ③未按时分层每次扣2分 ④未摆放指示牌每次扣2分	
8	每天签收各类挂号邮件、报刊,按顺序登记在派发簿上,通知信报员和巡楼员派发	4	①拒收邮件每次扣4分 ②遗失邮件,每件次扣2分 ③未按顺序登记每次扣1分 ④未通知派发,每次扣1分	

续表

项目	工作内容	分值	评分细则	得分
9	每天一次将各类退邮件集中交邮递员取走	4	①未退邮件每次扣4分 ②遗失邮件,每件次扣2分 ③漏退邮件,每件次扣1分	
10	办理货物放行,阻止大件货物从大堂出入	6	①未办理货物放行每次扣6分 ②手续办理不清每次扣2分 ③未禁止大件货物出入每次扣6分	
11	办理手推车、雨伞的借用手续	6	①未及时办理借用手续每次扣6分 ②办手续不清楚每次项扣2分	
12	在非办公时间实行出入登记	6	①未作登记每次扣6分 ②未按规定时间登记每次扣3分 ③登记不清楚每项次扣3分	
13	禁止装修人员、推销人员以及衣冠不整人员从大堂进入大厦	4	①未禁止每次扣4分 ②每漏查一人次扣1分	
14	在雨天放置"小心地滑"告示牌,并在大堂门口放置雨伞袋	2	①未放置每次扣1分 ②少放一项每次扣1分	
15	耐心接待用户的咨询,对用户的合理要求即时解决	4	①服务态度差每次扣4分 ②处理不当每次扣2分 ③用户投诉每次扣2分	
16	保持电房、风机房、管井房房门紧闭,夏天要保持大堂玻璃门关闭	4	缺漏一项每次扣1分	
17	下班前,将当班期间发生的主要事项简要记录在岗位记录簿上	2	①缺少记录每次扣2分 ②记录不清楚每次扣2分 ③记录不及时每次扣1分	
18	每天参加班前班后工作例会	2	无故不参加每次扣1分	
加分	工作成绩突出受到公司表扬,每次加2分			
	用户来信表扬,每次加5分			
	为部门争取了荣誉使部门受到公司表扬,每次加2分			

第二节 整合型管理体系建立与实施

知识目标

了解整合管理体系;理解整合管理体系的子过程;掌握整合管理体系的建立实施过程。

技能目标

能够比较分析三体系的指标关系;能够建立通用文件,并兼顾特殊性。

 走进实训——"做"

项目一 为校园物业管理的某一服务产品建立整合管理体系

【实训目标】

1. 结合实际,加深对整合管理体系的认识与理解。

2. 初步培养建立整合管理体系的能力。

【实训内容与要求】

1. 由学生自愿组成小组，每组 9～12 人，一个班若干组。利用业余时间，选择 1～2 个校园物业服务产品项目，为其建立整合管理体系。

2. 根据所选的服务项目及其整合管理体系建立实施所需完成的内容进行分工，每人负责一部分，组长协调。

3. 以本节前面章节所完成的实训内容为资料，运用本章知识进行分析修正完善。

【成果与检测】

1. 每组建立一个校园物业服务产品项目的整合管理体系。
2. 结束后，组织一次课堂交流与讨论。
3. 以小组为单位，分别由组长和每个成员根据各成员在调研与讨论中的表现进行评估打分。
4. 由教师根据各成员的调研报告与在讨论中的表现分别评估打分。
5. 将上述诸项评估得分综合为本次实训成绩。

走进理论与方法——"学与导"

特别提醒　　整合管理体系学习的重要性

随着 ISO 9000 质量管理体系认证、ISO 14000 环境管理体系认证、GB/T 28001 职业安全健康管理体系认证深入发展，一些优秀的组织已开始关注将质量管理体系、环境管理体系和职业安全健康管理体系结合起来，建立一体化的整合型管理体系，同时向认证机构提出实施一体化审核的要求，即通过一个审核组的一次现场审核，同时获得或保持 ISO 9001、ISO 14001、GB/T 28001 认证证书。因此，这是一个趋势，应顺应形势。

一、环境管理体系和职业安全健康管理体系简介

1. 环境管理体系（EMS）

ISO 14000 系列标准是环境管理标准化技术委员会（TC207）制定的环境管理领域的国际标准。它于 1996 年发布，已经历 2004 年版的修改。它包括了环境管理体系、环境审核、环境标志、生命周期分析等国际环境管理领域内的许多焦点问题，旨在指导各类组织（企业、公司）取得和表现正确的环境行为。

ISO 14000 系列标准包括 6 个子系统，其标准号从 14001 至 14100，共 100 个标准号，统称为 ISO 14000 系列标准。其中 ISO 14001 是系列标准的核心标准，是唯一可用于第三方认证的标准。具体见表 9-26。

表 9-26　ISO 14000 系列标准的标准号分配表

分技术委员	标准子系统	标准号	分技术委员	标准子系统	标准号
SC1	环境管理体系 EMS	14001-14009	SC5	生命周期评估 LCA	14040-14049
SC2	环境审核 EA	14010-14019	SC6	术语和定义	14050-14059
SC3	环境标准 EL	14020-14029	……	备用（预留号）	14060-14100
SC4	环境行为评价 EPE	14030-14039			

ISO 1400 系列标准具有以下的特点：

① 自愿性，它是自愿采用的标准。

② 广泛适用性，它适用于任何类型与规模以及各种地理、文化和社会背景下的组织。

③ 灵活性，它仅要求建立环境管理体系的组织对遵守环境法律、法规及其他要求、污染预防和持续改进做出承诺，而未对环境行为设定具体标准。

④ 预防与持续改进相结合，它强调以污染预防及持续改进为主的思想，并将这一思想贯穿体系运行的始终。它强调组织的动态管理，即通过 PDCA 循环（计划-执行-检查-改进）这一管理模式来实现整个环境管理体系包括环境绩效的持续改进。

⑤ 兼容性，它是在 ISO 9000 系列标准之后开始制定的，对体系的兼容和一体化考虑是 ISO 14000 系列标准的突出特点。

我国等同采用 ISO 14001：2004 标准，等同转换为 GB/T 14001—2004 标准。

实施 ISO 14000 系列标准，组织可获得如下益处：增强环境管理意识；减少废物和污染物排放；减少废物处置成本；节能降耗，降低成本；降低发生事故风险；有助于提高技术水平；促进产品的技术革新；减少法律诉讼风险；更容易取得财政（如银行、国家有关部门）支持；提高产品在环境方面的竞争优势；改善企业形象。

2. 职业健康安全管理体系（OHS）

OHSAS18000 系列标准是英国标准协会（BSI）、挪威船级社（DNV）等 13 个组织提出职业健康安全评价系列（OHSAS）标准。它 1999 年发布，已经历 2001 年版的修改。

2001 版 OHSAS18000 系列标准包括 OHSAS18001《职业健康安全管理体系——规范》、HSAS18002《职业健康安全管理体系——OHSAS18001 实施指南》。

2001 年我国发布国家标准 GB/T 28001—2001《职业健康安全管理体系规范》，该标准覆盖了 OHSAS18001：1999 所有的技术内容，适用于任何建立职业健康安全管理体系并寻求外部机构对其职业健康安全管理体系认证的组织。

随着工业科技的不断进步，职工的安全健康问题越来越突出，全球安全生产事故持续增长。据国际劳工组织估计，世界范围内每年约发生 2.7 亿起职业事故，200 万人死于职业事故和与工作相关的疾病，1.6 亿人遭受职业病，职工的安全健康受到严重威胁。因此，组织开展职业健康安全管理体系规范非常必要。

二、整合型管理体系简介

整合型管理体系是指将质量管理体系、环境管理体系和职业安全健康管理体系有机结合起来，在组织内部建立的三体系共同组成的"一体化管理体系"。

整合型管理体系具有十大特点：

① 适合于同时进行多项管理；
② 综合的管理策划过程；
③ 综合的方针和目标；
④ 综合的质量、环境和职业健康风险评价；
⑤ 综合的管理手册；
⑥ 一体化的体系程序和作业文件；
⑦ 适用拥有综合能力和素质的复合型人才；
⑧ 统一协调的运行和监测；
⑨ 综合的管理体系评价；
⑩ 综合考虑体系的持续改进。

组织将几个管理体系整合成一个整体，从而形成使用共有要素的单一的管理体系，将有利于策划、资源配置，确定互补的目标并评价组织的整体有效性，大大减少组织的管理成本，提高管理体系的运行效率。具体而言，整合型管理体系有 5 点益处：

① 认识和掌握管理的规律性，建立一致性的管理基础；
② 科学的调配人力资源，优化组织的管理结构；

③ 统筹开展管理性要求一致的活动，提高工作效率；
④ 有利于培养复合型人才；
⑤ 降低管理成本。

三、整合型管理体系的子过程

整合型管理体系遵循 PDCA 循环的持续改进，并细分5个层面：
① 核心层面，顾客满意管理过程；
② 策划层面，包括质量管理过程、环境管理过程、人力资源管理过程、文件管理过程；
③ 执行层面，包括服务运作过程、环境运作过程；
④ 检查层面，监视和测量过程；
⑤ 改进层面，包括纠正和预防管理过程、管理评审过程。

四、建立整合一体化文件——实现体系共享

首先，理顺三体系的指标关系，见表9-27。然后从三体系指标的管理原则一致、总要求一致、运行模式一致以及可兼容的各标准条款基础上，建立整合一体化的通用文件。即根据 ISO 9001：2002、ISO 14001：2004、OHSAS 18001：2001 标准条款建立整合通用文件：总要求（总则）、术语、机构与职责、培训、意识和能力、协商交流与沟通、文件和自律控制、运行控制、应急响应与预案、检查和纠正措施、绩效测量、不符合纠正措施、记录管理、审核及管理评审。最后，兼顾各管理体系的特殊性要求为切入点建立一个完整、有机的管理体系。对于特殊性要求，可在一个共用文件名中建立，分类阐述，也可以独立建立。

表 9-27 三指标体系的关系

ISO 9001:2002	ISO 14001:2004	OHSAS 18001:2001
4.2 文件要求	4.4.4 文件	4.4.4 文件
4.2.1 总则	4.4.4 文件	4.4.4 文件
4.2.2 质量手册	4.4.5 文件控制	4.4.5 文件资料控制
4.2.3 文件控制	4.4.5 文件控制	4.4.5 文件资料控制
4.2.4 记录控制	4.5.4 记录	4.5.3 记录和记录管理
5 管理职责	4.4.1 资源、作用、职责和权限	4.4.1 结构和职责
5.1 管理承诺	4.2 环境方针	4.2 职业健康安全方针
5.2 以顾客为关注焦点		
5.3 质量方针	4.2 环境方针	4.2 职责健康安全方针
5.4 策划	4.3 规划（策划）	4.3 策划
5.4.1 质量目标	4.3.3 目标、指标和方案	4.3.3 目标
5.4.2 质量管理体系策划		
5.4.3 与产品有关要求的确定	4.3.2 法律与其他要求	4.3.2 法律和其他要求
5.5 职责、权限与沟通	4.4.1 资源、作用、职责和权限	4.4.1 结构和职责
5.5.1 结构和职责	4.4.1 资源、作用、职责和权限	4.4.1 结构和职责
5.5.2 管理者代表	4.4.1 资源、作用、职责和权限	4.4.1 结构和职责
5.5.3 内部沟通	4.4.3 信息交流	4.4.3 协商与沟通
5.6 管理评审	4.6 管理评审	4.6 管理评审
6 资源管理	4.4.1 资源、作用、职责和权限	4.4.1 结构和职责
6.1 资源提供	4.4.1 资源、作用、职责和权限	4.4.1 结构和职责

续表

ISO 9001:2002	ISO 14001:2004	OHSAS 18001:2001
6.2 人力资源	4.4.1 资源、作用、职责和权限	4.4.1 结构和职责
6.2.1 总则	4.4.2 能力、培训和意识	4.4.2 培训、意识和能力
6.2.2 能力、意识和培训	4.4.2 能力、培训和意识	4.4.2 培训、意识和能力
6.3 基础设施	4.4.1 资源、作用、职责和权限	4.4.1 结构和职责
6.4 工作环境		
7 产品实现		
7.1 产品实现的策划		
7.2 与顾客有关的过程		
7.3 设计和开发		
7.4 采购		
7.4.1 采购过程		
7.4.2 采购信息		
7.4.3 采购产品的验证		
7.5 生产和服务的提供		
7.5.1 生产和服务提供的控制		
7.5.2 生产和服务提供过程的确认		
7.5.3 标识和可追溯性		
7.5.4 顾客财产		
7.5.5 产品防护		
7.6 监视和测量装置的控制	4.5.1 监视和测量	4.5.1 绩效监视和测量
		4.3.4 职业健康安全方案
	4.3.3 目标、指标和方案	4.3.1 对危险源辨识、风险评价和风险控制的策划
	4.4.6 运行控制	4.4.6 运行控制
	4.4.7 应急准备与响应	4.4.7 应急准备与响应
	4.5.1 监测和测量	4.5.1 绩效测量和监测
8 测量、分析和改进		
8.1 总则		
8.2 监视和测量		
8.2.1 顾客满意		
8.2.3 过程的监视和测量		
8.2.4 产品的监视和测量		
8.3 不合格品的控制	4.5.3 不符合、纠正和预防措施	4.5.2 事故、事件、不符合、纠正与预防措施
8.3.1 持续改进	4.5 检查和纠正措施	4.5 检查和纠正措施
8.3.2 内部审核	4.5.5 内部审核	4.5.4 审核
8 测理、分析和改进	4.5.1 监测和测量	4.5.1 绩效测量与监视
8.4 数据分析		
8.3.2 纠正措施	4.5.3 不符合、纠正和预防措施	4.5.2 事故、事件、不符合、纠正与预防措施
8.5.3 预防措施		

五、整合型管理体系的建立实施

整合型管理体系建立实施各个阶段及其内容要点，如表 9-28 所示。

表 9-28　整合型管理体系建立实施各阶段及内容要点表

序号	阶　段	内　容　要　点
1	体系认证准备阶段	1. 最高层领导的明确承诺和支持 2. 最高层领导任命整合管理体系建立者,授权其负责建立和维护体系,保证此项工作的领导作用
2	建立完整的组织机构	1. 组建由各有关职能和生产部门负责人组成的领导团队对此项工作进行协调和管理 2. 由某个部门(如负责品质管理、环保、安全工作的部门)为主体,其他有关部门的有关人员参加,组成工作组,承担具体工作 3. 明确各个部门的职责,形成一个完整的组织机构
3	人员培训	1. 对有关人员,甚至全员进行培训 2. 对意识、标准、初始管理体系评审和文件编写方法等方面培训 3. 让全员了解和有能力从事管理体系的建立实施与维护工作
4	管理初审	对组织环境现状的初始调查,包括以下内容: 1. 正确识别企业活动、产品、服务中产生的质量、环境、职业健康安全管理因素,并判别出具有和可能有重大影响的重要因素 2. 识别组织应遵守的法律和其他要求 3. 评审组织的现行管理体系和制度,如环境管理、质量管理、安全管理、行政管理等,以及如何与管理体系标准相互结合
5	文件编写	1. 文件编写分为手册、程序文件、作业指导书等层次 2. 企业可根据相关标准的要求,结合自身的特点和基础编制出一套适合的体系文件,满足体系有效运行的要求
6	体系试运行	1. 文件完稿后,可以开始试运行 2. 试运行的目的是通过体系实际运行,发现文件和实际实施中存在的问题,并加以整改,使体系逐步达到适用性、有效性和充分性
7	企业内部审核	1. 根据标准的要求,企业应对体系的运行情况进行审核 2. 经过培训的内审员通过企业的活动、服务和产品对标准各要素的执行情况进行审核,发现问题及时纠正
8	管理评审	根据标准的要求,在内审的基础上,由最高管理者组织有关人员对整合管理体系从宏观上进行评审,以把握体系的持续适用性、有效性和充分性

知识目标

了解管理体系认证的申请过程；理解管理体系的认证过程；掌握管理体系的评审。

技能目标

能够组织管理评审；能够对管理评审的内容（各项报告）进行分析评价。

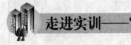

项目二　为项目一的整合管理体系进行管理评审

【实训目标】

1. 结合实际，进一步加深对整合管理体系的理解。

2. 结合实际,加深认识管理评审的价值。
3. 初步管理评审能力。

【实训内容与要求】

1. 根据管理评审的需要及项目一的分工情况,由班委主持建立管理评审组织,并进行具体的评审准备分工的工作。
2. 在各个小组完成准备后,组织一次课堂会议进行评审,并于会后写出报告。

【成果与检测】

1. 写出管理评审报告后,组织一次课堂审议。
2. 以小组为单位,分别由组长和每个成员根据各成员在两次的交流讨论中的表现进行评估打分。
3. 由教师根据各成员的调研报告与在讨论中的表现分别评估打分。
4. 将上述诸项评估得分综合为本次实训成绩。

走进理论与方法——"学与导"

一、管理体系认证申请流程及其相关内容

组织为了健全和完善其管理体系,同时向社会标识其管理体系,促进贸易,通常要进行管理体系认证。熟悉管理体系认证申请流程及其相关内容是一项非常重要的工作。下面简要介绍认证申请流程及其相关内容。

1. 提交申请书及相关资料

申请组织需向认证机构提交一份填写完整并加盖公章的《管理体系认证申请书》,按要求提交以下附件。

(1) 申请质量管理体系认证的组织需提供以下文件和材料。

① 证明文件复印件。证明文件包括:

a. 申请组织法律地位证明文件,如《工商营业执照》、《组织机构代码证》等;

b. 行业内有强制性要求的资质证书或许可证。

② 现行有效版本的质量管理体系文件,应包括:

a. 质量手册(包括质量方针和质量目标、组织机构图、生产或服务流程图)。

b. 程序文件,应包括:B1 文件控制程序;B2 记录控制程序;B3 内部审核程序;B4 不合格品控制程序;B5 纠正措施程序;B6 预防措施程序。

c. 质量管理体系运行中所遵守的法律、法规文件清单(按体系中涉及的产品和服务)。

d. 申请组织的多场所清单(本项仅适用于有"多场所"的申请组织。"多场所"是指组织的活动覆盖在一个环境管理体系中,但有多个在不同地点的经营场所,如分厂、分公司等)。

③ 认证机构要求补充提供的其他材料。

(2) 申请环境管理体系认证的组织需提供以下文件和材料。

① 证明文件复印件。证明文件包括:

a. 申请组织法律地位证明文件,如《工商营业执照》、《组织机构代码证》等;

b. 行业内有强制性要求的资质证书或许可证。

② 根据规定提供以下文件:

a. 现行有效版本的环境管理体系文件;

b. 环境因素清单(组织识别出的所有环境因素);

c. 主要环境因素清单(组织评价出的主要环境因素);

d. 环境目标、指标和环境管理方案(组织针对已评价出主要环境因素制订的环境目标、指标

和环境管理方案);

e. 初始环境评审报告;

f. 环境管理体系运行中所遵守的环境法律、法规文件清单(与主要环境因素相关的);

g. 申请组织的多场所清单(本项仅适用于有"多场所"的申请组织。"多场所"是指组织的活动覆盖在一个环境管理体系中,但有多个在不同地点的经营场所,如分厂、分公司等)。

③ 认证机构要求时(三级以上环境因素复杂程度必须提供),请提供工厂/施工场所内部情况草图,图中应标明环境设施位置,例如:产生废气、废水、噪声、振动的设施或设备;废弃物场地、环境治理设施或设备等。

④ 认证机构要求时(三级以上环境因素复杂程度必须提供),请提供生产污水排放管网草图。

⑤ 认证机构要求补充提供的其他材料。

(3) 申请职业健康安全管理体系认证的组织需提供以下文件和材料。

① 证明文件复印件。证明文件包括:

a. 申请组织法律地位证明文件,如《工商营业执照》、《组织机构代码证》等;

b. 行业内有强制性要求的资质证书或许可证。

② 根据规定提供以下文件:

a. 现行有效版本的职业健康安全管理体系文件;

b. 危险、危害因素清单(组织识别出的所有危险、危害因素);

c. 重大危险、危害因素清单(组织评价出的重大危险、危害因素);

d. 安全目标、指标和管理方案(组织针对已评价出的重大危险、危害因素制订的安全目标、指标和安全管理方案);

e. 职业健康安全管理体系运行中所遵守的法律、法规文件清单(与重大危险、危害因素相关的);

f. 申请组织的多场所清单(本项仅适用于有"多场所"的申请组织。"多场所"是指组织的活动覆盖在一个职业健康安全管理体系中,但有多个在不同地点的经营场所,如分厂、分公司等)。

③ 认证机构要求时(三级以上风险等级必须提供),请提供重点危险场所布置图。

④ 认证机构要求补充提供的其他材料(如重点危险场所布置图等)。

2. 认证机构受理评审

认证机构在接到申请组织的认证申请之后对其所提供的申请资料进行评审,满足申请要求后,双方协商签订《管理体系认证审核合同书》。

3. 申请方须知

申请一旦受理,申请组织即被认为向认证机构做出了如下承诺。(1) 始终遵守认证机构有关认证的各项规定;(2) 为进行初次审核、监督审核、复评和解决投诉做出必要的安排,包括审查文件、确定进入的审核区域、调阅相关记录(包括内审报告等)和访问人员;(3) 仅就获准认证的范围做出声明;(4) 在宣传认证结果时不损害认证机构的声誉,不做出使认证机构误导或未授权的声明;(5) 当认证被暂停、撤销时,立即停止涉及认证内容的各种广告宣传,并按要求交回所有认证证书;(6) 只能用认证来证明组织的管理体系符合了特定的标准或其他引用文件,不能用认证来暗示其产品或服务得到了认证机构的批准;(7) 确保不采取误导的方式使用认证证书、认证标志、审核报告或审核报告的一部分;(8) 在各种媒体中(如文件、宣传册、广告中)对认证的宣传符合认证机构的要求;(9) 及时向认证机构报告组织对管理体系拟实施的更改或其他可能影响其符合性的更改;(10) 及时向认证机构报告重大的顾客投诉。

4. 认证申请常见问题

认证过程中通常会遇到如下问题,申请方应尽可能地避免。

(1) 认证申请表填写不准确、不完整、文字不工整。例如：申请的组织地址填写不详细，联系电话只填写手机号等。

(2) 申请时所提供的资料不全面。例如缺少适用于组织的法律法规清单，行业上有强制要求的资质证书复印件，分支机构或多现场清单（或覆盖不全），在申请环境和职业健康安全认证时需提交的环境因素、重要环境因素、危险源、重大危险源清单。

(3) 申请认证的管理体系所覆盖的产品范围与实际不符。例如：组织申请认证时有3种产品，现场审核时发现其中一种产品不具备生产能力。

(4) 申请认证的组织对于认证机构颁发的证书性质不了解。

不少申请组织担心国内认证机构出具的认证证书能否得到国际上的承认，认为既要搞"国家认证"，也要搞"国际认证"。实际上，到目前为止，世界上还没有一家为各国广泛承认的国际认证机构。各国认证机构所进行的认证，仅仅是个体行为。国际标准化组织/合格评定委员会（ISO/CASCO）并不承担对任何国家认证机构的认可任务，任何国外机构的认证都不能称为"国际认证"。所谓"国际承认"，实质上是国与国之间的"相互认可"，而最终还得用户认可。因而，体系认证不存在"国际认证"，认为国外认证机构的认证是"国际认证"也是不当的。

中国质量体系认证机构国家认可委员会（CNACR）作为中国合格评定国家认可委员会（CNAS）的前身，于1998年1月22日首批（共17个国家）签署国际认可论坛多边承认协议（IAF/MLA），成为IAF/MLA集团的创始成员。也就是说，由CNAS认可的认证机构出具的认证证书达到了国际水平，具有国际等效性和互认性，这对于我国企业实现一证多用、避免多头重复申请国外机构认证具有重要作用。如QAC是经国家认证认可监督管理委员会（CNCA）批准，并经中国合格评定国家认可委员会（CNAS）认可的认证机构。因此，QAC颁发的认证证书是国际互认的。

二、管理体系认证审核流程及其相关内容

管理体系的认证审核是一项系统工程，是组织健全和完善管理体系的驱动力。它的具体程序及其相关内容如下。

(1) 申请组织与认证机构签订了正式的《管理体系认证审核合同书》之后，认证机构开始启动认证审核工作。

(2) 认证机构安排文审人员对申请组织所提供的管理体系文件进行文审。

(3) 认证机构审核部负责制定审核方案，包括任命审核组长、选择审核组其他成员、确定审核时间等。

(4) 现场审核之前，由审核组长编制审核计划后书面通知受审核方，并得到受审核方对审该计划的书面确认。

(5) 按照认可文件的规定，通常管理体系审核须分为两个阶段，申请方应通过第一阶段审核后才能进行第二阶段审核。

(6) 审核组按照审核计划实施现场审核。

(7) 对现场审核中发现的不符合项，受审核方应制定相应的纠正措施予以实施，并以书面形式报告审核组长。只有在对所有不符合项都采取了相应的纠正措施并验证有效之后，审核组长才可以向认证机构推荐认证注册。

(8) 审核组长向认证机构提交审核报告，审核报告中需要对受审核组织的管理体系是否符合相关标准和认证要求做出说明。

(9) 认证机构对审核组提交的现场审核资料（包括审核报告）进行审议，做出认证决定结论。经认证机构审议批准后的审核报告及审议结论应提交受审核方或审核委托方。

(10) 认证机构总经理批准认证注册并签发认证证书。

管理体系认证审核流程见表9-29。

表 9-29 管理体系认证审核流程表

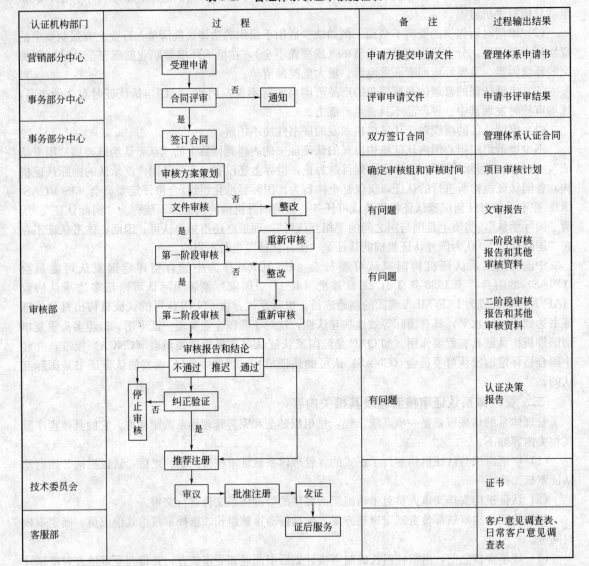

三、管理体系管理评审实施过程和实施内容

管理评审是组织为保持体系的持续适用性、充分性和有效性，通过必要信息的输入，判断可能需要修改的方针、目标及体系的其他要素。评审范围应足够广泛，能够覆盖组织的全部活动、产品或服务的各个方面。管理评审之前，由管理者代表编制管理评审计划，管理评审计划内容包括评审目的、评审内容、评审方式、评审参加人员、评审时间安排、评审输入的准备。评审计划经总经理批准下发参加人员，由相应的部门，负责形成或收集、整理输入的信息。这些信息包括管理方针目标指标和管理方案实施情况、检测和测量的结果、内部审核结果、相关方要求等，为管理评审内容做准备。总经理主持会议，通过会议的形式，评审人员对提交的报告进行逐项分析评价。在管理评审后，形成记录和报告，并对报告提出的问题进行改进，按照纠正和预防措施所要求的程序进行纠正。具体内容如下。

1. 管理评审依据

管理评审必须依据（1）质量、环境、职业健康安全管理体系审核的结果；（2）不断变化的客观情况；（3）组织对持续改进的承诺。

2. 管理评审的目的

管理评审是为了确保管理体系的持续适用性、充分性、有效性和识别改进的机会，确定需要改变变更的需要。

3. 管理评审的对象

管理评审的对象是质量、环境、职业健康安全管理体系。

4. 管理评审的内容

(1) 管理方针是否适宜，实现程度如何；
(2) 管理目标、指标和管理方案是否需要改变；
(3) 现有三体系的管理因素识别和评价是否适宜；
(4) 控制程序是否有效；
(5) 资源、组织结构及其职能是否配置恰当、合适协调否，能否满足实现方针、目标和指标的要求；
(6) 活动及其文件需要修改否；
(7) 上一次管理评审以来的内审核外审的结果及其有效性如何；
(8) 相关方的投诉、建议及其要求；
(9) 管理绩效趋势，纠正和预防措施实施情况；
(10) 法规和其他要求符合性状况如何；
(11) 需要改进和加强的领域是什么。

5. 管理评审的实施者

一般是最高管理者组织实施管理评审。

6. 管理评审时机

管理评审宜定期进行，通常每年进行一次。但有的认证机构每半年有一次监督审核，因此企业可以每半年做一次管理评审。发生下列情况之一时，组织应适时开展管理评审活动：即第三方认证前、新的管理体系进入正式运行、企业内外环境发生较大变化和最高管理者认为有必要时。

7. 管理评审的方式

管理评审由最高管理者负责，一般以会议形式进行。最高管理者主持会议，相关部门负责人参加，与会者就评审输入的内容进行比较和评价。

8. 管理评审的输出

管理评审的输出应写入管理评审报告。管理评审报告有评审目的、评审时间、评审内容、组织人与参与人名单、管理方针与目标及指标的"三性"评价结论和进一步提高的要求、管理体系的"三性"结论、调整方案。

9. 管理评审的后续管理

对管理评审结论中的纠正措施进行跟踪验证，验证结果记录并上报最高管理者。管理评审的结果应予以记录并保存，如管理评审计划、各种输入报告等。

10. 管理评审结论

管理评审结论通常情况有如下几个方面的内容：管理体系三性的结论、机构是否需要调整、文件是否需要修改、资源是否足够或需要调整、管理方针目标指标和管理方案是否适用、管理体系的要素是否需要改进。

附录　相关网站

一、物业管理协会网
1. 中国物业管理协会（网址：http://www.ecpmi.org.cn/）
2. 广东省物业管理行业协会（网址：http://www.gpmii.net/）
3. 珠海市物业管理行业协会（网址：http://www.zhpm.org/）
4. 深圳市物业管理协会（网址：http://www.szpma.org/）
5. 广州市物业管理行业协会（网址：http://www.gzpma.com/）

二、政府相关网
1. 中华人民共和国人力资源和社会保障部（网址：http://www.mohrss.gov.cn/）
2. 中华人民共和国住房和城乡建设部（网址：http://www.cin.gov.cn/）
3. 广东省住房和城乡建设厅（网址：http://www.gdcic.net/sjst/）

三、相关培训网
1. 中国建筑房地产培训网（网址：http://www.jzpchina.cn/）
2. 深圳房地产和物业管理进修学院（网址：http://www.pmedu.com/）
3. 物业案例网（网址：http://www.wyalw.com）

四、五大国际物业顾问网
1. 仲量联行（网址：http://www.joneslanglasalle.com.cn/China/ZH-CN/Pages/Home.aspx）
2. 仕邦魏理仕（网址：http://www.cbre.com.cn/china/chs/）
3. 第一太平戴维斯（网址：http://www.savills.com.cn/）
4. 戴德梁行（http://www.dtz.com）
5. 高力集团（网址：http://www.gaoligroup.com/）

参 考 文 献

[1] 吕超. 物业管理实务 [M]. 北京：中国电力出版社，2008.
[2] 《物业标准化管理全程实施方案》编委会. 业主与住户管理 [M]. 北京：中国标准出版社，2003.
[3] 刘俊. 物业人员实操培训 [M]. 北京：电子工业出版社，2006.
[4] 决策资源集团房地产研究中心. 物业管理赢利套路 [M]. 北京：中国建筑工业出版社，2007.
[5] 苏宝炜. 物业经理案头手册 [M]. 北京：人民邮电出版社，2008.
[6] 郝时光. 物业管理职位工作手册 [M]. 北京：人民邮电出版社，2009.
[7] 中国物业管理协会. 物业管理实务 [M]. 北京：中国建筑工业出版社，2006.
[8] 韩朝. 物业管理市场营销学 [M]. 北京：清华大学出版社，2008.
[9] 张志国. 物业管理沟通艺术 [M]. 北京：机械工业出版社，2006.
[10] 韩朝. 物业管理企业战略管理 [M]. 北京：清华大学出版社，2008.
[11] 劳动和社会保障部教材办公室组织编写. 物业管理员 [M]. 北京：中国劳动社会保障出版社，2007.
[12] 萧野. 物业管理300问答 [M]. 北京：中国纺织出版社，2006.
[13] 李爽. 物业管理师 [M]. 北京：机械工业出版社，2007.
[14] 韩朝. 物业管理企业经典案例 [M]. 北京：清华大学出版社，2008.
[15] 张野. 物业经理岗位职业技能培训教程 [M]. 广州：广东经济出版社，2007.
[16] 日本员工教育研究会编著. 崔迎春译. 员工培训100法 [M]. 北京：北京大学出版社，2004.
[17] 经理人培训项目编写组. 管理培训游戏大全 [M]. 北京：机械工业出版社，2008.
[18] 汪纯孝. 服务营销与服务质量管理 [M]. 广州：中山大学出版社，2005.
[19] 姜玲. 前台接待员工作手册 [M]. 广州：广东经济出版社，2007.
[20] 姜玲. 商务中心文员工作手册 [M]. 广州：广东经济出版社，2007.